교회와 국가
Church and State

기독교인이 왜 정치에

적극 참여해야 하는가?

김향주 지음

교회와 국가
Church and State

기독교인이 왜 정치에 적극 참여해야 하는가?

초판1쇄 2020년 1월 10일

지은이 : 김향주
펴낸이 : 이규종
펴낸곳 : 예감출판사
디자인 : 최주호(Ernst Peter Choi)
등록 : 제2015-000130호
주소 : 경기도 고양시 일산동구 공릉천로 175번길 93-86
전화 : 031)962-8008
팩스 : 031)962-8889
홈페이지 : www.elman.kr
전자우편 : elman1985@hanmail.net

ISBN 979-11-89083-67-0 03230

값 19,800 원

교회와 국가
Church and State

기독교인이 왜 정치에

적극 참여해야 하는가?

김향주 지음

예감

머리말

　필자는 일생에 가장 예민한 청소년기 학창시절을 보내면서 이승만 정권 시대의 4.19와 박정희 정권의 시초가 된 5.16을 목격 하면서 정치에 대한 많은 의심과 회의가 내 마음속에 자리 잡고 있었다. 그리고 미국 유학시절에 매스컴을 통하여 전두환 정권의 실상과 광주 5.18의 민주화 운동을 접하고, 미국의 교회제도와 정치제도의 현상을 한국과 비교해 볼 때, 한국의 정치이념이 유교의 배경을 깔고 있는 강한 흑백 논리에서 벗어나지 못하고 국민의 객관성 있는 민주주의와 기독교인의 저변에 국가에 대한 하나님 주권 사상이 빈약하게 자라잡고 있음을 절실하게 느꼈을 뿐만 아니라 그 괴리가 내 가슴을 파고들어 오래동안 떠나지 않고 있었기 때문에 이 책을 쓰게 된 동기가 되었다.

　또 하나의 이유는 왜 한국교회에서 보수주의자라고 스스로 자처하는 부류에서 정교분리형(政敎分離形, Separation of Church and State)의 교회관을 주장하면서 국가의 정치에 참여하는 것을 도외시 내지 죄악시하고 있는데 대한 의구심이 내 심장을 강타하고 있었기 때문이다. 유학생활을 겪으면서 미국에서의 교회와 국가는 밀접한 관계를 가지고 서로를 의지하고 견제해 나가고 있음을 깨달아 알게 되었다. 선거 때마다 교인들은 물론 목사들 역시 정치에 지대한 관심을 가지고 논평을 내 놓고 있었으며 심지어 강단에서 공화당과 민주당에 관한 자신들의 입장을 설파하고 있었다. 특히 개혁파 신학을 공부하면서 교회와 국가론을 탐구하는 중에 국가에 대한 정치, 국부론(國富論, The Wealth of Nations), 그리고 도덕론은 전 인류 역사를 통해 볼 때 일반은총론(Common Grace)에서 절대 소홀히 취급할 수 없는 중요한 이슈가 되어 있다는 것을 알게 되었다. 어거스틴(Augustine), 칼빈(Calvin), 카이퍼(Abraham Kuyper), 댑니(Robert Dabney), 그리고 밴틸(Cornelius Van Til) 등의 아주 저명한 개혁파 신학자들이 교회와 국가에 대한 하나님의 주권사상을 강하게 강조하면서 신자는 교회와 국가의 영역에서 상호 교차적으로 활동하면서 하나님께 영광을 돌려야 한다는 점을 강조하였다. 그들은 교회의 정치와 국가의 정치에 대해 서로 깊은 관계를 가지고 있으며 하나님의 뜻에 따라 성경대로 다스려 질 것을 아주 집중적으로 강조하였다. 그런데 왜 한국교회에서는 정교분리(政教分離, Separation of Church and State)라는 미명아래 기독교인들이 국가의 정치에 참여해서는 안 되며 더욱이 이원론(二原論, Dualism) 사상에 입각하여 죄악시하기 까지 하고 있는가? 의구심이 일어날 수밖에 없었다. 이것이 이 책을 쓸 수밖에 없는 동기가 된 것이다.

이 책에서는 교회와 국가에 대한 정치 형태와 제도를 소개하고, 정부에 대한 기독교인의 자세를 논증하고, 기독교인의 정치 참여가 반드시 시행되어야 하며 왜 기독교정당이 절대 필요한가를 제시하였다. 특별히 지금까지 근본주의적 2원론(二元論)이 한국교회 안에 깊이 뿌리내려 기독교인 특히 기독교 지도자들이 정치에 참여해서는 안 된다는, 성경적으로 전혀 근거 없는 주장에 대해, 많은 부분을 할애하여 각 장에 따라 반증을 하였다. 이 책에서 중점을 둔 내용은 기독교인이 정치에 참여하되 성경적 교리에 입각하여 기독교 국가를 건설하는데 주안점을 두었다.

차례

서언

"교회 목사들이나 신앙으로 살려고 하는 사람들은 세상정치에 관여해서는 안 된다." 이 말은 한국교회에서 수없이 들어온 통상적인 진리처럼 고정되어 흘러왔다. 그렇다면 한국교회 성도들이 특히 교회 지도자들이 국가의 정치에 참여하지 말아야 한다는 뜻인가? 애매하고도 피상적인 언급이 국가를 향한 진리적 원리가 될 수 있단 말인가? 인간은 태어나면서 정치적 인격체를 소유하고 있다. 가정을 다스리는 공동체 속에서 정치를 배우고 익히고 있다. 이웃과의 생활, 학교의 생활, 기타의 모든 사회생활은 정치적 요소를 내포하고 있다. 거기에는 제도와 규율이 존재하고 있기 때문이다. 성도가 정치에, 특히 목회자가, 정치에 참여하면 안 된다고 혹자는 주장한다면 이는 국가의 존립을 위협하는 일이라고 말할 수밖에 없다. 그 이유는 이렇다. 대한민국이 정치를 잃어버린 시대는 왜인들의 압제 밑에서 36년간 나라를 잃어버린 시대이다. 당시 우리나라는 국토도 있었고 국민도 있었으나 국가에 대한 주권을 행사할 수 있는 정치가 없었다. 33인의 독립선언에 참여한 인물들 중에 16명이 기독교인이었다. 그들의 행동이 국가에 대한 정치활동이냐? 아니냐? 하는 문제를 논하게 된다면 사실상 이는 무의미한 일에 불과하다. 그들의 행동은 국가를 구하기 위해 목숨을 건 정치활동으로 명명할 수밖에 없기 때문이다.

왜정시대에 한국에 들어온 초대 선교사들은 지적 수준과 영적 수준에 있어 아주 높은 능력을 소유한 분들이었다. 그러나 상당한 부분에 있어 근본주의(Fundamentalism)의 사상을 소유하고 있었다. 거기에는 19세기 말과 20세기 초 미국의 보수주의 영역권에서 19세기 극단적인 자유주의적 자연주의를 격파하기 위해 개혁파 신학, 근본주의, 그리고 심지어는 웨슬리안적 부수주의자들까지 합세하여 자연주의에 대항하여 싸운 결과 신학적 노선에 있어 약간의 혼합적 요소를 포함하고 있었기 때문이었다. 그들은 자연주의를 대항하기 위해 약간의 신학적 차이를 서로가 수용하고 있었다. 이러한 역사적 배경을 가지고 한국 초대교회 선교사들 가운데 근본주의 사상이 들어있는 보수주의자들이 복음을 전파하게 되었다. 근본주의적 보수주의는 특별은총과 일반은총의 분리를 강하게 주장한 나머지 국가, 경제, 사회, 문화, 교육, 과학, 그리고 예술 분야에 이르기까지 일반은총의 영역을 도외시하거나 죄악시하는 경향이 강하다. 즉 교회와 세상을 분리하여 이원론(二元論, Dualism) 사상에 물들어 있는 상태이다. 엿새 동안 노동의 시간을 세상의 일로만 치부해 버리므로 일주일 동안 단 하루의 시간만을 하나님과의 거룩한 관계를 가지는 기회로 생각하고 있다.

　이러한 이유로 말미암아 기독교 성직자가 국가 정치에 관여하게 되면 세상 죄악에 물들어 범죄하는 것처럼 여기게 되는 것이 한국교회의 보편적인 생각이었다. 개혁파 신학을 주장하면서 장로교 교단에 속해 있는 많은 교직자들은 물론 평신도들까지 이러한 생각에 사로잡혀 있다. 그렇다면 우리가 먹고 마시고 생활하는 모든 영역을 벗어나야 한다는 말인가? 왜정시대 이후 한국의 정치가 혼란기를 격을 때 일부 한국 보수주의 교회는 정교분리라는 이름하에 악한 정부에 대해 침묵을 지키고 있는 것이 정도의 길을 걷는 것으로 생각했고 자유주의 교회에서는 악한 정부에 대항해 사회정의를 실현하는 것이 선지자 역할을 수행하는 것으로 생각했다. 이러한 양쪽의 잘못된 견해는 서로의 대립된 정치관을 주장하게 되었다. 개혁파 신학을 주장하는 교회라면 6일간의 노동의 영역에서 정직, 준법정신, 그리고 근면한 삶을 살아가며 하나님 나라의 확장과 국가의 정의를 어떻게 실현할 것인가에 심혈을 기울여야 하며 주일에는 나를 위한 모든 노동을 쉬고 하나님과 깊을 교제를 실현하며 나는 죽고 하나님을 위해 어떻게 살아야 할 것인가에 심혈을 기울여야 할 것이다.

그렇다면 기독교를 중심한 정당이 한국에 필요한가? 아니면 국가의 정치는 세상 사람들이 하는 영역에 속한 것이므로 기독교인들은 말씀 연구, 기도, 그리고 전도에만 열중해야 하는가? 그리고 오직 보수주의자들이 외쳐온, 우리는 위정자들을 위해 기도할 뿐, 정치참여에 무관심하고 정치가들의 타락과 부정부패에 무관심해도 되는가? 아니면 악한 정부를 향해 무력을 동원해서라도 정부의 구조적 악을 깨기 위해 피를 흘리기까지 싸워야 하는가? 이러한 심각한 문제를 신학적으로 해결하기 위해 개혁파 입장에서의 교회와 국가론을 정립해야 할 것으로 생각된다. 이러한 문제를 분석하고 논증하기 위해 역사적으로 내려온 교회와 국가에 대한 관점을 다음과 같이 상고해 보려고 한다.

1. 교회와 국가사이의 정치적 형태를 분석해 보고
2. 일반은총의 분야인 국가 중심의 정치적 제도를 탐구해 보고
3. 특별은총의 분야인 교회중심의 정치적 제도를 탐구해 보고
4. 기독교와 일반 문화와의 관계를 노동론의 입장에서 탐구해 보고
5. 성경적 입장에서의 교회와 국가의 관계를 정의하고
6. 왜 국가에 정직한 기독교 정당이 있어야 하는가? 를 정의해 보려고 한다.

물론 2천년 교회사에서 일어난 교회와 국가의 관계를 연구해 보면 서로를 물고 물리는 피의 역사를 통해 국민의 객관적 민주주의와 교회의 하나님 주권사상이 뿌리 내린 역사였다고 말할 수 있다. 예수님께서 승천 하신 이후 2천년 동안 교회와 국가의 역사는 억울한 생명들의 피를 씨앗으로 하여 정교분리(政敎分離, Separation of Church and State)의 원리를 정착 시켰다고 말할 수 있다. 그것도 18세기 계몽주의(Enlightenment) 사상이 유럽을 휩쓸 때 정착되었다고 말할 수 있다. 즉 교회와 국가는 정교협잡(政敎挾雜)을 수단으로 하여 권력을 잡은 자들이 수많은 신앙인들과 평민들의 생명을 빼앗고 재산을 탈취하여 그들의 교권과 국가 권력을 이용하여 부와 영예를 누려왔다. 집권자들이 그들의 부와 영예를 위해 무고한 생명과 재산을 자신들의 소유물로 생각하게 되면 자연히 대중은 폭력을 행사하는 역사를 반복해 오게 되었다.

　　이제 대한민국이 교회중심의 남북통일을 이룩하기 위해 가장 근본적으로 교회와 국가론을 바로 세워 사상적 무장을 바로 해야 할 것으로 생각된다. 그것은 상대를 객관적으로 평가하고 잘못된 사상을 개혁하기 위해 철저한 교육을 통해 교회와 국가를 해치는 일을 미연에 방지해야 영구적인 교회와 국가가 건설될 수 있기 때문이다. 용서라는 이름아래 북한의 주체사상을 용납한다든지 성경적 교회를 무력화 시킨다든지 하는 일을 근절시켜야 한다는 말이다. 또한 정의를 위한 투쟁을 앞세워 자신의 생각과 맞지 아니할 경우 극단적인 이념적 분리를 조장하여 상대를 정죄한 나머지 억울하게 사법적 형벌을 받게 하는 일을 근절 시켜야 한다는 말이다. 그것이 바로 하나님께서 한 생명을 천하보다 귀하게 여기며 교회와 국가의 올바른 제도를 발전시키는 사상이 될 것이다.

제1장

교회와 국가의 정치 형태

교회와 국가를 말할 때 구미에서는 사상적으로 그리고 제도적으로 서로가 필연적인 관계를 형성하고 있다. 그러나 한국을 비롯한 동양세계에서는 종교적 개념과 국가의 조직에 있어 필연적 관계를, 특히 제도에 있어, 필연적 관계를 연상시키는 것을 거절한다. 즉 구미에서는 사상적 문제뿐만 아니라 제도상 교회와 국가의 관계를 연관시켜 생각하고 있다. 신학사상이 시대적 철학 사상이나 정치적 이념에 주된 영향을 끼치고 있다. 이는 모든 정치적 배경에 기독교가 상존하고 있기 때문이다. 구약시대에는 신정정치(Theocracy)의 제도가 이스라엘 백성을 중심으로 실행되었다. 16세기 종교개혁이 일어나기 이전까지 중세에는 교회의 교황제도가 일반 국가의 왕권을 지배하려는 1천년의 시대를 국가가 경험하였기 때문에 기독교가 사회, 문화 그리고 정치 등 모든 분야의 배경이 되었다.

16세기 종교개혁은 기독교의 교리적, 도덕적, 윤리적 개혁의 범위 안에서의 개혁으로 끝나지 않고 모든 정치, 사회, 그리고 문화에 이르기까지 그 변화의 파장이 수세기를 파도치게 되었다. 당시 캐톨릭 교회는 지속적으로 제왕중심의 국가들을 지배하려는 음모에서 벗어나지 못하고 있었다. 종교개혁 당시 성직자들의 도덕적 타락과 제왕들과의 대립현상은 민중의 불신을 일으키는 원인이 되었다. 이 불신의 원인은 역사적으로 십자군 전쟁으로 올라간다. 11세기부터 13세기 까지 지속된 십자군 전쟁의 거듭된 실패는 교황청에 대한 불신과 회의를 가져오게 했다. 십자군 전쟁당시 교황청으로부터 파견된 군대가 각 지역의 양민들을 약탈한 사건, 길고 인 도보로 인하여 굶주리고 병으로 죽은 군인들, 그리고 10차에 가까운 예루살렘 탈환작전의 실패 등으로 인하여 교황청에 대한 신뢰가 무너지기 시작했다. 이로 인하여 영토를 소유하고 캐톨릭 교회와 경제적 협력관계를 유지해 온 영주들에 대한 농민들의 반발이 차츰 파도를 일으키기 시작했다.

더욱이 14세기 문예부흥(Renaissance) 운동은 종교개혁과 더불어 교회의 지배를 받아온 국가의 제도에 변천을 가하는 불쏘시게 역할을 하게 되었다. 즉 단일체제의 제도아래 숨죽이고 있었던 각 국가의 제도와 경제, 사회, 그리고 문화의 체계를 근본적으로 흔들어 놓기 시작했다. 특히 국가의 제도에 있어 제왕 중심의 같은 민족, 같은 언어, 그리고 각 지역별로 구성된 각국의 정치형태를 원하게 되었다. 그러나 아직도 캐톨릭 교회는 교회로서의 정치제도를 뒤로 돌리고 국가의 정치제도를 장악하려는 망령을 떨치지 못하고 있었다. 이러한 현상은 교회와 국가 사이의 극심한 충돌을 예고하고 있었다. 종교개혁 당시 국가의 제도를 수단으로 하여 캐톨릭 군대와 개신교 군대의 전쟁으로 많은 피를 흘리게 했던 사건들은 이를 증명해 주고 있다. 예로 스위스의 종교개혁당시 칼빈(Calvin)은 시의회에서 종교개혁을 주도할 때 신학적인 문제와 교회의 제도적인 문제를 국가의 제도에 속하는 시 의회에서 결의한 사건이라든지 또한 쥬잉글리(Zwingli)가 캐톨릭 교회의 용병제도를 반대하는 전쟁에 참여하여 전사한 사건은 교회와 국가의 관계가 정교분리(政敎分離)에서 떠난 교리적 문제가 잠재해 있었기 때문이었다. 국가의 정치제도권 안에서 해결해야 하는 문제를 교회가 참여하게 되었다는 의미이다. 당시 즈잉글리(Zwingli)는 프로테스탄트 동맹을 결성하려 했으나 실패하고 프랑스와 정체적 제휴를 시도했으나 그것도 실패하고 말았다. 그 결과 캐톨릭 군대와 개신교 군대의 전쟁에 나가 전사하게 되었다. 이러한 일례의 사건들은 정교(政敎, State and Church)의 제도적 분리의 관점에서 볼 때 얼마나 우를 범하고 있었는가를 알 수 있다.

종교개혁자 루터(Luther)는 정교분리형(Separation of State and Church)에 있어 캐톨릭 교회에 대한 제도적 반발이 강하게 그의 마음 속에 자리 잡은 결과로 인하여 교회관의 잘못을 범했다. 즉 국가 주도형의 교회관을 주장하게 되었다. 제왕들의 권력에 의존한 국가 주도형의 교회관을 주장하게 된 것이다. 반대로 재세레파(Anabaptist)에서는 세상에 존재해야할 조직체는 오직 교회뿐이라는 주장을 하여 국가 무용론을 강조하게 된 것이다.[1] 여기에서 칼빈(Calvin)은 "교회와 국가"에 대한 성경적 입장을 그의 기독교강요 4권에서 올바르게 정립시켜 주고 있다. 그 내용은 "어떤 군주정치나 아니면 순수한 자유 민주정치에 기반을 둔 국가관을 강조하는 것이 아니라 백성의 의견을 수렴하는 대표정치를 주장하면서 국가의 권위를 인정하는 정치형태를 강조하고 있다.[2] 이는 오늘날 대표 민주주의의 기초를 놓는 기반을 제공하고 있다.

근대를 거쳐 오면서 교회와 국가의 정치적 제도의 분리를 정립하는 과정에서 수없는 피를 요구하였다. 종교개혁과 불란서의 30년 전쟁이 그것을 대변하고 있다. 19세기 이후 가장 이상적인 정교분리(政敎分離, Separation of Church and State)의 형태를 형성하고 있는 유럽과

---

1) Calvin's Institutes Book IV, 20:1-2.
2) Ibid, 20:8.

미국의 제도를 살펴보면 교회와 국가는 서로 견제하며, 협력하며, 국가는 교회의 윤리와 도덕적 충고에 귀를 기울이며, 그리고 국가는 무력의 힘으로 교회를 잘 지켜주고 있다. 그러나 한국에서는 전통적으로 기독교 이외의 개념인 샤머니즘, 우상주의 도덕론, 만유내재신론(萬有內在神論, Panentheism), 또는 범신론(汎神論, Pantheism) 등에 기초를 둔 종교적 개념의 배경을 가지고 있기 때문에 교회와 국가의 제도적 개념의 관계성을 무관하게 생각하고 있다. 고려는 불교가 왕조의 도덕적 배경이 되었고 이조시대에는 유교가 왕조의 도덕적 배경이 되었다. 그러나 그러한 종교는 왕권시대에 정치적 제도의 기반이 된 것은 아니다. 하나의 이념적 도덕론이 왕권을 유지 하는데 사상적 영향을 끼친 것이다.

그러므로 여기서 우리는 교회와 국가의 제도적 관계를 정의해야 할 것이다. 교회와 국가의 제도적 형태는 3가지 유형으로 말할 수 있다. 하나는 교회 권력형, 또 하나는 국가 권력형, 그리고 또 다른 하나는 정교 분리형(Separation of Church and State)이다.

교회 권력형은 중세의 제왕들을 지배했던 로마 교조주의(Catholicism)의 국가관이다. 교회는 하나님으로부터 직접 부여 받은 영적 기관으로 모든 세상 나라들을 다스릴 권한을 가지고 있다는 주장이다. 이러한 비성경적인 주장은 교회 내에서 벌어지는 교리적 논쟁을 세상의 법정에서 재판하여 수많은 신앙인들의 피를 흘리게 한 원인을 제공하였다. 캐톨릭 사제들이 국가의 재판장과 제왕들의 위에서 무소불위의 권력을 가지고 억울하게 죄목을 조작하여 헌금수탈, 고귀한 생명을 앗아간 일, 그리고 고문을 통한 재산의 탈취 등을 서슴없이 자행하게 되었다. 즉 정치와 종교의 야합을 통하여 자신들의 권력과 부를 축적하는데 여념이 없었다.

다음으로 국가권력형의 교회관이다. 이는 독일의 교회가 이런 형태를 제도화 하고 있다. 루터(Luther)가 로마 캐톨릭 교회의 제도를 반대한 영향력 때문에 교회의 제도적 지배를 국가가 담당하는 정치형태이다. 이는 교역자의 교리적, 윤리적, 그리고 교회정치를 국가가 주관하기 때문에 교회의 교리적 타락을 급진시키는 제도라고 말할 수밖에 없다. 근대 교회사를 보면 많은 자유주의 신학이 독일에서 발원하고 있다는 것은 예사 일이 아니다. 교역자의 생활비도 국가가 제공하고 있다. 그러므로 교회가 선교의 사명을 감당해야 하겠다는 자극을 받지 못하고 안일주의에 빠져 국가의 제도에 얽매이게 한다. 결국에 가서는 성령의 감동적 사역을 멀리하게 된다.

다음으로 정교분리(政敎分離, Separation of State and Church)형의 정치제도이다. 이는 국가와 교회의 제도적 정치형태를 분리해서 각자의 제도적 체계를 인정한다는 말이다. 즉 국가는 국가의 독자적인 정치체제를 유지해야 하며 교회는 교회의 독자적인 정치형태를 유지해야 한다는 말이다. 국가는 교회의 목사, 장로, 그리고 집사 등의 직무와 당회, 노회, 그리고 총회의 조직에 대해 간섭할 수가 없다는 말이며 교회는 국가의 대통령, 국회, 그리고 법원의 제도에 대해 간섭할 수가 없다는 말이다. 또한 여기서 중요하게 대두되는 재정문제에 대해 서로가 간섭할 수 없는 절대 노선을 정하고 있다. 즉 국가는 교회의 헌금에 대해 간섭하거나 수거할 수 없다. 또한 교회는 국가의 재정을 유용하여 목회자의 봉급에 사용할 수 없다. 그러나 이 재정문제는 교회와 국가를 위해 세금 제도, 사회보장 제도, 그리고 구제에 관한 재정 등 공동전선을 펼쳐 서로가 유효한 전략을 도모할 수 있다.

정교분리(政教分離, Separation of State and Church)형은 하나의 주권 밑에 있는 제도적 분리이지 선한 목적을 향해 가는데 있어 완전한 분할을 의미하는 것이 아니다. 즉 국가를 도덕적으로 다스리는데 있어 교회의 도움이 절대적으로 필요하며 교회를 정결하게 유지하기 위해서도 역시 무력을 가지고 있는 국가의 도움이 절대적으로 필요하다. 하나님의 영광을 위해서는 국가와 교회는 선한 일에 있어 서로 대립적이지 않고 또 악한 일에 있어서는 서로 너무 유착 되지 않고 견지하며 협력해 나가야 한다는 의미이다. 국가는 교회를 적대시하거나 핍박하는데 앞장서게 되면 오히려 국가의 존폐위기를 당할 수 있다는 것을 명심해야 한다. 또한 교회는 국가의 올바른 도덕적 정치를 위해 선한 충고와 협력관계를 유지해야 국가에 도움이 되며 또한 국가는 교회를 극악무도한 폭력으로부터 안전하게 지켜 줌으로 국민들을 선하게 인도하는 교회를 돕는 일이 된다. 그러므로 정교분리(政教分離, Separation of State and Church)는 한 지붕 밑에 두 가지의 협력과 견지의 관계를 유지하는 제도라고 볼 수 있다.

이제 위에 언급한 세 가지의 교회와 국가론에 대한 내용들을 내강 점검해 보고 다음 장에서는 국가의 제도적 문제와 교회의 제도적 문제를 다루어 보려고 한다.

I. 교회 권력형

교회권력형의 정치제도는 사실상 구약의 신정정치(神政政治, Theocracy)제도의 답습이라고 말할 수 있다. 구약시대에는 국가를 다스리데 있어 인물의 3대 요소가 작용하고 있었다. 선지자직, 왕직, 그리고 제사장직이다. 처음 사울을 이스라엘 국가의 왕으로 선택한 것은 하나님의 뜻에 의한 왕이 아니고 백성들의 원성을 들어주어 하나님께서 허락한 것이다. 그러므로 신정정치(神政政治, Theocracy)의 입장에서 보면 이스라엘 초대 왕은 다윗이라고 보아야 한다. 선지자직은 이스라엘 백성과 왕을 위해 하나님의 말씀을 받아 그대로 전하는 역할을 하고 있었다. 하나님께서 통치하시는 전달의 방법인 말씀을 대언하는 직무를 수행하는 사람이었다. 문제는 하나님의 말씀을 그대로 대언하는 직무를 수행하고 있었기 때문에 왕이나 백성들의 의도에 맞지 아니한 말씀이 전달될 때 왕과 백성들은 그들 스스로 회개하기보다 선지자를 핍박하는 일이 다발적으로 일어나게 되었다. 왕직은 하나님의 뜻대로 백성을 다스리는 직무를 수행하고 있었다. 북쪽 이스라엘 왕들과 남쪽 유대의 왕들은 하나님의 뜻에 따라 백성을 통치하는 일에 있어 서로 차이가 있었는데 이스라엘 왕들은 주로 하나님의 뜻에 어긋난 통치방법을 도입하였고 유대 왕들은 주로 하나님의 뜻에 순종하는 통치방법을 도입하였다. 그러므로 북쪽 이스라엘은 약 450년 빨리 망하고 유대는 후에 말라기까지 국가를 지속하게 되었다. 그러므로 왕들은 비록 자기의 왕권을 지키는 일에 입각하여 선지자의 충언을 들을 것이 아니라 하나님의 뜻에 따라 말씀에 순종하는 자가 되어야 했다.

지금도 우리가 깊이 생각할 것은 국가의 통치자들에게 성경대로 충언을 하는 많은 목사들이 있어야 하며 구약에 잘못된 거짓 선지자들을 닮아 국가의 권력자들에게 머리를 조아리는 목사들이 없어야 할 것이다. 신정정치에 있어 제사직은 인간의 범죄이후 필수 요건으로 등장하게 된다. 이 직무는 하나님의 통치를 위해 제사장이 백성의 죄를 대신하여 희생의 제물을 드리는 예식이다. 이 예식은 백성의 죄를 속하는 아주 중대한 일이다. 이 예식을 잘못 이해하거나 잘못 수행할 때 하나님과의 인격적 교제관계가 단절되는 무서운 위치에 처하게 된다. 즉 이 제사 속에 예수 그리스도의 십자가 대속의 은혜가 포함되어 있기 때문이다. 이스라엘 백성과 하나님과의 관계는 은혜언약의 예표(Typology)가 주어진 신정정치를 수행해야하기 때문에 이 대속의 문제를 바로 이해하지 못하고 제사직을 수행하게 되면 하나님께서는 이사야 1장 3-14절에 **악을 행하는 것을 견딜 수 없다.** 라고 말씀하고 있다.

위의 세 가지 직무는 구약에서 신정정치(神政政治, Theocracy)를 시공간 세계에서 수행함으로 역사 속으로 오신 예수그리스도를 예표하는 절대요소로 등장한다. 이는 예수그리스도께서 하나님의 본체임에도 불구하고 시공간 세계에 오셔서 선지자직(하나님 아버지로부터 받은 말씀을 그대로 전함, 요12:49-50), 왕직(하나님의 백성의 모임인 교회는 물론 전 우주만물을 다스림, 계2:26-28), 그리고 제사직(예수 그리스도 자신이 그의 백성인 성도들을 위해 하나님 아버지에게 희생 제물이 되어 십자가에서 죽으심, 히4:14-15)을 수행 하신 직무를 구체적으로 보여준 실체이다. 그러므로 캐톨릭 교회의 교회 권력형은 구약의 신정정치와는 그 교리와 형식이 전혀 다르다. 혹자는 캐톨릭 교회가 구약에 나타난 신정정치의 모형을 답습한 것으로 생각하는 경우가 있는데 이는 교회 권력형의 정치제도를 잘못 이해하는 말이다. 성경에 기록된 교리적 원리와 정치제도의 형식이 구약의 것과 로마 캐톨릭의 것이 전혀 다르다. 로마 캐톨릭 교회는 이미 신약 시대에 형성된 정교분리(政教分離, Separation of State and Church)의 역사 선상에서 구약의 신정정치의 제도를 답습 한다는 것은 전여 불가능한 시도이다.

교회권력형의 문제는 로마 캐톨릭 교회의 역사적 사실을 탐구함으로 그 원인을 파헤칠 수 있을 것이다. 천년이란 긴 기간 교황들은 유럽의 각 제국들을 통제하고 권력과 부를 누리는 탑을 드높게 쌓아 올리고 있었다. 인간은 사악하기 끝이 없는 존재이기 때문에 고난을 당할 때의 과거를 아주 쉽게 잊어버린다. 터툴리안(Tertullian)은 "교회는 순교의 피값으로 성장한다." 라고 말했다. 4세기 이전까지 교회의 성도들은 수 없는 피를 순교의 제물로 바쳤다. 그 대가로 세계를 지배할 수 있는 교회의 부흥을 가져왔다. 그러나 교회가 부흥되고 사제들이 돈과 권력의 맛을 보게 된 후로는 과거 순교자들의 피를 생각하지 않고 정치와 결탁하여 권력과 부를 누리는데 집착하게 되었다. 그 가장 근원이 되는 시기는 6세기 말 그레고리 1세(Gregory I, 590-604)로 올라간다. 그는 캐톨릭 교회의 첫째 교황으로 명명되어지고 있다. 중세 교회사는 사실상 로마 캐톨릭 교회의 교회 권력형 시대이다. 1517년까지 약 1,000년의 기간이다. 6세기는 로마 게르만 문화(Romano-Germanic Civilization)를 꽃 피우는 시대로 본다. 즉 476년 로마 제국이 멸망하고 게르만 족과 라틴족이 함께 형성한 봉건문화시대이다. 교회가 급성장함에 따라 교황들은 봉건주의 사상을 업고 교회 권력형 시대를 건설하기에 이르렀다. 이제 1,000년이란 긴 역사를 통해 교회권력형 시대를 장식하려는 로마 캐톨릭의 술수와 잔혹의 음모를 밝혀보자.

1. 그레고리 I세

바야흐로 500여 년간의 교부들의 시대가 지나고 교황의 시대를 맞이하게 되었다. 그레고리 1세(Gregory I)는 540년경 로마에서 태어났다. 그는 590년부터 604년 까지 교황직을 수행하면서 사실상 명실상부하게 중세 로마 캐톨릭 교회가 각 국가의 제왕들을 제압할 수 있는 위치에 올려놓은 인물이다. 그는 헌신과 지혜를 겸비한 수도사였다. 그는 교황이 되는 것을 원치 아니하여 아무도 몰래 변장을 하고 수도원을 빠져 나가다가 발각이 되어 결국 교황의 자리에 앉게 되었다. 그의 협상력과 상황을 정확히 판단하여 대처하는 능력은 북부 아프리카를 선교사들을 파송하여 복음으로 점령하게 하였으며 영국과 독일을 교황청의 지배아래 이끌어 들이는 능력을 발휘하였다. 그러나 그의 탁월한 현실 적응능력은 신학적인 면에서 그 문제점을 드러냈다. "세례를 받은 후 지은 죄는 회개와 더불어 보상을 해야 한다. 그리고 공로를 쌓아 올리는 일과 참회에 도움이 되는 성찬에 참여함으로 죄를 씻는다." 라고 성경에 맞지 않은 주장을 했다. 더욱이 그는 연옥설을 신학의 한 부분으로 확정했다.[3] 이러한 비성경적인 주장은 후에 화체설(Substantiation)을 통해 사제주의(司祭主義)를 발전시키는 결정적인 원인이 되었으며 사제들의 권위를 강화함으로 교회는 제왕들을 지배하는 권력을 차지하게 되었다.

그레고리 1세(Gregory I)는 영국을 위시하여 북방지역에 여러 선교사들을 파송했다. 이 선교운동은 7세기와 8세기 까지 대 성황을 이루었다. 많은 수도원을 세우고 각 지역에 새로운 감독들을 임명하게 되었다. 이로 인하여 라인 강의 동부는 물론 다뉴브 강의 광범위한 북부지방이 복음으로 물결치게 되었다. 그의 행적능력과 인격적 지도력은 산만하게 흩어진 교회들을 일원화 시키는 능력을 발휘했으며 넓은 지역을

---

3) 김의환, 기독교회사, 총신대 출판부, 2002년 11월, pp.164-165.

하나의 조직체계 속에 통일 시키는 작업에 박차를 가하게 되었다. 당시 교회는 유럽 북방지역에서 전쟁을 하다가 피흘리며 지친 몸으로 찾아 온 병사들을 적군이나 아군에 상관하지 않고 치료해 주고 돌보아 줌으로 각 지역의 제왕들로부터 호평을 받게 되었다. 이러한 뛰어난 선교전략으로 말미암아 각 지역의 제왕들과 유능한 관리들에게 복음을 전할 기회를 얻게 되었고 나아가 제국들이 정신적으로 교회의 지도아래 놓이게 되었다. [4] 이러한 선교사적 사건들이 후에 교회가 경제적 힘을 얻게 되고, 영예와 권력을 쥐게 되고, 나아가 제왕들을 영적 힘이 아닌 권력의 힘으로 제압하려는 계략을 드러내게 된 것이다.

세상의 모든 일들이 그렇다. 개구리 올챙이 때의 생각을 못한다는 말이 있다. 권력과 돈이 손아귀에 들어올 때 인간은 타락의 길을 벗어나기 힘들다. 교세가 강해질수록 순수한 영적 힘을 상실해가고 반대로 세상 권력의 노예가 되어가고 있었다. 국가에서 실행해야 할 군대를 교회가 모집하여 전쟁을 일으키는 일들을 서슴없이 행하고 있었다. 그것이 바로 예루살렘 탈환작전인 십자군 전쟁이다. 또한 종교개혁이 일어나기 까지 교회에서 판단해야 할 교리적 또는 도덕을 결정하는 일에 있어, 국가의 힘을 사용하여 성도들의 고귀한 생명을 빼앗았고, 수많은 재산을 탈취해 갔다. 성경에 어긋나는 작은 일 하나가 조직 전체에 확대될 때 얼마나 큰 범죄의 집단화로 변하는지 우리가 깊이 생각할 문제이다.

2. 찰스 대제(大帝)

---

4) Philip Schaff, History of the Christian Church, Vol. IV. Medieval Christianity, pp. 31-61.

8세기부터 이미 각국의 제왕들은 교황으로부터 제왕의 대관을 수여 받지 못하면 왕권을 행사할 수 없는 시대로 접어들었다. 그중에 한 가지 짚고 넘어가야 할 사건은 찰스 어거스트(Charles Augustus)에 관한 역사이다. 그의 개인적인 생애에 대해서는 탄생이 742년 4월경으로 추정되고 있으며 그 외의 성장기에 관한 기록은 전무한 상태이다. 800년 베드로 성당에서 교황 레오 III세(Leo III)로 부터 왕관을 부여받은 찰스는 로마 캐톨릭 교회를 통해 교황으로부터 부여받은 신성 로마 제국의 부활에 대한 사명을 다짐하는 날이었다. 그는 아주 열정적인 정치가였으며 선교에도 열정의 사명을 가지고 삶을 불태운 제왕이었다. 그는 선한 사업과 교육을 통해 선교하는 방법을 무시하고 무기를 통해 한손에는 칼을 들고 한 손에는 복음을 들고 양자택일을 하라는 이슬람식 선교 방법으로 유럽을 휩쓸고 다녔다. 세례를 강요한 후에 영적 교육을 지도하는 방법을 택한 선교전략이었다. 한 지역을 점령한 후에는 그 자리에 교회와 학교를 설립하였다. 또한 십일조 헌금을 강요하여 교회 재정을 풍부하게 만들었다. 그 자신 교회 출석과 십일조 헌금에 정성을 다했으나 당시 제왕들의 습관처럼 되어 버린 잘못된 결혼관을 그도 벗어나지 못하게 되었다. 그는 다섯 번 결혼 했으나 주위의 사람들은 물론 교황도 그의 잘못된 결혼관에 대하여 단 한 번의 권고도 없었다.[5] 는 것은 겉과 속이 다른 역사의 전철을 계속 유지했다는 어두움의 장면을 연출하고 있었다.

3. 힐데브란드(Hildebrand)

그레고리 7세라는 칭호를 받은 힐데브란드 교황은 1073년부터

---

5) Ibid, pp. 238-243.l

1085년까지 극적인 역사를 남겼다. 그는 강력한 교황권을 강조하는 교황의 전성시대를 풍미하기도 했다. 그는 세계적인 신정국가를 건설하려는 의도를 숨기지 아니했다. 교황권은 하나님께서 허락하신 우주적인 주권으로 여기고 모든 권세 즉 국가의 제왕들이 교황의 권세 앞에 모두 복종해야 한다고 주장했다. 교황은 제왕들의 임면권(任免權)을 가지고 있으며 이는 지상대권(地上大權)을 가지고 있기 때문이라고 주장했다. 당시 힐데브란드(Hildebrand)가 교황에 올랐을 때의 초기에는 로마 교회가 강력한 권력을 쥐고 있었기 때문에 그럴만한 주장이 가능했다.[6] 그러나 지상에는 무한대의 권력을 행사하려는 어떠한 힘도 하나님의 주권 앞에서는 무의미한 것이 되고 만다는 사실을 무시했다.

당시 독일에서는 헨리 4세(Henry IV)가 정치적으로 곤경에 처해 있었기 때문에 곤경을 벗어나는 수단으로 교황의 권력에 합세하고 있었다. 그런데 당시 독일에서는 색슨족이 반란을 일으켰다. 이유는 억압을 당하는 한계점에 와 있었기 때문이었다. 여러 지역에서 귀족들과 지주들이 헨리 4세에 대항하여 반란을 일으켰다. 이 때 헨리 4세는 교황의 호감을 사기 위해 교황이 보낸 사절 앞에서 고해하고 교황에게 순종할 것을 약속했다. 더불어 교황은 1075년 부활절에 로마의 종교회의에서 세속권세가 성직을 임명할 수 없다는 칙령을 다시 선포하고 세속의 권세가 감독직의 임명에 전여 관여하지 못하도록 못 박았다. 그는 "하나님이 하늘에 두 빛 곧 해와 달을 달아 두심으로 만물을 비치게 하는 것처럼 땅에는 두 세력을 세우심으로 만민을 다스려 잘못된 길로 가지 않게 하신다. 이 두 세력을 교황과 국왕이다. 교황은 큰 빛이고 국왕은 작은 빛이다. 그리스도의 가르침을 따르면 하나님의 도우심

---

6) 김의환, 기독교회사, 총신대학교 출판부, 서울시 동작구 사당동 산 31-3, 2002년 11월, p. 177.

으로 사도의 권력이 국왕의 권력을 지배하는 것으로 정해져 있다."[7)]
라고 설파했다.

이러한 도가 넘치는 교황 지상 권력주의가 언제인가는 난관에 봉착하게 된다는 것은 시간 문제였다. 우리가 성경을 자세히 살펴보면 사도의 권력이 국왕의 권력을 지배한다는 내용은 눈을 씻고 찾아보아도 찾을 수가 없다.

1075년 헨리 4세는 색슨족의 반란을 진압하고 독일의 군주가 되자 이제는 언제까지나 교황의 눈치만 살피고 살 수 없다는 것을 깨달았다. 민심이 교황보다 자신에게 쏠리는 것을 눈치 챈 그는 밀란(Millan)의 대 감독을 스스로 임명하기에 이르렀다. 드디어 교황과 제왕의 싸움은 불꽃 튀기는 접전으로 치닫고 있었다. 교황은 1075년 12월 엄중한 항의서를 보냈다. 이에 대항하여 헨리는 1076년 1월 26일 보름스(Worms) 회의를 열어 교황의 독재를 규탄하고 황제의 권한을 옹호하는 결의를 채택하였다. 이때 대부분의 독일 감독들은 헨리의 주장에 동조하고 있었다. 더불어 보름스(Worms)의 회의는 교황의 권위에 극단적으로 도전하는 폐위를 결정하는데 까지 이르렀다. 그리고 통고하기를 "지금은 교황이 아닌 거짓 수도사인 힐데브란드" 에게 라는 표제를 붙여 공식적인 명칭을 제거하여 버렸다. 그레고리 7세인 힐데브란드는 화가 머리끝까지 치밀어 즉각적인 결정을 내리게 되었다. 1076년 2월 22일 로마에서 종교회의를 개최하고 헨리 4세를 파문과 동시에 폐위를 선언하였다. 모든 헨리 4세의 신하와 노복들의 해방을 선언하고 국민들은 더 이상 헨리 4세에게 충성할 의무가 없음을 선언하

---

7) Ibid, p.178.

였다.[8]

　이러한 교회권력형을 강하게 주장하는 편과 세속 국가의 권력형을 주장하는 피나는 싸움은 중세교회가 얼마나 영적 교화에 무관심하고 부와 권력의 파도를 타고 있는가를 말해주고 있다. 이러한 싸움은 현재 우리가 처하고 있는 정교분리(政敎分離 Separation of State and Church)형의 교회와 국가론의 입장에서 볼 때 전여 이해할 수 없는 상황을 연출하고 있는 것이다. 세상의 모든 이치는 힘이 강해질수록 인간은 더 큰 욕심을 부리게 된다는 점이다. 당시 로마 교회가 넘볼 수 없는 욕심을 부리고 있었다는 것을 입증해 주는 사건이다. 당시의 상황은 오직 교황과 제왕들의 부분적인 싸움의 영역으로 간주할 수 없는 입장이었다. 그 이유는 교황과 제왕들의 사이는 그 배후에 수많은 국민들이 어느 편에 속하느냐 하는 문제가 싸움의 승패를 가르는 열쇠였다. 현재 21세기에 당면한 교회와 국가의 문제로 중세의 제왕들과 교황의 싸움을 이해할 수 있는 사람은 거의 없을 것이다. 유럽에 산재해 있던 국민들이 어느 편에 속하느냐 하는 문제는 싸움의 승패를 가르는 열쇠가 되었다.

　당시 독일 국민들의 연합된 지원이 있었다면 헨리 4세는 쉽게 승리를 가져왔을 것이다. 그러나 색슨족의 보복이 계속되는 가운데 독일 국민들의 연합된 후원이 약해져 가고 있을 때 민심이 이완되고 헨리에게 충성하던 감독들과 제후들이 차츰 교황 편으로 기울어지게 되었다. 이러한 형세를 보고 당시 귀족들은 회의를 열고 "만일 제왕이 일년 이내에 교황으로부터 파문 해제의 허락을 받지 못하면 우리는 우리의 힘으

---

8) Ibid, p.179.

로 제왕을 폐위 시키겠다." 고 결의하기에 이르렀다. 이제 헨리 4세는 교황으로부터 파문을 철회해 달라고 애원하며 비는 길 뿐이었다. 당시 교황은 깊은 산중의 카놋사(Canossa) 성에 와 있었다. 헨리 4세는 교황을 만나기 위해 추운 겨울 알프스 산을 넘어 카놋사(Canossa)의 성문을 두드렸다. 교황은 냉정하게 면회를 거절했다. 사흘간 눈이 내리는 밖에서 맨발로 떨면서 기다린 효과가 나타났다. 나흘째 되는 날 면회가 허락되고 교황의 발 앞에 엎드린 제왕의 머리위에 손을 얹어 파문의 철회를 선언했다. 그러나 진정한 싸움은 그때부터 시작되었다. 헨리 4세의 패배를 고대하던 독일의 감독들과 귀족들은 파문철회의 소식을 듣고 방황하게 되었다. 궁지에 몰린 헨리의 정적들은 국회를 열게 되었다. 루돌프(Rudolf)를 헨리 4세의 자리에 앉도록 만들었다. 이러한 와중에 힐데브란드(Hildebrand) 교황 역시 루돌프(Rudolf)를 택하느냐 아니면 파문을 철회한 헨리 4세를 택하느냐 하는 문제로 방황하기 시작했다. 그런 와중에 독일의 내란은 계속되었다.[9]

1080년 3월 힐데브란드(Hildebrand) 교황은 로마에서 다시 종교회의를 열 수밖에 없었다. 두 번째 헨리 4세를 파문하기에 이르렀다. 이러한 소식을 들은 독일 국민들은 교황의 이중적인 처세에 신뢰를 보낼 수가 없었다. 헨리 4세는 이로 인하여 독일 국민의 신뢰를 얻게 되었다. 헨리 4세는 1080년 6월 브릭센(Brixen)에서 종교회의를 열고 힐데브란드라는 이름을 가진 그레고리 7세(Hildebrand, Gregory VII)를 파면하고 비베르트(Wibert)를 교황으로 선정하여 클레멘트 3세(Clement III)로 호칭하기에 이르렀다. 루돌프(Rudolf)는 갑자기 횡사하게 되어 헨리 4세는 독일 국민들의 지원을 받은 여세를 몰고 1084

---

9) Ibid, p.180.

년 군대를 이끌고 로마로 진군하고 있었다. 로마는 함락되고 천하를 호령하려고 갖가지 모사를 일삼던 교황 힐데브란드(그레고리 7세)는 로마를 빠져나와 도망 다니던 중 외로운 방랑길에서 1085년 6월 25일 객사하고 말았다.[10]

위에서 소개한 이러한 사건들은 교회가 교회의 역할을 떠나 세상 권력을 쥐고 마음대로 조정하려는 음모가 얼마나 어리석은가를 교훈하는 내용들이다. 얼마나 권력을 많이 소유하고 있었으면 11세기 말부터 13세기 말까지 약 200여년 동안 교회에서 군대를 징집하여 예루살렘 탈환작전인 십자군 전쟁을 일으켰는가? 21세기 교회관으로는 도저히 상상할 수 없는 일을 저지른 것이다. 성지 탈환이라는 미명하에 수많은 젊은이들을 사지로 몰고 간 조직체가 바로 교회라는 것을 우리는 상상할 수 있는가? 이제 우리는 중세의 아주 잔혹한 피의 전쟁 즉 교회가 세상의 전쟁까지 움켜쥐고자 했던 십자군 전쟁을 생각해 보아야 한다.

4. 십자군 전쟁

십자군 전쟁은 오늘날 상상도 할 수 없는 200년 전쟁이라고 명명할 수 있다. 평화를 지향하는 기독교의 입장에서 볼 때 더욱 이해할 수 없는 전쟁이다. 교회가 성지탈환과 교회의 연합이라는 미명 하에 무수한 젊은이들의 피와 각 지역에 사는 평민들의 피를 흘리게 하였으며 수많은 재산과 노동력을 소모하게 만들었다. 비례적으로 대조해 보면 시간적으로, 물질적으로, 그리고 생명을 제 2차 세계대전보다 더 많이 소모한 잔혹한 전쟁이라고 말할 수 있다. 당시의 전 세계 인구는 약 2억 5

---

10) Ibid, pp.180-181.

천 만명에 불과하였다. 교회가 그토록 많은 군대와 물자를 동원하였다는 것은 놀라지 아니할 수가 없다. 사람의 생각이 종교화 될 때 아무리 악한 생각과 행동이 자신을 점령할 지라도 그 모든 것들을 선한 것으로 정당화 해버리는 사악한 원죄가 인간을 지배하고 있다는 것을 십자군 전쟁을 통해 알 수 있다.

박해를 받는 동안 성지 순례를 미덕으로 생각했던 성도들의 열망이 십자군 전쟁으로 이어졌다. 즉 성지순례를 하나의 공로로 생각했기 때문이다. 전쟁이 일어나게 된 동기는 성지를 순례하는 기독교인들을 터키군이 괴롭히기 시작한 데서부터 시작되었다. 당시 비잔틴의 제왕 알렉시우스(Alexius) I세는 터키군의 횡포를 견제시켜 달라는 호소문을 교황 우르반 II세에게 보냈다. 이에 우르반 II세는 1095년 11월 26일 성지 탈환을 위해 십자군 동원을 선포 하였다. "이 운동이야 말로 하나님의 뜻이다." 라고 외쳤다. 이 구호는 서방세계에 메아리 쳤다. 나아가 교황은 이 거룩한 싸움에서 죽는 사람들에게는 모든 죄를 용서해 주고 영생을 얻게 해 준다고 성경에 반하는 약속을 발표하였다. 이 호소에 응하는 자는 감옥의 죄수라도 풀어주어 군대에 편입시켰다. 도처에서 열광적인 반응이 일어났다. "성지를 이교도의 손에서 다시 찾아야 한다." 는 설교는 십자군에 동원될 군인들을 모으는데 불을 지피는 역할을 했다.[11]

제 1차 십자군(1096년-99년) 운동은 볼론의 갇프리(Godfrey of Bouillon)가 인솔한 부대였는데 1096년 크리스마스 날에 콘스탄티노플에 도착하고 1097년 6월에 니케아를 함락시켰다. 그해 10월에는 안

---

11) Ibid, pp.182-183.

디옥에 도착하여 그 도시를 8개월 만에 함락시켰다. 1099년에 예루살 렘을 점령하고 성내의 모하멧교도들을 멸절시켰다. 같은 해 8월 12일 이집트로부터 올라와 십자군을 대항해 싸운 군대들을 격퇴시키고 성지를 회복하는데 성공했다. 갇프리(Godfrey)가 죽은 후 그의 동생 볼드 윈(Baldwin)이 예루살렘 지역 왕을 계승하여 라틴 왕국을 세우고 팔레 스틴 전역을 점령하고 이탈리아 인들을 식민(植民)으로 삼아 봉건제도 를 확립하였다. 이 라틴 왕국은 88년 동안 지속되었다.[12)]

　제 2차 십자군(1147년-1148년) 운동은 회교 군대가 에뎃사와 예 루살렘 동북부의 요새를 함락시킴으로서 성지의 안전이 위험에 처하 게 되자 일어난 운동이었다. 교황 유게니우스 3세(Eugenius III)에 의 해 제창되고 프랑스 왕 루이 7세(Louis VII)와 독일의 콘라드(Conrad) 왕에 의해 모집된 십자군이 1147년 출정 길에 올랐다. 이 십자군의 사 기는 처음보다 떨어지고 가는 도중 바다에서 배가 파선을 당하기도 하 고 육지에서는 패전을 당해 소 아시아에 이르렀을 때는 많은 병력이 소 실되었다. 팔레스틴에 도착한 부대는 1148년 다마스커스를 침략하려 다 실패하고 말았다.[13)]

　제 3차 십자군(1189년-1192년) 운동은 회교도 장수 살라딘(Sal- adin)이 이끄는 군대가 예루살렘을 점령하게 되자 이 소식을 들은 유 럽의 민심은 동요하기 시작했다. 제 3의 십자군을 모으기 시작했다. 영 국의 리차드(Richard) 왕, 독일의 프레데릭(Frederick) 왕, 그리고 프 랑스의 필립(Philip Ausustus) 왕이 모집한 3국 연합군이 출정하게

---

12) Ibid, pp.184-185.
13) Ibid, p.185.

되었다. 독일 왕 프레데릭(Frederick)은 실리시아에서 익사하고 영국과 프랑스 두 왕은 지휘권 문제로 다투다가 프랑스의 필립(Philip)왕은 자국의 정치적 불안을 핑계로 중도에서 귀국해 버리고 영국의 왕 리차드(Richard)는 나머지 병력을 이끌고 3년 8개월 동안 살라딘 군과 고군분투 하였으나 예루살렘을 탈환하지 못하고 말았다. 전쟁에 지친 양군은 조약을 체결하고 리차드(Richard)는 군대를 철수하게 이르렀다. 조약의 결과는 예루살렘의 순례자들에게는 보호해 주고 세금도 면제해 주는 혜택을 허락하기로 했으나 예루살렘의 탈환에 실패한 전쟁이었다.[14]

제 4차 십자군(1202년-1204년) 운동은 교황 이노센트 3세(Innocent III)의 주장으로 플랑데르(Flanders)의 볼드윈(Baldwin)이 이끄는 군대가 출정하게 되었다. 이 운동은 군대 운송에 실패하게 되어 성지 탈환이 실패하게 되었다. 결국 성지 탈환을 포기하고 콘스탄티노플(Constantinople)을 공격하여 동로마 제국의 알렉시우스 3세(Alexius III)를 폐위 시키고 대신 라틴 감독을 임명하여 희랍교회는 교황에게 50여년간 예속되었다. 이 사건으로 동서교회의 감정은 더욱 격화되어 갔다.[15]

제 5차 십자군 운동은 실제적 군사전략도 없이 허공을 치는 바람을 잡는 운동으로 끝나고 말았다. 청소년들의 순수한 싹들을 짓밟아 버린 의미 없는 출정이 되고 말았다. 프랑스의 목동 스데반과 독일의 소녀 니콜라스가 불과 수 천명의 소년들을 모아 출전했으나 중간에 모두

<hr>

14) Ibid, p.186.
15) Ibid, p.186.

흩어지고 애굽으로 출정한 소년들은 대부분 포로가 되어 노예로 팔려 버렸다.[16]

제 6차 십자군(1227년-1229년) 운동은 독일의 제왕 프레데릭 2세 (Frederick II)가 성지에 도착하여 싸우지도 않고 협상으로 10년간 휴전조약을 애굽의 군주와 맺어 예루살렘, 베들레헴, 나사렛, 그리고 지중해 해안 등을 소유하게 되었다. 이 후 1244년까지 예루살렘을 보존하게 되었으나 그 후로 회교도의 영역에 점령당한 후 1947년 이스라엘 군에 의해 탈환되기까지 700여년 간 버려진 도시가 되고 말았다.[17]

제 7차 십자군(1248년) 운동은 프랑스 루이 9세(Louis IX)가 이집트 원정을 시도했으나 카이로 도상에서 포로가 되어 1만 여명의 부하 군인들의 시체를 뒤에 남겨둔 채 거액의 속전을 주고 겨우 풀려났다.[18]

제 8차 십자군(1270년) 운동은 루이 9세(Louis IX)가 다시 군대를 일으켜 원한에 사무친 원정을 시작했으나 투니스(Tunis)로 향해 진군하는 도중 전염병에 걸려 죽고 말았다.[19]

제 9차 십자군 운동은 마지막으로 영국의 에드워드 1세(Edward I)가 원정하여 나사렛을 빼앗고 10년간의 강화조약을 맺고 돌아왔다. 그러나 1291년 팔레스틴 지역의 점령지가 모두 상실되고 200여년 간의 십자군 전쟁은 종지부를 찍고 말았다.[20]

---

16) Ibid, p.186.
17) Ibid, p.187.
18) Ibid, p.187.
19) Ibid, p.187.
20) Ibid, p.187.

여기서 우리가 깊이 생각할 문제가 있다. 영적 일에 종사하며 사람들을 영적으로 교화하여 생명을 구하는 일에 집중해야 할 성직자들이 국가의 제왕들을 지배하면서 전쟁을 일으키는 주동자들이 된 사건들은 성직이라는 본연의 위치를 벗어난 굴절의 역사를 수놓은 것에 불과하다. 팔레스틴의 회복은 700년이 지난 후 국가 간의 전쟁으로 이루어 진 것은 하나님의 뜻하신바 시사하는 의미가 있다. 종교전쟁은 단 한 가지 종교전쟁으로만 그 의미를 부여할 수 없다는 교훈을 남겨주고 있다. 즉 십자군 전쟁은 종교전쟁과 더불어 국가 간의 전쟁을 유발 시킨 원인이 되었다. 그러나 역사적 평가를 내려할 한 가지 의미를 부여해야 할 것이 있다. 유럽의 교회를 통해 개혁 운동을 일으키기 위한 하나님의 섭리가 십자군 전쟁을 통해 진행되고 있다고 보아야 할 것이다. 십자군 운동은 회교도들이 유럽으로 침입해 오는 길을 차단할 수 있었고 문예부흥을 일으킨 자료가 되는 헬라문화와 종교개혁을 일으킨 성경의 원문을 이해할 수 있는 자료를 제공해 주었다.

또한 십자군 운동은 교황의 권위를 높여 유럽의 제왕들을 통제하는 역할을 하였다. 교황의 명령에 따라 각 국가의 제왕들이 군대를 동원할 수 있었다는 것은 정교분리(政敎分離, Separation of Church and State)의 정치형태에서는 도저히 이해할 수 없는 제도이다. 당시 많은 군인들의 희생으로 그들이 소유하고 있었던 재산은 교회로 자연 헌납되고 로마 교회는 갈수록 부를 축적하게 되었다. 더욱이 교황은 각 국가의 제왕들을 하나의 교권 아래 통합시키는 역할을 하게 되어 교권적 중앙 집권을 강화하게 되었다.

시간이 지나면서 반대급부의 현상이 나타나게 되었는데 십자군 군인들이 가져온 여러 가지 유물들을 통해 헬라문화와 성경의 본문을 연구하는 일들이 유럽의 각처에서 생겨나게 되었다. 이로 말미암아 문예부흥과 종교개혁이 일어나는 계기가 되었다. 유럽의 각 제왕들을 지배하려는 음모는 로카 캐톨릭 교회가 스스로를 무너뜨리는 원인을 제공한 셈이다. 즉 십자군 전쟁은 동서양의 교류를 원활하게 만들었고 고전의 연구로 말미암아 지성의 교류가 활발하게 이루어졌고 스콜라주의(Scholasticim) 사상의 발달을 촉진시키게 되었다. 이로 말미암아 12세기 이후 중세 수도원 대학은 그야말로 학문 연구의 전성시대를 맞이하게 되었다. 신학은 물론 천문학, 의학, 음악, 수학, 철학, 문학, 그리고 그 외의 모든 학문을 신학이라는 주제를 앞세우고 연구하는 전당이되었다. 헬라시대에 철학이라는 주제를 앞세우고 모든 학문을 연구하는 시대를 닮아가고 있었다.

십자군 전쟁은 교황 권력의 강화 수단이 되었지만 그 전쟁으로 인하여 파생된 스콜라주의(Scholasticism) 사상은 교황 위주의 일원화된 교조주의(敎條主義, Catholicism)에서 벗어나는 원인을 제공했다. 아퀴나스(Thomas Aquinas)가 주장한 실재론(實在論, Realism)은 이성을 강조하게 되어 신앙우선주의에서 벗어난 자연신학을 추종하는 분위기를 조성하게 되었다. 차츰 개인주의 신학을 발표할 수 있는 분위기가 조성되어 실재론에 대한 반동으로 나타난 유명론(唯名論, Nominalism)은 개인의 생각이 전체주의가 강요하는 이념에 완전히 굴복할 수 없다는 사상으로 나타나게 되었다. 헬라철학에서 주창했던 개인의 이념을 강조하는 회귀주의로 돌아가는 현상이 나타났다. 로마 교교조주의(Catholicism)가 강요하는 교리에 무조건 굴복하는 강요에 대한 반발로 개인적으로 성경을 연구하고 해석할 수 있는 권리를 부여하는 기회를 제공했다.

II. 국가 권력형

종교개혁은 단순한 기독교의 개혁에 국한된 운동이 아니었다. 즉 어떤 내적 혁신 내지 변형을 가져오는 운동이 아니었다. 외적으로 아주 거룩하게 보이며 내적으로 심히 부패하여 감히 어느 누구도 손을 댈 수 없는 썩어 망가진 교회의 병마를 치료하는 정도의 개혁이 아니었다. 더욱이 종교개혁은 루터(Luther)나 칼빈(Calvin)을 위시하여 교황청을 대항해 소수가 주도하는 개혁 운동도 아니었다. 종교개혁 운동은 가장 평범하다고 일컬어지는 시민운동으로부터 가장 고위층에 있는 귀족들에게 까지, 전반적인 사회와 문화에 이르기까지, 그리고 전 유럽의 정치 제도를 변화시키는 운동이었다. 동시에 교황청의 분열과 도덕적 타락은 민심의 이반 현상을 잠재울 수 없는 상황을 맞이하게 되었다. 더욱 종교개혁을 부채질 할 수밖에 없는 사건들 가운데 하나는 교황청의 지나친 종교세와 면죄부 판매는 모든 국민들의 원성을 자아내게 하였다. 이에 더하여 인문주의가 전 유럽을 휩쓸고 있을 때 가장 큰 영향을 받은 나라는 독일이었다.

1. 독일의 국가 권력형 교회

당시 독일은 연방제 정치제도를 실행하고 있었다. 그러므로 교황청에서는 중앙집권제의 정치제도를 실행 하는데 대해 독일이 정치적으로 만만치 않은 장애물이 되었다. 더하여 인문주의를 가장 많이 선호하는 국가가 독일이었다. 예전주의를 강조하는 로마 교조주의(Catholicism)의 입장에서 볼 때 이성을 강조하는 인문주의는 거침돌이 될 수밖에 없었다. 루터(Luther)를 통하여 종교개혁이 가장 먼저 유럽에서 일어날 수밖에 없었던 이유는 그만한 배경이 깔려있었다. 그러한 배경은 교회와 국가의 정치제도에 있어 국가 권력형을 선호하는 입장으로 기울어지게 만들었다. 결국 독일은 국가 권력형 정치제도를 채택하여 교회에 적용하고 있다. 즉 국가 위주의 교역자 제도를 시행하고 있다. 목회자의 봉급도 국가에서 지불한다.

　　제도적으로 교회와 국가의 정치체계는 닮은꼴이 있으나 깊이 들어가 보면 원리적으로 다른 면이 있다. 다른 면은 신학적인 문제로 연결된다. 종교 개혁의 시대가 지난 이후 왜 독일에서 수많은 자유주의 신학자들이 우후죽순처럼 급격하게 일어났는가? 이는 독일의 교회정치 제도에 큰 원인이 있다고 본다. 물론 더 큰 원인은 유럽에서 가장 먼저 헬라문화에 기초를 둔 인문주의를 강하게 받아들이고 있었던 것이 그 이유이다. 거기에다 국가권력형 교회정치를 받아들이게 됨으로 교회 중심의 신학적 정립을 세울 수 없는 환경을 조성하게 되었다. 독일의 교회는 18세기와 19세기를 거치면서 온갖 자유주의 신학의 전당으로 변해버리고 말았다. 철학 세계에서도 많은 사람들을 혼동의 도가니고 속으로 끌고 들어가는 학자들이 많이 생겨나게 되었다. 종교개혁 이후 17세기 이성주의 철학자 라이프니츠(Gottfried Leibniz), 18세기 계몽주의(啓蒙主義, Enlightenment) 철학자 레싱(Gotthold Less-ing), 근대철학의 거두 칸트(Immanuel Kant), 19세기 신학계와 철학계를 혼란스럽게 만든 슐라이어마허(Friedrich Schleiermacher)와 헤겔(Georg Hegel). 이에 대한 반발로 20세기 초 일어난 실존주의(實存主義, Existentialism) 철학자 하이데거(Martin Heidegger), 19세기 말 무신론을 외치며 칸트(Kant)의 불가지론을 답습한 포에르바하(Ludwing Feuerbach), 헤겔과 포에르바하의 뒤를 이어 우리가 잘 아는 변증법적 유물론자인 마르크스(Karl Marx)와 엥겔스(Freidrich Engels), 19세기 자유주의 신학자 리출(Albrecht Ritchl), 조정신학자로테(Richard Rothe), 종교사학파(宗敎史學派, Religionsgeschich-tiche Schule)의 거장 궁켈(Hermann Gunkel), 자연주의 신학자 하제(Karl Hase), 헤겔주의 교회 역사가 바우르(Ferdimand Baur), 신화주의 신학을 주창한 스트라우스(David Straus), 자유주의 독일 신학자 헤르만(Johann Herrmann), 교리사가 하르낙(Adolf Harnack), 그리고 예수님의 역사성을 부정한 슈바이처(Alberto Schweitzer) 등이 모두 독일 출신 비성경적 신학을 주창하고 나선 사람들이다.

만약 독일에서 국가 권력형 교회관을 시행하게 될 때 국가가 정통 개혁파 신학자들을 중심으로 제도적 기관을 설립하여 재정을 지원해 주면서 교회 스스로 잘못된 신학을 제재할 수 있도록 운영했다면 위와 같은 혼돈의 철학과 신학을 주장한 무리들이 일어나지는 않았을 것이란 생각을 가져본다. 인간은 올바른 신학을 심령 속에 건설해 놓고도 현실의 경제적 또는 정치적 난관에 부딪치게 되면 심령속의 신학을 현실에 적용하는데 있어 하나님을 배신하는 행위를 서슴없이 행하게 된다.

종교개혁 이후 근대(Modern, 종교 개혁 이후 20세기 이전)와 현대(Contemporary, 1914년 세계 제 1차 대전 이후)를 혼돈의 철학과 자유주의 신학을 일으킨 본거지는 독일이다. 로마 캐톨릭의 교회 권력형에 대한 극심한 반발과 인문주의가 합하여 종교 개혁 이후 세계를 극심한 사상적 혼동의 도가니 속으로 이끌고 간 곳이 독일이다. 근원적으로 파고 들어가면 공산주의 사상의 본거지는 독일이다. 하나의 정치적 제도가 마음대로 표출할 수 있는 사상적 광장을 허용할 때 인간의 생각이 얼마나 완악한 것인가를 보여주는 예이다. 한사람의 지도자가 잘못된 생각으로 외길을 달릴 때 얼마나 많은 사람들의 생명이 희생을 당했는가? 그 잘못된 사상은 자유라는 이름아래 하나님을 떠나 독자적 생각에 취해 있을 때 많은 생명을 희생시키고라도 권력에 도취하도록 만든다. 독일의 나치주의는 이미 극단적인 자유주의 사상 속에 잠재해 있었다. 극단적인 자유주의 사상은 항상 이기주의로 빠지게 되어 있다. 그 이기주의는 극단적인 생명 무시주의로 빠진다. 그것이 세계 제 2차 대전의 사상적 원흉이다. 지금도 독일은 히틀러 나치주의에 충성한 사람들을 발굴하여 국제 재판정에 세우는 일을 70년이 지난 오늘날 까지 실행해 오고 있다. 우리는 역사를 지배하시는 하나님의 섭리를 바로 깨닫고 있다면 절대 성경이 말씀하고 있는 바를 긴장된 심령으로 주시해야 할 것이다.

2. 이교도에 기초한 국가권력형

비록 기독교를 종교로 섬기지 못한 국가라 할지라도 한 국가의 정신적 지주는 종교라는 것을 부정할 사람이 있는가? 인간은 본성적으로 종교심을 가지고 태어났기 때문에 신을 섬기는 본질적인 요소를 제거할 수가 없다. 인간은 물질적으로만 만족을 느끼면서 살 수가 없다. 물질주의의 절대주의를 주창한 공산주의의 멸망은 그 좋은 예이다. 세계의 역사를 보면 한 가지의 사상이 100년 이상 시대를 풍미한 적이 없다. 마르크스주의(Marxism)의 물질주의 사상도 예외가 아니다. 그러나 그 물질을 잘 조정하고 국민들의 안정을 제공하는 큰 역할을 담당하는 기관이 국가이다. 물론 노동론과 경제와의 관계에서 근본적인 교리를 제공하는 종교가 기독교라고 주장한다면 혹자들은 기필코 반론을 제기할 수 있을 것이다. 그러나 예수님 이후 2천년의 역사를 살펴보자. 기독교가 부흥된 나라치고 국가의 부흥이 뒤처진 적이 있었는가? 문제는 기독교적 노동론과 경제론을 국가가 올바로 적용 시킬 때 국부론(國富論)을 제공하는 원리가 된다는 것은 명확한 사실이다. 그런데도 기독교 이외의 국가들이 그들 다름대로의 종교를 배경에 깔고 국민들을 다스리고 있는데도 국부론(國富論)과는 전여 거리가 먼 정치적 제도를 실행하고 있는 이유는 무엇인가? 거기에는 국가의 지도자나 국민들이 근본적으로 영적 분별력을 상실했기 때문이다. 더불어 다분히 정교분리(政教分離, Separation of State and Church)의 원리가 올바로 적용되지 못하고 국가가 시행하는 정치의 시녀역할을 종교가 행하거나 정부의 최고 지도자가 잘 못된 종교에 몰입되어 자신의 영리를 위해 종교를 국민의 복지와는 전여 무관한 정책을 시행하고 있기 때문이다.

이교도적 종교를 국가권력의 도구로 사용하는 경우 전폭적으로 종교에 기초한 국가권력형이라고 명명하기에는 한계가 있다. 그러나 이교도를 중심으로 하여 국가를 다스리는 정부 요인들은 국가의 권력을 유지하는데 종교를 이용하고 있다. 그리고 국가를 다스리는 요인들은 스스로 종교인을 자처하거나 종교를 옹호하는 입장에 서있다. 불교, 유교, 힌두고, 이슬람교, 그리고 아프리카와 동남아 지역에 산재해 있는 이교도들을 배경으로 하고 있는 국가들이 그런 형태이다. 이러한 국가들은 독일식 국가 권력형의 정치와 교회의 형태와는 다른 이념과 제도를 가지고 있다. 독일식 국가 권력형의 정치형태는 국가가 기독교를 재정적으로 제도적으로 지원해 주면서 기독교의 교리적 입장에 상관하지 않고 국가의 정치체제를 유지해 나가고 있다. 그러나 이교도 중심의 국가 권력형은 제도적으로 재정적으로 종교를 지원해 주지 않고 이념을 적용하여 종교를 정치의 도구로 사용하면서 정부를 유지하고 있다.

이교도 국가 권력형의 정치형태는 정치에 종교적 이념을 적용할 경우 종교적 가르침 자체가 미개한 요소들로 차있기 때문에 국가의 발전에 전여 기여할 수가 없다. 특히 성경에서 가르치고 있는 일반은총(一

般恩寵, Common Grace)의 개념이 정립되어 있지 않기 때문에 문화관에 대한 발전을 기대할 수가 없다. 그리고 그러한 국가들은 힘의 왕권을 소유하고 있는 정부의 정치와 심령을 다스리는 종교의 원리와 결탁이 형성될 때 비리가 판을 치게 되어 정부의 타락이 따라올 수밖에 없다. 그렇기 때문에 그러한 나라들은 혼돈과 멸망과 전쟁으로 접철되는 정부형태를 지속할 수밖에 없다. 우리가 알거니와 중세의 기독교 역사를 보아도 교리적, 도덕적, 타락이 얼마나 많은 생명을 앗아갔는가를 족히 알고 있다.

고려가 멸망할 때 우리는 정부와 불교의 밀접한 결탁이 있었다는 것은 역사를 통해 잘 알고 있다. 또한 유교를 배경으로 삼고 있었던 조선 말기에 파벌싸움이 얼마나 심했는가를 우리는 잘 알고 있다. 결국 조정에서는 국제적으로 밀려오는 각 나라의 음모를 어떻게 재처하느냐에 있어 의견 다툼으로 서로 다투다가 일본에게 침략을 당하고 말았던 사건을 우리는 잘 알고 있다. 이슬람교를 종교로 삼고 있는 중동의 여러 나라들은 타종교인들 특히 기독교인들에게 무참하게 테러를 가하여 죽이고 체포하여 참수하고 있다. 힌두교를 섬기는 나라에서도 기독교인들을 불태워 죽여도 국가에서는 오히려 불태워 죽이는 힌두 교인들을 옹호하고 있다. 미개한 나라에서는 미신적인 종교와 국가의 권력을 쥐고 있는 자들이 결탁하여 사람들을 미신적인 원리에 의해 처단하고 있다. 석유 왕국을 자랑하는 그 국가들이 문화적으로 뒤처진 이유를 우리는 바로 알아야 한다. 자원만 풍부하다고 국가가 발전되는 것은 아니다. 국가의 요직을 담당하고 있는 인사들은 물론 국민들이 일반은총(一般恩寵, Common Grace)에 있어 하나님으로부터 받은 문화명령을 올바로 인식해야 한다. 그 인식은 지적 요소만을 요구하는 것은 아니다. 인생의 목적을 동반한다. 인생의 목적을 시행하는 데는 헌신과 사명을 동반한다. 헌신과 사명은 정직과 준법정신을 동반한다. 정직과 준법정신은 이기주의를 넘어 이타주의에 관심을 쏟아내게 한다. 이것이 기독교가 가르치는 문화명령이다.

인류 역사가 형성된 이래 국가와 종교는 항상 양쪽 날개가 되어 쌍방이 긴밀한 협력 또는 극한 대립의 역사를 걸어왔다. 그러한 현상은 수많은 부조리를 양산해 냈다. 그것이 바로 종교의 이념과 반대되는 인물이나 해당 국가의 정치에 반대되는 인물들의 생명을 마구잡이식으로 빼앗고 재산을 탈취하는 현상으로 나타났다. 종교의 본질은 영원한 생명을 구해 주고 사람들을 교화시키는 일이 본래의 직무이다. 국가의 본질은 국민의 생명과 재산을 안전하게 보호해 주는 일이 본래의 직무이다. 종교단체를 위해 국가의 권력을 이용해 천하보다 귀한 생명을 마구잡이식으로 빼앗고 재산을 탈취해도 된다고 생각한다면 그 종교와 국가는 폭력집단의 변하게 되고 종교와 국가의 직무를 넘어설 때 그 종교는 멸절되고 국가는 패망의 길을 가게 될 것이다.

우리가 깊이 생각할 것은 왜 기독교는 계속 번성하고 있는가를 숙고해야 할 것이다. 기독교는 정치, 교육, 문화, 사회, 과학, 그리고 예술분야에 까지 하나님과의 관계에서 인생의 목적을 어떤 사명으로 삶을 살아야 할 것을 강조하고 있다. 인생의 제일 목적이 하나님과의 관계에서 인격적 교류를 통해 하나님께 영광을 돌리고 그분과 더불어 기뻐하는 삶을 사는 것을 강조하고 있다. 어느 노동에 종사하든지 노동의 질적인 요소에 대해서는 문제를 삼지 않는다. 내가 어떤 자세로 노동에 종사 하는가가 중요하다. 노동을 통해 하나님과 어떤 관계를 형성하고 어떻게 그분에게 영광을 돌리느냐 하는 문제가 주제로 등장한다.

III. 정교분리형(政敎分離形)

정교분리형(政敎分離形, Separation of State and Church)의 제도는 문자 그대로 정치와 종교는 서로 분리된 제도를 유지해야 한다는 내용이다. 유럽에서 이 제도는 역사적으로 볼 때 19세기에 들어와 정착했다고 볼 수 있다. 그러나 청교도들을 중심으로 국가를 이룩한 미국에서는 이미 건국 초기부터 정교분리형(政敎分離形)의 제도를 도입하고 있었다. 그들은 종교의 자유를 국가의 헌법에 도입하는 동시에 종교 자체의 이념과 제도는 종교의 자력에 맡긴다는 의미를 내포하고 있었다. 그들은 참된 기독교를 전심을 다하여 믿을 수 있는 자유를 원하는 입장에서 종교의 자유를 주장했다. 한편 미국의 대통령을 위시하여 고위직에 종사하는 인물들은 철저하게 기독교 사상에 깃들어 있었다. 그들은 두 가지 영역 즉 교회인 특별 은총의 영역과 일반 은총의 영역에 속하는 정치의 영역에서 하나님 주권신앙을 가지고 그들의 직무를 수행하고 있었다.

그러나 교회사적으로 올라가 정교분리형(政敎分離形, Separation of State and Church)을 규명해 볼 때 최초로 이 문제를 제기한 사람은 어거스틴(Augustine)이라고 말할 수 있다. 어거스틴(Augustine) 이전에는 로마 정부에 의해 간헐적으로 그리고 지속적으로 4세기까지 기독교인들을 핍박하는 피의 박해가 시행되고 있었다. 즉 국가에 의해 교회는 수난의 역사를 걸어왔다. 그 반대급부로 기독교가 로마를 지배하는 시대가 되었으나 또 다시 로마 캐톨릭에 의해 7천만이라는 순교자들을 양산해 냈다. 국가라는 외부로부터 피의 박해를 빠져나와 이제는 내부로부터 피의 박해를 당하는 시대를 맞이하게 된 것이다. 종교개혁은 정교분리형의 입장에서 볼 때 교회정치와 국가정치의 모순은 정립하기 위해 국가의 정부와 로마 캐톨릭 교회가 협잡하여 참신한 기독교인들의 생명을 앗아가는 제도를 개혁하는 운동이었다. 그 운동 때문에 또 다시 수많은 순교자들의 피를 흘리게 되었다. 정교분리형의 이론적 정립을 확립시킨 사람은 종교개혁자 칼빈(Calvin)을 위시하여 19세기로 넘어와 아브라함 카이퍼(Abraham Kuyper)와 댑니(Robert Dabney)였고 20세기에 들어와서는 밴틸(Van Til) 박사를 위시하여 많은 신학자들이 발전시킨 주제이다.

1. 어거스틴(Aurelius Augustine, 354-430)

어거스틴(Augustine)은 마지막 교부로서 하나님의 주권과 은혜의 교리를 천명한 신학자이다. 그는 북 아프리카에서 태어나 한때는 마니교에 심취하였으나 어머니 모니카의 기도와 정성으로 기독교에 귀의하게 되었다. 그의 저서 **하나님의 도성(City of God)**에는 두 도성의 기원 즉 영의 왕국과 힘의 왕국인 국가에 대해 논하고 있다. 물론 어거스틴은 종교개혁 시대의 교회와 국가에 관한 구체적인 정론이 발행된 것과 같은 논증은 개진하지 못하고 있다. 그러나 당시의 상황으로 봐서 교회와 국가에 대한 정론을 발표한 내용은 과히 획기적이라고 말할 수 있다. 그의 저서에 나타난 두 도성 즉 힘의 왕국인 세상 국가와 영의 원국인 하나님의 나라에 관한 기원에 대한 내용을 간추려 보려고 한다.

1) 두 가지의 왕국

이 세상에는 두 가지의 왕국이 존재하는데 하나는 영의 왕국인 교회이며 다른 하나는 힘의 왕국인 국가이다. 하나님의 도성인 영의 왕국은 성경에 의해 신적 권위로 다스려지는 하나님의 통치를 받고 있다

(시86:3). 이는 하나님의 백성들의 모임체이며 성령의 감화를 받은 무리들이 모여 지상에서 세상의 다른 단체와 구별된 거룩한 도성을 형성하고 있다.[21] 이에 반하여 힘의 왕국 즉 세상 국가는 무력으로 통치하는 조직체를 말하는데 인간이 범죄한 이후 서로 싸우며 다투는 과정에서 종족에 따라 자연스럽게 국가라는 나름대로의 조직체를 형성하여 자신들의 영역을 구성하여 살아가는 단체를 말한다. 이러한 나라는 이 세상에서 평화를 추구하려 하고 지상에서의 영원한 국가를 건설하려고 혼신의 힘을 다할 지라도 그 꿈은 허사가 되고 말 것이다. 두 왕국의 구분은 하나님께서 우리의 조상 한 사람으로 부터 유추된 두 개의 왕국을 목적하고 계시는데 하나는 본질적으로 인간의 종족에 의한 연합체이며 또 다른 하나는 그리스도의 피를 통해 평화의 연합체로 묶어진 목적을 말한다.[22] 힘의 왕국은 개인 하나 하나가 근본이 되어 거대한 국가를 형성하는데 이러한 왕국에 속한 사람들은 항상 불안하며 근심이 태양처럼 심장을 누르고 있다.[23] 세상국가 즉 힘의 왕국은 보이는데 초점을 맞추고 있으며 보이지 않은 영의 왕국은 보이지 않은데 초점을 맞추고 있다. 그런데 세상국가인 힘의 왕국은 변화무상한 과정을 거치면서도 지상의 파라다이스를 꿈꾸는 어리석은 일들을 인간 스스로 자행하고 있다. 그러나 언제인가는 세상국가는 멸망하고 영의 왕국만이 영원한 나라로 존속하게 될 것을 성경은 말씀하고 있다.

어거스틴(Augustine)은 힘의 왕국과 영의 왕국을 극명하게 대조하여 설명하고 있는데 그 근본적인 내용은 아무리 힘의 왕국인 국가가 번

---

21) St. Augustine. City of God, A Division of Doubleday & Company, Inc. Garden City, New York. 1958, p.205.
22) Ibid, p.295.
23) Ibid, p.206.

영하고 평화롭게 유지될지라도 언제인가는 멸망할 것이며 반면에 영의 왕국인 하나님 나라에 소망을 두어야 한다는 절대 절명의 사상이 배후에 깔려있다. 당시 로마의 멸망을 기독교인들의 탓으로 돌리는 로마 정부에 대항하여 하나님의 도성(City of God)을 저술하게 되었다. 그럼에도 불구하고 하늘나라의 영생을 소망하는 기독교인들이 힘의 왕국인 국가의 통치자가 될 때 나라의 안정과 평화가 보다 더 정착하게 되고 결국에 가서는 영의 왕국인 하나님 나라의 건설에 일조를 하게 된다는 점을 역설하고 있다.

2) 기독교적 통치에 관하여

어거스틴(Augustine)은 힘의 왕국인 세상나라는 불신자의 것이며 영의 왕국인 교회는 성도들의 안식처라는 인식에서 벗어나 세상 나라를 통치하는데 있어 기독교인들이 깊이 관여할 것을 역설하고 있다. 기독교인들이 공의로서 국가를 통치하게 되면 주위의 신하들이 와서 왕에게 아첨하거나 신처럼 높이는 일이 생길 때 그들은 스스로 교만하여져 자신을 사람위에 존재하는 위대한 사람으로 여기지 않고 겸손하게 자신들에게 주어진 권리를 행사하게 된다. 그들은 국가를 통치하기 위해 꼭 필요한 경우에만 범죄자들을 징벌하였다. 자신의 왕권을 영구히 존속하기 위해 권력으로 억울한 일을 신하들과 백성들에게 전가하여 혹독한 형벌을 내지리 아니했다. 인간은 사악하기 때문에 돈, 영예, 그리고 권력이 주어지게 되면 너무 쉽게 방탕하게 되고 범죄하게 되어있다. 그런데도 참된 기독교인이 왕권을 가지게 되면 백성을 자기의 마음대로 지배하려는 의지를 키우기보다 자신들의 사악한 죄성을 더 걱정하고 마음을 하나님께 향하기 위해 간단없는 회개와 자신을 정화하는

일에 몰두하는데 심혈을 기울였다.[24]

　　기독교인으로서 힘의 왕국인 왕권을 취하게 되고 국가를 다스릴 때 공의로 통치할 것을 간절히 소망하고 있다. 그들은 국가의 평안을 유지시킴으로 자신의 평안을 얻기 위한 행동 지침이 마음 깊이 새겨져 있었다. 그것은 자신들이 하나님 앞에서 범한 죄를 생각하고 겸손으로 비참한 자신의 마음을 돌아보고 기도의 제물을 드리기를 그치지 아니했다. 이러한 기독교를 신봉하는 황제는 매우 행복하다고 말할 수 있다. 그는 현세에서도 행복하거니와 소망 중에 바라는 하늘나라가 임하게 되면 더욱 충만한 행복이 넘치게 될 것이니 우리가 대망하는 하늘나라가 완성되면 더욱 그럴 것이다. 만약 참신한 기독교인들이 국가를 위해 정직한 처방을 내놓을 때 모든 관료들과 백성들이 그 처방에 대해 경청하고 주의를 기울이면 그 국가의 행복은 빛날 것이며 영생의 높이를 올리는데 깃발을 드높이게 될 것이다. 그러나 인간은 사악하여 자기에게 유익이 돌아올 경우 엄격한 도덕을 따르기보다 자기에게 유익이 되는 악한 행위를 서슴없이 행하는 길을 택하게 된다. 그러므로 그리스도의 종이라면 당연히, 왕이든지, 관료이든지, 병정이든지, 주민이든지, 부자든지, 빈곤한 자이든지, 남녀노소를 물론하고 사악하고 범죄를 일삼는 국가라 할지라도 참고 인내로서 하나님의 뜻대로 국가의 법을 준행함으로 거룩하고 숭고한 국가를 이루어 하늘나라의 영광스런 자리를 마련하도록 해야 한다.[25]

　　여기서 우리는 어거스틴(Augustine)의 관점을 깊이 고려해야할 주

---

24) 성 어거스틴, 하나님의 도성, 정정숙 옮김, 한국복음문서연구회, 광음서림, 1973, p.114.
25) Ibid, p.114.

제를 상고하게 된다. 그것은 교회와 국가에 대한 분리의 강조점이다. 그러나 그 분리는 두 왕국의 영적 관점에서 보는 분리에 한정되어 되어 있다. 물론 두 왕국은 하나님의 주권아래 다른 위치에 존재한다는 것을 인정하고 있다. 교회와 국가에 대한 제도적 분리, 하나님의 뜻인 하나의 주권 아래 존재하는 두 제도의 차이점, 그리고 두 제도의 협력과 견제의 원리 등에 대해서는 구체적 방안을 제시하지 못하고 있다. 그것은 어거스틴이 처하고 있었던 교회와 국가의 주위환경을 우리가 충분히 이해하고도 남을 수 있는데 당시 상황이 교회와 국가가 극한 대립상태에 있었기 때문이다. 그럼에도 불구하고 기독교인들이 세상 국가의 정치에 참여하여 하나님 나라 확장에 힘쓸 것을 강조하고 있다. 이원론(二元論, Dualism)의 입장에 서서 세상정치는 악한 불신자들의 분깃이고 오직 기독교인들은 영의 왕국만을 위해 일해야 한다는 입장을 타개하고 나온 것이다. 즉 기독교인들이 두 영역에서 일하게 되는데 하나는 영의 왕국인 교회에서 또 하나는 힘의 왕국인 국가에서 일하게 됨으로 두 영역 모두 하나님의 영광을 위해 일하는 분야라는 주장이다. 기독교인들은 어느 분야에서든지 자기가 맡은 직무에 종사할 때 국가에서 불의한 통치를 적용할 지라도 참고 기다리며 공의를 실행하기 위해 부단한 노력을 시행해야 할 것을 강조하고 있다. 그 일은 결국 하나님의 나라 확장에 일조를 하는 결과를 가져온다는 주장이다. 그것은 교회와 국가는 성도들 각 개인의 입장에서 볼 때 두 영역에서 선한 일을 준행함으로 최종 하나님께 영광을 돌리게 되어 결국에는 하나님의 도성인 영적 왕국을 건설하는 일을 행한다는 주장이다.

교회에서만 기독교인들의 선한 노동이 적용되어야 하기보다 힘의 왕국인 국가에까지 그 선한 노동이 적용되어야 할 것을 강조하고 있다. 누구든지 직업에 상관없이 공평을 실천하는 직무를 행해야 한다는 말이다. 즉 직업의 상하, 질적 차이, 양적 차이 그리고 나이 등의 분류를 떠나 오직 하나님 앞에서 국가의 일에 종사하는 하나님의 종으로서 직무를 수행할 것을 주창한 내용이다. 이러한 주장은 당시 황제가 왕권을 가지고 다스리던 로마 정부 밑에서 획기적인 제안이라고 말할 수 있다. 모든 사람은 자기의 역량에 따라 노동이 주어져 있는데 그 고하를 따질 필요 없이 기독교인으로서 오직 자신의 직무에 충실하게 임하여 하나님께 영광을 돌림으로 영의 왕국인 하나님 나라 확장에 일조를 하게 된다는 주장이다. 이러한 주장은 기독교인으로서 능동적으로 선한 마음을 가슴에 담고 기독교 국가의 성취를 위해 경제, 사회, 문화, 예술, 교육, 그리고 정치에 참여해야 할 것을 주창하는 내용이다. 어쩌면 이원론(二元論. Dualism)에 깊이 뿌리 박혀 있는 한국교회를 향해 폭탄적인 메시지를 던지는 것으로 보인다. 한국교회에서 정치 참여에 대해 교회들 사이에 두 부류의 건널 수 없는 신학적 파장이 교회의 다툼을 더욱 부채질 해왔다. 그것은 보수주의자들의 정교분리라는 미명하에 정치참여의 배타적 시각과 자유주의자들의 구조악을 개혁해야 한다는 미명하에 정부에 대항한 무조건적인 사회복음주의(missio dei)를 주창하는 시각이다. 이 문제에 있어 보주주의 자들의 정치참여 부정론은 정의를 실현하지 못한 국가의 멸망이 교회의 멸망을 초래한다는 역사적 사실을 무시하거나 무지한 소치로 볼 수밖에 없으며 자유주의자들이 주장하는 사회복음주의는 하나님 나라의 왕국 중심으로 인류역사가 진행되어온 사실을 무시하고 현세의 눈에 보이는 정치구조 악을 개조하는 것만이 복음인양 소리를 높이는 것은 근본문제를 전여 도외시한 주장이라고 평가할 수밖에 없다. 이 문제는 앞으로 70년대 한국에서 성행하였던 민중신학(民衆神學, 미국에 소개된 명칭은 People's Theology 임)을 강평할 때에 세밀하게 다루어 보려고 한다.

2. 칼빈(Jean Calvin, 1509-1564)

로마 정부 하에서 기독교인들의 정치참여를 주창했던 어거스틴 (Augustine)의 신학이 중세의 획기적인 사상적 지배이론으로 정립되었다고 말할 수 있다. 더불어 16세기 종교개혁 이후 오늘날 까지 교회와 국가에 관한 교리적 기초를 놓은 사람은 칼빈(Calvin)이라고 말할 수 있다. 신앙의 대 선배 어거스틴(Augustine)과 칼빈(Calvin)은 2천년 교회사에 있어 중세신학과 근대 신학의 두 기둥과 같은 역할을 해낸 분들이다. 로마의 압정 밑에서 어떻게 기독교인들의 정치 참여를 주창했으며 정치와 교회의 협잡을 일삼아 왔던 로마 캐톨릭의 압정 밑에서 어떻게 정교분리형(政敎分離形, Separation of State and Church)을 주창하게 되었는지 그분들의 천재성과 깊은 신앙심에 신비로움을 느낄 수밖에 없다.

칼빈(Calvin)이 처한 당시의 정치적 상황은 종교개혁자로서 항상 생명의 위협을 느끼며 살아야 하는 형편이었다. 로마 캐톨릭교회가 제왕들과 너무나 깊이 반목과 협잡을 일삼고 있었기 때문에 감히 신학적인 문제를 제시하여 로마 캐톨릭 교회의 제도와 제왕들의 제도에 대항하여 신학적, 법적, 또는 교리적인 문제에 대항하여 항거한다는 것은 엄두도 내지 못하는 시기였다. 로마 캐톨릭 교회가 루터(Calvin)보다 칼빈(Calvin)을 더욱 핍박했던 사실은 이유가 있다. 칼빈(Cal)vin)은 교리적인 문제, 교회와 국가의 제도적인 문제, 그리고 로마 캐톨릭 교회의 성례문제 등 전반에 걸쳐 문제 제기를 누구보다 더 강하게 했던 것이다. 그 증거는 칼빈(Calvin)이 형기를 끝내고 출옥하여 로마 캐톨릭의 성례관은 비평한 책을 출판하고 종교개혁을 시행할 망명지를 찾아가는 도중 제네바에 머물러 있을 때 프랑스 정부에서 칼빈(Calvin)에게 압력을 가하기 위해 그의 친구들 약 30여명을 화형에 처하여 신실한 신자들의 생명을 빼앗은 사건만 보아도 그 얼마나 포악하고 가증스런 로마 캐톨릭 이었는가를 증명하는 역사적 증거라고 아니할 수가 없다.

칼빈(Calvin)의 정교분리형(政敎分離形, Separation of State and Church)에 관한 논증은 그의 기독교강요 제 4권 20장에 정교하게 논증되어 있다. 우선 종교개혁 이전의 교회와 국가에 관한 급격한 변천은 14세기 문예부흥(Renaissance)으로부터 시작된다. 이미 열거한대로 11세기부터 13세기까지의 수많은 피를 흘리고도 거듭된 십자군 전쟁의 실패는 각 제왕들이 다스리는 국민들로부터 극심한 불신을 초래했다. 그럼에도 불구하고 교황들은 각 제왕들을 그들의 지배권 아래 복종시키려는 갖가지 음모를 꾸미고 있었다. 즉 로마 캐톨릭은 이원론(二元論, Dualism) 사상을 적극 활용하여 각 국가의 제왕들을 지배하려는 음모를 꾸미고 있었으나 각 제왕들은 교황청으로부터 독립하여 자기들 나름대로의 독립적인 국가를 통치하려는 몸부림을 치고 있었다. 여기에서 칼빈(Calvin)은 군주정치(君主政治, monarchy), 귀족정치, 그리고 백성에 의한 정치체제보다도 귀족정치와 백성에 의해 주도된 정치체제를 이상으로 생각했다.[26] 칼빈(Calvin)이 주장한 교회와 국가에 대한 관점을 요약해 보면 다음과 같다.

1) 영의 왕국과 힘의 왕국

칼빈(Calvin)은 말하기를 교회의 정치와 국가의 정치는 하나님께서 허락하시어 제도적으로 확립하게 하심으로 교회와 국가의 질서를 정돈

---

26) Calvin's Institutes Book IV, 20:8.

하게 하시는 뜻이 있다. 재세례파인들(Anabaptist)처럼 하나님께서 정해주신 이 질서를 타도하려고 하는 것은 광란한 야만인들로 변하게 만들며, 반대로 왕을 위시하여 그 관료들에게 아첨하여 국가 정부의 요인들로 하여금 하나님의 지배권을 침범하게 만드는 일을 주저하지 않게 하는 행위 역시 제도적 질서를 흩트리게 한다. 그러나 우리가 구분해야 할 제도는 힘의 왕국인 국가의 경영에 있어 법도, 제도도, 그리고 관리도 없는 세계를 추구해서는 안 된다. 물론 거기에는 영의 왕국인 하나님의 백성들의 모임이 아니기 때문에 영혼구원이 존재한다고 생각해서는 안 된다. 그러므로 우리는 영의 왕국인 교회의 제도와 힘의 왕국인 국가의 제도가 구분되어 있지만 그리스도의 왕국을 국가의 제도에서 찾는다는 것은 더욱더 안 된다.[27]

그러나 두 가지의 정치제도는 서로 반대되는 개념에서 찾으려는 것은 잘못이다. 국가의 정치를 기독교 이념과 반대되는 세상정치 제도로 간주해서 기독교인의 생활 영역과 전여 무관한 악한 것으로 간주해서는 안 된다. 물론 제도의 근본을 따져보면 영적인 왕국의 입장에서 국가의 정치제도를 분석해 볼 때 내면적으로 다른 제도를 가지고 있다는 것을 부인할 수 없다. 그러나 하나님께서 일반은총의 사역을 은혜로 먼저 허락하신 에덴동산을 생각해 보면 만물을 동원하여 우리의 삶을 지탱하게 하신 하나님의 뜻을 따라 국가의 힘을 이용하여 영적 왕국에 대한 외형을 보호하게 하시며, 예배의 육성을 도와주며, 교회 내에서의 질서와 교리를 보호하게 하시며, 성도들이 사회생활을 하는 가운데 성도들의 생활방식을 시민사회의 정의에 적용하게 하시며, 그리고 성도들과 불신자들이 서로 어울려 공공질서의 안녕과 평화를 유지하도록

---

27) Ibid, Book IV, 20:1.

인도하는 목적이 있다. 만일 영적인 왕국만을 고집하여 국가의 질서를 무시하는 무정부주의로 삶을 이어나갈 때 이 세상을 사는 기독교인들은 방황하는 나그네 생활을 하게 될 것이며 인간의 사회생활이 비도덕적으로 변하여 인간성을 박탈하는 결과를 가져오게 될 것이다. 교회의 질서와 법으로 모든 인간생활을 주도할 수 있다고 생각하는 것은 국가의 법과 질서에 대한 무정부주의 사상으로 모든 사회가 무질서와 강도의 소굴로 변하게 되는 것을 모르는 어리석은 공상주의에 빠지게 한다. 불신자들의 생각은 신자들의 상상을 초월하는 악행을 저지르게 되어 있기 때문에 그들의 포악한 마음과 행위를 제어할 수 있는 능력은 교회의 제도로는 불가능하다. 불신자들이 악한 행위를 마음대로 저지르고 형벌을 받지 않은 채로 마음대로 행동할 수 있다고 한다면 기독교인들이 그들에게 무슨 일을 하여 사회질서를 바로 잡을 수 있다고 생각하는가? 기독교인들로서는 어떠한 힘도 그들의 악행을 제어할 수가 없다.[28]

2) 국가에 대한 정치의 필요성과 하나님의 허용

영의 왕국의 정치적 제도는 먹고 마시는 일에만 집중하지 않고 영혼의 갈급함을 채워주는 역할을 한다. 그러나 포악한 인간의 습성을 제어하며 빵과 물과 기타 의복을 합법적으로 제공하는 역할을 하는 기능을 가지고 있는 제도가 바로 국가의 정치이다. 그러므로 국가는 종교의 기능을 도와주기 위해 외적인 질서를 바로 잡도록 제어하는 역할을 하나님으로부터 위임받았다. 즉 기독교 이외의 우상 종교를 척결해 주는 사명을 감당해 내고 있다. 종교와 종교 간에 분쟁이 일어날 때 국가는 칼의 힘을 이용하여 그 분쟁을 제압해야 하며 참된 종교를 섬기도록 유도

---

28) Ibid, Book IV, 20:2.

해야 한다. 그러므로 외부에서 가하는 교회의 무질서를 힘으로 다스리도록 해야 한다. 관료들의 기능에 대해 하나님의 뜻에 합당한 소명을 가지고 일 하는가를 항상 점검해야 한다. 다음으로 **기독교적인 정치를 하는데 있어 어떤 법률을 정해서 다스려야 하는가? 나아가 백성들에게 그 법률이 적용되는 경우 그 유익이 무엇이며 관료들에게 복종할 수 있는 법률의 한계를 어떻게 정하느냐?** 하는 문제들이 대두된다.

3) 관직은 하나님에 의해 제정된다.

하나님께서는 관료들의 기능에 대해 단지 인정하는 것으로만 말씀하셨을 뿐 아니라 그들의 가치, 그들을 높여야 할 것, 그리고 우리로 하여금 그들에게 순종할 것을 강권하시고 계신다. 성경에는 관료를 신으로(출22:8, 시82:1,6, 요10:35) 지칭하고 있으며, 관료는 하나님을 위해 재판을 담당(신1:1, 대하19:6)한다고 말씀하고 있으며, 관료가 관대한 재판장이 되어 땅을 다스리는 것은 하나님의 지혜를 힘입음이다(잠8:15-26). 라고 말씀하고 있으며, 사도 바울은 이 문제에 대하여 그 요지를 분명하게 밝히고 있는데 "권력은 하나님에 의하여 질서가 잡혀지지 않는다면 권력은 존립하지 못한다(롬13:1절 이하). 라고 가르치고 있으며, 이어서 군주들은 하나님의 대리자로서 국가를 다스리는 관원들이므로 순종할 것이로되 그들이 선으로 다스리면 선에 대한 보응을 악으로 다스리면 악에 대한 보응을 받을 것이라고 명시하고 있다(롬13:3-5).

우리는 구약에 나타난 선한 지도자들에 대하여 살펴보아야 한다. 그들이 국가를 다스릴 때 하나님의 보호로 인하여 백성들이 평화를 누리며 살 수 있었던 역사는 우리에게 귀감으로 남는다. 모세, 여호수아,

다윗, 요시야, 히스기야, 요셉, 그리고 다니엘 등이다. 사람들은 이러한 지도자들이 시공간 세계에서 나타난 자연적 역사로 인하여 등장한 인물들로 여길지 모르나 이는 하나님께서 권능으로 세우신 관료들이며 그들을 순종하게 만든 공동체 역시 하나님께서 통치하신 능력에 따라 성취된 것이다. 그러므로 세상의 정치적 권력은 하나님의 통치 수단으로 주어진 직분이며 하나님 앞에서 거룩하고 정당하며 신성하게 집행 되어야 한다. 하나님의 영광을 위해 지극히 존귀하게 사역해야 할 직분이다.

4) 관원들과 관직에 관하여

종교개혁 당시 재세례파(Anabaptist)에서 주장하는 **무정부주의에** 대하여 칼빈(Calvin)은 강하게 비평하고 나섰다. 칼빈보다 한 세대 앞서 루터(Luther)와 같은 시대에 종교개혁을 일으켰던 즈잉글리(Zwingli) 역시 **무정부주의에** 대한 비평을 설파하였다. 구약을 나타난 정치체제를 살펴보면 신정정치(神政政治, Theocracy)를 집행하고 있었음에도 불구하고 국가를 다스리는 데 있어 민주정치가 아닌 왕권을 허용하고 있었다. 구약에서 선지자와 제사장만 하나님의 말씀에 순종하여 그들의 직무를 수행하는 것이 아니고 왕도 역시 하나님의 말씀에 순종하여 국가의 조직체를 다스릴 것을 말씀하고 있다(사49:23, 시 2:12).

그러므로 관헌들은 국가를 다스리는 데 있어 하나님의 대리자 역할을 하는 자들이다. 그 국가의 다스림은 종국적으로 하나님의 나라인 교회를 보호하는데 절대적으로 필요하기 때문이다. 그러므로 관헌들은 도덕적으로 성결함, 일은 처리하는데 있어 신중함, 자신에 대한 절제,

그리고 재물과 권력을 집행하는데 있어 결백함을 필두로 갖추어야 한다. 관헌들은 자신의 입으로부터 나오는 말이 불의와 정의를 결정하기 때문에 항상 간단없이 자신의 심령을 정화하는데 모든 정성을 기울여야 한다. 성경에는 국가를 위해 일하는데 있어 "여호와의 일을 태만히 하는 자는 저주를 받는다(렘48:10)." 라고 말씀했으며 "너희의 재판하는 것이 사람을 위함이 아니라 여호와를 위함이라(대하19:6절이하)." 고 말씀했다. 이러한 성경말씀의 경고는 너무나 중대하기 때문에 관료들이 어떠한 잘못을 범하게 되면 백성들에게 해를 가할 뿐만 아니라 하나님에게 신성불가침의 심판을 더럽히게 되는 것이다(사3:14).

5) 관직의 경시는 그 임명자인 하나님의 경시로 이어진다.

분명히 성경에는 이스라엘 백성이 사무엘의 가르침을 도외시 했을 때 주 하나님께서 말씀하신바(삼상8:7) 하나님께서 세우신 모든 지도자의 지위에 대하여 함부로 떠들어 대는 것은 용납될 수 있는 일이 아니었다. 그러므로 만물을 다스리시는 하나님을 말하면서 국가의 지도자에 대한 무례한 언행 심사는 성경의 말씀과 대치되는 행위이다. "이방인의 임금들은 저희를 주관하며 그 집권자들은 은인이라 칭함을 받으나 너희는 그렇지 않을지니 너희 중에 큰 자는 젊은 자와 같고 두목은 섬기는 자와 같을 지니라(눅22:25-26)." 라는 말씀에 귀를 기울여야 한다. 그러나 우리가 특별히 주시해야할 문제가 있는데 그것은 한 사람이 장기간 권력을 장악하여 모든 사람들을 노예화 하는 문제인데 이는 수준 높은 정신을 가진 소유자들로 인정을 받을 수 없었다. 성경은 이러한 사람들의 옳지 못한 판단과 행위를 예방하기 위하여 왕들의 통치를 하나님의 섭리로 이끌어 옴을 명시하고 있다. 그것은 악한 왕들을 징벌하시며 선한 왕들을 번영케 하신 역사이다. 그러므로 통치자를 공경하라

고 말씀 하신다(잠24:21, 벧전2:17).[29]

6) 정치형태의 다양성

자신이 처한 국가에서 정치 형태에 대한 가장 이상적인 제도를 논하는 것은 대단히 어려운 문제이다. 그 이유는 수많은 사람들이 각자 자신의 형편에 맞는 정치 형태를 요구할 수 없기 때문이다. 그래서 전체적으로 요약하여 3가지 형태를 말할 수밖에 없다. 이 세 가지 정치 형태는 칼빈(Calvin)이 당시에 그가 당면한 입장에서의 정치 구조를 설명하고 있기 때문에 오늘날 21세기를 당한 입장에서는 이해의 각도를 달리해야 한다.

첫째로; 군주정치인데 왕이나 공작 등에 의해 오직 한 사람의 주도 하에 국민을 다스리는 정치 형태를 말한다. 이는 한 사람의 독단적인 지배체제로 말미암아 국가가 폭군을 접할 기회를 많이 가지게 된다.

둘째로: 귀족정치인데 국민들로부터 대표를 뽑아 국민을 다스리게 하는 제도인데 오늘날 의회정치를 표방하는 대의원 정치를 통해 그들로 하여금 국민을 다스리게 하는 제도를 말한다. 이 제도도 소수에 의해 국가를 지배하기 때문에 소수들이 폭군으로 변질 될 가능성이 크다고 볼 수 있다.

셋째로; 민중 정치인데 국민에 의한 지배 체제를 말하는데 국민 각자가 권력의 핵심이 되어 국가를 운영해 나가는 제도이다. 이 제도는 국가라는 다양하고 변화가 많은 국민들의 마음을 집약 시킬 수 없는 단점이 있다. 이에 대하여 위의 세 가지를 조화롭게 조정하여 보다 더 홀

---

29) Ibid, Book IV, 20:7.

류한 제도를 만드는 것이 이상적이라 할 수 있다. 그러나 위의 세 가지를 아무리 조화롭게 구성하여 정치제도화 하였다 할지라도 그것이 가장 이상적이라 할 수는 없을 것이다. 그 이유는 성경을 자세히 탐구하여 보면 한 왕이 겸손하고, 지혜롭고, 그리고 정의롭게 하나님의 마음에 합하도록 국가를 다스린 예가 많이 나오기 때문이다. 인간은 사악하기 때문에 인간 자력으로 선을 행할 수 없다. 그러므로 언제나 하나님 앞에서 자신을 채찍질 해 가면서 자기에게 주어진 사명을 전심으로 수행해야 한다.[30]

7) 관헌의 무력행사는 경건과 양립한다.

문제가 되는 것은 하나님께서 기독교인들에게 요구하는 율법은 사람을 죽이는 것을 금한다는 것이다(출20:13). 그렇다면 국가를 질서 있게 통치하기 위해 흉악범을 처벌하는 일을 행할 수 없느냐? 이다. 이럴 때 관헌은 포악한 자를 사형에 처할 일을 행해야 하느냐? 아니면 그럴 수 없느냐? 의 문제에 부딪치게 된다. 이럴 때 관헌은 공적인 일을 집행하는 사명을 가지고 하는 행위이지 사적 감정에 의해 사형을 집행하는 자가 아니라는 것을 알아야 한다. 만약 포악한 범법자를 사랑이라는 미명아래 그대로 버려둔다면 국가는 무질서한 범죄의 소굴로 변하고 말 것이다. 그러므로 국가의 직무를 집행하는 자는 궁극적으로 하나님께서 위탁하신 직무를 준행하는 자이다. 모세는 하나님의 능력으로 자기 민족을 해방하는 직분이 정해졌음을 알고 애굽인들을 향해 손

---

30) Ibid, Book IV, 20:8. 우리는 여기서 칼빈(Calvin)의 천재성과 그가 하나님의 사람으로서 진실성을 알 수 있다. 그가 오늘날 시행되고 있는 "국민에 의해 최고의 지도자와 대표자들을 뽑아 그들로 하여금 국가를 다스리게 하는 대통령제도, 총리제도, 상하원제도, 그리고 지방자치제도 등을 예언이라도 하듯 미래의 정치제도를 정립한 논증은 감탄하지 아니할 수가 없다.

을 댔을 때(출2:12, 행7:24) 수많은 사람이 죽임을 당할 줄 알고도 주어진 일을 행했다. 그러나 우리는 여기서 알아야 할 것은 너무 과도한 엄격함이나 법정에서의 죄책만을 따지는 일을 수행해서도 안 된다. 법정에서의 공정한 판결을 얻어내기 위해서는 관용을 무시해서는 안 된다. 공정한 판결을 위해서는 지혜의 적용이 절실히 필요할 때가 있다(잠2028). 이 지혜는 관용이 개입되지 아니하면 성립될 수가 없다. 그러므로 관헌은 두 가지인 엄격과 관용을 적용해야 한다는 사실에 주목해야 한다. 지나치게 엄격하면 많은 사람이 상처를 입게 되고 지나치게 관대하면 무책임한 업무를 행하게 되어 정부가 파멸에 이르게 된다는 것을 명심해야 한다.[31]

8) 전쟁을 행해야 할 정당성

국가를 보호하고 영적 왕국인 교회를 보호하기 위해서는 기독교인은 총칼을 들고 적을 퇴치하는 일에 동참해야 한다. 특히 국가는 교회를 지탱하는 가장 힘 있는 조직체이다. 무력은 약한 사람들이나 평화를 원하는 국민들에게 위엄의 존재로 등장하는 수단이 아니다. 무력은 영의 왕국인 교회를 적극 보호하고 그 영의 왕국을 돕는 수단으로 허락된 국가의 안녕과 질서를 유지하는 수단이 되어야 한다. 그러므로 보호 수단으로서 전쟁은 당연한 것이다. 그러므로 국민들은 현명한 지도자를 보호하기 위해서도 전쟁에 참여해야 한다(출32:27, 왕상2:5 이하, 8 이하, 잠16:12, 20:8, 26, 25:4, 17:15, 24:24, 20:28). 또한 국가 간에 있어 우리나라와 서로 좋은 관계를 가지고 있는 기독교 국가인 이웃 나라를 이유 없이 침략하는 행위는 절대고 금해야 할 일이다. 이웃

---

31) Ibid, Book IV, 20:10.

의 나라가 경제적으로 또는 군사적으로 약하지만 기독교를 신봉하는 참된 국가이면 오히려 국교를 잘 체결하여 서로 돕고 혈맹의 관계를 맺어 서로 발전의 일을 도모해야 한다.[32]

혹자는 신약성경에는 전쟁에 대해 합법적인 증거가 없다고 주장하는 자들에 대해 반론을 제기하는데 그 논증은 이렇다. 즉 전쟁을 수행하는 일은 옛날과 마찬가지로 지금도 그대로 남아 있고 신약에는 전쟁에 대한 간접적인 증거가 있다. 누가복음 3장 14절에 의거 "너희들의 급료로 만족하라."는 말씀은 군대의 일을 그만 두라는 말이 아니다. 그리고 사도행전에 나타난 로마 정부에 속하여 일하는 군인들에 대해 사도들은 로마 정부를 대항하기 위해 군인들을 충동하려는 의도나 그 군대들을 해체하려는 의도는 전혀 찾아볼 수 없다. 국가의 안위와 평화를 유지하기 위해 군대의 힘이 절대적으로 필요하다는 것을 간접적으로 시사하고 있다.[33]

3. 댑니(Robert Dabney, 1820-1898)

미국 버지니아(Virginia) 출생으로 보수주의 개혁파 신학의 전통을 이어온 알렉산더(Archibald Alexander)와 동 시대에 활동했던 신학자이다. 그러나 알렉산더는 19세기 미국 보수주의 신학의 보루였던 프린스톤(Princeton) 신학교에서 활동했고 댑니(Dabney)는 미국 남장로교 출신으로 당시는 보수주의 신학을 지켜온 유니온 신학교에서 활동했던 신학자였다. 그러나 지금은 애석하게도 두 신학교가 완전히

---

32) Ibid, Book IV, 20:11.
33) Ibid, Book IV, 20:12.

자유주의로 기울어져 버리고 말았다. 당시에 19세기 미국의 보수주의 신학을 지켜온 분들은 주로 찰스 하지(Charles Hodge), 윌리엄 쉐드(William G. T. Shed), 제이 톤웰(J. H. Thornwell)이었는데 그 가운데 한분이 댑니였다. 그 중에서도 댑니는 칼빈주의 신학을 발전시키며 실천적으로 적용시키는 분야에 있어 지대한 공로를 남긴 분이다.

시대적으로 19세기 자연주의가 창궐하여 유럽과 미국의 정신세계가 혼돈의 소용돌이로 부터 벗어나지 못하고 있을 때 그는 성경의 원리에 입각하여 과학, 교육, 경제, 도덕론, 군대, 인종문제, 여성문제, 그리고 노동문제 등 수많은 주제를 분석하여 해답을 내 놓은 신학자로서 타의 추종을 불허했다.

국가론에 있어서는 시민의 윤리관을 어떻게 정립하느냐? 의 주제를 통하여 **사회계약설(Social Contract)**을[34] 분석하고 비평하여 국가론을 정립하는 시민윤리관을 주창하였다. 사회계약설은 영국의 로크(John Locke)와 프랑스의 루소(J Rousseau)가 주장했는데 "인간이 창조 받을 때 개인적으로 자신의 마음에 따라 의지를 발동하여 살고자 하는 자연적 자유를 가지고 태어났다. 그러나 많은 사람이 살아가는 도중에 수많은 적의(hostile)와 그것에 따라오는 다양한 폭력을 경험하게 된다. 그 결과 인간은 많은 소유를 잃어버리게 되고 생명의 위험을 느끼면서 살아갈 수밖에 없게 되었다. 여기서 인간은 자신만이 소유하고 있는 자기의 의지, 권리, 그리고 독립성을 자발적으로 조금씩 양

---

34) 사회계약설을 주창한 사람은 영국의 존 로크(John Locke, 1632-1704)와 프랑스의 루소(J.J. Rousseau, 1712-1778)였다. 로크는 경험론의 개척자로서 지식은 경험으로부터 온다고 말했다. 하나님의 인식에 대한 권위를 경험에 두고 있다. 또한 루소는 계몽주의(En-lightenment) 시대에 내재주의 신 존재 증명을 주장한 사람이다. 그는 하나님은 사변적으로 존재증명을 한다는 것은 무의미하다고 주장했다.

보하여 사회의 안전을 유지하기 위해 국가의 법을 제정하고 삶의 평안을 누리기 위한 구조를 제정하게 되었다.[35] 는 것이 사회계약설(Social Contract)의 요점이다.

그러나 댑니(Davney)는 이러한 사회계약설(Social Contract)의 국가관을 개혁파 신학의 입장에 서서 비판을 가하고 나왔다. 국가는 가정의 도덕, 사회의 윤리, 그리고 국민의 통치에 대하여 정부는 각 기관을 조직하고 인사를 지명하게 된다. 이 때 시민은 필연적으로 권리와 의무를 직면하게 된다. 이럴 때 따라오는 그들의 질문은 "관원에게 복종해야 할 도덕적 의무의 기반이 어디에 있는가? 이다. 즉 이 질문은 사회계약설과 어떤 관계가 있느냐? 이다. 지배를 받는 사람들이 사회계약설에 따라 동일한 마음으로 극가의 지시에 따라 순응할 수 있느냐? 의 문제가 대두된다. 그러나 이러한 이념이 관념적으로 인식될 지라도 현실에서 해결하기 어려운 문제를 접할 때 모든 국민들 각자가 같은 마음으로 국가에 대한 절대 신뢰를 하지 않고 있다는데 문제가 생기게 된다.[36]

사회계약설(Social Contract)은 관념적으로 이해하기 쉽고 또 그럴듯하게 생각되어진다. 그러나 아무리 사회계약설이 법적인 면에 있어 정밀하게 그리고 객관성 있게 제정되었다 할지라도 원죄를 완전히 벗어날 수 없는 인간이 개인주의적 욕망을 끝없이 추구하는 사악성은 항상 불만족을 표출할 수밖에 없는 존재로 남아있게 된다. 그러므로 국가의 관원은 하나님의 권세로부터 주어진 직무를 수행하는 자들로 알

35) Discussions of Robert Dabney, Volume III, The Banner of Truth Trust, Pennsylvania USA, 1982, p.100.
36) Ibid, p.103.

고 국민들은 그들의 심령 속에 불평등한 요소가 감지될 지라도 당연히 정부에 복종해야 한다. 정부는 창조주의 법령에 의해 구성된 조직체이기 때문이다. 정부의 관원들은 하나님의 섭리에 의해 그들이 행할 능력을 부여 받았기 때문이다.[37] 라고 주장함으로 칼빈(Calvin)의 노선을 따르고 있다.

따라서 댑니(Dabney)는 사회계약설(Social Contract)에 대한 다섯 가지 문제점을 지적하고 나왔다. 사회계약설의 잘못된 점은 관원들과 국민들 사이에 대표적 권력만을 강조 하여 그 권력은 하나님이 아닌 정부 자체로부터 발생한다고 강조하는데 문제가 있다는 것이다. 즉 하나님의 법에 기초하지 않은 계약설을 주장하기 때문에 객관적 합법성의 관점으로부터 멀리 떨어져 있으며 하나님의 권위를 상실하는 결과를 초래 한다고 주장했다.

여기서 댑니(Dabney)는 사회계약설(Social Contract)의 문제점 다섯 가지를 지적하고 나왔다.

1. 인간이 실제적으로 일어날 사건에 기초를 두지 않은 법적 근거를 제시할 경우 그 정부는 가설에 기초한 법을 집행할 뿐이다. 그러므로 사회계약설(Social Contract)은 사실상 법적 가설에 불과하다. 하나님께서는 창조라는 사건을 통해 우리와 행위언약을 맺었기 때문에 성경이 말씀하는 법적 근거는 실제적이며 객관적 사건을 포함하고 있다. 행위언약에 기반을 둔 법은 시민들의 계약을 전제하기 이전에 이미 가장 선한 법으로 존재한다.[38]

---

37) Ibid, p.103.
38) Ibid, p.105.

2. 사회계약설(Social Contract)의 이론은 전여 무신론 적이며 비기독교적이다. 하나님의 다스림은 이 세상 어디에도 영향력이 미치지 아니한 부분이 없다. 그럼에도 불구하고 인간의 의지는 언제나 하나님의 공의에 만족하게 행동할 수가 없다는데 문제가 있다.[39]

3. 사회계약설(Social Contract)은 실제적으로 인간이 범한 원죄의 문제와 도덕 율법인 행위언약을 폐기 시키려는 의도를 품고 있다. 그러므로 사회계약설에 기초를 둔 정부는 옳고 그름을 하나님의 입장에 서서 구분하는데 객관적 기준을 정하지 못한다.[40]

4. 사회계약설(Social Contract)은 사건의 실체에 기초하지 않고 가설(Hypothesis)에 기초하고 있기 때문에 실제적 적용에 있어서 비합리적이며 자연과학의 합리적 요건에도 접합하지 않다.[41]

5. 어떤 불평과 불합리한 결과는 사회계약설(Social Contract)의 이론에 논리적으로 합당하게 지속되어야 한다. 그렇기 때문에 올바른 사람들이 자신들의 손해를 무릅쓰고 정해진 법대로 맹세하며 그들의 서약에 불변한 입장을 취해야 한다. 더욱이 법을 집행하는 자들의 불법을 자행하는데도 불구하고 그렇게 해야 한다. 그러나 실천적으로 그러한 일이 행해지지 않은데 문제점이 있다.[42]

여기서 한 가지 생각할 것은 관원들이 불법을 자행함으로 말미암아, 즉 국가의 관원들이 불법을 행하는 일이 도에 지나쳐 교회와 국가가 극단적인 위기에 처할 때, 기독교인들이 폭력을 사용하여 그 관원들을 몰아내고 정부를 전복하여 새로운 정치제도를 수립할 수 있는가? 라는

---

39) Ibid, p.106.
40) Ibid, p.106.
41) Ibid, p.106.
42) Ibid, p.107.

문제를 생각하게 된다. 이 문제에 대하여 댑니(Dabney)는 "정부가 감당해야 할 직무를 제대로 수행하지 못하고 극단적으로 타락하여 무능력한 국가로 변질될 뿐만 아니라 국가를 바로 운영하는데 국민이 전혀 신뢰할 수 없을 정도에 이르렀을 때 올바른 신앙을 가진 자들이 자발적으로 일어나 강압적 힘을 사용하여 정부를 타도하고 새로운 정치질서를 수립할 수 있다."[43] 라고 주장하고 나섰다.

그러나 위의 주장에 근거하여 정부의 타락이 어느 정도에 까지 도달했느냐? 에 그 한계를 정하는 것이 매우 중대한 이슈가 될 것으로 생각된다. 만약 정부의 내적 부패로 인하여 국민들의 반대가 극에 달하게 되고, 그 부패의 영향으로 정부 각 부처의 운영이 불가능한 사태에 이르게 되고, 교회의 신앙생활을 유지할 수 없을 정도에 도달하게 되고, 또한 적의 침입으로 인하여 국가가 붕괴 직전에 이르렀을 때 기독교인들이 강압적인 폭력을 사용하여 정부를 전복시킬 수 있다고 생각한다. 그러나 그러한 상태는 국가가 대단히 심각한 멸망의 위기를 맞이한 상황에 처해 있다고 말할 수 있다.

기독교인들이 정치에 참여할 수 있다고 해서 성경이 말씀하는 원리를 무시하고 아무렇게나 참여할 수 있다는 말이 아니다. 정부의 작은 실수를 크게 부풀려 과격한 언행이나 행동으로 국가로부터 주어진 직무를 수행하는 관원들을 압박하여 혼란을 야기 시키게 되면 오히려 하나님으로부터 임명을 받은 일반은총의 영역을 수행하는 자들을 해하는 꼴이 된다. 종국에 가서는 하나님의 뜻에 따라 임명을 받은 관원들을 해치는 일이 되는데 이는 하나님의 일을 해치는 일로 연결 된다. 물

---

43) Ibid, p.120.

론 기독교인들은 일관성 있게 언론, 기고문, 편지, 그리고 만남의 회합을 통하여 정부를 향해 도덕적 권면과 책망을 지속해야 한다. 기독교인들은 교회의 건덕을 바로 유지하기 위하여 국가의 기강을 바로 세워 나갈 것을 선지자의 마음으로 국가의 관원들에게 하나님의 뜻을 따라 다스릴 것을 권고해야 한다.

4. 카이퍼(Abraham Kuyper, 1837-1920)

카이퍼는 19세기 말에서 20세기 초까지 화란의 신학, 교육, 그리고 정치 분야에 막대한 영향을 끼친 인물이다. 그는 화란 개혁교회(Dutch Reformed Church) 목사였으며, 화란의 총리였으며, 암스테르담에 자유대학(Free University)을 설립하였다. 그의 일반은총론(一般恩寵論, Common Grace)에 대한 성령의 사역, 기독교 문화, 그리고 기독교 정치에 있어 타의 추종을 불허할 정도의 학문적 탁월성을 보여주고 있다. 그는 19세기 신 칼빈주의 3인(B.B. Warfield, Hermann Bavinck, Abraham Kuyper) 가운데 한 사람으로 명명된다. 그의 기독교 정치학에 대한 논증을 정리해보자.

1) 정부

카이퍼(Kuyper)는 정부에 관한 하나님의 주권을 강조한다. 기독교를 신봉하는 국가이건 신봉하지 아니하는 국가이건 국가는 하나님의 뜻을 성취하기 위해 하나님의 주권가운데 세워진 국가이기 때문에 정부는 하나님께서 세우신 기관이며 하나님의 이름을 드높이는 일과 관계를 가진다. 그러므로 모든 산재해 있는 국가는 도덕적 유기체이다. 유기체는 창조된 목적과 관계를 가지게 되고 세속적이며 멸절되는 존재가 아니고 자연의 법칙이 작용한다. 자연의 법칙은 하나님께서 만물을 창조하시고, 다스리시고, 그리고 섭리하시는 법칙을 말한다. 국가도 역시 유기체로서 그 국가에 속한 사람들의 정체성, 연관성, 그리고 그 국가에 속한 정부와의 관계된 환경과 경제 등이 포함된다. 그러므로 국가가 정한 법은 우연에 의해 성립되는 것이 아니고 그 국가의 필수적인 조건에 따라 결정된다.[44]

그러므로 국가는 도덕적 유기체를 필수 요건으로 하여 형성된다. 국가의 법을 제정하기 위해서는 국민과 주거환경에 따라 가장 객관적이고 합리적인 도덕적 요건이 따를 수밖에 없다. 또 한편으로 국가는 강력하고 이상적인 도덕적 요건을 전제로 하여 법을 제정한다. 국가가 국민 각 개인에게 강력한 영향력을 행사하기 위해서 국가의 기능을 가장 객관적이며 가장 이상적인 몸의 기능에 비유하여 설명할 수 있다. 한 기관이 다른 한 기관을 통제하고 운영하는 것과 같다. 머리는 온 몸의 의지와 감정을 지배한다. 그리고 심장은 모든 기관의 운동을 좌지우지 한다. 이러한 몸의 기능을 가장 기초적인 사회적 기관이 되는 가정으로 이동시켜 생각해 보자. 어린 아이는 가정의 통치자 되는 아버지와 대면하면서 성장한다. 아버지는 어린이가 태어나기 이전에 존재하고 있었다. 그러므로 아버지는 어린이가 태어날 수 있는 근원이다. 어린이는 아버지의 영향력 아래 존재한다는 원칙을 벗어날 수 없다. 마찬가지로 국가는 모든 국민에게 영향력을 행사하는 근원이다. 국가는 모든 부분에 권력을 행사하는 근원이며 전체를 조성하고, 인도하고, 그리고 지배하는 근원적인 조직체이다. 이 조직체는 유기체를 형성하고

---

44) Abraham Kuyper, Our Program(A Christian Political Manifesto), Bellingham WA, Action Institute, pp.42-44.

있는데 그 유기체의 이상적인 원리는 도덕이다. 도덕이 빈약한 국가의 법은 힘을 상실하게 된다. 그러므로 정부는 두 가지 필수적인 진리를 요구하게 되는데 하나는 도덕적 유기체이며 또 하나는 권위를 행사할 수 있는 조직적 기구이다. 이 두 가지는 상호관계를 가지고 있는 국가의 원동력이다.[45]

2) 정부의 형태

정부의 형태는 사실상 실용적 적용이 최우선적으로 다루어지게 된다. 19세기 카이퍼(Kuyper)가 총리로 봉직하고 있었던 화란에서는 입헌군주제(立憲君主制, Constitutional Monarchy)를 선호하고 있었다. 첫 번째 관심을 기울여야 될 것은 혁명을 반대하는 사람들은 정부의 형태 그 자체를 유지하는 것보다 하나님을 영화롭게 하고 국민들에게 행복을 주는 정치제도로서 민주주의, 공화주의, 또는 군주정치 가운데 어느 것이 가장 좋은 제도인가를 입증하는 것이 중요하다. 하나님의 주권을 주장한다면 당연히 궁극적인 통치자는 하나님이시기 때문에 국가의 공직자들을 통해 통치권을 행사하시는 분은 하나님이다. 여기에서 군주제, 공화제, 또는 민주주의 제도 등의 정치적 제도에 따라 흥망성쇠를 말하지만 사실 국가의 부흥은 통치하는 사람들과 통치를 받는 사람들은 물론 부수적으로 통치를 어렵게 만들거나 흥하게 만드는 환경에 달려있다.[46]는 점을 강조하고 나셨다.

여기에서 어려운 문제가 봉착되는데 그것은 교리주창자들에 대한

---

45) Ibid, pp.40-41.
46) Ibid, p.90.

문제이다. 교리충성파들은 군주제가 유전적 계승을 보장한다는 점에서 유일한 정부형태라는 것을 고집하고 있다. 이러한 고집은 궁궐의 생활방식을 비판하지 못하면서 궁궐에 있는 사람들을 흠모하는 모순적인 도덕적 퇴폐를 조장한다. 한편으로 또 나쁜 교리주의자들이 있는데 그것은 교리적 민주주의자들이다. 이 체제를 주장하게 되면 개인주의적 만족에만 관심을 두게 되어 혁명적인 논리에 취해 버리고 만다. 국가 지도자들에 대한 권위를 떨쳐버리고 하나님께서 허락하신 지도자에 대한 창조의 원리를 파괴하는 결과를 가져오게 한다. 칼빈(Calvin)은 당시에 귀족정치를 선호한다고 말했다. 그 이유는 한 사람의 권위에 국가의 통치를 의존하기보다 여러 사람의 권위에 의존하는 것이 죄를 억제하는데 더 안전하기 때문이라고 말했다.

19세기 말 당시 카이퍼(Kuyper)는 국왕(King)으로 호칭하는 제도보다 헌법적으로 더 나은 보증을 동반하는 제도를 발견하려고 했다. 여기에서 그는 혁명적 요소를 동반하는 공화국이나 공적 정신이 희박한 민주주의 제도를 보완할 수 있는, 즉 헌법에 의존하여 국가를 다스릴 수 있는 입헌군주제(立憲君主制, Constitutional Monarchy)를 주장하고 나셨다.[47] 이는 오늘날 즉 20세기 이후 입헌민주제(入憲民主制, Constitutional Democracy)가 보편화 되어 있는 제도와는 차이가 있다.

우리는 정교분리(政敎分離, Separation of the State and Church) 형태의 정치제도가 정설로 통하고 있는 입장에서 볼 때 카이퍼(Kuyper)는 국가에 대한 하나님의 주권을 강조하는 입헌군주제(

---

47) Ibid, p.91-93..

立憲君主制, Constitutional Monarchy)를 선호하는 입장이다. 물론 정부의 지도자들이나 국민들이 국가에 대한 하나님의 주권을 절실하게 인식하고 삶을 살아간다면 입헌군주제(立憲君主制, Constitutional Monarchy)가 아주 좋은 제도가 될 수 있을 것이다. 그러나 군주 즉 왕의 입장에 서게 되면 인간의 아집과 사악성이 드러나기 쉽기 때문에 그 제도가 가능하겠느냐? 하는 것은 의심의 여지가 있다. 진실하게 하나님을 섬기는 한 사람의 지도력은 국가에 엄청나게 좋은 효과를 가져다준다. 20세기 이후에도 그런 예가 많이 있다 싱가포르(Singapore)가 그 좋은 예이다. 한 사람의 강력한 도덕적이며, 검소하며, 그리고 겸손한 지도력이 후진국에서 머물러 있던 작은 나라를 오늘날의 싱가포르(Singapore)로 만들었다. 그러나 권력은 항상 견제 세력이 있어야 독주를 벗어날 수 있다. 인간은 장기집권, 견제세력 없는 왕권, 그리고 한계가 없는 정치적 무력이 주어질 때 타락의 고속도를 달릴 수밖에 없다. 국가의 원수는 어떠한 경우에도 법위에 군림할 수 없다. 그러므로 오늘날 20세기 이후에는 입헌민주제(入憲民主制, Constitutional Democracy)를 채용하는 경향으로 흘러가고 있다. 그럴 때 헌법을 민주제도 자체에만 의지할 것이 아니라 하나님의 율법에 의한 통치를 지도자들이 인식해야 함은 물론 헌법전문에 기독교가 주장하는 하나님의 주권사상을 강력하게 피력해야 한다. 지도자는 하나님 앞에서 겸허하게 국민을 섬기는 자세로 통치를 해야 하고 교회생활을 출세하는 도구로 삼아서는 안 된다. 국민들 앞에 형식적인 교회생활을 보여줌으로 자신의 출세가도에 도움이 되는 처세만을 찾아다닌다면 이는 언제인가 이중적인 신앙생활이 폭로되고 자신은 물론 국민들도 불행한 길로 접어들게 되는 것을 교훈하고 있는 것이 성경의 역사이다. 이러한 문제는 지도자들뿐만 아니라 국민들도 지혜를 가지고 지도자들을 선출하는데 있어 올바른 선택을 할 수 있어야 한다. 국민들의 잘못된 선택은 국가를 멸망하게 하는 길을 만든다. 얼마 안 되는 금전에 넘어가 투표를 잘못하게 되어 전체적 피해를 감당해야 하는 불행을 맞이하게 된다. 그러므로 정교분리(政敎分離)에 있어 제도 자체를 너무 이상적으로 생각할 것이 아니고 정교분리형에 대하여 보완해야 할 점과 수정해야할 점을 교회의 지도자들과 정치 지도자들이 머리를 맞대고 심사숙고하여 성경의 내용을 충실히 반영하도록 해야 한다.

3) 교회와 국가에 관한 견해

카이퍼(Kuyper)는 주장하기를 어떠한 국가 위주의 형태나 또는 국가의 이름으로나 그 국가를 위한 국가교회를 설립하는 것을 반대한다. 이는 국가가 교회의 내적 문제에 관섭할 권리가 없다는 말이다. 그는 화란의 헌법 168조를 들어 설명하기를 정교분리형(政敎分離形)을 확실히 하기 위해 국가교회와 국가 간에 서로 빚지고 있는 정당한 요구를 다 지불한 후에 철폐해야 한다고 주장했다.

(1) 일반적인 원리들

종교개혁 시대에 존재했던 "국가교회"라는 말은 기독교의 배경에서 성장한 국가의 이미지와 관계를 가지게 되는데 교회와 국가는 전체로서 하나의 동일한 정치적 삶에 속하게 되었다. 그 결과 국가가 종교적 삶으로 들어가 서로가 파트너가 되었다. 이러한 화합의 공동체는 먼저 교회공동체가 형성된 후 정치적 공동체가 동참하게 된 현상이다. 그러므로 교회와 국가는 신정정치(神政政治, Theocracy)의 형태를 띠게 되었다. 그러나 참다운 국가다운 국가라면 당면한 역사의 심각한 기간에 특별한 교회의 신앙고백을 택하게 된다. 칼빈주의가 우리나라(화란)

에서 승리를 거두었고 개혁파 국가교회가 생겨났을 때 개혁파 신앙을 소유한 사람은 인구의 1/3이 되지 않았다. 나머지 2/3의 인구 가운데 절반 정도는 캐톨릭 교인들인데도 불구하고 상황의 변화에 따라 칼빈 주의를 따를 수 있는 준비를 갖추고 있었다. 시간이 지남에 따라 17세기에 들어와 인구의 1/3이 개혁파 신앙고백주의자들이 되었고 또 다른 1/3의 인구는 개혁파로로 전향했고 나머지 1/3은 캐톨릭 교회에 남아 있었다.[48]

그러나 당시의 교회와 국가 간의 문제는 주위 국가들과의 투쟁으로 인해 이상과 현실의 괴리를 나타내게 되었다. 그 이상은 스페인에 대항하여 저항한 투사들의 의도가 짓밟히기 시작했기 때문에 나타난 현상이었다. 그들은 하나님의 말씀에 순종하면서 국가의 발전에 헌신하여 번영을 가져올 꿈을 가지고 있었다. 그 의도는 로마 캐톨릭의 간교한 독재주의에 저항하면서 신앙 양심에 어긋나는 모든 것들을 격파하고 국가교회를 확립하기를 기대하였다. 그러나 부분적인 무관심으로 그 의도가 실패했을 때 많은 사람들이 캐톨릭 신자로 남게 되었다. 개혁파 신조주의를 신봉하는 자들이 그들의 원하는 방향과 정 반대의 환경을 대면했을 때 또 다시 독재에 호소할 수밖에 없었는데 그것은 개혁파의 독재에 보조를 맞추게 되었다. 결국 종교개혁 당시 교회와 국가는 결탁을 할 수밖에 없었고 국민들은 종교적으로 정치적으로 빛을 잃고 말았다. 마찬가지로 유럽에서는 국가교회가 좋은 열매를 맺지 못하고 말았다. 이러한 결과는 미국, 스코틀랜드, 그리고 스위스 등을 비롯하여 화란에서도 번영하는 국가교회에 대한 꿈을 포기하기에 이르렀다.[49]

48) Ibid, pp.351-352.
49) Ibid, p.353.

카이퍼(Kuyper)는 종교개혁 이후 수백 년이 지난 19세기 말에 이르러서도 종교개혁당시 화란에서의 이상적인 국가교회를 건설하기를 기대했던 꿈을 버리지 못하고 있었다. 그는 그리스도의 제사장과 왕으로서의 직분을 통합하는 국가교회의 꿈을 성취시켜 도래하는 하나님 나라 건설을 기다리는 이상주의 국가교회를 생각하고 있었다. 그러면서 한편으로는 현실적으로 교회와 국가의 통합을 성취할 수 있는 길이 없다는 것을 고백했다. 현세의 국가의 힘과 사회의 다양성이 결국 강력한 힘을 행사할 수 있는 국가교회의 건설을 방해하고 있었다는 말이다. 결국 현실적으로 국가에 버금가는 강력한 조직을 갖추고 있는 로마 캐톨릭 교회 앞에, 영향력 측면에서, 패배를 자인하게 만들었다.[50]

결국 카이퍼(Kuyper)는 종교개혁이 로마 캐톨릭에 대항할 수 있는 국가교회의 건설이 불가능하다는 전통을 만들어 주었다고 결론지었다. 이 말은 교회와 국가는 제도적으로 분리되어야 한다는 의미를 담고 있다. 그럼에도 불구하고 하나님의 주권으로 볼 때 국가의 관원들은 하나님의 종이고 하나님의 영광을 위해 부름을 받았다. 그런 의미에서 정부의 관원들은 국가가 허락한 종교적 삶과 무관하게 살 수 없다. 그러므로 교회와 국가의 분리라는 말은 다음 세 가지 의미를 내포하고 있다.

A. 국가의 정치적 통일이 어떤 교회의 통일과 연관성을 가질 수 없다.
B. 교회와 국가는 하나님의 대리인으로 활동하는 다른 영역을 가지고 있다.
C. 서로의 영역에 대해 강제적 힘을 행사할 수 없으면서 쌍방이 교

---

50) Ibid, p.354.

류하는 형태이다.[51]

그러므로 교회는 공공의 법적 본질을 엄격하게 유지해야 한다. 이 법은 성당, 성직자, 그리고 치안판사로 구성되어 있다는 과거 로마 캐톨릭의 개념을 말하는 것이 아니다. 이는 기독교 각 교파가 공적 면을 가지고 있다는 의미이다. 또한 이 말은 합창단, 펜싱협회, 또는 댄스 예술 공연단 등과 같은 일반적인 협회와 같은 단체와 동등하게 취급되어서는 안 된다는 의미이다. 교회는 교회의 법 앞에서 절대적 취급을 받아야 한다는 주장을 내 세워야 한다. 교회의 구성원들은 절대적 법의 규제를 받아야 하며 가장 고귀하고 본질적인 양식의 법을 적용해야 한다. 여기서 교회와 국가는 서로의 엄청난 피해를 당할 때를 제외하고 각자의 생각대로 행동할 수 없고 서로 간에 질서를 지키는 교류가 있어야 하며 서로 협력하여 교회와 국가의 발전을 도모할 때 최선이라는 점을 명심해야 한다.[52]

여기서 우리는 카이퍼(Kuyper)의 교회와 국가에 대한 이상주의를 발견하게 된다. 그의 이상주의는 세상나라와 교회 사이의 관계를 말씀하고 있는 성경의 내용을 간과하고 있다는 생각이 든다. 그러나 종국에 가서는 그도 정교분리(政敎分離, Separation of State and Church) 형태의 원리를 수용하고 있다. 그의 저서를 살펴보면 19세기 말에 종교개혁 시대의 상황을 생각하고 입헌군주제(立憲君主制, Constitutional Monarchy)를 주장했다는 흔적이 여기저기에 나타난다. 기독교 중심의 국가에서 정치에 적용하는 법제도는 성경에 합당한 요건을 마련해

51) Ibid, p.355.
52) Ibid, p.355.

야 한다. 법제도는 법을 사용하는 인간에 우선한다. 그러나 아무리 법제도를 잘 세워 두었다 해도 그 법을 사용하는 인간이 악용하면 그 법은 아무 소용이 없다. 반대로 인간이 아무리 선하게 법을 적용하려고 해도 법적 제도가 합당하게 마련되지 못하게 되면 인간의 사악한 본성을 억제할 어떤 제도장치가 사라지게 되어있다. 법제도와 적용하는 인간은 양편의 바퀴와 같이 서로 협력관계를 유지해야 한다. 그런데 카이퍼(Kuyper)는 강하고 성경적인 입헌(入憲)에 따른 군주제를 이상적으로 생각하고 있었다. 그러한 생각은 성경에 나타난 정부와 교회 사이의 갈등과 협력관계를 정확하게 간파하지 못하고 있었음에 틀림없다. 하나님께서는 힘의 왕국인 국가의 정부를 이용하시어 교회를 부흥케 하는 수단으로 삼아 핍박을 통해 성도들을 훈련하기도 하시며 또한 교회를 보호하기 위해 정부에게 무기를 허용하기도 하신다. 인간은 포악하기 끝이 없기 때문에 순교의 피를 바탕으로 교회가 성장하게 되어 있다. 구약에 이스라엘 백성과 이방나라들과의 전쟁은 무수한 피를 바탕으로 제사장 나라를 지키는 요인이 되었다. 신약에 넘어와 제자들의 순교의 피를 바탕으로 포악한 로마 정부를 복음으로 정복하게 되었다. 2천년 교회의 역사는 순교자들의 피를 바탕으로 성경대로 믿는 신앙고백을 양산해 냈고 그 신앙고백은 역사적 교리로 자리 잡게 된 것이다. 카이퍼(Kuyper)는 역사적으로 교회와 국가 사이의 견제, 협력, 그리고 전투의 역사를 간과하고 있음에 틀림없다.

(2) 법의 적용

카이퍼(Kuyper)는 당시 화란의 헌법 제 168조를 설명함에 있어 정부가 교회 목사들의 급여를 지불할 때의 배경을 설명하고 있다. 그 배경에는 화란의 정치적 입지가 교회와 어떤 관계를 형성하고 있었는가?

라는 문제와 당시의 역사적 사건들이 깔려 있다는 말이다. 그 내용들은 다음과 같다.

첫째는 금전적 지원은 국가교회를 구성하게 된다는 의미이다. 또 하나 한 지역에만 한정되지 않고 모든 지역에 동시에 지급되어야 재정적 유대관계가 형성된다는 의미를 가진다. 헌법 제 168조는 교회의 재산을 정부가 몰수 할 수 있다는 조항이 있기 때문에 **교회는 교회 자체의 독립적인 개념보다 "국가교회"라는 개념으로 이해해야 한다.** 그러므로 우리는 국가교회에 대한 정치적이며 종교적인 권위를 생각할 때 다음의 여섯 가지 요점을 추천 하게 된다.

A. 제 168조에 나타난 대로 18세기 말경 교회는 아무것도 취한 것이 없는 교회에게 기존교회와 등등하게 급료를 지급함으로 역사적 책임을 져야 한다.
B. 권리의 성격은 시간에 따라 변한다. 그러므로 초기에 성립된 계약의 권리가 후에는 바뀌게 되는데 초기에 나타난 급여와 혜택을 이자와 함께 주장하는 사람들은 여론에 의해 패배하게 된다.
C. 18세기 말에 압수된 재산은 오늘날 급여 지급을 가능하게 만든다. 그 이유는 교회는 교인들 스스로 교회의 부동산을 위해 헌금할 수밖에 없고 화폐 가치의 등락에 따라 수입의 수준을 정할 수밖에 없다. 그러므로 교회는 잃어버린 부동산을 회복하는데 과거보다 더 많은 노력과 헌금을 요하게 된다. 여기서 국가는 수지결산을 통해 압수된 재산을 회복시켜 준다는 것이 어려우므로 교역자들에게 급여를 지불할 수밖에 없다.
D. 시간이 지남에 따라 제 168조를 폐기해야 한다는 의견이 대두된다. 이 문제는 교회의 관점에서 생각하면 신앙에 대한 장애물로 여

길 수는 없으나 교인들의 분노를 불러오게 되고 국가 전반에 도덕적인 손상을 가져오게 된다는 것은 필연적이다. 그러므로 원만한 타협점을 찾아야 한다.

E. 국왕의 대리인에 의해 급여와 수입의 지급은 자유롭게 발전하기를 원하는 교회의 권리를 침해할 수 있다.

F. 급여가 점점 더 부적절하게 발전함에 따라 목사들이 국가의 정부로부터 급여를 받는다는 개념에서 벗어나는 것이 바람직하다. 목회 유지를 위해 교회 스스로 가능한 자본을 이용하는 것이 바람직하다.

우리는 위의 여섯 가지 어려운 문제에 봉착하게 되는 점에 있어 해답을 찾아야 한다. 어느 누구도 원리에 벗어난 길을 원하지 않는다. 만약 정부가 지급하는 문제에 있어 법원의 최종 결정으로 결제가 이루어지도록 한다면 그 결정을 따를 수 있을 것이다.[53]

민사법으로 생각할 것이 있는데 교회는 본질적으로 특별은총(特別恩寵, Common Grace)에 속하는 영적인 문제를 다룬다 해도 시민 사회의 일원에서 벗어날 수가 없으며 일반법의 관할 하에 존재하며 교회 안에서의 물질적 문제는 역시 접촉하는 이웃 당사자들과의 관계 안에서 재산문제를 다루게 된다. 그러므로 교회의 재산이나 부채의 문제는 판사들의 결정에 의해 법을 객관적으로 적용하도록 허용되어져야 할 것이다. 만약 재산의 문제를 민사법으로 확실하게 구체화 하지 않게 되면 오히려 불확실성으로 인하여 재산에 대한 혼란을 야기 시킬 수 있다.[54] 그러므로 교회와 국가는 재산에 대한 명확한 해결의 근

---

53) Ibid, pp.357-359.
54) Ibid, p.359.

거를 마련해야 하는데 국가는 교회에 대하여 다음과 같은 조항을 요구할 수 있다.

　A. 교회는 신앙고백, 의식, 그리고 교회법에 관한 기준을 국가에 제출하고 뒤 따라오는 변화와 계속적으로 그 효력을 유지할 것을 보증해야 한다.

　B. 각 교회의 교파들은 정부의 권고를 먼저 청취하고 중요한 요소들을 제안하여 결정된 합의 사항을 정부와 통하는 위원회를 구성하는 자리를 마련해야 한다.

　C. 교회의 모든 회원들은 언제든지 교회의 권위에 순종하는 것이 철회되고 그들 모두가 자유롭게 원한다면 교회의 권위와 순종으로 부터 풀리게 된다.

　D. 하나님의 말씀에 기초하여 비방할 권리를 제외하고는 공적 예배에서 정부를 명예롭게 하지 않은 공격이 허용되지 않으나 기도는 모든 것에 대하여 권위로 주어질 수 있다.

　E. 아무 교회든지 지방 자치 당국의 허가 없이는 공공 도로에서 예배나 집회를 구성할 수 없다.[55]

　반대로 정부는 다음과 같은 사항들을 교회에 보장해야 한다.
　A. 교회는 국가를 향해 종교적이며 도덕적인 삶에 관계된 사항에 한하여 치안문제를 권고할 권리를 가져야 한다.
　B. 시민의 행정당국은 예배를 드리는 동안 예배당 내에서, 교회의 주위에서, 그리고 그 외의 주위 환경의 법과 질서를 유지해 주어야 한다.

---

55) Ibid, pp.360-361.

C. 서약의 성취는 교회의 보조를 실행함으로 성스럽게 지켜진다.

D. 정부는 교회가 영적 직무를 성취하도록 주일을 보호해 주어야 한다.

E. 정부는 각 교단들의 전체적인 중재를 통해 국가를 위한 회개의 날과 기도의 날에 관한 법률을 제정해야 한다. 이 사항은 국가가 전염병, 홍수, 그리고 전쟁의 위험에 처했을 때 한 날을 정할 것을 허용한다.

법의 적용 문제에 있어 카이퍼(Kuyper)는 교회와 국가가 서로 병존(竝存) 하면서 어떻게 협력하여 발전을 도모할 것인가를 전제하여 논증하고 있다. 교회와 국가의 대립적인 역사를 지워버리고 평화의 나라를 이룩하고 하나님을 영화롭게 하는 교회를 발전시켜 나가느냐? 에 초점을 맞추고 있다.

4) 기독교 정당에 관하여

21세기 대한민국의 정치 분위기 아래 기독교 정당을 창당한다는 것이 정말 옳은 일인가? 또 그 일이 가능한가? 이 질문은 많은 기독교인들로부터 부정적인 대답이 돌아올 것이 뻔하고 또 실제로 그렇게 되어왔다. 이제 그 해답을 개혁파 정통주의 신학자이며, 목회자이며, 그리고 정치가인 카이퍼(Kuyper)로 부터 찾아보자. 그는 기독교 이념에 기초한 반 혁명당(Anti Revolutionary Party)을 창당할 당시 많은 사람들로부터 비난의 화살을 받았다. 그러나 그는 기독교 신앙은 자기만의 만족을 채우는 개인주의에서 탈출하여 공유된 책임을 가지고 하나님 나라를 튼튼하게 세워나갈 공동체를 형성하는 일 가운데 하나가 기독교 정당을 창설하여 건실하게 운영해 나가는 일이라고 주장했다.

그러나 극히 경계해야 할 점은 이 정당이 비록 기독교 교리에 기초한 단체이지만 교회 안에서의 정당이 아니고 국가에 속한 정당이어야 한다는 것이다. 교회의 지도자들은 정당에 대해 선악을 불문하고 무조건 혐오증을 전제하고 접근하기 때문이며 또한 더욱이 교회 내에서 정당 활동을 하게 될 경우 교회는 정당의 쟁론으로 말미암아 본연의 사명을 저버리고 복음 전하는데 퇴보의 길을 걷게 될 것이다.[56] 라고 말했다.

그렇다고 해서 정당이 교회에서 행해지는 목사직과 같은 영적 진리만을 추구하는 조직체가 아니기 때문에 정당의 부패적 요소는 언제나 덫과 올가미처럼 처처에 깔려 있다. 그렇기 때문에 기독교 정당의 형성은 많은 불법의 난파선들을 구출할 함정의 역할을 해야 하기 때문에 어느 정당 보다 밝은 불빛을 요구하게 된다. 기독교 정당은 언제나 경고, 기도, 말씀 중심의 청강 정책을 요구한다. 말씀과 기도를 중심한다고 해서 기독교 정당의 조직 구성을 반대하는 것을 허용할 수 없다. 정당의 구성은 혐오증을 일으키는 식물의 역할을 하는 것도 용납될 수 없지만 관상용 식물로 존중받는 역할도 용납될 수 없다.[57] 라고 말했다.

카이퍼(Kuyper)는 반 혁명당(Anti revolutionary Party) 형성에 대해 "만약 주류 집단들이 원칙을 무시 하고 질서를 붕괴시킨다면 우리는 독립정당을 창당하는 것이 합법적일 뿐 아니라 필수적이다. 그러므로 혁명을 반대 하는 자들이 정당을 조직할 의무가 있다는 점에 의심할 여지가 없다. 우리는 로마 캐톨릭의 중세적 형태뿐 아니라 모든 종

---

56) Ibid, p.313.
57) Ibid, p.314.

류의 자유주의의 형태에 대항하여 우리 나름대로 특징 있는 형태를 구성해야 한다. 우리가 주장하는 원리가 신학적으로는 충분한 뒷받침이 제공되어 있지만 정치에 대해서는 모자라는 점이 있기 때문에 정당 형성이 부적합 하다는 말을 들어왔다. 그러나 우리의 강령이 이러한 문제를 바로 잡아 준다."[58] 라고 주장했다.

한편으로 카이퍼(Kuyper)는 정치에 관한 보수주의자들과의 단절을 선언할 수밖에 없었다. 이는 헌법적 자유주의자들과 연관되어 있다는 것을 의미한다. 그는 "오히려 우리는 사회의 유기적 권리를 옹호하기 위하여 급진주의를 선호한다. 그러므로 우리는 보수주의자들의 집단에 속하지 않음으로 그들의 부패를 조장하지 않고는 견딜 수 없는 일에 동조하지 않아야 한다. 보수주의자들은 자신들이 유용할 때만 거룩한 하나님을 들먹였고 하부에 종사하는 사람들을 그들의 정치적 편의의 계산속에 종속시켜 버렸다. 그들의 가증한 양심은 우리의 열정을 갉아먹고 있었다. 우리의 양심을 엄청나게 괴롭혔기 때문에 우리는 보수주의자들과 단절해야 했다. 보수주의자들이 1853년 로마 캐톨릭을 반대했다가 10년 후에 다시 그들의 조직에 편입시켰다. 나아가 우리에게도 그들의 조직에 들어오도록 문을 열어주었다. 이러한 사태는 조직적으로 행해졌던 기회주의에 대한 명백한 증거였다."[59] 라고 주장했다. 당시 이러한 정치적 상황은 카이퍼(Kuyper)로 하여금 반 혁명당(Anti Revolutionary Party)을 창당할 수밖에 없는 환경이 조성되고 말았다.

---

58) Ibid, pp.370~371.
59) Ibid, pp.371~372.

여기서 카이퍼(Kuyper)는 "정당이 국민들의 성실을 표하는 양심으로부터 일어나 창당되어야 한다. 사람들의 생각이 정치적 영역으로 옮겨져 정부의 정책에 실용적으로 적용될 필요가 있고, 정당의 가용한 세력은 사회적 영역에서 힘을 합쳐 정치적 구조의 틀 가운데로 인도되는 것이 필요하며, 그리고 정당에게 생기를 불어넣는 중요한 아이디어는 반대의견을 제시할 수 있는 수준 높은 사람들에 의해 수용할 필요가 있다." 라고 강조했다.

　그러면 정당들 끼리 협력을 논의할 기반이 조성되어 있는가? 라는 문제에 대해 카이퍼(Kuyper)는 "당시 네덜란드의 정치적 상황으로는 협력이 가능하지 않다." 라고 단정했다. 그 이유는 정당들이 공개적으로 마주하여 협의할 기회가 없었기 때문이다. 당시 무작위로 나타난 유권자들 단체와는 공식적 협의가 불가능하고 더욱이 로마 캐톨릭의 교황이나 주교들과 정치적 협의를 한다는 것은 불가능하기 때문이다. 그러므로 반 혁명당을 준비시켜 발전된 정치조직으로 성숙시켜 정치적 역량을 키우도록 해야 할 것이다.[60] 이러한 주장이 바로 카이퍼(Kuyper)가 반 혁명당을 조직한 배경과 이유가 되었다.

　그렇다면 우리 한국에서 기독교 정당이 필요하지 않다는 말인가? 여기에는 많은 목회자들과 신학자들이 기독교 정당의 필요성을 부정하고 나온다. 그러나 필자는 참신한 개혁파 신학을 신봉하는 자들이 합심하여 기독교 정당을 만들어야 할 절대적 필요성을 주창하고 나선다. 그 이유는 70년대 이후 대한민국이 과거 독재정권에 대항한 정치세력으로 로마 캐톨릭의 정의구현 사제단, 재야세력, 그리고 지식인들이 합

---

60) Ibid, p.376.

세하여 등장할 때 자유주의 사상을 가진 기독교인들이 동참 하였다. 그럴 때 참신한 즉 성령으로 거듭난 기독교인들이 주축이 되어 기독교 정당을 구성했어야 했다. 당시 자유주의 기독교인들의 정치 참여는 구조악을 타개하자는 해방신학과 같은 사상을 공유 하고 있었던 민중신학을 중심으로 이루어졌기 때문에 하나님 중심의 국가관을 가진 정치운동이 아니었다. 만일 70년대 참신한 기독교인들이 중심이 되어 정당을 창립하였으면, 필자가 20대의 어린 나이었음에도 불구하고 그 정당에 참여하였을 것이다. 이제 와서 기독교 이름으로 정당들이 생겨나게 되었으니 너무 늦은 감이 없지 않다.

5. 급진신학의 정치 이론

19세기의 자연주의 신학은 정치, 경제, 사회, 문화, 교육, 그리고 인간의 심리에 이르기 까지 하나님 중심의 종교관을 땅에 곤두박질하게 만들었다. 인류를 사상적 소용돌이 속으로 몰아넣었다. 인간의 본성인 하나님을 향한 종교심을 산산조각 내 버리는 결과를 가져왔다. 그 결과 20세기 세계 제 2차 대전이 끝나고 모든 분야에 신학이란 이름을 붙이는 일이 벌어졌다. 즉 축제의 신학, 놀기신학, 해방신학, 민중신학, 성(sex)의신학, 여성신학, 그리고 흑인신학 등이다. 그 가운데 정치신학이 있다. 여기에서 논증하려고 하는 것은 **급진신학이 추구하는 정치신학에** 관한 문제이다. 자유주의자들이 주장하는 정치이론에 신학이란 이름을 첨가한 것이다.

20세기에 들어와 두 번의 세계 대전을 격은 구미는 허무주의에 빠져 과학에 대한 혐오와 인생무상에 대한 동경심으로 기울어졌다. 이에 대한 반동으로 젊은이들은 허무를 달애기 위한 불협화음의 노래와 함께 술과 마약에 취해 들어가고 있었다. 사회에 대한 반발이 날로 늘어가고 있었다. 지적 기능이 우수한 사람들은 더욱 부요해지고 그렇지 못한 사람들은 더욱 가난해져 갔다. 과학이 발달되면 인류가 더욱 행복해 질 것이라는 지상 천국론이 무색해져 갔다. 범죄가 줄어 가기는 고사하고 더욱 늘어가고 있었다. 사상의 빈곤이 구미를 휘몰아 칠 때 자유주의 신학을 주창하는 자들은 돌파구를 찾기 위해 시대마다 사건마다 갖가지의 해당된 이름을 들고 나와 신학이라는 명제를 첨가 하였다.

여기에서 우리가 고려할 문제는 국가의 정치가 교회와 어떤 관계를 가지고 있느냐? 이다. 즉 신학적으로 분석하면 성경교리와 국가가 당면하고 있는 현실문제와 접촉점을 어떻게 구성하고 융화하느냐? 의 문제로 귀착된다. 그것이 바로 교회와 국가 사이의 문제이며 신학적으로 볼 때 교회의 영역 주권과 국가의 영역 주권으로 분석해야 할 주제이다. 좀 더 세분하여 언급 하자면 교회의 정치참여가 가능한가? 나아가 가능하다면 어떤 방향으로 가능한가? 라는 문제가 대두된다. 여기서 자유주의 신학에 기반을 둔 급진주의(Radicalism) 자들은 적극적 정치참여를 주장하지만 그 신학적 내용은 성경교리에 기반을 둔 것이 아니고 하나님의 선교(missio dei)라는 사회주의 운동의 신학에 기반을 둔 구조악의 타개를 말한다. 여기에 관계된 급진주의 신학 몇 가지를 나열해 보려고 한다.

1) 해방신학

해방신학(Liberation Theology)은 남미에서 발생한 신학이다. 급진주의(Radicalism) 자유주의 신학은 신학적 원리에 있어 성경의 교리를 제일의 근본 원리로 삼지 않고 항상 시대의 상황을 주제로 하여 신학의 원리를 강조하기 때문에 일시적으로 일어났다가 사라지고 만다. 급진주의(Radicalism) 신학에 속한 해방신학 역사 마찬가지이다. 그 역사적 배경을 살펴보면 해방신학의 문제점을 알 수 있다.

(1) 해방신학의 역사적 배경

해방신학(Liberation Theology)의 역사적 근원을 파헤쳐 보면 남미에서 로마 캐톨릭이 정치적 세력을 어떻게 행사하게 되었느냐? 의 문제로부터 시작 되었다. 스페인을 중심으로 남미에 로마 교조주의(Catholicism)를 전파하기 위한 선교사들은 스페인 정부의 지원을 받아 파송하게 되었다. 이 선교사들의 파송은 18세기부터 시작되었다. 그러나 19세기에 들어와 스페인 왕조의 불안, 민족주의, 그리고 대중이 갈망하는 신학은 남미의 성직자들로 하여금 해방을 강구하는 방향 전환을 하게 만들었다. 여기에서 이미 남미의 해방신학이 싹트고 있었다. 즉 교회와 정부의 권위로부터 탈출하려는 움직임이 일어나고 있었다. 당시 로마 캐톨릭을 배경 삼아 교회와 국가는 서로 견고한 연합체를 형성하고 있었다. 국가의 정치와 유착되고 있었던 로마 캐톨릭 교회는 시대의 표적을 인식하는데 실패하고 말았다. 이에 대한 반동으로 캐톨릭 교회는 점차 사회적 관심을 일으키기 시작했다.[61]

20세기로 넘어와 남미에서는 지적 갱신이 일어나기 시작했다. 이러한 갱신운동은 강단에서만 존재하고 있었던 로마 교조주의(Catholicism)가 평신도 중심의 인문주의로 전환되기 시작했다. 이로 인해 남

---

61) J. Andrew Kirk, Liberation Theology, An Evangelical View from the Third World, John Knox Press, 1979, pp.12-14.

미의 캐톨릭 교회 성직자들은 평신도 사상의 영향을 받아 그 변화에 대처하려는 자각을 드러내기 시작했다.[62] 이러한 사상적 변화는 교회와 국가의 제도적 변화뿐 아니라 사회, 경제, 그리고 정치적 변화에까지 영향을 끼치게 되었다. 남미의 주교들에게 결정적 영향을 끼치게 된 두 가지 요인이 나타났다.

하나는; 교구 수의 급증이었다. 유럽으로부터 독립을 성취한 이후 폭발적인 인구 증가와 함께 500개 이상의 교구가 구성되었다. 그 가운데 150개 정도가 1950-1960년 사이에 생긴 것이다. 교구를 새로 만들기 위해 사제들과 평신도들 사이에 접촉이 강해지고 자연스럽게 응집력이 신장되었다. 또 하나는; 신학의 연구와 그 연구에 따른 행동을 위해 남미 주교회의(CELAM: Consejo Episcopal Latino Americano)를 창설한 것이다. 이 조직의 가장 중요한 역할은 사회적 이슈를 다루고 있는 교황의 칙령을 번역해 남미 사람들에게 제공하는 일이었다.[63]

1950년대 이후 남미에서는 세 가지 중요한 운동 단체가 조직되었는데 캐톨릭 행동대(Catholic Action), 캐톨릭 상업조합운동(The Catholic Trade Union Movement), 그리고 기독교 민주당(The Christian Democrat Parties)이다. 앞의 두 단체는 성공회에 의해 조직된 단체이지만 후자는 평신도들에 의해 조직된 단체이다. 캐톨릭 행동대(CA)는 스스로를 유물론 사회주의 무신론에 대항하는 조직으로 생각했다. 이 조직(CA)은 평신도들의 정치 개입에 상당한 영향을 끼쳤다. 더욱 주시할 것은 캐톨릭 민주당의 설립과 급진주의 신학에 큰 영

---

62) Ibid, p.15.
63) Ibid, pp.15-16.

향을 끼쳤다.[64]는 점이다.

남미의 캐톨릭 교회는 차츰 사회정의와 혁명에 관심을 두는 방향으로 기울어져 가고 있었다. 교황의 칙령에는 사회정의를 강조하는 내용이 빈번하게 나타났다. 혁명이라는 말이 자주 나타났는데 이 말의 신학적 의미는 사회적 관점에서 변화를 시도하는 말이었다. 즉 제도의 근본적인 개혁, 봉건적 구조의 폐지, 그리고 사회 평등의 실현 등을 의미하고 있었다. 여기에 또 다른 의미를 포함하고 있었는데 그것은 계급투쟁, 무력, 그리고 독재를 부정하는 말이었다.[65] 1960년대 남미의 캐톨릭은 교리적 이념보다 현세의 좀 더 나은 삶을 원하는 대중의 요구에 부응하려 했다는 점이다. 교회가 사회에 대한 관심이 전례 없이 증폭 될수록 혁명에 대한 해석을 사회의 변혁에다 관점을 두고 말하였다. 보수적인 개혁자들은 민주주의적 선거를 통해 변화가 일어날 수 있다고 생각했으며 반면 정치적 변화에 대응하는 신 좌익(New Left)은 사회 경제 개혁이 민주주의와 함께 일어날 수 없다고 생각했다.[66]

이와 같은 현상을 경험한 일반 대중은 역사적 격변기를 격어 오면서 착취당한 자들의 수가 날로 늘어가고 있었다. 이 때 페루의 구스타브 구티에레즈(Gustavo Gutierrez)는 해방신학을 발표하였는데 "해방신학은 남미의 압제당하고 착취당하는 사람들을 해방시킬 임무를 위임받은 체험적 신학의 성찰이다. 이 신학은 현재의 불행한 삶을 타개하여 좀 더 자유롭고 인간적인 사회를 건설하기 위한 노력에서 출발한다. 하나님의 말씀에 비추어 기독교인의 프락시스(praxis, 이론을 기

---

64) Ibid, p.15.
65) Ibid, p.18.
66) Ibid, p.20.

반으로 한 실천)를 비평적으로 성찰한다. 이는 **복음의 정치적 해석학 (a political hermeneutics of the Gospel)이다**[67] 라고 주장했다.

그러므로 해방신학은 후기 화해의 신학이다. 이 신학은 1965년에 시작하였는데 바티칸 공의회가 끝난 해였다. 해방신학의 주된 관심은 교회를 새롭게 갱신하는데 있는 것이 아니라 과거의 혁명 과정에 있었던 행동을 반성하고 격려하는데 있었다. 해방신학은 빈부의 격차가 심한 경제문제에 대해 구체적인 방법을 교황의 칙령에서 찾으려는 시도였다. 당시 15명의 감독들이 발표한 "발전하는 민중"이라는 공개 문서에는 "제 3세계의 사람들은 오늘날 인류의 프롤레타리아트(Proletariat, 하층 노동자 계급)들이다. 그러므로 교회는 경제적 왕권주의와 밀착해서는 안 된다. 교회는 경제적 특권을 착취당하는 자들의 권리를 회복시키기 위한 방어에 전심을 쏟아야 한다." 라는 것이 해방신학이 추구하는 원리이다.

그러나 1964년 브라질의 군사혁명은 해방신학을 추구하는 로마 캐톨릭 사람들에게 치명타를 가했다. 이 때에 캐톨릭 사상가들은 북미에서 공을 들이고 있던 "미개발 개념"에 대해 의문을 품고 남미경제의 재생에 대한 연구를 시작했다. 그들은 가난의 원인이 착취로부터 온다는 것이라고 규정지었다. 즉 경제적 강국들이 높은 이자율을 적용하여 원조한 금액보다 더 많은 자본을 남미로부터 빼앗아 갔다고 주장했다. 해방신학의 의미는 바로 경제적 정치적 독립을 염두에 둔 것이다. 현상유지의 **신학적 이데올로기**에 도전을 가한 사상이다. 해방 신학자들이 사용하는 **해방**이라는 말은 **프락시스(Praxis) 리얼리티(Reality)** 라는 말

---

67) Ibid, p.23.

들과 깊은 관계를 가진다. 이러한 프락시스나 리얼리티는 마르크스주의자들(Marxist) 또는 신 마르크스주의자들(Neo-Marxist)의 사회주의적 도구에 의해 분석된 사회, 경제, 그리고 정치적 상황을 의미한다. 이것이 바로 남미 해방신학의 기원과 발전의 상황이다.[68]

메델린 문서(Medellin Documents)는 해방신학(Liberation Theology)의 주체가 되는 문서이다. 이 문서는 제 2회 남미 주교 회의(Second General Conference of CELAM)에서 발표한 급진적 신학의 성격을 나타내고 있다. 여기에서 정의와 평화에 대한 문제를 다룰 때 해방이란 단어를 사용했다. 해방이란 단어를 사용하면서 남미를 저개발 상태로 만드는 식민주의 정책을 구체적으로 비난했다. 자유주의적 자본주의 조직을 혹평하여 특권층만 유리하게 하며 국제적 독점, 경제적 제국주의, 그리고 특권층만 유리하게 하는 불균형의 집단이라고 강하게 비판하고 나섰다. 많은 캐톨릭 신학자들은 메델린 문서(Medellin Documents)를 해방신학의 중요한 능선으로 생각하고 있다. 이 문서는 해방신학에 급진적인 영향을 주어 **해방이라는 신학적 개념을 해석하는 기초적 자료를 제공하고 있다.**[69]

(2) 해방신학의 기본적 주제

A. 선지자로서의 교회관
남미 교회의 선지자적 특성은 메딜린 문서(Medellin Documents)에서 제시한 내용을 주축으로 하여 행동신학을 주창하고 있다. 해방신

---

68) Ibid, pp.25-26.
69) Ibid, pp.27-28.

학이 주장하는 선지자적 특성은 성경이 말씀하고 있는 "하나님의 말씀을 받아 그대로 전한다." 라는 개념이 아니고 현실의 경제적 고통과 정치적 억압으로부터 해방될 수 있는 방향을 제시하는 직무를 말하고 있다. 즉 "국가와 결속되어 있는 속박으로부터 압박을 받는 백성들을 해방시키는 일이 바로 선지자적 행위다."[70] 라고 주장 한다.

B. 투쟁주의 신학

급진주의 신학자들의 고심은 메델린(Medellin) 선언에 나타난 대로 실행에 옮기지 못하게 된 원인이 나타나게 된 데에 있었다. 이에 그들은 예언자적 역할을 주장하게 되었는데 그 역할이 바로 투쟁의 신학 즉 선지자적 신학을 강조함으로 돌파구를 찾게 된 것이다. "남미에서는 신학이 역사를 계급투쟁으로 보는 마르크스주의의 사회분석을 인정할 때만 효과가 있다." 는 구티에레즈(Gutierrez)의 말을 인용하여 신학은 하부 구조를 변화시키는 수단으로 현존을 말할 수 있다고 주장했다. 이러한 주장은 메델린(Medellin) 문서가 말하는 지배자와 피지배자로 구분하는 이념을 넘어 보다 더 급진주의적 요소를 강조하여 압박자와 피압박자를 분리하는 고전적 마르크스주의 개념을 수용하고 있다.[71]

C. 폭력을 수용

해방신학 자들은 폭력을 긍정적으로 평가하고 있다. 이는 놀라운 일이 아니다. 이 폭력을 인정하게 된 근원은 불의의 힘에 의해 고통을 당하는 수많은 사람들이 행할 수 있는 폭력이기 때문이라고 주장한다. 피압박자들은 희망도 없이 노예처럼 사는 사람들이다. 이들의 폭력은 정

---

70) Ibid, p.29.
71) Ibid, p.30.

당한 전쟁을 위해 정당하게 싸우는 수단이다. 무력을 사용하는 정부가 비인간적일 때 정부를 전복시키기 위해 무장 혁명을 일으킬 수 있다는 점은 권리를 행사할 적합한 방법이다.[72] 라고 주장했다.

D. 정치적 자치권의 거절

사실 로마 캐톨릭은 교회와 국가론에 있어 5세기 이후 로마 캐톨릭 아래 국가를 다스리는 1원론을 주장해 왔다. 1원론의 개념은 로마 캐톨릭 교회가 국가위에 존재하면서 아래의 국가를 지배한다는 사상이다. 그런데 해방신학의 개념에 들어와서 로마 캐톨릭은 교회와 국가 사이에 있어 1원론의 기본이 되는 콘스탄틴주의(Constantinian) 연합을 강하게 거부하고 국가의 정치적 영역의 자치권을 수용하지 않은 것은 놀라운 일이다. 더구나 세속화 신학을 추구하는 해방신학과 관계를 결속시키기 위해 형이상학적 포로로부터 자유롭게 되어야 한다는 주장이다. 교회의 기능은 기독교 교리에 따라 사회 구조를 향해 일함으로 세속 세계에서 능력을 발휘해야 한다는 주장이다. 그런 의미에서 해방신학은 교회가 보편적 구속사인 사회 건설의 정의를 위해 국가에 관한 자치권의 개념을 비판하지 않아야 한다.[73] 고 주장했다.

(3) 유토피아의 장소

구티에레즈(Gutierrez)의 주장에 따르면 유토피아(Utopia)란 의미는 "질적 차이가 있는 역사적 계획을 소생시키는 일이며 사람들 가운데 새로운 사회적 관계를 정립하기 위한 열망이다." [74] 라고 정의하였

---

72) Ibid, p.31.
73) Ibid, p.32.
74) Ibid, p.33.

다. 이러한 주장은 이데올로기의 전환을 의미하는데 이 전환은 바로 마르크스와 엥겔스의 이론에 의거하여 이론적인 개념으로부터 실천적인 개념으로의 전환을 말하는 것이었다. 그러므로 유토피아는 역설적으로 볼 때 전혀 새로운 질서를 선포하고 있는데 이는 존재의 질서를 흠집 내고 있다. 유토피아는 존재의 질서를 파괴하는 사상이며 현재의 경험적 실재로부터 미래의 이론적 실재로 인도하는 사상이다. 미래를 기대하는 오늘의 사역에 있어 힘에 관한 과학적 분석의 수단에 의해 현재의 실재와 관계를 가진다. 그러므로 유토피아는 환상이 아니다. 단순한 언어적 환상도 아니다. 그 이유는 비난과 발표 사이에는 해방에 대한 역사적 응용방식(Praxis)이 수행되고 있기 때문이다. 그러므로 유토피아는 압박과 비인간화에 대항하는 투쟁 속에 이미 존재하고 있다.[75] 는 주장이다.

나아가 해방이라는 말 속에 숨어있는 도전의 개념을 정의하기를 유토피아는 새로운 인간 형성을 시도하는 문화혁명에 연결되어 있는 현재 상태이다. 또한 영구적인 혁명의 위치에 있어 미래 사회의 도전과 가능성에 대한 긴박함을 깨닫기 위한 현재 사회에 도전하는 것이다. 근원적인 신학적 전제는 새로운 인간성을 구축하는데 있어 압박을 당하는 사람이 압박의 구조로부터 해방의 역사를 수용할 수 있는 보편 구원 역사의 개념이다.[76] 라는 주장이다.

(4) 방법론의 중요성

---

75) Ibid, p.33.
76) Ibid, p.34.

해방신학은 정통신학(Orthodoxy)과 정통적 실천(Orthopraxis)을 서로 연관 시킨다. 즉 신앙의 빛을 비추는데 있어 역사적 실천에 대한 비평적 반영으로 해방신학을 정의한다. 다른 말로 말하면 신학적 입장과 공식적인 타당성이 하나님께서 다가오게 하시는 해방의 실제적 과정에 대한 순응에 의존하는 반응을 말한다. 신학이란 결코 추상적인 실천이 아니다. 해방신학은 지속적으로 선험적 원리(Priori Principles)로부터 추론 가능한 순수 신학의 개념을 비난한다. 신학은 처음부터 교회의 현대 증거를 향한 직접적인 해석학적 실천이다. 신학은 교회역사를 통해 내려온 증언을 위한 해석 과정이 아니며 유럽에서 볼 수 있었던 신학 그 자체만을 위한 학문적인 해석학적 과정이 아니다. 신학은 근대의 문제점에 대한 기독교 신앙의 적용에 대하여 지적 논쟁으로 시작하는 것이 아니고 이미 적용된 방식을 비추고, 꿰뚫고, 도전하고, 그리고 다듬어 기독교를 반영시키는 축적된 지혜를 사용하여 정의롭지 못한 사회를 정의로운 사회로 변화시키는 도안과 함께 하는 것이다.[77]

해방신학은 신학적 해석을 적용하는데 있어 이데올로기를 느슨하게 생각하고 있다. 그러나 이러한 적용 방법은 과거 마르크스(Marx)나 엥겔스(Engels)가 강하게 적용하였던 이데올로기의 이념하고는 차이가 있다. 즉 그들은 자본주의의 기원이 되는 브르조아(Bourgeois) 사회와 무산 노동자 계급의 프롤레타리아(Proletariat)의 구조와 그 비참한 사회를 타개하는데 중요한 도구로 이데올로기를 사용하였다. 이러한 해석의 적용 방법은 기독교를 어떻게 해석 하느냐의 열쇠가 된다. 즉 기독교가 중요하게 생각하는 성경을 영적으로 적용하는(구원의 이론적 방법) 해석은 정치적으로 불순한 의도가 있다고 의심한다. 이러한 이데

---

77) Ibid, p.35.

올로기 적용 방법은 이론적으로 느슨한 입장에 서 있으며 실천에 적용하는 방법만을 강조한다.[78]

(5) 해방신학의 문제점

위에서 해방신학에 대한 역사적 배경과 요점을 간략하게 정리하였다. 여기서 해방신학의 결정적인 문제점 몇 가지를 지적하고 그 잘못된 개념을 인식해야 할 것으로 본다. 해방신학은 억눌린 자들을 위한 행동주의 정치신학이라고 말할 수 있다. 그러나 그것은 신학의 개념으로 이해할 수 있는 학문이 못된다. 신학이란 성경이 말씀하는 하나님, 예수 그리스도, 인간의 죄, 구원, 교회, 그리고 천국을 논증할 때 신학이라고 명명해야 한다. 해방신학은 신학이 아니라 정치적 사회운동이다. 즉 행동주의 사회 운동의 이념이다. 그들이 해방신학이라고 명명했기 때문에 앞으로 해방신학이란 단어를 주제로 하여 비평하려고 한다.

첫째; 해방신학은 신학이 아닌 이론을 신학이라고 말하기 때문에 신학 적용의 방법론에 큰 문제가 있다. 그 문제가 바로 정통 실천(Ortho-praxis)의 방법론이다. 이미 언급한 대로 정통 실천의 이론은 유럽의 학술적 신학(Academic Theology)을 배격함으로 이데올로기(Ideol-ogy) 신학을 매개로 하여 인격적 하나님과의 교제를 배격하고 현실주의 실천만을 주장한다. 그 실천도 기독교인으로서 성경이 가르치는 윤리와 도덕의 실천을 주창하는 것이 아니고 정치적 이념에 기반을 둔 투쟁에 중점을 두는 정치신학이다. 그 정치적 투쟁 방법은 마르크스(K. Marx)의 철학적 방법에 기초를 두고 있다. 그 투쟁의 요점은 바로 잘

---

78) Ibid, pp.39-40.

못된 정치적 구조를 변화 시키는데 있다. 왜 변화를 시도하는가? 거기에는 마르크스주의와 동일한 사상을 배경에 깔고 있는데 그것은 인간이 처한 빈궁의 상태를 변화시키는 행동주의 철학을 강조하고 있기 때문이다. 그들은 마르크스가 주장한 "종교는 빈궁의 표현이며 진정 빈궁에 대한 항거이다. 종교는 인민의 아편이다." 라는 말을 자주 인용한다.

물론 기독교는 빈궁한 사람들을 돌보아 주는 일을 게을리 해서는 안된다. 그러나 주시할 것이 있다. 정치적으로 집단화 하여 폭력을 통해 정부를 타도하거나 힘써 일해서 얻은 부를 소유한 자들의 물질을 순간적 폭력으로 탈취하는 일은 성경적으로 전혀 어긋나는 일들이다. 얼마든지 평화로운 방법으로 국가의 정치적 변화를 가져올 수 있고 또한 부요한 자들이 물질을 보람 있게 사용할 수 있는 방법을 강구할 수 있다. 그러한 방법을 적용하는 데는 엄청나게 힘들고 길고 긴 인내가 필요하다. 법을 적용하는 문제, 성령의 능력으로 기독교인이 되게 하는 문제, 그리고 저변에서부터 사회적 변화를 시도하는 문제 등등이다. 모든 역사는 하나님의 주권에 달려있다. 예수님의 말씀대로 하지 아니한 제자들을 생각해 보자. 왜 베드로를 향해 "칼을 쓰는 자는 칼로 망하는가?"를 가르쳐 주신 뜻이 있다. 거기에는 로마 정부를 하나님께서 사용하시어 제자들이 복음을 전하는데 길을 열어주신 뜻이 있었다. 마찬가지로 우리 기독교인들이 하나님의 말씀을 따라 순종할 때에 적대관계에 있는 각 나라들이 서로 전쟁을 함으로 우리 대한민국을 해방시켜 주셨다. 그리고 미국이라는 기독교를 섬기는 국가가 우리에게 복음의 복을 전해 주지 아니했던가?

그러므로 기독교인들은 항상 말씀에 순종하여 말씀대로의 구원관을 확실하게 소유할 뿐만 아니라 그 구원관을 이웃에게 전함과 동시에 가난하고 병든 자들에게 도움을 주기 위하여 성실하게 헌금을 모아 구제비를 각 교회마다 비중 있게 책정해야 한다. 한국교회의 문제점을 또다시 지적하고자 하는 것은 대교회 선호도 이다. 내가 하나님의 일을 어떻게 하느냐? 에 관심을 두기보다 내가 하나님의 이름으로 무엇을 얼마나 가지고 있느냐? 에 따라 그 사람 신앙의 질적인 요소가 평가를 받는 중세 로마 캐톨릭주의로 돌아가고 있다. 선교정책도 너무 일시적이다. 그리고 제 3세계의 선교를 자랑하기 전에 신중한 내실을 기하여 연구적인 정책을 세워 나가야 할 것이다. 여행 위주의 선교정책은 낭비가 심하기 때문에 장기적이며 실효 있는 선교 정책에 심혈을 쏟아야 할 것이다.

둘째; 사회와 정치에 대한 해방신학의 이원론적 분석이론이다. 이 분석이론 역시 마르크스주의(K. Marxism)로 부터 인용된 사상이다. 이미 언급한대로 해방신학은 정치사회를 브르조아(Bourgeoisie)와 프롤레타리아(Proletariat)로 나누어 이원적으로 생각한다. 구티에레즈(Gutierrez)는 "인류적 형제애는 하나님의 자녀라는 데 근거를 두고 있는데 그것이 역사 속에 끼워졌다. 그 역사는 오늘날 인류애를 저해하는 요소로 등장했다. 그것은 다름 아니고 억압하는 자들(Oppressors)과 억압 받는 자들(Oppressed)이 존재하게 되는데 생산수단의 소유자들과 그들의 노동의 열매를 박탈당한 자들 사이가 적대적 사회계급으로 분열되어 있다."[79] 라고 주장했다. 하나님의 자녀의 그룹인 기독교인들과 비 기독교인들의 그룹으로 나누어져 이원론이 형성되었다는 아주 편협하고 사악한 이론을 전개하고 있다.

---

79) Gustave Gutierrez, A Theology of Liberation, Translate by Sister Caridad Inda and John Eagleson(Maryknoll, New York: Orbis Books, 1973. pp.272-273.

이원론적(Dualism) 분석이론은 신학적으로 문제를 안고 있다. 성경은 일관되게 하나님의 주권 아래 모든 역사는 하나의 다스림에 의해 진행되고 있음을 교훈하고 있다. 하나님의 사랑은 보편성과 특수성을 포함하고 있다. 만약 마르크스(Marx)나 해방신학이 주장하는 이원론적 인간의 지위를 주장한다면 기독교의 보편주의가 무너지고 말 것이다. 하나님께서는 인간을 창조하실 때 각자의 재능을 허락하셨다. 그리고 섭리적으로 모든 인류를 다스려 나가신다. 과학자의 재능을 기업가가 될 수 있는 재능과 동일시하여 사용한다고 할 때 자기만이 누릴 수 있는 일반은총에 관한 하나님 사랑의 특수성을 저버리게 되고 누구나 일한 대가를 합당하게 받아 살도록 되어 있는 사회에서 권력의 힘에 의해 노동력을 착취당하거나 급료를 빼앗기게 된다면 보편적 하나님의 사랑을 의심할 수밖에 없다. 마르크스주의나 해방신학은 오직 지배계급과 착취를 받고 있는 계급을 분리하여 획일주의적 공평을 주장한다. 이는 10의 능력을 가진 자와 1의 능력을 가진 자를 동일한 능력의 소유자로 취급하겠다는 말이다.

만약 10을 가지고 100을 늘릴 수 있는 능력을 가진 사람은 100에 해당되는 업무를 감당할 수 있다. 만약 어떤 사람은 10을 가지고 20을 늘릴 수 있는 사람이라면 20정도의 업무를 감당할 수 있다. 만약 이원론적 분리법을 적용한다면 100을 늘릴 수 있는 사람은 지배계급이고 20을 늘릴 수 있는 사람은 착취를 당하는 계급에 속한 사람인가? 20을 늘릴 수 있는 사람이 스스로 착취를 당하는 사람으로 인식하여 100을 늘릴 수 있는 사람들의 그룹을 타도하고 평준화를 시도할 때 이원론적 분리법을 적용하면 100+20=120이 된다. 120을 둘로 나누면 60이 된다. 두 사람이 60에 해당하는 일을 하게 된다고 가정할 때 20의 능력을 가진 사람은 시간과 노력을 들이지 않고 40을 노력 없이 얻게 되는 셈이 될 것이다. 100의 능력을 가진 사람은 80의 시간과 노력을 허비한 셈이 된다. 이러한 등식이 적용되어 결국 공산주의가 망하고 말았다.

해방신학의 저변에 흐르는 이원론적 사상은 계급투쟁을 포함하고 있다. 그 이유는 남미의 국가들이 너무나 빈부의 격차가 심했기 때문이다. 물론 굶주린 자들의 입장에 서서 부요한 자들의 생활상을 바라볼 때 투쟁 외에는 살 수 있는 방법이 없다고 생각하게 될 것이다. 여기서 교회의 역할이 필요하다. 그러나 애석하게도 로마 교황 요한 23세는 1962년 바티칸 제 2 공의회(Vatican Council II)를 개최하여 사회정의에 대한 신학적 입장을 표명했는데 그 내용은 노동자들의 단결과 조합을 구성할 것을 촉구한 것이었다. 한국 초대 선교사들처럼 그들이 물자를 가지고 와서 가난한 자들을 도와주고, 학교를 세우고, 그리고 병원을 세워 자립할 수 있도록 선도하는 작업을 하지 아니했다. 요한 23세가 죽고 뒤를 이어 바오르 6세가 교황의 자리를 이었는데 1967년 "국민들의 발전에 관한 칙령"을 발표했다. 그 역시 사회정의를 강조 하였다. 문제는 자본주의를 반대하고 나선 것이다. 즉 자유주의적 자본주의(Liberal Capitalism) 때문에 부요한 자는 더 부요하고 가난한 자는 더 가난하게 된다는 주장이다. 그러나 한 가지 주의를 요하는 점이 있는데 바오르 6세는 폭력적 혁명을 거부하고 나선 대목이다. 사회주의적 혁명을 주장하고 있지만 개혁에 의해 경제적 발전이 이루어져야 건전한 발전이 성취된다고 주장했다.

여기서 우리가 생각할 주제는 비록 교황 바오르 6세가 외형적으로는 폭력적 혁명을 거부하고 나섰지만 해방신학이 정치신학의 뼈대가 되었고 나아가 혁명주의 신학의 기초가 되었다는 점이다. 해방신학이 마르크스주의(Marxism)와 공통점을 공유하게 되었다는 점을 알아야 하는데 그들이 아무리 외형적으로 폭력을 거부하고 나선다 해도 이미 내용적으로 폭력적 사상을 공유할 수밖에 없다. 마르크스주의와 해방신학의 근간에는 급진적 과격주의가 포진되어 있기 때문이다. 여기서 모순을 발견하게 되는데 해방신학에서는 로마 교조주의(Catholicism)를 비판하는 사상을 수용한다. 그러면서 급진주의 사상을 수용한다. 이것이 모순이다. 더욱이 모순적인 것은 유럽신학의 영향을 받은 남미 사회학의 방법론을 취하고 있다는 점이다. 결국 해방신학은 바티칸(Vatican)의 칙령으로부터 교시된 사회주의적 교조주의(Catholicism)를 급진적 방향으로 전환시킨 사상이라고 말할 수 있다. 사회정의 실천을 추구하는 과격한 사회운동 즉 투쟁주의 운동을 이론적으로 후원하는 사상이다.

어떻게 이러한 과격한 투쟁주의 신학이 로마 교조주의(Catholicism)로부터 흘러 나왔는가? 로마 교조주의(Catholicism)는 원래 중앙 집권을 강조하는 교권주의 입장을 강력하게 유지해 왔다. 그러나 바티칸(Vatican) 칙령이 청치에 관심을 두는 방향으로 기울어지면서 정치신학으로 변질되기 시작했다. 오히려 1960년대 이전 남미의 신학은 정치신학이나 혁명의 신학을 일부는 수용하되 일부는 비판적으로 받아들이고 있었다. 그런데 신학적으로 당시 구미의 자유주의 신학과 바티칸(Vatican)이 발표한 칙령은 서로 사상적 궤도를 같이 하고 있었다. 그 와중에 발트(Karl Barth) 신학의 노선에 서 있었던 위르겐 몰트만(Jurgen Moltmann)[80] 이 정치신학을 들고 나왔다. 더불어 1966

---

80) 몰트만(Jurgen Moltmann)은 희망의 개념을 통한 종말론을 제창하는 희망의 신학자이다. 몰트만은 종말 사건을 그리스도의 계시에서 이해하려고 한다. 그러나 이러한 소망의 신학은 혁신, 정치적 해석, 그리고 창조적 제자 등과 같은 주제를 "예수님의 부활과 그 미래" 라는 개념과 일치시키려 하고 있다.

년 제네바에서 열린 WCC 세계대회에서 혁명신학을 발표하게 됨으로 해방신학이 과격주의적 정치신학으로 기울어지는 용광로에 불을 붙이는 격이 되었다. 또한 당시 혁명의 신학을 발표한 리처드 숄(Richard Shaull)[81]은 몰트만(Moltmann)의 소망의 신학을 지지하고 나섰는데 "기독교적 상징들은 우리들 보다 앞서서 가고 새로운 미래를 탄생시키는 하나님을 나타내는 것이다. 그의 말씀은 본질적으로 새로운 미래를 위한 희망을 깨우치는 약속의 말씀이다. 그것은 낡은 질서에 대한 불만을 일으키고 우리들로 하여금 올 것에 대해 기대하고 봉사하게 하는 말씀이다."[82] 라고 주장했다.

숄(Shaull)은 기독교의 역사적 사건을 상징으로 보는데서 극좌의 자유주의 사상가라는 것을 스스로 나타내고 있다. 그렇기 때문에 하나님께서 행하신 과거의 역사를 미래의 희망에만 초점을 맞추어 성경을 새로운 희망을 깨우치는 약속의 말씀이라고 주장했다. 그리고 과거의 역사를 낡은 질서로 규정하고 미래에 대한 기대를 바라고 봉사하게 하는 점을 강조함으로, 하나님의 천국을 소망하는 미래의 영원한 안식을 염원하는 신학을 뒤로 돌리고, 성경에 기록된 과거의 역사를 낡은 것으로 규정하고, 현세를 미래와 연관시켜 새로운 현재적 미래를 건설하는 신학을 말한다. 이것이 바로 혁명적, 급진적, 그리고 정치적 신학인데 이런 것들을 소망의 눈으로 바라는 신학이다. 이것이 소망의 신학이다.

---

81) 리처드 숄(Richard Shaull)은 콜롬비아와 브라질에서 선교사 사역을 감당한 사람이다. 60년대 사회적, 경제적, 그리고 정치적으로 급변해 가는 남미에서 교회의 역할을 모색한 인물이다. 그는 현존하는 구조는 인간의 해방이 아니라 오히려 노예화로 가는 조직이라고 생각했다. 기독교 신앙을 기존의 낡은 과거를 타파하고 새로운 미래를 가져오는 원동력으로 해석했다.

82) Richard Shaull, "Christian Faith as Scandal in a Technocratic World" in New Theology No.6, Edited by Martin E. Marty Dean G. Peerman, London, Macmillan Do, 1969, p.130.

셋째; 계급투쟁의 신학을 강조한다. 계급투쟁의 원리는 이원론적 사회분석으로부터 시작한다. 마르크스주의(Marxism)가 브르조아 계급과 프롤레타리아 계급으로 사회를 이원적으로 분석하고 있는 것과 같이 해방신학은 사회를 억압하는 계급과 억압당하는 계급으로 분리하여 계급투쟁을 조장한다. 구티에레즈(Gutierez)는 이러한 이원론적 계급투쟁을 정밀한 이론을 정리하여 부추기고 있다. 그는 기독교적 형제애와 계급투쟁(Christian Brotherhood and Class Struggle)이라는 제목에서 "사회에서의 계급투쟁은 부정할 수 없는 현실적인 문제이다. 이러한 계급투쟁은 기독교 정신에 위배되지 아니한다."[83] 라고 말했다. 나아가 사회주의를 건설하기 위해서는 우리들의 눈앞에 일어나고 있는 계급투쟁에 적극적으로 그리고 의식적으로 참가하는 것이 필연적이다. 계급투쟁을 부정하는 것은 지배계급의 분파에 가담하는 것이다. 계급투쟁은 실제적 사건이며 이 문제에 있어 중립이란 불가능하다.[84] 라고 주장함으로 노골적으로 사회주의를 본받은 운동을 부추기면서 남미의 신학을 마르크스주의(Marxism)에 접속 시키고 있다.

우리가 더욱 주시할 것은 **폭력에 의한 사회주의 혁명을 주창하고 나온 문제이다.** 해방신학이 마르크스주의(Marxism) 이원론적 법칙을 적용했다는 것은 이미 폭력에 의한 계급투쟁을 의미하고 있다는 말이다. 구티에레즈(Gutierez)는 억압당하고 있는 자들과의 연대를 통해 억압하고 있는 자들 까지도 해방해야 한다고 주장했다. 즉 "우리는 억압하는 자들의 비인간적인 상황으로부터 해방해야 한다. 그들을 사랑한다는 것은 그들을 그들 자신의 위치로 부터 해방하는 일을 말한다. 그러

---

83) Gustavo Gutierez, A Theology of Liberation, Translation by Sister Caridad Inda and John Eagleson, Maryknoll, New York, Orbis Books, 1973, p.273.
84) Ibid, pp.273-275.

나 이는 억압당하고 있는 자들의 편을 결단성 있게 택하지 않고서는 즉 억압하는 계급을 대항하지 않고서는 성취 될 수 없다."[85] 라고 말했다.

구티에레즈(Gutierez)에 의하면 이러한 계급투쟁은 마르크스주의 (Marxism) 이데올로기의 비화를 의미한다. 이 비화라는 말은 마르크스주의를 도구로만 사용한다는 의미이다. 그러나 이 도구로만 사용하다는 의미는 사실상 허상에 불과하다. 그 이유는 억압당하는 자들의 편에 서서 억압하는 자들을 대항해 싸워 억압당하는 자들이나 억압하는 자들을 모두 해방하는 것이 계급투쟁이며 기독교의 보편적 사랑이라고 말하고 있기 때문이다. 그러나 이 **기독교적 사랑**이라는 주장에는 인간의 집단 이기주의에 의한 포악성을 전혀 간과하고 있다. 계급과 계급 사이의 투쟁은 무자비한 집단 싸움으로 번진다는 사실을 간과하고 있다. 투쟁은 더 포학한 투쟁을 양산해 낼 뿐이지 사랑의 투쟁이 될 수 없다. 힘에 의한 투쟁은 또 다른 힘에 의한 투쟁을 불러일으키게 되어 있다. 결국 억압당하는 자들이 억압하게 될 때 더욱 강한 보복이 이루어지고 또 다른 억압하는 자들이 등장하도록 여건을 만들어 주게 된다.[86]

다음으로 상고할 것이 있다. 마르크스주의(Marxism)적 사유재산의 사회화는 마르크스주의 이데올로기의 **비 절대화**를 막을 수 없다. 즉 마르크스주의의 사유재산에 관한 불균형을 어느 정도 잘 지적했으나, 사실상 우리가 보기에 불균형으로 보이지만 하나님의 주권사상에서 볼 때는 섭리에 따라 일어난 사건이지만, 그 해결 방안에 있어 사유재산의 절대 평준화를 건설한다는 생각은 환상에 불과하다. 그것은 마치 자유

---

85) Ibid, p276.
86) 고범서(高範瑞), 해방신학, 서울시 강남구 신사동 577번지, 범화사, 1985년 3월, p.124.

방임적 자본주의가 경제를 진행하는 과정에 있어 스스로 부의 균형을 가져 온다는 것을 믿는 것은 환상에 불과하다. 왜냐하면 마르크스 경제 이론에 의하면 보편화 된 재산도 **특정한 이익의 도구가 될 수 있다는** 사실을 알지 못하기 때문이다. 특정한 이익의 도구가 될 수 있다는 말이 무엇인가? 그것은 인간이 극복할 수 없는 이기주의라는 말이다. 이러한 이기주의를 너무 가볍게 여기고 있기 때문에 경제적 균형을 가져 올 것이라는 환상에 젖어 있다.[87]

또 하나 더 상고할 것이 있다. 재산이 사회화 되었을 때 관리권에 관한 문제이다. 마르크스주의(Marxism)는 경제적 힘의 근원을 잘 못 생각하고 있다. 아무리 재산이 공평하게 사회화 되었다고 해도 그 재산을 관리하는 계층이나 권력을 가진 자들은 자본주의 사회에서 많은 재산을 소유하고 있는 자들과 마찬가지로 아니 더 이상의 특권과 이권을 차지하게 된다는 사실을 간과하고 있다. 이상과 같은 성찰을 통해 볼 때 해방신학이 마르크스주의의 이데올로기와 그 전술을 그대로 받아들이면서 한편으로 이데올로기만을 절대화 하지 않겠다는 주장은 허구에 불과하다고 말할 수밖에 없다.[88]

(6) 해방신학이 말하는 정치참여의 개념

해방신학에 있어 정치참여의 개념은 억압 받는 자들이 억압하는 자들을 대항해 폭력적 투쟁 일변도로 나갈 것을 주문하는데서 시작한다. 억압 받는 자들의 부류는 경제적으로 가난한자, 정치적으로 지배를 당

---

87) Ibid, p.125.
88) Ibid, pp.126-127.

하는 부류, 그리고 소외된 자들을 의미한다. 그런 의미에서 해방신학을 정치학의 개념에 의해 정의할 경우 이데올로기적 급진주의(Radical-ism)에 의한 권위에 도전하는 정치신학이라고 말할 수 있다. 그러므로 수정주의적 사회주의와 자본주의를 단호하게 거부하는 마르크스주의(Marxism)를 근본주의적 사회주의라고 명명한다면 해방신학의 정치신학의 개념은 억압 받는 자들의 입장에서 권위에 도전하는 급진주의 정치적 개념으로 정의할 수 있다.

그러나 우리가 숙고할 문제는 해방신학이 기독교 정치학 개념의 원리를 벗어나서 정치참여를 말할 경우 어느 면에서 성경의 교리에 부합하지 못하는가를 분석해 내야 한다는 점이다. 해방신학이 추구하는 정부에 대항하는 폭력적 방법은 비기독교적인 방법이다. 폭력적 방법이 나오게 된 원인은 정치에 대한 문제를 너무 쉽게 생각하는 경향이 있기 때문이다. 정부의 역량을 너무 과소평가하는 경향이 있기 때문에 일부의 무리가 힘을 합쳐 정부를 타도하면 금방 성취될 것으로 생각하기 때문이다. 정부를 설립하여 국가를 다스리는 하나님의 섭리를 너무 과소평가 한다. 가난한 자들 즉 억압받는 자들이 자신들의 게으름이나 무지한 상태에 대한 성찰을 자신에게 돌리기보다 타인에게 돌리는 경향이 강하기 때문에 일어나는 현상을 간과하고 있다.

물론 기독교 입장에서는 정부가 사회적 정의를 실천하기 위해 모든 경제력과 권력을 동원하여 공평한 법 집행을 최우선으로 해야 할 것을 촉구해야 한다. 그럼에도 불구하고 한국교회 보수주의를 주장하는 기독교계에서는 기독교인의 정치 참여에 대하여 주로 부정적인 견해를 취해 왔다. 이러한 견해는 해방신학을 추구하는 기독교인들에게, 물론 그들이 기독교에서 제일 중요하게 생각하는 죄인이 영생을 얻는 문제를 차선으로 돌리고 있음에도 불구하고, 혐오감을 불러일으키기에 충분하였다.

해방신학과 정치참여에 관한 문제는 다음 단원에 나오는 민중 신학의 정치 참여에 관하여 같은 묶음으로 다루어 보려고 한다. 그 이유는 해방신학과 민중 신학이 이념적으로 그 궤도를 같이 하고 있기 때문이다.

2) 민중 신학

민중 신학은 60년대 남미의 해방과 같은 이념을 가지고 일어난 70년대 한국에서 일어난 신학 운동이다. 민중 신학은 한국에서 일어난 순수한 한국적 신학이념인가? 그것은 아니다. 물론 상당 부분 한국적 정치 상황과 필연적 연관성을 가지고 있다는 것은 부정할 수 없는 사실이다. 그러나 모든 사상과 역사는 시대, 장소, 그리고 인물 등의 배경을 힘입지 않고 일어나는 법이 없다는 것은 우리가 다 아는 상식이다. 남미의 경제가 몰락해 가면서 가난한 사람들이 늘어가고 그에 잇따라 가난한 자들을 대변하는 사상이 해방신학으로 나타난 반면 뒤이어 한국에서 정부 주도 경제성장으로 말미암아 일반 민중에까지 그 혜택이 돌아가지 않게 되자 오랫동안 가난에 머물러 있던 많은 사람들을 대변하여 정경유착에 의한 부정부패와 독재 타도를 외치며 일어난 운동의 이념이 민중 신학이다.

(1) 민중 신학의 신학적 사상

민중 신학은 한국에서 일어난 사상이지만 이론적으로는 독일 나치정권에 대항해 처형된 본회퍼(Deitrich Bonhoeffer)[89] 의 과격운동을 주도한 정치신학과 사상적으로 맥을 같이 하고 있다. 민중 신학의 과격 운동은 히틀러의 암살 운동을 얼마나 정당하게 받아들일 수 있느냐의 문제에 있어 정확한 정의를 내리지 못하고 있다. 더불어 기독교인이 정 치에 참여하게 될 때 과격파 운동을 어느 정도의 노선까지 수용할 수 있느냐의 문제와도 관련된다. 이 문제는 기독교인의 정치 참여라는 범 위를 정부 타도에 목적을 두고 있느냐? 아니면 투표 참여, 법에 의존한 정치활동, 그리고 정당인으로 추천하는 일에 동참 하느냐? 에 따라 성 경이 말씀하는 기독교인의 정치참여를 규명할 수 있을 것이다. 이 문제 는 후에 다루도록 하겠다.

민중 신학자들은 그들 스스로 동학사상과 그 궤도를 같이하고 있다 고 주장한다. 동학사상은 1860년 최제우가 유고, 불교, 그리고 로마 캐 톨릭교의 교리들을 혼합한 종교 이념이다. 이 이념에 의해 동학 혁명 이 일어났는데 전봉준이 농민 반란을 일으켜 혁명운동으로 번지게 되 었다. 김용복은 최제우를 "최예수" 또는 "최메시아" 라고 명명하고 서

---

89) 본회퍼(Dietrich Bonhoeffer, 1906-1945)는 독일의 루터교회 목사로서 하르낙과 발트의 영향을 많이 받았지만 그들의 사상을 전수받지 않고 독자적인 신학 노선을 개척 했다. 그는 독일 정보부의 촉탁을 받아 일을 하면서 히틀러를 암살하려는 음모를 두 번이나 획책했으나 모두 실패하고 1945년 4월 9일 39세의 젊은 나이에 처형되고 말았다. 본회퍼의 신학사상을 면밀하게 살펴보면 복음적 요소와 급진주의적 요소를 모두 포함하고 있다. 교회와 국가의 관 계에 있어 국가는 하나님의 창조적 활동에 동참하는 기관으로 결혼, 가정, 그리고 사회 질서 를 보존하는 하나님 나라의 한 부분으로 보는 루터의 사상과 일치를 이루고 있다. 교회론에 있어 기독론과 관계를 연관 시키고 있는데 그리스도에 대한 인격과 교회는 서로 조화 되어야 한다고 강조하고 있다. 이러한 사상은 정통 기독교를 대변하는 것으로 보이지만 한편으로 "교 회의 신앙고백은 그리스도에 대한 현대적 증언에 의해 실체화 되어야 한다." 라고 강조함으로 정통주의와 다른 신학을 펼치고 있다. 또한 예수 그리스도는 교회의 주가 되어야 한다고 강조 했다. 이는 정통주의를 강조하는 말이다. 그러나 한편 기독교의 비종교적 해석을 주장함으로 또 다른 급진주의적 요소를 포함하고 있다.

남동은 장일담을 김지하와 동일시하여 김지하는 "김예수" 임을 주장하고 있다.[90]

또한 민중 신학자들은 해방신학을 한국적 신학으로 발전 시켜 나가야 한다고 강조한다. 그러나 그 투쟁 방법에 있어서는 남미의 해방신학을 표본으로 삼고 있으며 해방신학은 혁명적 투쟁 방법을 취하고 있기 때문에 마르크스주의(Marxism)를 근거로 삼아 사회주의적 경제관을 그 이념으로 간주하고 있다. 남미의 해방 신학자들은 마르크스주의적이라고 할지라도 그들은 정치적으로 공산주의 세계에 대하여 우호적이지 않다. 그럼에도 불구하고 안병무의 주장에 의하면 "교회가 잠에 취해 있는 동안 성경의 진리를 마르크스주의자들이 훔쳐간 것을 뒤늦게 깨닫고 성경으로 돌아가 자신을 다시 찾은 결과가 오늘의 WCC나 로마 캐톨릭이 들고 나온 사회구원이다. 해방신학이나 민중 신학이 마르크스주의로부터 영향을 받은 것이 아니고 기독교가 잃어버린 자기 정체를 다시 찾은 것이라고 주장했다."[91] 라고 전혀 성경이 말씀하는 정치관과 맞지 않은 주장을 하고 있다. 안병무는 기독교에서 교훈하는 구원의 정체를 사회 구원에다 초점을 맞추고 있다. 그는 **해방자 예수**에 대한 관점을 성경이 말씀하는 내용과 전혀 다른 방향에서 관철하려고 억지를 부리고 있다. "예수님의 죽음에 대하여 '제물을 요구하는 신, 피에 굶주린 복수의 신에 대한 저항의 행위, 낡은 종교 관념으로부터의 해방을 위한 행위'로 규정하는 블로흐의 해석을 수용하고 있다.[92]

민중 신학은 신학이 아니다. 민중 신학에서 말하는 신학의 개념은

90) 나용화, 민중 신학 비판, 기독교 문서선교회, 서울시 강남구 방배동, 1984년 2월, p.44.
91) Ibid, p.50.
92) Ibid, p.51.

성경이 말씀하고 있는 신학적 관점과 전혀 다르게 표출하고 있다. 하나님, 교회, 그리고 구원을 말하고 있지만 실제적으로 개혁파의 신학과 전혀 다른 사회복음주의(missio dei)를 말하고 있다. 하나님의 호칭을 사용하지만 과정신학(Process Theology)에서 주장하는 역사 속으로 끌려 내려온 신의 관념을 말할 뿐이다. 창조의 하나님, 만물을 다스리시는 하나님, 만물을 보존하시는 하나님, 그리고 섭리하시는 하나님을 부정한다. 이는 **하늘에 계신 우리 아버지**라는 주권적 하나님을 거역함으로 사실상 기독교 교리를 떠난 비기독교적 기독교 운동이라고 명명할 수밖에 없다.

그렇다면 이들은 예수 그리스도에 대한 신앙고백을 어떤 입장에서 받아들이고 있는가에 눈을 돌릴 수밖에 없다. **예수 그리스도를 누구라 하느냐?** 의 질문은 기독교인의 입문에 있어 최초의 디딤돌이며 가장 중요한 첫째 단계이다. 민중 신학은 예수 그리스도를 로마 정부와 유대 종교에 대항하다가 정치범으로 몰려 십자가에 처형당한 민중의 대변자로 말하고 있다. 한완상은 예수님을 민중의 친구로 묘사하는데 중점을 두었으며 김찬국은 예수님을 "인간을 인간답게 대우하려는 인간화 운동의 선봉에 서서 인간화 운동을 주도하다가 기성사회의 조직적 악의 장난에 희생을 당한 자이다."[93] 예수 그리스도의 대속적 죽음으로 하나님 아버지께서 예정하신 구속 사역을 완성하신 아들로서의 사역을 부정하는 해괴한 주장을 펼치고 있다. 이러한 주장은 결국 예수님의 재림을 거역하는 방향으로 귀착된다.

---

93) 김찬국, "한완상 저 허위의식을 폭로하는 예수" 라는 저서에서 "4.19 정신의 부활"이란 제목에 기재된 내용, 1982년 9월, p.17.

민중 신학이 중요하게 생각하는 분야는 교회론이다. 중요하게 여기는 관점은, 개혁파 신학이 강조하는 하나님 나라로서의 교회관을 부정하고, 현세의 정치와 깊은 관계를 가지고 역동적으로 활동하는 현실 참여의 교회관을 주장한다. 이방인과 유대인의 막힌 담을 그리스도의 피로 둘이 하나 되게 하여 그리스도 안에서 함께 하나님의 거할 집을 이루어 나갈 수 있게 했다고 주장하여 교회와 세상의 구별을 배제한다. 제도적 교회를 배격하고 "그리스도 안" 이라고 하는 제 3의 장소를 교회로 말한다.[94] 이러한 주장은 성도의 영적 성장의 장소인 개혁파 신학이 주장하는 예수님의 지체로서의 교회관을 파괴하는 행위이다. 엄연하게 하나님 나라인 교회와 그 외의 불신자들의 세계는 구분되어야 한다. 하나님의 주권 아래에서는 모든 일이 한 분의 다스림으로 진행되어 가지만 영역의 관점에서 볼 때 하나님 나라의 교회와 교회 밖의 것들과는 구분되어야 한다.

민중 신학이 주장하는 구원론을 살펴보면 근원적으로 성령의 사역의 교리를 파괴하고 있다. 개혁파 신학이 주장하는 구원론은 성령 사역의 교리와 일치 한다. 그런데 민중 신학에서는 인간의 원죄를 부정하는 망측한 주장을 하고 있다. 즉 양심의 고통, 불안, 그리고 증오심 등의 심리적 현상을 죄라고 칭한다. 또한 인간을 정신적이며 육체적으로 병들게 하고 속박하여 어쩔 수 없이 원치 않은 일을 행하게 하는 사회의 구조적 힘을 악으로 규정하여 그 구조악을 죄로 칭하고 있다.[95] 성경이 말씀하고 있는 오직 예수 그리스도로 인해 죄 사함을 얻는 구원관을 무시한다. 그렇기 때문에 회개라는 용어는 민중 신학에는 적용될 수 없는

---

94) 안병무, 해방자 예수, pp.184,288. 의 내용을 나용화, 민중 신학 비판, 기독교 문서선교회, 서울시 강남구, 1884년 2월 p.77에 재인용 됨.
95) Ibid, p.78.

신학적 용어이다. 아담이 행위언약을 맺을 때 도덕률에 포함된 윤리적 개념을 거절한다. 성령의 사역으로 인하여 심령 속에서 일어난 죄에 대한 증오와 슬픔을 거역한다. 그리고 하나님 아버지에게로의 방향 전환을 일으키는 성화를 거역한다. 그 결과 민중 신학은 구원의 수단으로서의 신앙을 거역한다. 이는 종교개혁의 3대 원리중 하나인 **믿음으로 구원이라는 성경의 교리를 부정한다.**

　　민중 신학을 총체적으로 정의하면 개혁파 신학의 정통성을 거역하고 행동주의 정치학, 사회 참여주의, 그리고 정치 구조악 타개주의 등으로 명명할 수 있다. 이는 신학이 아니다. 신학은 성경의 교리를 체계화 한 내용을 말한다. 심령의 구원, 하나님의 주권사상, 그리고 예수 그리스도의 구속사역 등이 없는 신학은 신학이 아니다. 그런 의미에서 민중 신학이 주장하는 관점은 사회참여의 정치학이다. 그 정치학을 교회와 연관 시키고 있다. 그것도 올바른 교회관을 말하지 못하고 있다. 즉 하나님 나라로서의 교회관 즉 예수 그리스도의 몸으로서의 교회관을 거역한다. 이는 교회라는 이름을 빌려 사회운동을 하는 정치학에 불과하다. 이 사회운동에 교회가 어떻게 참여해야 하는가를 주장하는 신학 아닌 신학운동이 바로 민중 신학이다. 민중 해방의 정치적 개념을 구조악의 타개라는 이름 아래 폭력적 사회운동을 일으키는 원리를 주장하고 있다.

(2) 민중 신학의 해방론

　　민중 신학의 정치 참여는 해방신학과 동질성을 표출한다. 그 정치 참여의 원리는 신학이라는 주제로부터 시작한다. 이러한 주장은 주로 서남동과 김용복 두 사람이 강조하는 내용이다. 서남동은 그 신학적 원리를 종말론적 메시아 왕국에다 기초를 두고 있다. 역시 김용복도 민중 해방을 메시아사상과 연관 시키고 있다. 이러한 민중의 해방자가 바로 예수 그리스도라는 주장이다. 죄의 속박에서 벗어나 영생을 취득하는 문제와는 무관한 사상이다. 이러한 가정설(Hypothesis)은 역사적, 교회사적, 그리고 성경의 교리적 근거를 가지고 있는 것이 못된다.

메시아 예수님을 민중의 한 사람으로 비하시키고 있다. 하나님의 아들 신인양성(神人兩性)으로 죄인을 구원하시는 주님이 되시는 영생과는 상관이 없는 예수 그리스도를 말하고 있다. 즉 **주는 그리스도시오 하나님의 아들이라는 신앙고백과는** 무관한 이론을 내 세우고 있다. 서남동은 "유대땅의 가난한 사람들을 민중으로 지칭하고 정치, 경제, 그리고 사회적으로 억압과 착취를 당하는 민중 계층의 한 사람 **예수**는 자신을 가난한 자, 억눌린 자, 눈먼 자, 멸시 받는 자, 병든 자, 그리고 소외된 자들과(마25장, 눅4장)완전히 동일시하면서 민중을 해방시키려는 메시아였다."[96] 라고 주장했다. 나아가 예수님은 묵시적 종말 사상의 맥락에서 메시아 왕국을 선포했고 그 실현을 위해 투쟁하다가 로마의 정치권력과 기성종교인 유대교에 의해 십자가 위에서 처형되었다. "하나님 나라가 가까웠다." 고 전파하는 예수님의 설교는 바로 민중의 외침인데 여기서 말하는 "하나님의 나라" 란 역사 속에서 실현되는 민중의 해방을 지칭한다. 즉 하나님의 나라는 삶의 저편에서 실현될 초자연적 사건으로 말하지 않고 시공간 역사의 앞날에 실현될 이상적인 새 질서 곧 메시아 왕국이라고 주장한다.[97]

---

96) 서남동, '예수, 교회사, 한국교회, 민중 신학의 탐구' 서울 한길사, 1983년, pp.14-15; 이형기, 'WCC, Vatican II, WARC, 해방신학 및 민중 신학이 지향하는 교회의 사회참여' 서울 종로구, 성지출판사, 1990년 4월, p.214.
97) Ibid, p.15.

서남동의 이러한 주장은 전여 개혁파 정통주의적 성경교리를 무시하는 처사이다. 기독교의 본질을 훼손하는 정도를 넘어 완전 파괴하는 주장을 하고 있다. 기독교는 역사성을 아주 중요하게 생각 한다. 아담, 아브라함, 모세, 선지자들, 사도들, 그리고 예수님 승천이후 정통주의 개혁파 신학을 지켜온 교회사적 노선을 유지하는 종교이다. 잠깐 나타난 시대적 이슈를 신학이라는 테두리에다 억지로 묶어 짜깁기하려는 수단은 하나님의 뜻을 땅에다 내동댕이치는 행위이다. 그러므로 서남동의 종말론은 예수님의 재림과는 전혀 상관없는 민중의 해방운동을 종말과 연관시켜 신 마르크스주의(Neo Marxism)와 몰트만(Moltmann)[98]의 종말론을 혼합하여 교회갱신의 최고 정점으로 결론 짓고 있다.[99] 이러한 맥락에서 구약으로부터 내려온 이스라엘 백성의 해방운동, 예수님의 구속사(Heilsgeschichte) 사역을 통한 억눌린 자들의 해방운동, 그리고 오늘날까지 내려온 기독교의 민중 해방운동의 전통과 한국의 동학혁명, 독립운동, 3.1운동, 4.19혁명, 1970년대 인권투쟁 즉 민중 해방운동이 그 궤를 같이 하고 있다.[100]고 주장한다. 이러한 생각은 성경이 말씀하는 힘의 왕국인 국가와 영의 왕국인 교회와의 신학적 정의를 허물어 버리는 주장이며 특히 교회사를 통해 고백되어진 하나님 나라의 천국에 관한 교리를 파괴하는 이설에 불과하다.

---

98) 그리스도교대사전, 서울시 종로구, 대한기독교서회, 1977년 3월, 1926년에 독일에서 탄생한 몰트만(Moltmann)은 "희망의 차원으로서의 종말론을" 주창하여 유명해 졌다. "예수의 부활과 미래" 라는 관점으로 종말론을 말하고 있다. 현재적 종말론이 미래의 종말로 이어진다는 말인데 이는 예수님의 부활 그 자체가 성도에게 적용되는 과거, 현재, 그리고 미래의 역사성을 말하는 부활 사건 자체가 아니고 "부활 사건의 내적 경향"에 그 의미를 제공하여 장차 오실 종말론적 인간 예수 그리스도의 미래와 그 사명을 강조한다. 라는 종말론 아닌 종말론을 말하고 있다.

99) 이형기, 'WCC, Vitican II, WARC, 해방신학 및 민중 신학이 지향하는 교회의 사회참여' 서울 종로구, 성지출판사, 1990년 4월 p.216.

100) Ibid, pp.216-217.

김용복의 민중 신학 역시 서남동의 그것과 대동소이하다. 민중의 개념을 정치권력에 대항하는 개념으로 정의한다. 역시 정치적 민중 개념을 사회경제적 차원에서 규정한다. 그러나 김용복은 민중을 마르크스주의(Marxism)의 프롤레타리아(Proletariat) 개념과 동일시하고 있지 않다. 그러면서 한편으로 정치적 여건, 경제적, 또는 사회적 여건에 있어 소외되고, 가난하고, 그리고 억눌린 사람들에 대해 프롤레타리아(Proletariat)의 범위에서 제외하기 않고 있다.[101]

김용복은 민중해방을 위한 메시아주의를 강조한다. 즉 "메시아는 고난 받는 민중으로부터 나오며 그 메시아는 고난 받는 민중과 신분을 동일시한다. 그런 의미에서 민중의 메시아는 성경이 말씀하고 있는 성육신(Incarnation) 하신 하나님의 아들 예수 그리스도가 아니고 단순한 역사적 인물로 생각한다. 그러므로 최재우는, 김용복의 주장에 의하면, 최메시아이다. 이같은 메시아와 민중은 모든 부정을 극복하고 '새 역사, 변혁된 역사를' 성취한다. 이 성취를 신정론(神正論)으로 보는데 이 민중 메시아주의는 종말적 현상으로 나타난다."[102] 라고 주장한다. 김용복은 이와 같은 민중 메시아 왕국주의를 다음과 같이 설명하고 있다.

메시아 왕국의 실체적 내용은 정의, 코이노니아, 그리고 샬롬이다. 정의는 민중의 이야기들과 권력 사이의 신실한 관계 혹은 상호 참여로서 이 양자 사이에 대립과 갈등이 없는 상태이다. 교제란 민중 사이에 일어날 창조적 상호작용이요, 평화란 인간의 통

---

101) Ibid, p.218.
102) Ibid, p.219.

전적 발전과 복지이다.[103]

위와 같은 김용복의 주장은 메시아를 민중의 출신으로 메시아 자신이 스스로를 민중과 동일하게 생각하였고 민중의 해방을 위해 고난을 당한 고난의 종이요 민중을 위해 로마의 정치세력에 대항하다가 십자가에 처형당한 민중의 대표자로 본다. 즉 예수님은 십자가에 달리시고 3일 만에 부활하신 것이 아니라 그가 죽은 후 민중이 부활했다고 보고 이 민중은 정의, 코이노니아, 샬롬의 메시아 왕국을 출범시켰다고 말한다. 기독교적 민중의 역사는 예수님을 따라 민중의 해방을 위하여 고난과 죽음을 감수하면서 민중을 억압하고 소외시키고 우롱하는 정치에 항거하는 메시아주의 역사이다.[104] 라고 주장한다.

그러나 여기에서 김용복은 3일 만에 부활하신 예수님과 민중이 부활했다는 개념 사이의 구체적 증거를 말하지 못하고 있다. 역사적 근거가 없는 **민중의 부활론**을 언급하고 있을 뿐이다. 민중이 부활했다는 실체적 증거와 그 표본이 없다. 그리고 민중 부활의 합리적 논증도 말하지 못하고 있다. 이러한 애매한 논증은 그의 교회관에서 확실하게 드러난다. 우주론적 교회관을 민중이라는 아주 좁은 개념에다 억지로 한정시키려 하고 있다. 그는 "민중의 교회는 하나님과의 계약 공동체이다. 하나님은 일반역사(특히 한민족사)에 있는 민중의 하나님이시며 동시에 이 하나님과 계약 관계를 맺은 특수 공동체인 민중 교회의 하나님이

---

103) 김용복, Messiah and Minjung, ; Discernius Messiani Polotics over against Political Messianism, Minjung Theology, ed. 김용복(Singapore: CTC-CCA), 1981, p.189. 에 관한 내용을 이형기, WCC, Vatican II, WARC, 해방신학 및 민중 신학이 지향하는 교회의 사회참여, 서울 종로구, 기독교문사, 1990년 4월, p.219에 소개하고 있다.
104) 이형기, WCC, Vatican II, WARC, 해방신학 및 민중 신학이 지향하는 교회의 사회참여, p.221.

시다."[105] 라는 논리에도 맞지 않은 주장을 하고 있다.

위와 같은 주장은 성경이 말씀하는 하나님 나라로서의 교회라는 가장 기본적인 정의(Definition)를 무시하고 이교도적인 사상을 교회론과 연관시키는 사악한 생각이다. 성경에 의한 사도 신조나 웨스트민스터 신조를 아무 소용이 없는 폐기물로 처리하려는 의도를 나타내고 있다. 전혀 사악한 이교도 사상을 신학이라는 이름에다 사탕발림을 하고 있다.

(3) 민중 신학의 정치 참여론

민중 신학이 한국교회에 끼친 영향은 긍정적인 면도 있다. 한국교회에 깊이 뿌리내리고 있는 근본주의 사상 때문에 타계주의가 퍼져 있었는데 그 원인은 불교와 유교 또는 범신론 사상의 영향아래 있는 민족의 전통적 종교관을 가지고 있었던 바탕위에 기독교가 접목되었기 때문이다. 민중 신학은 교회 안에 존재하는 범신론적인 사상을 개화 시키는 역할을 하게 해 주었다. 피안의 세계를 추구하는 종교관을 벗어 버리고 일반 은총의 세계에서 현실에 참여하는 정치적 관점을 바로 깨우쳐 주는 역할을 하였다. 정치, 사회, 그리고 문화의 영역에서 기독교인으로서 노동을 잘 감당할 수 있는 교훈을 남겨 주었다.

그러나 그에 반하여 부정적인 영향을 끼친 부분이 적지 않다. 기독교인으로서 예수 그리스도를 구제주로 믿는 신앙을 차선으로 돌려 버리는 우를 범하는 신학을 제창하고 있다. 특별은총(Special Grace)을

---

105) Ibid, p.221.

받은 성도가 일반은총(Common Grace)의 영역에서 노동의 사명을 다하는 성경의 가르침을 배제하고 있다. 양쪽의 영역을 올바로 인식하지 못함으로 복음의 개념을 정치적 구조악에 대입시켜 규정하는 곳으로 치우치게 만들어 구조악 개선을 복음으로 해석하고 있다. 이러한 성경 해석의 방법론은 본문의 본질적인 의미를 무시하고 본분이 가지고 있는 외적 주제만을 생각하는 해석 방법이다(Textualism).

　　민중 신학은 해방신학이 추구하는 기독교인의 정치참여론과 동질성을 나타내고 있다. 정치에 참여해야 하는 자들은 가난한자, 억눌린자, 그리고 소외된 자들이어야 한다고 주장한다. 이들은 정치 참여를 정치적 구조악에 대한 폭력적 혁명에 주안점을 두고 있다. 억눌린 자들이 정치적 구조악으로 부터 해방되는 그 때가 바로 미래의 종말적 메시아의 도래로 보고 있다. 이러한 정치 참여의 이론은 마르크스(Marx)와 레닌(Lenin)이 주장한 프롤레타리아(Proletariat)의 낙원을 종말적 메시아 왕국으로 대입시키는 사상이다. 민중메시아주의 역시 해방신학의 낙원주의와 동일한 개념을 나타내고 있다. 정치적 메시아사상은 기성 정치 세력에 대항하는 반동주의(Antithesis)를 주장한다. 이는 정치적 메시아 주의를 민중의 해방에다 초점을 맞추고 있는데 억눌린 자들의 낙원이 이루어 질 때는 억압하는 자들을 타도하고 억압 받는 자들의 세상인 평화와 낙원의 사회를 건설할 때라고 말한다. 이러한 잘못된 사상의 문제점은 메시아 개념이 하나님의 아들 주 예수 그리스도의 성육신으로부터 벗어나 있다는 점이다. 죄로 말미암아 심령의 억눌림으로부터 해방되는 영생의 환희를 해방으로 생각하지 않고 경제적으로 정치적으로 고통당하고 억눌린 상태에서 벗어나게 하는 해방자 즉 민중으로부터 나온 메시아 개념을 중시하고 있다는 점이다.

여기서 우리가 깊이 생각해야 할 개념이 또 있다. 기독교의 화해론(Reconciliation)에 관한 문제이다. 먼저 우리는 하나님과의 화해의 길을 어떻게 찾을 수 있는가? 하는 문제에 들어가면 죄인이 중보자 예수 그리스도를 통한 하나님 아버지와의 화해를 말해야 한다. 이는 죄에 관한 문제로 연결된다. 아담의 범죄는 하나님 아버지와 죄인과의 사이에 불화 관계를 형성하게 만들었다. 여기서 화해를 형성할 수 있는 길은 죄의 문제를 해결하는 길이다. 아담의 범죄는 하나님 아버지와 그 백성 사이에 두 가지 씻을 수 없는 결과를 가져왔다. 첫째; 율법의 파괴이다. 깨어진 율법을 인간의 자력으로 다시 건설할 수 있는 능력을 상실해 버렸다. 이에 완전한 하나님의 본질을 가지고 이 땅에 내려오신 예수님만 율법을 완성 하실 수 있는 사역을 실행할 수가 있었다. 결국 예수님께서 전적으로 하나님의 선을 행할 수 없는 죄인을 대신하여 능동적으로 율법에 순종하는 사역을 완성해 주셨다. 둘째; 인간의 범죄는 법을 어긴 대가를 죽음으로 해결할 수밖에 없도록 결정 하였다. 처음 아담이 행위언약을 맺을 때 죄를 범하면 절대 죽어야 한다는 조항이 포함 되어 있었기 때문이다. 그렇기 때문에 무죄한 하나님의 독생자 예수 그리스도께서는 수동적 사역으로 스스로 죄의 값을 하나님 아버지에게 치러 드리는 제물이 되어 십자가에 죽으신 것이다.

위와 같은 두 가지 사역인 능동적 그리고 수동적 사역이 죄인을 대신한 예수 그리스도의 사역이다. 여기서 죄인이 예수 그리스도를 구세주로 받아들이는 믿음을 통하여 하나님 아버지와 화해를 형성하게 된다. 이것이 바로 죄인이 하나님 아버지와의 맺어지게 되는 수직적 화해이다.

다음으로 수평적 화해이다. 이는 성도와 타 성도와의 화해이다. 형제애를 맺는 화해이다. 성도가 불신자들로 하여금 그리스도를 영접하게 하면, 과거에는 성령의 사람과 악에 종노릇 하는 사람 사이의 관계였으나, 이제는 같은 하나님의 식구에 들어온 형제자매의 관계로 변하게 되어 서로 사랑하는 화해를 형성하게 된다. 불신자에게 복음을 전하여 예수 그리스도를 믿게 하면 형제자매가 됨으로 화해를 만드는 일이 된다. 그리고 나아가 성도 사이에 남을 자신보다 낮게 여기고 교회 안에서 서로 사랑하는 신앙생활을 할 것을 성경은 간곡히 권면하고 있다. 나아가 불신자를 구원 얻게 하기 위해서는 자신을 헌신해야 한다. 시간과 재정을 낭비해야 하는 일이 필수적으로 따라온다. 복음전파는 예수님의 마지막 대 명령이다. 이 명령을 수행하기 위해 사회에서 우리의 삶을 정의롭게 준행해 나가야 한다는 것은 너무나 당연한 일이다. 청교도들처럼 절대 정직, 절대 근면, 절대 준법, 그리고 절대 검소한 생활을 몸소 실천하여 타에 모범이 되어야 한다. 이러한 일들을 통하여 **너희는 온 천하에 복음을 전파하라는 대 명령을 수행해야 한다.** 이것이 수평적 화해이다.

미루어 볼 때 해방신학이나 민중 신학이 오직 수평적인 화해만, 그것도 수직적 관계의 화해를 무시하고 민중해방의 관점으로, 강조하고 있다는 것을 알 수 있다. 그러나 그 화해는 전혀 성경이 말씀하는 기독교 교리와는 너무 거리가 먼 인도주의를 강조하고 있음을 알 수 있다. 그 사특한 원리는 **해방 또는 민중 메시아론**에서 유추되어 있다. 그 내용은 사실상 하나님께서 예정하신 구원계획을 배제한 인간 대 인간의 사회적 관점을 대치관계에서 논증하고 있다. 그 대치관계는 억압하는 자들과 억압 받는 자들의 관계를 말한다. 해방신학이나 민중 신학은 정부의 기관 즉 상부구조를 불의한 조직체로 생각하는 경향성을 나타내고 있다. 억압을 당하는 자들 즉 민중은 항상 정의로운 자들이기 때문에 구조악을 타도하는 정치를 행하는 일을 선으로 생각하고 있다. 이러한 사상은 인간의 일반은총(Common Grace)을 통한 하나님의 섭리를 부정하는 비성경적인 생각이다. 모든 인간은 자신의 직업에 대한 역량을 하나님으로부터 받았다. 그 역량은 각 직업마다 깊이와 넓이에 있어 너무 다르게 그리고 다양하게 나타난다. 또한 그 역량에 따라 경제적 보상도 너무 다르게 나타난다. 그것이 하나님 섭리의 신비이다. 인류에게 많은 영향력을 행사한 유명한 예술가들이 너무 가난한 삶을 살았다는 이야기는 하나님의 섭리를 생각하면 깊은 뜻이 있다는 것을 알수 있다. 모든 사람들이 똑 같은 경제적 지위, 정치적 지위, 그리고 명예를 차지하는 지위를 얻어 이 세상을 살아간다면 얼마나 복잡하고, 무질서하고, 그리고 다툼이 창궐한 사회가 될까? 하는 것은 누구나 알 수 있는 일이다. 예술을 하는 사람에게 과학자가 되어야 한다는 주장은 터무니없는 생각이다. 우리는 부조리하게 보이는 사건 속에 하나님의 깊은 뜻이 숨어 있음을 감지하고 영적으로 예민한 감각을 가지고 주님의 영광을 위해 질주하는 생활을 해야 한다.

3) 북한의 주체사상

주체사상은 북한의 김일성을 우상화 하는 이론이다. 현재 북한에는 순수한 공산주의 사상이 존재하고 있지 않다. 그들의 정치적 이념은 공산주의보다 더 사악하고 독재성을 강조하는 우상주의 주체사상을 근본 원리로 삼고 있다. 즉 김일성 일가는 신이 되어 있는 사상이다. 그러나 제도적 적용에 있어서는 사회주의 제도를 절충하여 응용하고 있다. 소련의 공산주의가 100년을 넘기지 못하고 붕괴되고 중국의 공산주의 사상은 차츰 자본주의를 영입하여 가고 있기 때문에 마르크스(Marx) 주의가 희석되어가고 있다. 북한에는 마르크스(Marx)와 레닌(Lenin)

의 사상이 거의 사라져 가고 있는 상태이다. 그러면 왜 주체사상이 개입해 들어 왔는가? 그 원인은 어디에 있는가?

(1) 역사적 배경

주체사상이 형성된 이론의 근거는 두 가지로 말해지고 있다. 김일성이 적화통일에 확신을 가지고 남침을 시도했으며 북한 주민들에게도 그렇게 선전 하였다. 그러나 6.25 전쟁이 휴전으로 결론 나게 되자 북한에서는 김일성에 대한 신뢰가 점차 떨어지게 되었다. 그 결과 북한에서는 소련파와 연안파로 갈라져 양쪽의 대립이 격화되기 시작했다. 그 여파로 공산주의 사상에 대한 도전이 일어나기 시작했다. 이는 스탈린의 격하운동으로 이어졌다. 그 격하운동이 일어날 수밖에 없었던 이유는 미국이 6.25 전쟁에 적극적으로 개입하자 소련이 뒤로 물러서 버렸기 때문이었다. 소련에 대한 반발 운동이 격하되자 김일성이 1955년 12월 28일 "민족의 교조주의와 형식주의를 퇴치하고 주체를 확립하자." 라는 연설에서 주체 사상을 들고 나왔다. 여기서 "형식주의를 퇴치하자."는 말은 공산주의 이론을 형식주의로 보고 이러한 사상을 벗어나기를 원하는 의미를 담고 있다. 당시의 소련과 북한이 관계하고 있었던 역사를 보면 김일성이 소련을 강하게 신뢰하고 있었고 6.25 전쟁을 일으키면서 끝까지 통일을 책임져 줄 것을 믿고 있었다. 그러나 미국의 개입으로 전쟁이 차츰 북한에 불리하게 돌아가고 중국이 개입하면서 소련이 발을 빼기 시작했다. 거기서 김일성은 소련에 대한 신뢰가 떨어지게 되었다. 결국 북한에 대한 소련의 지배력이 약화되기 시작하였고 북한은 사회주의 국가로서의 독자 노선을 택할 수밖에 없었다. 거기에 더하여 스탈린 격하 운동은 북한 내의 소련파와 연안파의 대립으로 사상적 혼란이 더해가고 있었다. 이 때 사상적 통일을 적극적으로 대처하

기 위해 주체사상을 확립할 것을 제도화 했다.[106]

또 한 가지 주장이 있는데 1930년대 김일성이 항일 투쟁을 전개할 때 그의 연설문에 나타난 주체사상의 기원을 찾아 올라가게 된다. 1930년 6월 30일 카룬에서 "조선 혁명의 진로" 라는 연설문에서 주체사상을 강하게 선포했는데 조선 민족의 주체사상은 여기서부터 시작 되었다는 설이 있다. 그러나 이 주장은 신빙성이 떨어진다. 그 이유는 역사적 배경이 빈약하기 때문이다. 즉 사상적 배경이 확실하지 않기 때문이다.[107]

(2) 사상적 배경

A. 철학적 원리

김일성이 당시의 북한 주민들로부터 지지를 강하게 이끌어 내기 위해 **인민을** 염두에 두고 **"사람이 모든 것의 주인이다."** 라는 점을 강조하고 있다. 인간이 운명의 개척자이며 자체적으로 해답을 해결해 주는 장본인이라는 점을 강조함으로 하나님의 주권사상을 배격하고 있다. 인간을 사회적 존재로 규정하고 있다. 이는 인간이 하나님으로부터 창조함을 받을 때 일반은총의 사명을 가지고 태어난 존재를 배격한다. 기독교인이 두 가지 영역에서 일하는 사명 즉 특별은총의 사명과 일반은총의 사명을 전혀 이해하지 못하고 있기 때문에 인간의 주위 환경에 관한 모든 사건을 해결하는 근원을 인간 자체에서 찾으려 하고 있다. 하나님을 떠난 모든 사상들은 "사람이 모든 것의 주인이다." 라고 생각하고 있

---

106) 주체사상 연구소 소장이며 김일성 대학 철학과 주임교수인 박승덕 교수가 1991년 발표한 논문 "주체사상의 연구" 라는 논문 9쪽에 발표된 내용이다.
107) Ibid, p.9.

다. 그 가운데 주체사상은 인간 중심의 사상을 더욱 더 강하게 나타내고 있다. 그러나 그 인간중심 사상은 사실상 북한에 거주하는 인민들을 주인으로 섬기는 것이 아니고 인민을 속이는 하나의 전술에 불과하다.

인간의 본질을 자주성, 창조성, 의식성, 그리고 협력 관계를 지닌 사회적 존재로 규정하고 있다. 그러나 이러한 규정은 배후에 선동적 의미를 포함하고 있다. 자주성이라는 의미는 인간 자체를 자주적 존재로 규정하는 의미가 아니고 수동적 의미에서의 자주성을 말한다. 즉 인간의 자유, 정의, 그리고 평등을 인간 자체에서 찾으려는 개념이 아니고 자주적으로 김일성의 주체사상에 동참함을 강조하는 의미이다. 창조성이라는 말은 하나님으로부터 부여받은 재능을 스스로 개발하여 진취적으로 목적을 이룩한다는 의미가 아니고 김일성이 제시한 주체사상에 따라 스스로 충성을 바치는 일을 창조성으로 규정하고 있다. 의식성이란 말은 주체사상을 바로 깨닫는 것이 의식의 기원으로 보고 있다. 인간의 의식은 본질적 속성상 자연계로부터 타고난 것이 아니고 역사적으로 형성되어가는 사회적 속성을 가지고 있다고 말한다. 그러므로 주체사상을 바로 아는 것이 올바른 의식의 형성으로 말하고 있다. 이러한 주체사상의 의식을 인식하는 인민들이 협력관계를 가질 때 사회는 발전되고 계승되어 간다고 주장한다. 사회주의를 기반으로 한 주제사상이 축이 되어 협력 관계를 유지하면서 올바른 역사를 발전시키고 계승할 수 있어야 사람이 사람다운 삶을 누리게 된다는 것이다. 이러한 사회주의 관계를 가지는 것이 인간의 타고난 속성이라고 주장한다.

북한은 주최사회주의 역사관으로 점철된 체제를 유지하고 있다. 선우학원과 홍동근 두 사람은 북한의 기현상적인 체제를 아전인수 식으로 해석하고 있다. "세계 각처에서 변혁의 파도가 세계의 역사를 재건하는 것 같다. 격동하는 세계 속에서 **주체사회주의를 지향하는 이북에서만은 평화와 안정을 토대로 건설이 눈부시게 계속되고 있다.** 그 이유는 주체사회주의를 표방하고 있기 때문이다. 그 사회에서는 민중이 역사를 창조하는 주체가 되기 때문이다. 민중이 역사의 창조자이지만 자주적인 혁명 사상에 의하여 의식화 되지 못하고 혁명조직에 알차게 결속되지 못하였을 때에는 자기들의 운명을 자주적으로 그리고 창조적으로 개발해 나가는 참다운 주체가 될 수 없다. 그렇기 때문에 의식화 된 민중은 반드시 혁명 사상으로 무장하고 뛰어난 지도자 옆에 굳게 결속된다. 그래야 민중은 혁명의 주체가 되는 것이다. 이런 과정의 삼대 혁명(정신혁명, 문화혁명, 그리고 기술혁명)을 통해서 이룩된 곳이 바로 북한의 사회이다. 민중이 의식화 되지 못한 사회에서 사회주의를 건설한다는 것은 모래위에 집을 짓는 것과 마찬가지이다. 동유럽에서 겪고 있는 사태는 이와 같은 역사의 발전 과정에서 당하고 있는 인간의 고행이다." 라고 주장했다.

위의 주장은 민중 신학이 강조하고 있는 내용과 상통하고 있다. 오직 민중의 개념에 **주체라는 개념을 첨가한 것뿐이다.** 그런데 문제는 자유주의 신학이나 세속 철학에서 주장하는 인간의 의지론에 기반을 둔 자유의지론과 민중개념에 주체사상을 첨가한 주체사회주의와의 사이에는 관점의 차이가 있다. 주체사회주의는 인간의 자유의지론을 파괴하고 민중을 주체사상의 틀 안에 가두어버리는 민중론이다. 사실상 인간의 의지를 말하지만 자유의지를 멸절 시키고 하나의 사상 속에 집약시키고 있다. 여기서 더욱 실소를 자아내게 하는 이론이 등장하는데 **그 주체사상은 기독교 사랑의 개념과 통일성을 이루고 있다는 도저히 이해 불가능한 논증을 펼치고 있다는 점이다.** 기독교가 전하는 사랑의 개념 자체를 모르는 무지한 생각을 가지고 주체사상에다 기독교 사랑을 사탕발림 하여 인민들을 교화시켜 왕권주의적 폐쇄사회를 만들려는 시도를 하고 있다. 그 이론은 주로 4가지 역사 원리를 기본 명제로 하고 있다.

A) 인민 대중은 사회역사의 주체가 된다.

이 주제는 사회주의를 역설하는데 있어 인간을 높이는 이론이다. **사회역사**라는 말은 사회주의의 역사를 의미하는데 그 주체를 인간의 본질에서 찾으려 하고 있다. 인간론과 주체사상의 연관성을 강조 한다. 인간을 정의하는데 있어 성경에서 말씀하는 하나님과 피조 된 하나님의 형상으로서의 인격적 존재인 인간을 말하는 것이 아니고 "인간은 사회적 존재로서 창조성, 의식성, 그리고 자주성을 발휘하여 온갖 사회적 구속을 끊고 세계를 개조하여 자기 운명의 주인이 되어 자주적으로 살아가는 존재이다."[108] 라는 점을 강조하고 있다. 이러한 주장은 공산주의 사상의 근본이 되었던 마르크스주의(Marxism)의 변증법적 이념을 폐기 시키는 생각이다.

B) 사회적 존재로의 인간의 가치를 강조한다.

삶의 가치에 대하여 참으로 값있는 것은 무엇이며 특별히 사회적 존재로서 사람이 무엇을 위해 살아가야 하는가? 에 대한 주체의 인생관을 김정일이 지적하였다고 주장한다. "사람은 육체적 생명과 함께 사회 정치적 생명을 가지고 있다. 육체적 생명이 생물체로서의 사람이라면 사회 정치적 생명은 사회적 존재로서의 생명이다." 라고 주체사상에 대하여 김정일 주장했다[109] 고 말한다.

---

108) Ibid, p.13.
109) Ibid, p.14.

김정일의 주체사상이 말하고 있는 요점이 되는 내용은 다음과 같다. "마르크스주의(Marxism)적 고전주의자들은 인간 문제에 대한 유물론적 변증법적 견해를 확립함으로서 인간에 대한 철학적 설명에서 커다란 진전을 이룩했다. 그들은 사람을 사회관계의 총체로 규정하고 인간의 행동에서 물질적 생산과 사회경제 관계의 결정적 의의를 부여하였다. 그들은 인간 문제에 대한 유물변증법적 견해를 세웠지만 자연과 사회의 지배자 그리고 개조자로서의 인간의 본질적 특성을 전면적으로 밝혀내지 못하였다."[110] 라고 주장함으로 이미 북한에서는 마르크스주의(Marxism) 인간론은 멸절되고 주체사회주의화 되었다는 점을 부각시키려 하고 있다. 공산주의적 사회주의에서 벗어나 **주체사상의 사회주의를 강조하는** 입장이다. 인간을 하나님과의 관계에서 정의하는 것이 아니고 사회적 존재로서의 정치적 관계의 인간론을 주창하고 있다. 이 정치적 관계를 통해 인간이 사회적 관계를 발전시키고 계승해 나간다. 이것이 바로 인간의 타고난 속성이라고 주장한다.

B. 사회적 역사원리

주체사상이 주장하는 사회적 역사원리는 네 개의 원리로 집약된다. 민중 신학이 주장하는 대로 말하면 인민 대중을 역사의 주인으로 생각한다. 그러나 민중 신학에서는 민중에 의한 투쟁과 구조악에 대한 혁명을 주장하는 반면 주체사상에서는 민중을 사회주의적 정치개념으로 해석하여 사회주의 정치에 참여하는 인민 대중으로 생각하고 있다. 주체사상의 역사적 원리 네 가지는 다음과 같다.

A) 인민 대중은 사회주의 역사의 주체가 된다.

---

110) Ibid, p.12.

역사적 주체가 되는 인간은 사회적 관계를 가질 때 올바른 역사의 주체자로서의 인식에 도달하게 된다. 인간의 문제는 사람들의 사회생활 속에서 제기되며 또 사회적 관계를 떠난 인간이 있을 수 없기 때문이다. "참된 의미에서 사회관계를 맺고 살며 활동하는 것은 오직 사람뿐이다."[111]라고 주장함으로 역사적 주인으로서 주체적 인간은 사회관계에서 그 의미를 찾으려 하고 있다.

역사의 주체라는 말은 해방신학이나 민중 신학에서 주장하는 국민 대중을 주체로 삼고 있는 것과 같은 뜻으로 해석할 수 있으나 구체적인 의미에 들어가면 그 차이가 있는데 해방신학이나 민중 신학에서 주장하는 점은 일반 대중이 피압박자들로서 구조악을 타파하기 위해 혁명적인 일에 동참할 것을 주문하고 있다. 그러나 주체사상의 주장 점은 인민 대중이 피압박자들이 아니고 사회주의에 동참하는 주체자로 역사의 주인공이 되어야 할 것을 강조한다. 그 인민 대중의 지도자는 김일성 일가이기 때문에 김일성 일가가 행하는 주체사상의 사역에 동참하는 일이 역사의 주인이 되는 길이다. 역사적 주인의 역할을 하는 자들이 바로 인민 대중이라고 주장함으로 교묘하게 김일서 일가가 독재자의 위치를 점령하고 있다.

B) 인민 대중의 투쟁을 강조한다.

인류 역사는 인민 대중의 자주성을 쟁취하기 위한 투쟁의 역사이다. 이 투쟁의 역사를 구체적으로 정의하면 **계급투쟁을 말한다.** 주체사회의 역사관은 계급을 사회적 지위와 역할의 차이에 따라 구별되는 사람들의 집단이라고 규정함으로 계급의 본질을 과학적으로 밝히고 계급

---

111) Ibid, p.13.

에 관한 개념 정립을 발전시킨 것을 말한다. 정치적으로 그리고 경제적으로 지배권을 장악한 자들이 자기들의 특권을 영구화 그리고 제도화함으로 지배계급과 피지배계급의 관계를 발생시키고 있다고 주장한다. 한국의 예를 들어보자. 정권을 쥔 지배계급은 정권을 이용하여 사람을 지배할 뿐만 아니라 경제에 관한 지배권을 쥐게 되었다는 것은 대한민국 40년 정권의 역사를 보아도 증명된다.[112] 자본주의 사회에서도 마찬가지라고 주장한다.

미국 레이건 대통령은 세금을 감소할 것을 주장했었고 미국 의회는 그의 주장에 동조하여 세금 감소의 조례를 통과시켰다. 그 결과 미국 인구의 상류층에 속하는 5%의 사람들은 세금 감소의 혜택을 입었으나 그 외의 일반 국민들에게는 아무 혜택이 없었고 심한 경우 하류층의 부류에는 오히려 세금이 상승되었다. 그런 법이 미국 상류층의 의회에서 떳떳이 통과 되었다. 그렇기 때문에 모든 권력이 상류층에 예속되어 있다는 것을 알 수 있다. 그러므로 민중해방을 위한 투쟁을 통해 민중이 정권을 잡아야 한다.[113] 한편으로 민중은 역사적으로 자주성을 소유하고 있다. 그 자주성은 역사를 발전시키려는 요구와 지향성을 가지고 있다. 의식 정도에 따라 차이는 있으나 그들의 지향은 틀림없이 존재한다. 비교한다면 왜정시대 우리 농민들이 일본 지주를 반대하면서 투쟁한 사실과 오늘의 남한 농민들이 미국의 농산물 수출에 대한 반대운동을 비교해 보면 비슷해 보이지만 그들의 의식 수준의 차이는 분명하게 존재했었다. 그것은 민주화 반독재 투쟁의 역사를 봐도 마찬가지

---

112) Ibid, pp.51-52. 여기에 나타난 "40년" 이라고 지칭한 이유는 1990년 이 책이 발행될 당시의 역사적 입장에서 기록한 것이다.
113) Ibid, p.53.

이다.[114] 라는 주장이다.

    착취 사회에서도 역사의 주인은 민중이다. 그러나 사회의 주인으로
서의 지위를 차지하지 못하고 있다. 심지어 자기들의 생산물까지 빼앗
기고 있다. 자기들이 역사를 창조하면서도 사회에서 소외되고 역사적
과정에 지배당하는 처지에서 벗어나지 못하고 있다. 왜 그런 처지에 처
하게 되었는가? 그들이 자주성을 찾기 위해 투쟁하지 안했던가? 아니
다. 투쟁을 했으나 그들의 조직력이 부족하였다. 한국의 현대사를 살펴
보아도 동학 농민 투쟁, 삼일 애국 운동, 4.19 학생의거, 5.18 광주 민
주화 운동, 그리고 6월 항쟁 등 모두가 의식문제, 조직의 문제, 그리고
힘의 결함에 걸려 있었다.[115] 그러므로 민중이 사회의 주인이지만 그 지
위가 저절로 그리고 언제나 자기의 운명을 자주적으로 또한 창조적으
로 개척해 나가는 역사의 주체가 되는 것은 아니다. 역사를 발전시키는
데 있어 결정적 역할을 하는 것은 민중이지만 정권과 경제권을 장악하
지 못한 까닭에 착취와 억압의 대상이 되었으며 사회의 주인으로서 지
위를 차지하지 못하였다. 그러므로 민중이 자기의 위치를 차지하기 위
해서는 결국 낡은 사회제도를 통치하는 반동세력에 대항하여 첨예한
투쟁이 요구된다. 그것이 곧 힘의 대적이기도 하다.[116]

    착취와 압박 제도에서 민중을 해방하기 위해서는 혁명이 요구 된다
고 처음 주장한 사상이 바로 마르크스주의(Marxism)였다. 그런데 주
체사상에서는 민중이 자주성을 실현하기 위해서는 사회개조뿐만 아니
라 자연개조와 인간재조도 함께 해야 한다는 것을 주장한다. 다시 말하

---

114) Ibid, p.55.
115) Ibid, p.56.
116) Ibid, p.5d7.

면 사회개조를 위해서는 민중의 자주성을 위한 투쟁을 먼저 해결해야
한다고 주장한다. 그 이유는 인간이 사회적 존재라는데 있기 때문이다.
사회적 존재란 의미는 사회적 정치적 생명을 가지고 있는 것을 의미한
다. 사람이 사회적 정치적 생명을 의식하지 못하면 동물과 다름이 없다.
사람과 동물의 구별은 사람에게 사회적 정치적 의식이 있는 곳에서부
터 시작된다.[117] 그러므로 사회를 개조하기 위해서 민중은 오랜 역사를
따라 오면서 투쟁했다. 그 결과 사회제도가 여러 번 바뀌었다. 인민이
주인으로 자리 잡고 있는 사회는 모순이 자리 잡을 수 없고 착취가 시
행될 수 없다. 사회주의 사회에만 민중의 자주성이 실현될 수 있는 길이
열려져 있다. 이런 과정은 자연적 법칙이고 역사의 정상적 과정이다.[118]

위에서 주장하고 있는 사회주의적 투쟁사상은 해방신학이나 민중
신학이 주장하는 투쟁주의 사상과 동질성을 말하는 것처럼 보인다. 그
러나 해방신학이나 민중 신학의 투쟁주의는 자신들의 이익을 추구하는
투쟁사상이다. 피압박자들로서 압박자들을 대항해 자신들이 차지해야
할 기득권을 획득하자는 운동이다. 그러나 주체사상의 투쟁 이론은 오
히려 그와는 반대의 입장을 취하고 있다. 김일성 일가가 민중을 위해 희
생된 민중 해방자로 우상화 되었다. 즉 사회주의적 주체사상을 위해 희
생된 인물이 김일성이란 주장이다. 가장 위대한 투쟁가가 바로 김일성
이란 주장이다. 그 우상화 작업은 북한 국민들로 하여금 끝없는 복종을
강요하게 만든다. 오히려 민중이 자신들의 기득권을 획득하기 위해 투
쟁할 생각조차 못하게 만들어 버렸다. 김일성이 민중을 위해 가장 희생
적 투쟁을 감행한 사람으로 민중은 자신들의 기득권을 위해 투쟁할 수

117) Ibid, p.59.
118) Ibid, p,61.

없을뿐더러 무조건 북한의 제도에 복종할 것을 강요함으로 민중의 투쟁은 사실상 강요받고 있는 투쟁의 작업만 존재하고 있다. 그러므로 주체사상에 기초한 사회주의적 투쟁사상은 투쟁이라는 허울 좋은 이름으로 인민들을 강압적으로 복종하게 만드는 공작에 불과하다.

주체사상은 인간을 하나님과의 관계에서 생각하지 않고 있기 때문에 사회적 관계에다 한정시켜 버리고 있다. 인간은 타락 이후 일반노동의 사명을 수행하며 살아가야 하는 필연적이며 절대적 위치에 처해 있다. 일반은총의 영역에서 삶을 위한 노동은 그 자체가 투쟁의 요소로 점철 되어 있다. 사회적 불평등은 하나님의 섭리적 입장에서 보면 종말을 향해 가는 주권적 사역에 해당된다. 하나님의 뜻은 인간이 생각하는 정반대 방향에서 올 때가 허다하기 때문이다. 세계를 지배하고 있는 기독교 국가 미국의 사회를 보면 너무나 많은 불평등이 사회의 여러 곳에서 분출되고 있다. 매달 생활비를 받아 살아가는 무노동 자들이 한 달 동안 살 수 있는 급료를 받아 수일 만에 술과 마약으로 낭비하고 길거리에서 구걸하는 사람들이 각 도시마다 널려 있다. 그들에게 어떤 투쟁을 요구할 수 있단 말인가? 물론 그들은 지적 수준이 자신을 바로 세울 수 있는 정도에도 미치지 못하고 있다. 인간에게 주어진 일반은총의 능력은 하나님으로부터 각자가 다른 재능을 받아 태어났다. 어떤 사람은 많은 사람을 다스리며 살 수 있는 재능을 가지고 태어났다. 그러나 베토벤 같은 음악가는 가난하게 살았고 귀도 들리지 않은 환경을 맞이하여 다른 사람을 다스리며 살지 못했지만 천재적인 음악성을 가지고 많은 사람들을 감동시키는 명곡을 작곡하였다. 이 세상에는 절대 공평은 없다. 하나님께서 원하시는 절대 공의만 존재한다.

C) 사회주의 역사 운동은 인민 대중의 창조적 운동이다.

주체사관은 사회주의 역사적 운동이 창조적 성격을 지니고 있는 민중의 활동임을 명시한다. 동물과 환경세계와의 관계에서는 상호작용에 의한 주동과 피동이 없다. 그러나 인간과 주위환경의 관계를 살펴보면 인간을 중심한 사건들이 언제나 인간의 주동적 작용에 의해 일어나며 상호작용의 주된 힘은 인간의 창조적 힘이다. 인간은 자기의 창조적 능력에 의해 객관적 세계를 자기의 요구에 맞게 개조하여 변혁하며 새로운 것을 창조해 나가는 것이 인간과 객관 세계와의 작용법칙이다. 이러한 창조적 활동의 주된 동력은 민중이다. 즉 민중은 자연과 사회를 개조하고 변화시키는 유일한 창조자이다.[119] 라고 주장하고 있다. 사회변혁운동에 대하여 자주적 입장을 취하게 되는 것은 사회변혁 운동의 주체가 민중 자신이라는 인식에서 출발한다. 창조적 입장의 기본 내용의 하나는 사회변혁 활동에서 제기되는 모든 문제를 민중의 힘에 의해 그들의 열의와 창조적 적극성을 반영시켜 풀어나가는 운동을 말한다. 사회변혁운동의 성과 여부는 민중에 의한 열의와 창조적 적극성을 어떻게 발휘하느냐? 에 좌우된다고 말할 수 있다는 것이 주체사상의 근간이다.

창조적 입장의 또 하나의 내용은 사회변혁운동에서 제기되는 모든 문제를 구체적 실정에 맞게 풀어나가는 일이다. 민중의 활동은 일정한 조건과 환경 속에서 사물의 현상을 상대하여 진행되기 때문에 민중의 힘을 그에 적합하게 활용해야만 충분한 결과를 맺게 되어 있다. 여기에서 요구되는 것은 인간의 자주성이다. 인간이 자주성을 가지고 있다는 말은 세상 속에서 자기 운명을 주인으로 삼고 살아가려는 자주적 욕구를 가지고 있다는 뜻이다. 자주적 욕구는 인간의 창조적 능력의 작

---

119) Ibid, p.65. "자연과 사회를 개조하고 변화시키는 유일한 창조자" 임을 강조하는 구절은 김정일이 주체사상에 관한 언급을 인용하고 있다.

용을 동반한다. 창조적 능력은 인간의 자주적 욕구에 복종되어 작용하며 이 욕구를 실현하는데 봉사한다. 주체사상에 있어 사람에게 가장 중요한 것은 자주적 욕구를 실현하는 일이며 창조적 능력이 귀중한 것은 결국 그것이 자주적 욕구를 실현하는 수단으로 쓰이기 때문이라는 **자주성을** 강조한다.

참으로 모순적인 주장이 바로 이 창조성과 자주성에 관한 이론이다. 북한에서 김일성 일가에게 100% 복종만 강요하고 있는 체제를 유지하면서 인간의 자주적 욕구를 말하는 그 자체가 모순을 드러내고 있다. 인간의 창조성은 전제가 하나님의 창조를 말하지 않고 인간의 자체에서 일어나는 창조성을 언급한다는 그 자체가 모순이다. 사실 인간 자체로부터 창조를 말한다는 것은 물이 없는 강을 말하는 것과 같다. 인간은 어떤 일을 개발해 나갈 때 창조적 개념에서 시작되는 일이 없다. 모든 일은 창조된 원인을 전제하기 때문에 새로운 변형 내지 개발에 해당된다. 자주적 욕구와 창조성을 연장선상에 놓고 사회변혁을 말하는 그 자체가 모순이다. 북한에서 주체사상을 인간의 욕구와 창조성에 기초하여 실행하고 있다면 왜 이 지구상에서 가장 폐쇄된 정치제도를 집행하고 있으며, 민중을 가장 억압하는 김일성 일가의 독재정치를 실행하고 있으며, 그리고 가장 가난한 국가의 집단으로 존재하고 있는가? 를 묻지 않을 수 없다. 현실에 맞지 않은 관념적인 이론으로 민중을 호도하여 억압 정치를 통해 집권자들의 배를 채우는 일에 열을 올리고 있는 것에 불과하다.

D) 인민 대중의 자주적인 사상의 의식이다.

주체사상에서는 자주적인 사상의 의식이란 말이 혁명투쟁에서 결정적인 역할을 하는 중요한 요소로 등장한다. 투쟁의 주체가 인민 대중이라는 관점에 초점을 맞추고 있다. 이 관점은 창조성의 연장선상에서 강조하는 이론이다. 자주적 사상의식에 대하여 김일성이 주장한 내용을 요약하면 "우리 당은 우리 인민의 이익 즉 우리 혁명의 이익으로부터 출발하여 모든 정책과 노선을 자신이 독자적으로 결정하며 자력갱생의 원칙에서 혁명과 건설을 자신이 책임지고 해 나가는 확고한 자주적 입장을 견지하였다."[120] 라고 말하고 있다. 그 내용을 지적하면 민중이 자기의 자주적인 욕구와 이익을 옹호하며 모든 일을 자신이 책임지고 자체의 힘으로 해 나가는 것이라고 말한다. 주체사상이 주장하는 자주적 입장은 다음과 같다.

(A) 민중의 자주적 권리와 이익을 옹호하는 일이다. 자주적 권리가 무시되면 민중이 자기의 운명을 개척해 나갈 수 없게 된다. 결국 민중은 지배 계급의 노예로부터 해방을 얻을 수 없게 된다. 그러므로 사회 변혁 운동을 옳게 발전시킬 수 없다.[121]

(B) 자력갱생이다. 세상에서 가장 힘이 있는 존재는 민중이다. 그렇다고 자력갱생은 결코 연대와 지원을 거절하는 이론이 아니다. 민중은 어디까지나 연대와 지원을 환영하지만 그것이 주인을 대신할 수 없다. 어떤 사회에 있어서나 그 나라 민중이 자력갱생하는 자세를 가져야 함이 원칙이다.[122]

자주적 권리를 옹호하고 자력으로 갱생하는 일은 다 같이 자주성을 구현하는 일이며 남에게 의지하거나 기대하지 않고 자기 힘으로 개척

---

120) Ibid, p.68. 김일성 저작집 27권 p.395에 기록된 내용을 선우학원, 홍동근 공저 "주체사상과 기독교"에 인용하고 있다.
121) Ibid, p.68.
122) Ibid, p.68.

하는 것을 의미한다. 남에게 의존하거나 외세에 굴종하는 사대주의의 포로가 되면 자주의식이 마비되고 자신에 대한 힘을 상실하게 된다. 결국은 주인 된 자신의 위치를 잃게 된다. 오직 자주적 입장만이 자연과 사회를 개조하고 변혁시키는데 견지하여야 할 가장 올바른 근본적 정신이다. 그러므로 한국의 인민화를 위해서는 우선 일반 국민의 숭미사대주의 사상을 타파하는 곳으로부터 시작 되어야 한다. 사대주의와 민중의 자주성은 물과 기름 모양으로 섞이지 않는다. 철저한 자주성은 근로 대중을 의식화 하는데 있어서 최우선 조건으로 생각해야 한다. 자주적 입장은 무엇보다도 민중이 사회변혁운동에서 주인으로서의 권리를 행사하게 하는 입장이다. 주인은 권리를 가진다. 권리행사를 하지 못하면 주인의 자격을 잃은 것이다.[123]

위에 말한바와 같이 주체사상이 말하는 민중의 자주적 사상은 철학적 이론으로도 현실적 적용으로도 전혀 당치 않은 뜬 구름 잡는 주장에 불과하다. 1953년 김일성이 무력통일에 실패하고 정치적 통일을 꾀하는 이론을 펼치기 위해 갑자기 짜깁기하여 내어 놓은 괴변 철학에 불과하다. 인간의 자주성은 철학적 입장의 원인과 결과론으로 결론지을 수 없는 문제가 있다. 즉 자주성이 어디로부터 왔는가? 하는 문제는 세속 철학에서도 결론을 도출해 내지 못하고 있다. 오직 창조의 원리를 이해하는 데서부터 인간의 자주성을 해결할 수 있기 때문이다.

주체사상이 주장하는 자주성과 사회주의는 이론적으로 그리고 현실적으로 모순투성이로 꽉 차있다. 주체사상의 주장대로 말하면 사회주의는 사실상 서로 협력하고 의지하는 동반사상을 포함하고 있다. 반

---

123) Ibid, p.68.

대로 자주성을 강조하면 자체적으로 모순을 드러내고 있다. 주체사상이 주장하는 자주성은 서로가 협력하고 의지하는 생각을 배제한다. 국제간에 다양한 외교가 국가를 유지하는 큰 원동력인데도 불구하고 주체사상은 쇄국정책의 외교를 강조하고 있다. 대한민국이 강대국과 외교를 맺는 일을 반대하면서 왜 그들은 소련과 중국에 기대어 거지처럼 동냥이나 하면서 해방 후 70년을 살아 왔는가? 김일성이 6.25를 일으켜 대한민국을 초토화 시켰지만 우리나라에서 미국을 중심하여 유엔에 가입된 나라들이 수많은 병사들의 피와 군수물자를 소모하고 하나님을 섬기는 자유 대한민국을 건설하게 만들어 주었다. 우리 대한민국은 그 은혜를 알아야 한다. 소련과 중국을 의지한 북한은 세계에서 가장 억압받고 있으면서 국민들이 가장 피폐한 생활을 하고 있다. 어떻게 자주성을 가지고 사회를 개조하고 변혁시킨다는 그 정치체제 아래서 국민들이 그렇게 밖에 살 수 없단 말인가? 대한민국은 미국과 국가대 국가의 외교를 맺고 서로 무역하고 그들이 섬기는 하나님을 우리도 섬기는 같은 신앙을 가지고 좋은 것은 서로 공유하고 선의의 경쟁을 통해 국가를 발전 시켜 나가고 있다. 19세기 말 미국의 최고 수준의 선교사들이 한국에 와서 피와 땀을 바쳐 복음을 전도했다. 문맹을 깨우쳐 주고 현대의학을 전달해 주고 성경대로 믿어야 할 참된 복을 전해 주었다. 평양에서 그 귀한 기독교 사상을 뿌리내리게 했다면 지금 대한민국은 통일된 국가를 형성하여 세계 최고의 복음주의 국가로 등장하였을 것이다. 기독교를 몰아낸 북한은 세계에서 가장 폐쇄되고 가난한 잡단으로 전락했다. 북한에서 쫓겨난 기독교가 남한에 내려와 세계의 10대 경제대국을 만드는데 주춧돌의 역할을 하였고 교육에 있어 온 세계가 부러워하는 교육의 대국을 만들었다. 각 중고등학교 각 대학교 등등 사립학교들은 거의가 기독교 학교이다.

우리 인간은 자주성을 말하기 이전에 먼저 의지할 인격적인 분을 찾아야 한다. 그분이 바로 하나님이다. 이 의지는 절대성을 요구한다. 부모 형제간도 의지하는데 있어 한계가 있다. 그러나 하나님을 의지하는 일은 한계가 없다. 이 세상 모든 사람들과 헤어질 때가 오고 사역이 끝나도 하나님께서는 나와 함께 하신다. 자주적 의식을 통한 사회 변혁과 개조를 말하는 것은 정말 눈먼 장님이 달나라를 탐사하겠다는 말과 같다. 하나님을 의지하고 인간의 자주성을 말한다면 약간의 동조할 마음이 생길 수 있다. 인간 자체의 자주성이란 사실 아집과 사악성 이외의 것은 없다. 조건 없는 인간의 자주성에 기초하여 주체성을 강조하게 되면 인간은 아주 포악한 권리만을 주장하게 되고 스스로 그리고 국가를 망하게 한다.

예를 들어보자. 50마일을 달려야 할 도로에서 100마일을 달리게 되면 그것을 자주성으로 말하겠는가? 아니면 법에 따라 50마일로 달리는 사람을 향해 국가의 공권력만 의지하는 자주성이 없는 사람으로 말하겠는가? 하나님의 법 안에 있을 때 참다운 자주성을 찾을 수 있다. 하나님의 법은 자유를 제공하는 가장 객관적인 근원이다. 하나님의 율법을 무시하고 인간의 의지에 따른 자주성을 주장하게 되면 객관성이 없는 아집만을 말하게 된다. 세속철학이 말하는 인간의 자주성은 사실상 인간을 파멸로 이끌어 가는 원인이다. 실존주의(實存主義, Existentialism)에 심취한 철학자들이 강한 자기주의를 강조하였으나 그들 가운데 많은 사람들이 정신병으로 고생한 사실은 깊이 고려할 문제이다. 또한 객관주의 역사관을 강조한 헤겔(Hegel)의 관념주의 철학은 하나님의 주권을 배제한 역사의 현상세계에서 일어난 원인과 결과론을 강조한 결과 마르크스주의(Marxism)를 파생시켜 이것 역시 인간의 자주성에 의한 공동체 의식을 고취시켜 헤아릴 수없는 사람들의 피를 흘리게 했다. 아무리 객관적 이념에 의존하여 자주성을 강조 한다 해도 성경이 말씀하는 교훈을 넘어서면 그 자주성은 가치를 상실하고 만다. 그러므로 기독교의 정통성을 벗어난 어떤 자주성도 아무 의미가 없다. 이제 자주성을 강조한 주체사상과 기독교와의 관계를 억지로 꿰어 맞춘 이론을 소개하고 비판해 보자.

(3) 주체사상과 기독교와의 접목이 가능한가?

이미 언급한대로 주체사상은 원리에 있어서는 한국의 민중 신학과 남미의 해방신학과 이론상 궤도를 같이 하고 있다. 그러나 그 방법론 내지 적용면에 있어서는 상당부분 다른 양상을 드러내고 있다. 즉 민중 신학과 해방신학은 민중이 주체가 되어 구조악을 타파하고 혁명의 주인공이 되는 것을 주장하지만 주체사상을 주장하는 북한에 있어서는 주체사상에 복종하는 자로서의 민중을 강조하고 있다. 그러므로 주체 사상의 민중론은 주인공의 역할을 강조하지만 사실상 복종의 주체자로서의 민중을 말하고 있을 뿐이다.

주체사상에서는 마르크스주의(Marxism)처럼 무신론과 유물사관에 의해 기독교를 정면으로 관념론이라고 조소하거나 인민의 아편으로 폄하하지 않고 있다. 주체사상이 주장하는 바는 "토착적인 따뜻함과 인간적인 정을 느끼게 한다. 마르크스주의(Marxism)도 기독교와의 이념적 차이점을 거두고 공통점을 찾으려 하면 기독교와 사촌까지 갈 수가 있다. 주체사상은 그 민족적 발상과 인간 사랑의 철학을 포함하고 있어 우리에게는 인민들이 형제의 관계마저 느끼게 한다. 실제로 주체사상은 북에서 형성된 우리 민족의 세계관이며 인생관으로서 남의 민족을 포함한 우리나라 모두의 통일과 평화에 큰 의미를 부여한다. 북은 주체사상으로 지난 반세기를 넘어 독립되고 해방된 자주국가로 엄연히 서 있다."[124] 라고 강조한다.

사람이 모든 것의 주인이며 모든 것을 결정한다는 것이 주체사상의 기초이다. 인간의 가치와 품격이 물질이나 돈에 의해 좌우 되는 것이 아니라 오직 사람이 세계와 운명의 주인이 되고 형제로서의 인간을 사랑하고 민중의 유익을 위해 봉사하는 데에 있다. 여기에서 주체사상이 기독교의 성경과 신학의 세계에 개입하여 기독교 2천년의 역사에 인본주의적 도전을 가한다. 주체사상에서 인용하는 내용은 "구약 창세기에 사람이 하나님의 형상대로 창조함을 받았다고 가르친 대로 인간은 신성과 불멸성을 지니고 있어서 이보다 더 고귀하고 지고한 존재가 없다. 그러므로 예수님은 천하를 주고도 바꿀 수 없는 인간의 숭고하고 고귀한 신성함을 주장했다(마18:6)." 라고 말한다. 그리고 생명의 최고의 의미와 인생 최대의 가치는 오직 "인자의 온 것은 섬김을 받으려 함이 아니라 도이어 섬기려 하고 자기 목숨을 많은 사람의 대속물로 주려 함이니라(막10:45)." 고 하여 이웃 사랑과 인민에의 봉사에 있다고 말씀하는 내용을 주체사상과 일치 시키려 하고 있다. 이러한 주장은 주체사상 속에 기독교를 편입시키려는 사악한 의도를 내포하고 있다. 그러면서 주체사상과 기독교는 인간론에서 형제의 동질성과 일체감을 표출하고 있다.[125] 고 주장한다.

또한 주체사상이 주장하는 이념은 민족 자주성의 신앙이다. 그들이 주장하는 사특한 말은 "김일성 주석과 주체사상이 우리 민족사에 영구

---

124) Ibid, p.78.
125) Ibid, p.80.

히 남긴 비념비적 불후의 유산은 이 민족 자주성의 신앙이라 하겠다. 여기 주체사상이 일찍이 인민 대중의 각성된 자주성으로 일제의 사대주의와 민족 허무주의를 배격하고 북한의 조국을 완전한 자주, 자립, 그리고 자위의 독립 국가로 건설하였다. 즉 큰 나라를 섬기며 숭배하는 노예 사상인 사대주의를 청산하고 자기 민족 스스로를 멸시하는 민족 허무주의를 없앴다. 철저히 민족적 자부심과 혁명적 사랑을 가지고 정치에서 자주, 경제에서 자립, 그리고 국방에서 자위하여 인민이 나라의 주인이 되고 자기나라의 주권을 자기 손에 틀어쥐었다."[126] 라고 강조하였다.

더욱 가관인 것은 기독교와 주체사상과의 관계를 다음과 같이 말하고 있는데서 그 교활함을 알 수 있다. "기독교에 주체사상이 없는 것이 아니다. 예수님은 제자들을 세상에 내 보내시면서 '이방인의 길로도 가지 말고 사마리아인의 고을에도 들어가지 말고 차라리 이스라엘 집의 잃어버린 양에게로 가라(마10:5-6).' 라고 말씀 하셨는데 여기 '잃어버린 이스라엘 집' 이란 바로 로마 제국주의의 멍에 아래 식민지 노예로 억압을 당하고 있는 동족을 의미했다. 예수님께서는 또한 '내가 세상에 화평을 주러 온 줄로 생각지 말라. 화평이 아니고 검을 주려 왔노라(마10:34).' 고 말씀하셨고 '검 없는 자는 겉옷을 팔아 살지어다(눅22:36).' 라고 말씀하셨다. 그리고 예루살렘 성전을 공격하여 거기 로마 제도에 예속하여 민족을 억압하고 수탈하는 친 로마 반민족분자인 서기관, 바리새인, 그리고 대제사장들을 성전에서 추방하셨다. 그리고 끝내는 예루살렘 골고다에서 반로마 혁명당으로 죄명을 받아 십

---

126) Ibid, p.81.

자가형에 처형당했다(눅23:33)."[127] 라고 정치적 메시아사상을 고취시키고 있다.

또한 그들의 궤변을 보자. "여기에서 주체사상이 주장하고자 하는 바는 해방 자 혁명당 예수를 바라보아야 한다는 점이다. 예수님의 명을 받은 사도들이 예루살렘에 신앙공동체를 만들어 처음 가난한 자들과 노예들의 공동체를 중심으로 교회를 창설했다. 그리하여 억압과 착취에서 자유롭고 자기 운명을 스스로 개척하여 주인이 되는 평화로운 해방 공동체를 형성했다. 하나님의 정의와 평화를 다스리는 메시아 왕국의 도래였다. 그러나 이 신약교회가 단명하고 역사적 교회로서 지배계층과 일치된 노선을 취하고 민중의 착취자로 변신한 것은 교회의 반역이다. 그런 의미에서 해방 후 북의 교회가 새로운 식민주의의 명에 아래 매어있는 민족과 교회의 계급적 해방을 시도해야 하며 자주성의 신앙을 지켜 나가야 한다. 이러한 주체사상은 기독교에 교사역할을 하게 된다. 여기 주체사상 속에 기독교가 있고 이 기독교 안에 주체사상이 있다. 이 초대 기독교의 해방 공동체로서의 교회에 대한 열망을 해방신학과 제 3세계 기독교의 해방 운동에서 보는 것을 기독교 이상주의 이념의 부활로 기뻐하게 된다. 이 부활의 햇빛을 남한의 민중 신학, 주민교회, 해방공동체, 산업선교, 여성해방신학, 노동자교회, 해방학교, 그리고 도시에서 농촌에서 보게 된다. 통일과 상봉의 날이 멀지 않았다. 주체사상과 기독교 사이의 근본적 차이를 만드는 하나님의 주권사상, 인간의 전적 타락의 죄악성, 그리고 그리스도의 구속사역 등의 신학적 문제를 뒤로 미룬다."[128] 라는 뜬 구름 잡는 말들을 쏟아내고 있다.

---

127) Ibid, p.82.
128) Ibid, pp.83~84.

여기서 주체사상은 민중 신학과 연관성을 강조하고 있다. 양쪽 신학의 연관성은 인간애의 사랑을 그 매개체로 한다. 민중 신학의 성경적 근거는 구약의 언약 법전인 출애굽기20:2-23:19 까지의 계명과 규례를 기본으로 한 출애굽 사건을 내세운다. 지극히 가난하고 억압 받은 백성들에 대한 하나님의 사랑이 해방으로 나타나게 되었다. 여기에서 모세가 이스라엘 백성의 인도자가 되었으나 가나안 땅에 들어가지 못하게 된 것은 예수님께서 가난하고 압박받은 자들의 해방을 위해 스스로 십자가에 몸을 던진 것과 같은 입장이다. 역시 김일성이도 억압 받은 민중을 사랑해 주체사상을 정립하고 그 사상에 의해 **사회적 사랑의 인본주의를** 북한에서 실행하여 계급에 의한 압력과 착취에 항거함으로 민중 혁명에 참여할 것을 유도한 것이다.[129] 라는 주장을 강력 피력하고 있다.

주체사상은 기독교와 접목을 시도하여 김일성 일가를 우상화 하는 작업의 일환이다. 그 문제점 몇 가지를 지적해 보자.

첫째, 철학적 개념에서 볼 때 스스로의 모순을 드러내고 있다. 인간의 주체성을 강조하게 되면 당연히 따라오는 개념은 자주적 입장이다. 거기에는 자동적으로 인간의 자율적 의지를 강조하게 된다. 나아가 인간의 자율성만을 강조하게 되면 무전제의 인간의지를 강조하게 된다. 그러므로 창조를 전제하지 않은 주체사상은 주체적 개념이 존재할 수도 없고 주체적 개념을 상실해버리는 내념으로 빠지게 된다. 그럼에도 불구하고 북한에서는 모든 인민이 주체성, 자주적 개발, 그리고 자율성에 의존한 이념을 강조하고 있다. 그러나 실제로 북한에서는 김일성

---

129) Ibid, p.197.

일가에 정치적 복종만을 강요하고 있다. 인간의 모든 자율성은 하나님의 창조로부터 기인된다. 그럼에도 불구하고 북한에서는 자율성을 찾아 볼 수 없는 획일화 된 사회주의 정치제도를 적용하고 있다. 이는 자주적 입장의 인간화를 파괴시키는 정치제도를 시행하여 국민을 압박하는 일에 몰두하고 있다.

둘째, 김일성 일가의 우상화 작업이다. 기독교와 주체사상을 억지로 짜깁기해야 하는 이유는 기독교를 신봉하지 않은 나라들이 구미로부터 배척을 당하게 되면 국가의 위신을 올려 세울 수가 없기 때문이다. 아이러니한 것을 기독교를 말살해 버렸던 북한이 주체사상 속으로 기독교를 끌고 들어온 일이다. 이 세상에서 가장 신뢰할 수밖에 없는 종교가 기독교임에 틀림없다는 것을 그들 스스로 간접적으로 시인하고 있는 셈이다. 국제적으로 인정을 받기 위해서는, 특히 미국과 유럽으로부터 인정을 받기 위해서는, 기독교를 수용하지 아니할 수가 없다. 형식적으로나마 교회를 허용할 수밖에 없다. 내적으로는 기독교를 박해하면서 외형상으로 북한에 소수의 교회를 허용하고 국가의 통제 아래 운영하게 하고 있다. 여기에서 김일성 일가를 우상화 작업을 해야 하는 원리를 한 가지 발견하게 되었다. 그것이 바로 예수님과 김일성 일가를 동일시하는 작업이다. 북한에서의 공산주의적 사회주의 이념을 확산시키는 일의 실패를 틈타 주체사상을 주입식으로 강요하기 위해 주체사상을 기독교와 연관시켜 즉 김일성을 예수님과 동일시하여 우상화하는 작업을 시도하였다. 감히 예수님에게 신성 모독죄를 범하고 있다.

주체사상의 철학적 개념은 **인민을 향한 김일성의 사랑에** 기초를 두고 있다. 이는 김일성에 사랑의 가면을 덮어 씌워 주체사상이라는 억지 논리의 철학적 이론을 만들어낸 것이다. 예수님께서는 사회적으로 천대와 멸시받은 민중을 위하여 정치적 혁명을 시도하다가 십자가에 처형당한 사랑의 대표자인 것과 마찬가지로 김일성이 민중을 사랑하여 주체사상을 통해 혁명을 실행한 사랑의 혁명가로 지칭하고 있다. 김일성이 인민 대중을 너무 사랑하여 인민 중심의 교리인 주체사상을 통해 인민 대중을 다스릴 사상을 정하고 인민 중심의 이념을 제정하였다는 주장이다. 이 이념은 예수님께서 인류 사랑을 기본으로 삼아 인민 대중을 통해 혁명을 일으키려다가 로마의 폭력에 의해 희생당한 정치가 예수님과 김일성을 동일한 위치의 인물로 묘사하고 있다. 주체사상에서는 예수님의 죽음 자체를 실패로 여기지 않고 있다. 그 이유는 예수님께서 저변의 인민 가운데에서 12제자를 택하여 사상적 훈련을 시켜 로마 제국의 민중 속으로 파고들어가 3세기가 지난 후 기독교를 국교로 받아들이도록 그들이 희생했기 때문이다. 그러므로 인민을 우선으로 하는 인민 사랑 중심의 주체사상과 기독교의 사랑의 교리는 서로 공통점을 가지고 있다. 특히 주체사상은 인민 대중을 위해 민족을 다스릴 것을 교훈하고 있다. "그렇기 때문에 북한의 정치제도는 주체사상에 기초한 사회주의를 표방하고 있다. 사회주의는 인민 중심의 정치제도이다." 라는 점을 강조하고 있다.

셋째, 정치적 지도 이론을 깊이 살펴보면 전체주의적 독재사상을 엿볼 수 있다. 주체사상에 의한 사랑의 개념이 인간이 추구하는 기본적 인권과 사유에 관한 근본적 요구를 지워버리고 있다. 주체사상에 따른 사랑의 개념은 김일성에게 충성을 요구하는 이론에 불과하다. 궁극적으로 김일성에게 충성할 사랑만을 요구하고 있다. 이러한 주장을 김일성이를 우상화 하는 작업의 일환이다. 즉 김일성 주체사상의 종교화이다. 전체주의적 절대주 주체사상의 김일성이를 섬기라는 주장을 사랑이라는 말로 포장하고 있다. 우리가 깊이 생각해야 할 것은 이 세상의 모든 단체의 조직은 획일화 된 절대 개념을 배제한다는 점이다. 거기에는 합일과 조정이 관계되어 있다. 그러나 김일성이 주장하는 주체사상의 철학은 오직 절대와 희생만을 요구하고 있다. 예수님과 제자들이 목숨을 저버리고 희생하여 기독교를 로마 제국의 국교로 제정하게 만든 것과 같이 김일성이 북한의 이념으로 절대화 하여 만든 주체사상을 국교로 삼아 거기에 복종하고 희생하게 만들고 있다. 예수님과 제자들의 희생은 성령의 감화로 인한 복음전도의 열매가 영생의 면류관에 따른 상이 약속되어 있고 김일성에게 복종하는 희생은 아무 대가가 없는데도 이 둘을 비교 대조한다는 것은 언어도단이다.

제2장

교회와 국가의 정치제도

정치제도에 있어 교회와 국가는 원리적으로 상하, 대소, 그리고 질적 분야를 고려해 볼 때 두 정치제도 모두 원리적으로 성경으로부터 유추된 것이라고 말할 수 있다. 그러나 힘의 왕국의 경우 비기독교 국가에서의 정치 제도가 성경과는 거리가 먼 것들이 많다. 영의 왕국인 교회의 정치제도는 성경으로부터 원리를 기초삼아 역사적으로 실행해 왔기 때문에 큰 변화가 없이 몇 가지 제도를 유지해 왔다. 그러나 로마 교조주의(Catholicism)에 기초한 교황제도는 비 성경적이며 그 외의 개신교에서 실행하고 있는 몇 가지 제도는 자기 나름대로의 성경주의를 강조하지만 비성경적인 동시에 서로의 차이점을 가지고 있다. 이 문제는 다음 단원에서 설명하려고 한다.

국가의 정치제도는 오랫동안 긴 역사를 거쳐 오면서 다양한 발전을 거듭해 왔다. 오늘날 민주주의가 정착하기까지 수많은 피를 이 땅에 적셨다. 민주주의는 단순한 민주주의의 발전을 위해 희생된 피를 요수하지는 않았다. 인류의 역사를 주관하시는 하나님께서는 교회를 역사의 축으로 하여 민주주의를 발전시켜 왔다. 그러므로 희생된 피는 많은 순교자들의 생명이었으며 단순한 민주주의만을 위한 희생의 피가 아니었다. 때로는 독재 타도를 위해 그리고 순수한 민주주의를 위해 생명의 피를 희생한 많은 사람들이 있지만 이것도 그 근원을 캐 보면 결국에 가서 교회의 역사를 세우기 위함인 것이었으며 더불어 민주주의가 발전한 것을 알 수가 있다. 결과론적으로 볼 때 오늘날 독재국가 또는 군주제도가 아닌 민주주의 제도가 잘 실행되어 가고 있는 나라들은 교회를 중시하는 기독교 국가들인 것을 보면 교회와 국가의 상관관계를 알 수 있다.

힘의 왕국인 국가의 정치제도는 역사적으로 매우 다양하게 발전되어 왔다. 국가의 정치학은 오래된 학문이면서 짧은 면을 보여주고 있다. 영의 왕국인 교회의 정치제도 역시 구약으로 부터 오랜 역사를 거쳐 내려 왔으나 성경이 말씀하고 있는 제도는 단순하면서도 심오한 면을 교훈하고 있다. 고대 국가에서는 헬라주의적 정치제도가 대표적으로 수용되었는데 군주제(君主制, Monarchy) 내지 참주제(僭主制, Tyranny)가 주류를 이루었다. 물론 귀족제(貴族制, Aristocracy) 또는 민주제(民主制, Democracy)도 등장하였다. 중세에서는 로마제국이 기독교를 국교로 정한 이후 교회와 국가 간의 정교연합(政敎聯合)으로 인하여 교황의 왕권시대가 열리게 됨과 동시에 각 나라 제왕들의 왕권주의가 발발하게 되었다. 동양에서는 역시 왕권주의가 주류를 이루고 있었다. 16세기에 들어와서도 왕은 하나님으로부터 부여받은 권한이므로 왕권에 대한 신성불가침을 주장하여 왕권신수설(Divine Right Theory)이 등장하였다. 18세기 계몽주의(啓蒙主義, Enlightenment) 시대를 거치면서 여러 가지 정치철학에 관한 이론이 쏟아져 나와 왕권시대의 몰락과 더불어 사상적 다양성의 시대를 이루게 되고 19세기를 넘어서면서 경제적 그리고 정치적 평등시대를 접하게 되었다. 여기서 양대 공산주의와 민주주의 정치제도가 등장하게 되었다. 그러나 강력한 기독교 정신에 기반을 둔 미국의 정치는 이미 18세기부터 기독교적 민주주의 정치제도를 정착 시켜왔다. 현대 20세기 중반에 들어와 양대 진영은 냉전시대를 거치면서 정치제도가 지역적인 적용을 넘어 국제정치학으로 발전하게 되었다. 20세기 말 공산주의가 지구상에서 사라지고 차츰 자본주의 시장경제가 세계적으로 확산되어 갔다. 정치적 세계화로 인하여 정보, 환경, 민족갈등, 국제테러, 그리고 계층 간의 갈등 등을 정치적으로 어떻게 해결하느냐가 오늘날 중대한 이슈로 등장하고 있다.

교회의 정치적 발달과정은 구약과 신약으로 나누어진다. 구약에서는 모형론(模型論, Typology)으로서 선택된 하나님의 백성인 이스라엘 민족을 중심으로 신정정치(神政政治, Theocracy)를 형성하고 있었다. 거기에는 왕권정치가 주류를 이루었다. 그러나 이스라엘 민족에게는 하나님을 향한 제사가 국가의 중요한 부분을 차지하고 있었기 때문에 제사장을 중심하여 절기에 따라 구약에 지정된 대로의 제사를 왕과 모든 백성들이 참여해야 했다. 그리고 국가의 흥망성쇠를 미리 말해주는 선지자가 왕의 책사로 존재하였다. 그러므로 왕은 반드시 국가의 의식은 제사장의 지시에 따라 준행해야 했고 국가의 정책은 반드시 선지자의 예언에 따라 집행해야 했다.

신약에 넘어와 이미 언급한 대로 국가의 역사는 교회의 역사를 주축으로 하여 발전을 거듭해 왔다. 기독교가 부흥한 나라는 국가의 부흥을 동반했다. 역사의 축은 기독교였다. 지금도 국가의 발전이 미개한 나라들은 기독교가 뿌리 내리지 못하고 있거나 아예 기독교가 전무한 상태이다. 우리가 가장 가까이 눈으로 볼 수 있는 예는 우리나라 대한민국이다. 조선은 유교를 종교적으로 배경삼아 500년의 역사를 유지해 왔다. 유교는 분리와 계급의 윤리를 기본으로 삼고 있는 종교이다. 부부를 한 몸으로 보는 개념이 아니고 유별(有別)의 개념으로 보고, 친구간의 신뢰를 우선으로 하며, 그리고 왕과 신하의 사이를 의도 있게 지킬 것을 강조한다. 기독교 윤리에서 볼 때 참으로 윤리의 원리가 전여 기독교와 유교는 많은 차이가 있다는 것을 알 수 있다. 하나님으로부터 받은 종교명령과 문화명령의 사명이 결여된 윤리는 인간의 심령을 피폐하게 만든다. 그러므로 국가를 형성하는데 있어 국민에게 합당하고 공평한 법 적용이 이루어질 수 없다.

대한민국이 성립되기 이전까지 고려는 불교와 왕궁의 결탁으로 윤리와 도덕이 허물어져 나라가 망하게 되었다. 유교에 기반을 둔 조선 말엽에는 당파싸움으로 국정을 올바로 수행할 수 없을 정도의 법질서를 올바로 세울 수 없게 되었다. 그 결과 경제적 상황이 너무 후진성으로 치닫고 있었고 정치적 법질서가 허물어져 고려 시대의 경제적 상황보다 더 악화된 위치로 전락해 버렸다. 중앙 궁정에서는 국가를 경영할 국고가 바닥나 각 지방 유지들로부터 뇌물을 많이 가져 오는 사람들에게 지방을 다스리는 수장을 임명하게 되었다. 몇 개월 후에 좀 더 많은 뇌물을 가져온 사람에게 지방의 수장을 임명하게 되었다. 지방에서 뇌물을 가지고 올라오는 시간이 15일 또는 한 달이 걸리게 되고, 또 지방으로 내려가는 시간이 그만큼 걸리게 되고, 지방에 내려가 몇 개월 동안 지역의 행정 수반이 되어 일하다가 또 다른 사람이 더 많은 뇌물을 가지고 왕궁에 찾아가 행정 수장의 직분을 받아 내려오곤 하였다. 그러니 국가의 기강이 무너지고 왕궁에서는 오직 파벌 싸움에 여념이 없었으니 국가의 발전을 전여 관심 밖의 일이었다. 정말 하나님의 뜻이 한국 땅에 임하게 되었다. 그 큰 은혜가 바로 130여년 전에 기독교가 들어온 사건이다. 당시 선교사들은 아주 보수주의 신학을 신봉하는 자들이었고, 학적으로도 수준 높은 신학을 소유하고 있었고, 그리고 의사들과 전문적인 교육적 지식을 갖춘 분들이었다. 멸망해 가는 나라를 살리기 위한 하나님의 섭리가 임하는 전초전이 벌어지고 있었다.

어느 한 나라에서 기독교가 뿌리 내리기 위해서는 많은 순교자들이 피를 뿌려야 했다. 그 후에 그 국가는 기독교가 발전되면 그 나라의 문화가 발전되고, 국가는 부요하게 되고, 그 부요를 도구로 삼아 선교에 힘쓰게 된 2천년의 역사가 교회사이다. 한국도 똑 같은 형태의 역사가 적용되어 왔다. 세계에서 미국 다음으로 타국에 선교사를 많이 보내는 나라로 성장했다. 미국은 세계를 지배하려는 의욕을 가지고 성장한 나라가 아니다. 하나님의 주권을 우선으로 삼고 신앙의 땅을 찾아 온 유럽의 이민자들이 세운 나라이다. 인간의 권력욕을 중심으로 세계를 지배하려고 온갖 수단을 동원하여 침략과 모략을 일삼을 나라들은 모두 망했다. 일본, 소련, 중국, 그리고 유럽의 역사가 그것을 증명하고 있다.

그러므로 국가의 정치제도는 교회의 정치제도를 표본으로 삼아야 한다. 그 정치제도는 기독교적 윤리와 도덕을 기본으로 삼아야 한다는 의미를 담고 있다. 그러나 각 국가의 정치제도가 동일한 형태를 유지해야 한다는 말이 아니다. 원리적 면에 있어 하나님의 주권주의 사상이 동일하게 적용되어야 한다는 말이다. 국가에서 성경이 금하고 있는 동성애를 옹호하는 일, 가난하고 소외된 자들을 천대하는 일, 그리고 관원들이 권력을 이용해 자신들의 안일만을 추구하는 일 등을 추구해서는 안 된다는 말이다. 이제 국가의 정치 제도와 교회의 정치제도를 살펴보려고 한다.

I. 교회의 정치제도

교회의 정치제도는 국가 정치 제도의 기반이 되었다. 구약의 이스라엘 국가가 형성되기 이전에 사사시대의 역사와 사무엘 상하의 역사를 살펴보면 이스라엘 국가를 다스리는 신정정치(Theocracy) 제도를 형성하기 이전에 이스라엘 백성들은, 소위 오늘날 말하는 민주주의적 국민에 의해, 하나님께 왕을 달라고 요청한 사건이 나온다. 백성들에 의해 세워진 왕이 바로 이스라엘 국가의 초대 왕인 사울이었다. 하나님의 주권적 입장에서 볼 때 이스라엘 국가의 초대 왕은 사울이 아니고 다윗이다. 그런 의미에서 민주주의에 기반을 둔 백성들에 의해 대통령을 세우는 제도는 절대적 정치구조라고 말할 수 없다. 그러나 하나님께서는 많은 사람들의 의견을 종합하여 국가를 다스리는 방법을 우리에게 허락해 주신 것을 인식해야 한다. 다수결에 의한 민주주의적 결정은 많은 의견을 최대한 집약적으로 종합한 객관적 결의라고 말할 수 있다. 그러므로 교회의 정치제도는 지도자들이 철저하게 하나님의 주권사상을 몸소 인식하고 실천한 경험을 가진 자들로 구성되어야 한다. 권모술수와 돈으로 세를 몰아 권력을 장악하려는 생각을 가진 지도자는 자신뿐만 아니라 교회를 패망하게 한다. 그러한 패망의 역사가 교회사에 자주 나타났던 일은 참으로 심장을 울리는 교훈이다. 그러한 교회의 타락은 바로 국가의 타락으로 연장되었다. 그러한 일로 말미암아 수많은 순교자들이 피를 바쳐 신앙을 사수 하였다. 교회의 지도자들은 물론 정부의 지도자들이 예수 그리스도를 구세주로 영접하고 하나님의 주권신앙을 지니고 교회와 국가를 다스리게 되면 정치, 사회, 경제, 교육, 그리고 문화 등등의 모든 분야에 있어 정직하고, 준법정신이 늘어가고, 교회는 은혜가 넘치고, 그리고 국가는 부요한 나라로 발전하게 되는 일들이 일어난 사건들을 교회사가 말해주고 있다. 이제 교회의 정치제도 5가지를 상고해 보고 성경이 말씀하고 있는 가장 합당한 교회의 정치제도는 어떤 것인가를 탐구해 보려고 한다.

1. 교황제도

로마 캐톨릭의 교황 정치제도는 오직 한 사람 교황의 견해를 통해 전 세계에 산재해 있는 모든 교회를 관리하는 정치형태를 말한다. 그렇기 때눔에 로마 캐톨릭 교회의 정치제도는 사제계급주의(Hierarchy)를 도입하고 있다. 교황 한 사람의 중앙 집권제도에 의해 전 세계교회가 그의 교령을 따르고 있다. 그러므로 교황의 권위가 성경을 능가하는 입장에 서 있다. 제도적으로 교황 밑에 추기경, 그 다음 주교, 그리고 사제라는 신부로 이어지는 계급제도를 채용하고 있다. 그들은 교황의 칙령을 절대화 하고 있다. 여기에서 우리는 성경이 말씀하는 교회론에 대한 그들의 오류가 배후에 잠재해 있다는 것을 알 수 있다. 그렇기 때문에 로마 캐톨릭에서는 자연히 교황을 살아있는 흠이 없는 존재로 여기게 된다. 즉 교황을 신성시 하고 있다. 로마 캐톨릭에서는 이 교황을 베드로의 전통을 이어가는 천국 열쇠의 소유자로 여기고 있다. 마태복음 16장 19절에 예수님께서 베드로를 향해 말씀하신 "내가 천국의 열쇠를 네게 주리니 네가 땅에서 무엇이든지 매면 하늘에서도 매일 것이요 네가 땅에서 무엇이든지 풀면 하늘에서도 풀리리라." 라는 말씀을 인용하여 천국의 열쇠를 교황이 쥐고 있다고 주장한다. 초대 교황인 천국의 열쇠를 쥐고 있는 베드로의 전통을 이어 현재 살아있는 천국의 문을 열수 있는 열쇠를 쥐고 있는 교황은 죄를 사하는 권세를 가지고 있다는 이교도적인 교리를 주장하고 있다.

여기서 우리는 성경이 말씀하는 교회론을 성경대로 탐구해 볼 필요가 있다. 마태복음 16장 16절 이하에 주님께서 제자들을 향해 "너희는 나를 누구라 하느냐?" 라는 질문에 베드로가 대답한 내용은 **"주는 그리스도 시요 살아계신 하나님의 아들이시니이다."** 였다. 여기에서 예수님께서는 "바요나 시몬아 제가 복이 있도다. 이를 네게 알게 한 이는 혈육이 아니요. 하늘에 계신 내 아버지시니라." 라고 말씀하셨다. 제자들을 향해 "복이 있도다." 라는 말씀은 성경 전체를 통틀어 여기 한 곳밖에 없다. 그것은 베드로의 신앙고백이 너무나 귀하다는 것을 말해 주고 있다. 그 이유는 베드로의 신앙고백이 너무나 정곡을 찌르고 있었기 때문이다. **"주"** 는 가장 엄위하신 분 즉 신성의 의미를 가지고 있다. "**그리스도**" 는 기름부음 받았다는 뜻인데 구약에서 하나님으로부터 특별한 직분을 받을 때 기름부음을 받았다. 그 직분들은 선지자, 왕, 그리고 제사장의 직분이다. 그러한 직분을 받은 자들을 향해 기름부음 받은 자들이라고 지칭한다. 구약에서 3가지 직분을 수행하는 자들은 하나님으로부터 특별한 사명을 부여받은 자들로서 이스라엘 백성을 이끌어 가는 신정정치(Theocracy)의 중요한 직무를 수행하고 있었다. "**하나님의 아들**"이라는 말은 하나님이 인간이 되셨다는 의미이다. 베드로는 젊은 예수님을 눈앞에 두고 **주, 그리스도, 그리고 하나님의 아들**에 대한 신앙고백을 정확하게 나타내 보였다. 성령님께서 그의 심령을 감화 감동 시킨 것이다.

선지자 직은 예언자 직으로서 앞의 일을 미리 말해 준다는 의미라기보다 하나님의 말씀을 받아 그대로 대언하는 자로서 역할을 담당하는 자들이었다. 거기에는 이스라엘 국가의 흥망성쇠를 미리 말해 주는 역할을 담당하고 있었다. 예수님께서는 선지 사역의 완성자로서 하나님의 말씀을 받아 그대로 전하신 역할을 감당하셨다(요12:48-49) **왕직은** 다스린다는 의미로 구약에서는 다윗 왕이 모형으로 나타났으며 신정정치(Theocracy) 시대의 왕은 영원한 천국을 다스릴 왕의 예표로 묘사되고 있다. 진정한 왕은 하나님 자신으로서 만물을 다스리는 왕이시며 천국의 왕이시다. 재림 시에는 예수님에게 심판의 권세를 주시어 심판주로 이 땅에 다시 오실 것이다(요18:34-36). **제사 직은** 희생의 제물을 하나님께 드려 속죄함을 받는 직무를 수행하는 일이다. 구약에서는 제사장이 매년 짐승의 피를 드려 백성을 대신하여 속죄의 제사를 드렸다. 그러나 예수님께서는 자신이 스스로 제물이 되어 단번에 그의 백성들을 위한 제사 직을 십자가를 지시고 완성하셨다(히10:1-12).

구약에서 이러한 3가지 직무를 수행했던 일들은 예수 그리스도에 대한 그림자로서 존재했다. 실체가 오게 되면 그림자들은 소멸 된다(골2:16-17). 실체는 예수 그리스도이다. 제사 직을 수행했던 장소인 구약의 성전은 신약의 교회로 예표 된다. 그 교회는 예수 그리스도의 몸이다(엡1:22-23). 구약에서 제한적인 장소를 지정한 정전은 신약에서 사라져 버렸다(요4:21). 구약의 3대 성전인 솔로몬 성전, 수룹바벨 성전, 그리고 헤롯 성전은 예수님의 초림으로 사라진 성전이 되어 버렸다. 진정으로 하나님께 예배하는 자들이 모인 그곳이 참된 성전 즉 교회인 것이다(요4:23). 구약에서 하나님을 예배하는 장소, 죄를 해결하는 장소, 즉 하나님과 만나서 교제하는 장소는 성전의 개념으로 인식된다.

개인적으로 하나님을 만나 제사 드리는 장소는 제단이며 대표자는 아벨이었다. 가족을 대표하여 하나님을 만나 제사 드리는 장소는 장막이며 대표자는 아브라함이었다. 광야에서 이스라엘 백성을 대표하여 하나님을 만나 제사 드리는 장소는 성막이었으며 대표자는 아론이었다. 그리고 이스라엘 국가가 정착 된 후 하나님을 만나 제사 드리는 장소는 성전이었으며 제사의 대표자는 대제사장이었다. 실체로 오신 대제사장 예수님께서 스스로 자신을 하나님 아버지에게 제물로 드려 그의 백성들을 대신하여 그들의 죄의 대가를 갚아 주셨다(히8:1-13). 그러므로 교회는 하나님의 백성들이 모여 수직적으로는 하나님과 교제하면서 오직 그에게만 영광을 돌리는 곳이며 수평적으로는 백성들과의 교제를 통해 그분에게만 영광을 돌리는 곳이다.

여기서 우리가 교황과 교회와의 관계를 깊이 있게 다루어야 할 문제가 있다. 교회는 하나님의 백성들의 모임체이다. 그 곳은 오직 창세 전에 선택받은 백성들만 들어올 수 있는 천상의 교회 즉 우주적인 교회이다. 그러므로 교회의 머리는 예수 그리스도이다. 지상교회는 천상의 교회가 가시적으로 나타난 조직체이다. 그러므로 지상교회에는 선택받지 못한 인원들이 들어와 함께 할 수도 있다. 우리는 우주적 교회 즉 선택받은 백성들의 모임체인 천상의 교회인 불가시적 교회(Invisible Church)를 참된 교회로 고백하고 있다. 물론 우리는 가시적 교회(Visible Church)를 하나님 나라의 연장선으로 보고 있다. 문제는 로마 캐톨릭의 교회관이다. 로마 캐톨릭에서는 그들의 교회만을 진정한 교회로 간주하고 있다는데 문제가 있다. 교황을 지상교회의 최고 주권자로 추앙하고 있기 때문이다. 즉 교회의 머리는 예수 그리스도시오 그 지체는 성도들이라는 개념을 무시하고 있다. 사실상 그들은 지상교회 즉 보이는 교회만을 추앙하는 비 성경적 교회관을 가지고 있다.

여기서 사도 신조에 나오는 교회관을 언급하고 있는 **공회(Catholic Church)**에 관한 문제를 언급하지 아니할 수가 없다. 풍문에 떠도는 이상야릇한 이론들 가운데 하나가 "사도 신조는 로마 캐톨릭 교회의 작품이다. 로마 캐톨릭 교회가 사용하는 **공회(Catholic Church)**라는 말이 사도 신조에 기록 되어 있는 것을 보면 알 수 있다." 라는 주장이다.

이는 사도 신조의 근원을 전혀 모르는 무지한 소치에서 발원된 말이다. 사도 신조는 성경을 뼈대처럼 잘 정리하여 가장 필수적인 기독론, 구원론, 천국, 그리고 삼위일체 하나님에 관해 진술된 신앙고백서이다. 그럼에도 불구하고 사도 신조는 성경이 아니기 때문에 폐기 되어야 한다는 어처구니없는 말들을 늘어놓은 일부 몰지각한 부류들이 있다. 이는 성경의 기본 교리조차 모르는 무지한 사람들의 주장이다. 사도 신조 가운데에는 성경에 기록된 천지창조, 예수님의 탄생과 죽음, 부활 승천, 재림과 심판, 그리고 영생과 천국 등 성경이 아닌 것이 한 구절도 없다. 사도 신조는 로마 캐톨릭의 작품이 아니라는 것을 요약 정리해 보면 다음과 같다.

사도 신조는 신약성경의 편집과 때를 같이하여 정해진 신앙고백이다. 그 유래는 200년경부터 세례식을 거행할 때 교리문답을 위해 사용된 질문의 내용이었다. 360년에 아리안(Arian) 고백서에 "음부에 내려 가사"가 첨가 되었고 750년경 정식으로 채택되었다. 여기서 우리가 주시할 내용은 **거룩한 공회에** 관한 문제이다. 650년에 첨가된 공회(Catholic)란 말은 키프리안이나 어거스틴이 사용한 신경에는 공회(Catholic)란 말이 없다. 캐톨릭 교회의 초대 교황은 509년부터 604년까지 그 직위에 올랐던 그레고리 I세(Gregory I, 540-604)이다. 그가 초대 교황으로 명명된 원인은 프랑스와 북부 아프리카까지 선교를 확장하였으며 예정론의 교리보다 성례를 강화한 결과 죄인은 회개하고 세례를 받을 때 구원을 얻는다고 강조했을 뿐만 아니라 로마 캐톨릭 교회의 화체설(Substantiation)을 정착 시켰으며 연옥설의 일부를 수용했기 때문이다. 글자는 몰라도 말을 타고 창과 칼을 잘 휘두르는 자들을 교화 시키려는 북방 선교를 위해 성경을 읽고 인격적으로 생각하는 기독교의 교리를 만지고 느낄 수 있는 성례로 전환하여 선교에 많은 성과를 거두었지만 후에 이것이 로마 캐톨릭의 성례주의가 이교도화 되어버린 원인이 되었고 더구나 헌금을 갈취하는 수단으로 전락해 버린 결과를 가져오게 되었다.

미루어 볼 때 사도 신조의 역사적 배경과 로마 캐톨릭 교회의 역사적 배경은 하등의 관계가 없다. 공회(Catholic)라는 말은 사실상 캐톨릭 교회를 지칭하는 말과 무관하다. 이 단어는 천상의 교회 즉 하나님의 백성으로 예정된 무리들의 우주적 교회를 지칭하는 말이다. 그런 의미에서 로마 캐톨릭의 교회관을 분석해 보면 지상 왕권주의 교회관을 가지고 있다고 말할 수밖에 없다. 그들은 하늘나라에 들어가는 문제도 지상에서 무엇을 행하느냐? 에 달려있다고 강조 한다. 나아가 그들은 마태복음 16장 18절에 주님께서 "너는 베드로라 내가 이 반석 위에 내 교회를 세우리니 음부의 권세가 이기지 못하리라." 라는 구절을 인용하여 베드로의 교황권을 이어오는 살아있는 교황이 음부를 이기는 교회의 권세를 가지고 있다고 주장한다. 그래서 성도가 사제에게 가서 죄를 고백하고 용서를 구하게 되는 엄청난 잘못을 범하고 있는 것이다. 종교개혁의 3대 원리인 만인 제사직을 정면으로 부정하는 일이다. 베드로전서 2장 9-10까지 나타난 누구나 자기의 죄를 가지고 직접 하나님 앞에 나아가 사함을 받고 그의 백성이 되는 만인 제사직을 말씀하고 있는 성경을 정면으로 부정하고 있다.

지상 왕권주의 교회관은 천국의 열쇠 문제로 연결된다. 주님께서 베드로에게 천국 열쇠를 **네게 주신다는** 말씀은 베드로의 신앙에 관한 대답이었다. 천국의 열쇠는 교황의 권위에 의해 주어지는 것이 아니고 **주, 그리스도, 그리고 하나님의 아들에** 관한 신앙고백에 의해 천국의 열쇠가 주어지는 것이다. 마태복음 16장 18절에 "반석 위에 내 교회를 세우리니" 라는 주님의 말씀은 베드로의 **신앙고백, 반석, 교회, 그리고 천국의 열쇠와** 연관성을 가지고 있다. 그러나 교황이 천국의 열쇠를 가지고 있다는 주장은 여기에 나타난 성경의 본문과는 어떠한 관계도 유출해 낼 수 없다. 여기에 나타난 성경의 본문을 살펴보면 천국의 열쇠는 베드로가 고백한 신앙과 바로 연결 되어 있다. 본 성경말씀이 가르치고 있는 내용은 교황, 로마 교회의 공로주의, 천국의 열쇠와 관계된 내용은 눈을 씻고 봐도 찾을 수가 없다.

지금까지 성경이 말씀하는 교리의 관점을 통해 로마 교조주의(Catholicism)의 교황과 관계된 교회관의 문제점을 지적했다. 여기서 한 걸음 더 나아가 로마 교조주의가 주장하는 교회 정치의 문제점을 지적할 수밖에 없다. 교회 정치는 성경교리를 어떻게 교회 제도에 적용하느냐? 의 문제에 따라 성경적이냐? 아니면 비 성경적이냐? 가 결정된다.

참된 교회의 3가지 표지(Marks)는 첫째, 올바른 말씀의 증거, 둘째, 올바른 성례의 집행, 그리고 셋째, 올바른 도덕률에 따른 제도 즉 교회 정치의 실행이다. 교리와, 도덕과, 그리고 교회의 정치는 깊은 연관성을 가지고 있다. 즉 건전한 교회는 위의 세 가지 가운데 한 가지가 잘못되고 다른 두 가지가 올바른 노선을 가고 있다고 해서 올바른 교회로 칭되는 것이 아니다. 즉 건전한 교회는 세 가지 모두 올바른 노선을 걸어가야 한다는 말이다. 결국 로마 캐톨릭 교회는 성경교리가 잘못되었고, 그들의 도덕적 생활이 문란하고, 그리고 교황의 무오설을 주장하는 교회정치제도가 틀렸다.

교황정치는 전체주의적이며 교권주의적 중앙집권제를 고수할 수밖에 없다. 그 정치제도는 성경의 교리를 잘못 취하고 있는 것으로 부터 시작된다. 죄로 찌들어 있는 사람을 무오한 존재로 대치하는 무엄한 일을 하나님의 이름으로 버젓이 행하고 있게 되는 원인은 성경을 하나님의 말씀으로 신앙하는 곳에 인간을 대치시키고 있기 때문이다. 그 불의한 신앙의 제도는 도덕적 타락으로 이어진다. 행위언약에 기초한 기독교 윤리가 파괴되어 도덕론이 부셔진 제도를 형성하고 있다. 깨지고 부셔진 윤리와 도덕은 결국 현실적으로 뒤틀린 정치제도를 가져오게 되어 있다. 그것이 바로 교황이라는 사람을 신격화 하는 교권주의적 중앙집권제도를 구성한 정치제도이다. 중앙집권제도가 강해지면 강해질수록 숨어있는 비리가 비례적으로 강해지기 마련이다. 그렇기 때문에 교황청에서 벌어지는 온갖 비리와 불의가 하나님의 이름과 성경말씀을 둔갑시켜 나타나고 있었다. 종교 개혁은 가마솥에 온갖 비리를 집어넣고 아무도 볼 수 없도록 솥뚜껑을 닫아두고 밑에서 속죄권 판매의 열을 가하다가 터져버린 사건이다.

종교개혁은 교리적 개혁은 물론 도덕적 개혁과 더불어 제도적 즉 교단 정치의 개혁을 시도한 사건을 넘어 유럽의 신학, 문화, 그리고 국가의 정치까지 지대한 영향을 끼친 사건이었다. 중세를 지배했던 로마 캐톨릭 교회가 도덕적 타락으로 인해 지배 권력의 힘을 상실해 버렸다. 각 지역 국가 제왕들의 반발이 거세지면서, 거기에다 로마 교회의 헌금 탈취에 의한 도덕적 타락으로 말미암아, 서민들의 반발이 극심하게 일어나고 있었다. 여기서 우리가 고려할 정치적 문제는 로마 교회의 교황 제도에 따른 정치적 중앙 집권제는 서민들의 의견을 수렴하지 못할뿐더러 소수에 해당하는 그들만의 안일과 영예를 위해 모든 압력의 수단을 동원하게 되었다는 점이다. 거기에는 권력, 명예, 그리고 돈이 따르고 있었다. 그렇게 될 때 그 정치적 조직은 깊숙한 속에서부터 썩어 들어가게 되어 있다. 중앙집권제가 강하면 강할수록 강력한 권력의 힘을 발휘할 수는 있으나 내적으로 썩어 들어가는 속도와 깊이는 비례적으로 강하게 나타나는 것이 역사적 교훈이다. 로마 캐톨릭 교회는 정치적 또는 수구적으로 세계에서 가장 보수적 입장을 취하고 있다. 지금까지 1,500년 이상 한 가지 정치 세력을 유지하고 있다. 지금 세계에서 가장 수구적인 보수주의를 지향하고 있는 단체가 로마 캐톨릭 교회다. 오직 교황 한 사람의 칙령에 의해 세계에 산재해 있는 각 지역 교회들이 지배를 받고 있다. 괴물같은 정치제도이다.

아주 일반적이고 평범한 단순논리로 로마 캐톨릭 교회를 평가 절상하는 말들 가운데 하나가 있다. 그것은 로마 교회는 교단이 갈라지지 않고 단 하나의 체제를 오랫동안 지속해 오고 있다는 말이다. 왜 개신교는 여러 교파로 나누어져 제각기 다른 정치체제를 가지고 있느냐는 것이다. 이러한 단순한 생각은 교회의 정치제도를 전혀 성경적 관점에서 고려할 줄 모르는 무지에서 나온 발상이다. 전 세계에 산재해 있는 교회를 하나의 정치체제를 통해 다스린다는 것은 사실상 불가능한 일이다. 세계를 지배하는 단 하나의 단체를 유지한다는 것은 이상적으로는 꿈과 같은 일이다. 그러나 로마 캐톨릭은 그 일을 1,500년 이상 시행하고 있다. 그 원인은 세계에서 가장 강력한 교권주의적 중앙집권제를 시행하고 있기 때문이다. 그러나 우리가 생각할 것이 있다. 강력한 중앙집권제가 강할수록 거기에는 일반 사람들이 모르는 비리가 많이 존재한다는 것을 간과하고 있다. 많은 사람들의 다양한 의견을 수렴할 수 있는 기능이 상실되어 버린 조직체이다. 평신도들의 신앙을 살필 수 있는 다양한 목회의 기능이 사라져 버리고 오직 상부에서 내려오는 칙령에 의해서만 교회의 운영을 지탱해 나가게 된다. 그러면서 교회의 정치제도는 교황제도를 선택하고 있으면서 신학적으로는 인간이성을 주축으로 하는 스콜라주의(Scholasticism)의 입장을 택하고 있다. 정치적 제도에 있어서는 수구주의적 입장을 고수하면서 전통만을 유지하는 일에 있어서는 보수주의를 선호하고 있다. 그러나 신학적으로는 자유주의 입장을 택하고 있다. 자체의 모순을 범하고 있다. 신학과 정치적 입장의 모순은 언제나 비리와 타락의 길을 걸을 수밖에 없다.

로마 캐톨릭 교회의 비 성경적 정치제도는 비 성경적 교리에서 발흥한다. 성경 데모데 전후서와 디도서를 보면 교회의 정치적 조직은 목사, 장로, 집사로 구성할 것을 말씀하고 있다. 그리고 평신도들을 돌보는 제반 사항을 말씀하고 있다. 성경 어느 곳을 찾아 보아도 교황, 추기경, 주교, 그리고 신부의 제도가 없다. 개신교에서 여러 교파가 존재하고 있다는 것은 아주 자연스러운 일이다. 성령님도 한분이며, 구세주도 한분이며, 전능자 하나님 아버지도 한분이시다. 그러나 은사는 다양하기 때문에 각 사람은 은사에 따라 자신이 원하는 교단을 따라갈 수밖에 없다. 다양성 가운데 집합적인 조직체를 형성하는 교단들을 선택할 때 자신이 원하는 방향으로 따라갈 수밖에 없다. 로마 캐톨릭은 은사의 다양성을 무시할 뿐 아니라 일방적인 한 사람의 칙령에 의해 교단의 정치를 좌지우지 하고 있다. 성경대로의 교단 정치가 아니다. 거기에는 신학적 개혁이나, 도덕적 청결이나, 그리고 정치적 발전을 기대할 수가 없다. 로마 교회의 교황 정치제도에 의하면 하나님의 전지전능하시고 무소부재하신 인격적 하나님의 자리에 사악하기 그지없는 죄인이 차지하고 있다. 전 세계의 교회를 통치하기 위해 교황을 신격화 하여 그의 칙령을 가지고 통치하는 사악한 집단을 형성하고 있다. 이는 북한의 주체사상을 통해 사회주의를 형성하고 있는 정치체제와 다를 바가 없다. 북한의 김일성 일가는 주체사상의 시원자로서 신격화 되어 있다. 북한의 국민들은 아무리 옳은 의견이 있어도 다양한 방면의 제안을 절대 할 수 없는 정치제도에 고착되어 있다. 주체사상의 사회주의 정치제도는 오직 일방통행만을 강요하고 있다. 그들이 말하는 사회주의는 오직 주체사상을 위해 온 사회가 통일된 전체주의만을 위해 일원화 된 제도만을 강요하고 있다. 다양성의 사회주의가 아니다. 집약된 의견을 관철시키는 의회를 무시한다. 오직 일방통행의 중앙집권만을 강요한다. 그러기 위해서는 오직 한 사람의 신격화를 시도하고 있다. 일본의 천왕은 20세기 중앙집권을 위한 국수주의의 살아있는 신이다. 수많은 한국 기독교 목사들이 오직 살아계시고 역사하시는 신은 삼위일체 하나님뿐이라는 것을 강조하여 살아있는 신이라는 천왕을 대적한다는 죄목으로 순교를 당했다. 결국 일본이 망하게 된 원인은 강력한 중앙집권주의를 표방하는 전체주의를 흠모하였기 때문이다. 일본의 천왕제도, 북한의 김일성의 주체사상, 그리고 로마 캐톨릭의 교황주의는 사악한 인간을 살아있는 신으로 섬기는 아주 경멸해야할 정치제도이다.

2. 감독제도

감독제도의 교회정치 제도를 채용하고 있는 교단은 감리교회가 대표적이다. 감독이 전 교단의 교회를 주관하는 정치제도이다. 영국 감리교회는 회장 제도를 선호하고 있지만 미국 감리교회는 감독 제도를 선호하고 있다. 감리교회의 감독 제도는 지방 의회를 민주적으로 운영하고 있지만 중앙 집권제의 정치제도에 가깝다. 감리교회에서 집행하는 중앙 집권제의 정치제도는 교황제도와 비슷한 점이 있으나 세부적으로 찾아 들어가 보면 차이점이 많다. 교황제도는 한 사람을 신격화 하여 그의 칙령에 의해 전 세계교회가 일방적으로 교리와 행정을 치리하여 가고 있다. 그러나 감리교회에서는 감독 선정에 있어 각 지방의 회원들이 모여 민주적 방식을 통해 선출하고 있다. 그리고 각 지방의 교회들은 성경에 의존하여 목사, 장로, 집사를 선출하여 당회를 운영한다. 그러나 각 지방 의회와 교단의 행정체제는 하향식의 운영을 선호하고 있다. 즉 회중의 대표자들과 신학을 공부한 전문가들로 하나의 의회를 구성하여 교역자를 선정하는 방식을 뒤로 돌리고 상회에서 결정하는 방식을 선호하고 있다. 개 교회의 운영 방식은 민주적 절차에 따라 행해지고 있다. 그러나 교단의 행정적인 일이나 교역자를 파송하는 일을 처리하는데 있어서는 감독에 의한 하향식을 선호하고 있다.

여기에서 생각할 점은 교단정치와 신학적인 문제는 어떤 관계가 있느냐? 이다. 감리교는 18세기 모라비안들의 영향을 받은 영국의 웨슬리(Wesley) 형제의 영향을 강하게 받은 교단이다. 웨슬리안의 신학사상은 예정론에 있어 신인협력설(神人協力說)을 주장하는 입장이다. 이 문제를 이해하기 위해 도르트(Dort) 신조를 잠시 상고해 볼 필요가 있다. 도르트 신조(1619년)는 야콥 알미니우스(Jacob Arminius, 1560-1609)에 의해 개혁파 신학의 뼈대가 되는 예정설을 부정하고 나온데서 부터 일어난 다섯 가지 논쟁의 교리를 성경적으로 정리한 신앙고백서이다.

그 다섯 가지 교리는 인간의 전적 부패(Total Depravity), 무조건적 선택(Unconditional Selection), 제한적 속죄(Limited Atonement), 불가항력적 은혜(Irresistible Grace), 그리고 성도의 견인(Perseverance of Saints)에 대한 성경적 교리인데 알미니우스는 이 다섯 가지 교리에 대항하여 인간의 자유의지를 강조하였다. 즉 인간은 영적으로 완전히 부패된 존재가 아니고 부분적으로 고장 난 존재이며, 구원은 하나님의 선택에 의해 조건 없이 결정되는 것이 아니고 인간의 자유의지에 의해 구원을 거절할 수도 있으며 동참할 수도 있고, 어떤 사람만 구원 받을 수 있도록 결정된 것이 아니고 만인에게 구원이 제공되어 있으며, 인간의 자유의지는 구원을 거절할 수 있는 능력이 있으며, 그리고 한번 구원 받기로 결정된 사람일지라도 영원한 타락에 떨어질 수 있다는 주장을 들고 나왔다.

알미누스는 5세기 어거스틴(Augustine)이 주장한 하나님의 주권과 예정론의 신학에 대항하여 인간의 자유의지를 강조한 펠라기우스(Pelagius)의 재발이었다. 이에 비교하여 웨슬리의 신학은 인간의 자유의지를 강조하되 하나님의 전적 주권에 인간의 의지가 협력한다는 신인협력설(神人協力說)의 입장의 신학을 펼치고 있었다. 이러한 신인협력설(神人協力說)은 하나님 편과 인간편의 쌍방이 영역을 서로 조화롭게 절충할 수 있다는 점에 있어 사람들에게 이해의 편의를 도모하고 있다. 하나님의 주권과 예정론을 성경이 말씀하는 대로 수용할 경우 일방적인 하나님의 독재성을 강요하는 결과를 초해한다는 주장이다. 이는 인간 편에서 받아들이기 좋은 주장이다. 그러나 성경이 말씀하는 하나님의 절대적 주권을 인간의 의지가 협력한다는 사상은 비 성경적이다. 인간이 생각할 때 약간의 차이처럼 보인다. 그러나 실제로 현미경적 성경 신학을 파고 들어가 보면 엄청난 차이가 있다. 성경을 확실하게 따져보자. 하나님께서는 만물을 다스리시고, 통치하시고, 그리고 인간을 구원하심에 있어 아무리 작은 사건이라도 주님의 허락 없이 일어날 수 있는 일이 있다고 성경 어디에도 말씀하고 있는 곳은 없다. 심지어 공중에 날아다니는 새도 하나님 아버지께서 기르신다(마6:26)고 말씀하고 있다. 또한 우리의 구원은 우연적 사건에 의해 일어날 수 있는 인간의 의지를 완전히 배제하고 있다(롬9:13, 16, 22-26). 성경대로 신앙하는 자세는 인간의 가장 기본적인 요소이며 성령에 의해 믿음을 소유하게 되는 가장 근본적인 태도이다. 인간이 이해하기 쉽게 어떤 다른 요소를 첨가 시킬 경우 좋은 맛을 일으키는 조미료처럼 생각할 수 있으나 거기에는 독이 들어 있다는 것을 명심해야 된다. 후에는 그 독소가 번져 생명을 위협하는 작용을 하게 된다.

　인간이 이해하기 쉬운 신인협력설(神人協力說)의 신학은 결국 자유주의로 떨어져 버리기 마련이다. 오늘날 감리교회의 정치제도는 사실상 신인 협력설의 신학이 바탕에 깔려 있다는 것을 알아야 한다. 로마교조주의(Catholicism)는 중세의 스콜라주의(Scholasticism)에 기반을 둔 이성주의 신학이 주류를 이루고 있다. 그러나 교회의 정치제도는 강력한 중앙집권제의 전체주의를 표방하고 있다. 어쩌면 마찬가지로 인간의 의지를 수용하는 신인협력설을 표방하는 감리교회가 감독제의 교회정치를 표방하는 것과 흡사하다. 보편적 생각으로는 인간의 의지를 강조하면 할수록 중앙 집권제를 떠나 회중을 중심한 정치제도를 표방하는 입장이 되어야 할 것이라는 생각이 앞선다. 그러나 교회정치로 들어가 보면 정 반대의 현상이 나타나 있다. 합리주의 철학인 변증법(Dialectics)에 의해 파생된 마르크스주의(Marxism)에 의해 일어난 공산주의 운동은 정치적 제도에 있어 악랄한 전체주의를 표방한 것과 흡사하다고 말할 수 있다. 웨슬리안주의 신학은 세월이 지난 지금 자유주의 신학으로 기울어져 버렸다. 신학적 관점으로 약간의 차이점은 세월이 지나게 되면 급하게 변질을 가져오게 되어 있다. 신학은 신앙의 사상을 가름하는 척도이기 때문에 후에는 윤리와 도덕을 가름하는 척도가 되고 나아가 교회의 정치를 가름하는 척도가 된다. 그러므로 교회역사를 통해 고백한 신앙고백주의 신학으로 정통성을 유지하지 못하면 시간이 지나게 될 때 반드시 타락의 길을 걸을 수밖에 없다. 교회의 정치는 신학의 기반위에 형성되기 때문이다.

　감리교회의 중요한 신학적인 내용 7가지를 요약해 보면 다음과 같다.

(1) 기독교회의 중요한 교리들을 모두 다 수용하고 역사적 신앙고백의 신조를 신봉하되 생활, 헌신, 그리고 사랑의 실천에 공헌하는 능력이 없는 신앙은 무의미한 것으로 인정한다.

(2) 주관주의적 복음주의를 강조한다. 즉 개인과 그리스도와의 직접적 관계를 중요하게 생각하여 사죄와 구원을 통한 믿음의 확신을 강조함으로 인격적 변화를 고조시킨다.

(3) 성령사역을 중요하게 생각하여 성령에 의한 계명의 실천과 완성을 강조한다. 신앙생활의 선한 열매를 강조함으로 믿음에 의한 성령의 선한 열매가 발생함을 믿는다.

(4) 성화론에 있어 인간의 의지를 강조한다. 칭의가 오직 믿음으로 이루어지는 것과 같이 성화도 오직 믿음으로 이루어지는 성령에 의한 전적 사역을 배제한다. 즉 주님 안에서 신앙생활을 영위하는 생명은 개인적 또는 사회적 성화의 활동에서 구현된다고 주장한다. 이 성화를 위하여 피차에 서로 돕고, 가르치고, 그리고 격려하는 작은 집단운동을 필요로 한다.

(5) 하나님의 사랑과 성도의 경건한 생활을 널리 선전할 필요가 있다. 이로 인하여 선교 사업을 중요시 하되 넓은 범위로 퍼져 나가도록 하며 감동적 방법을 택해야 한다.

(6) 물심양면으로 저 소득층의 사람들을 위하여 큰 관심을 두고 활동해야 한다.

(7) 교회 관리와 복음 선교를 위하여 평신도를 참여하도록 해야 한다.

당시 영국에서는 이신론(理神論, Deism)이 판을 치고 있었던 상황이었기 때문에 성경계시 우선주의 사상은 찾아보기 힘들 정도였다. 그러므로 개혁파 신학이 주장하는 정통적 신앙고백주의에 기초한 객관주의 신학은 이미 사형 선고를 받아 형 집행 직전에 처해 있었던 것과 다름이 없었다. 이 이신론의 반동은 자연히 강력한 주관주의적 성령 사역의 교리가 등장하도록 여건을 마련해 주었다. 복음주의적 주관주의에 기초를 둔 기독론주의 신학은 시간이 흐름에 따라 객관주의 개혁파 신학을 멀리하게 되고 기독론주의 사회복음주의(Missio dei) 신학으로 빠져버리게 된다. 그러므로 오늘날 감리교회의 신학은 합리주의적 입장에 있어서는 자유주의 신학을 선호하고 있으며 복음주의 입장에 있어서는 신비주의적 성령사역을 선호하고 있다는 것은 주지의 사실이다.

그러므로 교회사적 신조주의를 추구하는 개혁파 신학에 기반을 두지 않고 신앙생활을 추구하는 평신도들은 신학의 무용론을 주장하는 경우가 허다하다. 신학을 신앙과 연관 시키지 않고 있다. 이것 역시 자체 모순을 범하는 일이다. 역사적으로 고백되어진 신앙고백의 교리가 신학이다. 신학과 신앙을 분리하려는 시도는 신앙고백을 무시한 신앙을 강조하게 되어 허공을 치는 신앙을 추구할 수밖에 없다. 그렇기 때문에 신학을 무시한 많은 사람들은 계시관이 비정상적인 신앙을 추구하는 경우를 자주 보게 된다. 즉 성경계시를 무시한 계시주의적 신비주의에 취해버린 경우를 자주 보게 된다. 기초가 튼튼한 신앙고백이 없이 신앙을 추구하는 경우 기초 없이 큰 건축물을 세우겠다는 생각에 불과하다. 신학이 잘못된 경우 신앙이 잘못되고 있다는 말이다. 그러므로 신학과 신앙은 동일한 고백주의를 추구해야 된다. 거기로부터 윤리와 도덕이 바로 되고 또 나아가 교회의 바른 정치로 이어진다. 많은 사람들이 바른 신앙고백주의 신학을 무시하고 신앙만을 강조한 나머지 기반이 약한 신비주의적 신앙으로 빠져 이교도적인 계시관을 추구하는 경우를 자주 보게 된다. 우리는 종교개혁의 참된 교회관을 음미해야 한다. 성경 말씀의 올바른 증거, 윤리 도덕의 올바른 실천, 그리고 올바른 권징이 바로 그것들이다. 이는 배후에 올바른 신앙고백에 기초한 신학의 정립, 말씀대로의 신앙생활, 그리고 성경에 입각한 교단 정치의 정립을 요구한다는 말이다. 교단 정치가 왜 신학적인 문제와 관계를 가지는가? 하는 것을 깊이 고려해야 할 점이다.

3. 회중제도

회중제도의 교회정치는 교황제도와 정 반대 되는 정치체제이다. 한국에는 이러한 정치 체제를 운영하는 교회들을 거의 찾아볼 수 없다. 그러나 미국에는 소수의 교회들이 전국에 산재해 있다. 그것이 회중교회이다. 이 교회는 상부의 조직체가 상존하지 않고 있다. 즉 성경에서 말씀하고 있는 교회의 조직인 목사, 장로, 집사의 제도를 배제하고 있다. 그리고 평신도 회중의 집합체로 교회를 운영하고 있다. 그러므로 교회를 다스리는 전문적이며, 인격적이며, 그리고 사명을 가진 사역자를 필요로 하지 않고 자체적으로 교회를 운영하되 주일날 공적인 예배도 지도자 없이 둘러 앉아 돌아가며 성경 읽고 찬송하고 신앙고백서를 서로 나누고 헤어진다. 그 신앙고백서는 주로 교회사가 고백한 내용들이다. 가장 많이 사용되고 있는 고백서는 웨스트민스터 신앙고백서이다. 문제는 노회나 총회와 같은 상회가 없이 지교회가 자유롭게 교회의 행정을 처리하는 정치형태이기 때문에 도덕적 신앙생활이나 교리적 문제가 생겼을 경우 다른 상회의 관할과 치리를 받지 못해 해결의 실마리를 찾을 수 없게 된다.

성경에는 사도들에 의해 이미 교단의 조직을 형성하고 있었던 예루살렘 교회를 말씀하고 있다(행1:1-35). 지방 교회에서 교리적 문제가 생겼다. 그것은 유대인들이 "모세의 법대로 할례를 받지 아니하면 구원을 받지 못한다." 라고 가르치게 됨으로 교회 내에서 적지 아니한 다툼이 일어났다. 이에 각 지역교회에서 예루살렘에 있는 사도들과 장로들의 총회에 이 문제를 들고 올라가니 변론이 일어나게 되었다. 서로 간에 많은 변론이 일어난 후에 베드로가 "주 예수를 믿는 은혜로 구원을 얻게 된다." 는 강론을 펼치게 되었다(행15:7-11). 이에 야고보가 사회를 보면서 구약을 들어 최종 결론을 내리게 되었다. 이 결론을 각 지역 교회에 회람을 돌리도록 편지를 작성하여 보내기로 결정했다. 이 편지를 받고 각 지역 교회가 기뻐하게 되었다(행15:30-33).

아무리 구원받은 백성들의 모임체가 거룩한 교회라고 할지라도 교회는 죄성이 잔재해 있는 인간들이 모인 실체이기 때문에 바람 앞에서 항해하는 작은 배와 같이 풍랑을 접하게 되어 있다. 그럴 때 교단의 조직을 갖춘 정치는 중요한 역할을 하게 된다. 특히 지역 교회에서 교리적 문제와 성도들의 도덕적 문제가 생겼을 경우에 아주 중요한 역할을 하게 된다. 또한 교회 간에 혹은 어떤 그룹 간에 이권 다툼이 생겼을 경우, 교회의 재산문제가 생겼을 경우, 다른 회의 중재와 조정이 절실히 필요하게 된다. 그러므로 올바른 교회정치는 올바른 교리와 도덕적 신앙생활과 밀접한 관계를 가지게 된다. 올바르지 못한 교회정치의 치리는 올바르지 못한 도덕적 신앙생활을 일으키게 되어있다. 인간은 정치적이며 사회적 요소를 인격 속에 간직하고 태어났다. 아무리 경건한 교회라 할지라도 여러 색깔의 인간들이 모이는 장소이기 때문에 각자가 소유하고 있는 정치적 사회적 편견이 존재할 수밖에 없다. 이러한 편견을 해결할 수 있는 최대공약수의 공통분포를 찾아내는 제도가 바로 교회의 정치이다. 정치를 통해 즉 다른 회의 치리를 통해 갈등이 일어난 문제를 해결하는 통로를 찾게 된다.

　　교단 없는 개 교회주의는 비 성경적인 교회로 전락할 수 있는 위험성을 내포하고 있다. 인간은 사악한 편견을 가진 주관주의가 그의 인격을 지배하고 있기 때문에 성경에 대한 반항심이 항상 심령 속에 내재해 있다. 그러므로 성경에 관한 객관성과 현실에서의 신앙생활을 올바로 할 수 있는 제도적 객관성을 지속적으로 유지해야 한다. 혼자서 성경 읽고 기도에 집중하면서 신앙생활을 올바로 한다는 것은 사실상 불가능한 시도이다. 교회사적으로 교리의 문제와 도덕적 흐름을 탐구해 보면 인간들이 모여 다수에 의해 합의를 했다고 해서 그 합의가 반드시 올바른 역사의 기록을 남긴 것은 아니다. 만장일치의 합의를 했다고 할지라도 하나님의 뜻에 어긋나는 경우가 일어났기 때문이다. 그러므로 우리가 개혁신학으로 돌아가야 한다는 말은 성경이 말씀하고 있는 원리로 다시 회복해야 한다는 말이다. 개혁신학(Reformed Theology)이라는 말은 성경이 말씀하는 본래의 형태(Form)를 다시(Re) 회복해야 한다는 말이다. 개혁파 신학(Reformed Theology)이 강조하는 교리, 윤리 도덕, 그리고 정치는 언제나 성경이 말씀하는 연관성을 가지고 있다는 것을 역사적으로 증명해 왔다.

　　그러므로 회중교회가 상회의 정치적 조직을 무시하면서 성경대로 자유롭게 예배모임을 갖춘다는 것을 주장하지만 교리적 문제가 생길 때 다른 회의의 관할을 배제하기 때문에 이교도적인 교리가 여우의 옷을 입고 침입해 들어와도 성경적 변증이나 정치적 해결점을 찾기가 막막한 경우가 생기기 쉽다. 진리처럼 들리는 평범한 말이 있는데, **교단 정치의 압제를 떠나 자유롭게 성경대로 믿을 수 있는 여건이 조성된 곳이 있는데, 그곳이 바로 정치를 배제하고 각 지역 교회 중심의 회중교**

회이다 라는 주장이다. 그러나 이러한 교회는 신학적 정통성을 유지하는 전문적인 인물들의 구성체와 교회의 질서를 유지하는 정치조직이 형성되어 있지 않기 때문에, 자유를 만끽할 수 있는 상황을 구비되어 있다 할지라도, 성경교리와 교회 정치의 무질서로 인하여 성경에서 말씀하고 있는 참된 교회의 역할을 기능적으로 해낼 수 있는 조직체가 못된다. 통제가 없는 자유는 방종이 되기 때문이다.

한국교회에서는 많은 사람들이 교단정치 자체를 죄악시 하는 경향성을 나타내고 있다. 그 결과 무교단주의 독립교회가 상당수를 차지하고 있다. 이러한 경향성은 비 성경적 교회관을 추구하는 방향으로 흐르게 된다. 그 이유는 신학적, 도덕적, 그리고 정치적 자유방임주의를 제어할 장치가 없기 때문이다. 아무리 성경대로 믿는다고 주장할 지라도 홀로 방대하고도 심오한 문제들을 해결할 수 있다고 생각하는 것은 거센 폭풍우 앞에 갈대와 같은 존재임을 모르고 있는 것이다. 인간은 너무나 사악하기 때문에 자신을 위해서는 모든 일을 절대화 하는 편견을 가지고 있다. 스스로 성경대로 믿는다고 말하면서 주관적 학적 또는 신앙고백만을 표출한다면 이교도적인 교리에 빠져들 수 있는 것이 인간이다. 심지어 로마 캐톨릭이라는 세계를 지배했던 단체가 고대 신조로부터 내려온 정통교리를 주장하는 자들을 로마 교조주의(Catholicism)의 틀에 입각하여 이단으로 정죄하여 수많은 인명을 살상하지 않았든가? 하물며 어떤 교리적 정치적 견제 세력이 없이 회중들에 의한 교회의 제도를 성경적으로 수립할 수 있다는 것은 사실상 불가능한 일이다. 또한 목사 혼자서 무교단 즉 독립교단(초교파 교회)을 운영하는 일이 성경적인가? 하는 문제는 깊이 고려해 봐야 한다. 아무리 개혁파 정통주의 신학을 오래 그리고 깊이 공부한 목회자라 할지라도 성경 전체를 대하는 문제에 있어서는 누구나 개인적 편견을 가지고 있기 때문이다. 사도행전 15장을 보면 교리적 문제가 생겼을 때 지방의 교회들과 예루살렘 교회와 연합하여 교단적으로 그 문제를 해결한 것과 같이 교회는 교단을 통해 신학적이며 정치적인 면에 있어 객관적 진단을 받아가면서 회중을 다스리는 하나님 나라의 단체가 되어야 할 것이다.

물론 오늘날 교단들의 정치적 부패는 극에 달해 말로 표현할 수 없는 비리가 속출하고 있는 것이 사실이다. 그렇기 때문에 초교파적 무교단의 목회자들이 늘어나고 있는 실정이다. 칼빈(Calvin)이나 카이퍼(Kuyper)가 주장했던 하회와 상회의 대표제 중심의 교단체제가 산산조각난 상태의 중소교단들이 우후죽순처럼 돋아나 있다. 그리고 중소교단 총회장들은 영구집권의 상태에서 총회를 이끌어 가고 있다. 영구집권의 배후에는 돈과 권력의 작용이 진을 치고 있다. 아주 비 성경적인 교단정치가 한국교회 안에 퍼져있다. 이러한 비 성경적인 교단정치는 일반적 상식으로도 이해할 수 없는 현상이다. 더욱이 장로교 정치의 개념으로는 전혀 불가능한 현상이다. 일반 평신도들의 입장에서 볼 때 그러한 독점적이고 일인 주권 하에 운영되고 있는 교단 정치를 보고 회중교회가 가장 매력적으로 여겨질 수도 있다. 그렇다고 회중교회가 가장 성경적인 교단 정치체제는 아니다. 성경대로 목사, 장로, 그리고 집사를 세워 하회와 상회를 통한 교단 정치가 정립되어야 한다.

4. 조합제도

조합정치는 회중정치와 방불하다. 그러나 각 지교회의 대표를 세워 연합회를 조직하고 그 연합회를 통한 피차 교회의 유익을 도모하는 교단 정치형태이다. 이러한 교단의 형태는 침례교가 해당된다. 침례교회는 종교개혁 이후 재세례파(Anabaptist)가 그 전신이다. 당시의 재세례파는 정통주의 교단들로부터 이교도적인 취급을 받았다. 특히 교회와 국가와의 관계에 있어서 그렇다. 그들은 무정부주의(Anarchism)를 들고 나왔기 때문이다. 종교개혁 신조들을 살펴보면 재세례파에 관해 아주 배타적인 요소들이 등장한 것을 볼 수 있다. 그러나 지금의 침례교회는 많은 부분 정통교단들의 교리와 교회정치를 답습하고 있다. 특히 한국에서의 침례교단은 기성교단의 정치제도를 많이 도입하고 있다. 목사, 장로, 집사제도도 그렇거니와 총회를 운영하는 체제도 그렇다. 그러나 아직까지 상회에서 각 지교회의 문제를 의논하거나 산하 교회와 해결해야할 교리적, 정치적, 그리고 실제적인 문제를 처리하는 일에 있어서는 대표회의 제도를 완전히 도입하지 못하고 있다. 그 결과 교단이 지교회를 다스려야 할 제도적 장치를 체계 있게 정립하지 못하고 있는 실정이다. 그러므로 교리적인 문제를 교단적으로 구체화하지 못하고 있기 때문에 권징, 예식, 그리고 정치적 실천에 대한 문제를 각 지교회가 자유로 실행하고 있는 실정이다.

미국 침례교회와 한국의 침례교회는 교회의 정치제도뿐 아니라 성경교리를 정립시키는 사항에 대해서 상당한 차이를 가지고 있다. 비록 큰 틀에서는 동일한 노선을 취하고 있지만 구체적인 제반 사항에 대해서 차이를 보이고 있다. 미국의 침례교단은 남 침례교회와 북 침례교회로 나누어져 있다. 그리고 보수주의를 지향하는 성서 침례교회 등이 있다. 남 침례교단은 교리적으로 확실한 신학적 노선을 정해두지 않은 상태이다. 신학적 노선이 정확하지 않기 때문에 애매하게 보수주의 교단이라고 그들 스스로 말하고 있다. 그러나 1970년대 총회에서 신학적 점검을 해보면 약 1/4의 목회자들이 성경의 부분 영감설(Partial Inspiration)을 믿고 있다는 통계를 볼 수 있다. 보수주의냐? 자유주의냐? 하는 신학적 규정을 어느 노선에 정해야 하느냐? 의 개념이 정의되지 아니한 상태라고 말할 수 있다. 지금은 많이 사라져 가고 있으나 과거에는 신학을 전공하지 않은 사람도 사명을 느끼는 사람에게는 안수를 행했다. 그러한 제도는 신학의 노선을 귀하게 여기지 않았다는 증거이다. 간단한 신앙고백에 따라 안수를 했다는 말이다. 자신을 보수주의라고 자칭하면서 발트주의나 불트만 주의를 신봉하는 사람을 신학적 점검 없이 보수주의자로 인정해 버리는 사태라 말할 수 있다. 미국의 북 침례교회는 개인적 신학과 개 교회주의를 더 자유롭게 용인하는 교단이다. 북 침례교회는 남 침례교단 보다 더 자유주의화 된 교단이다. 미국 개신교 교단들을 살펴보면 남 침례 교단이 가장 큰 교단이다. 다문화 사회, 다양한 민족, 그리고 혼합된 하나의 총체를 구성하고 있는 미국의 상황에 적합한 교단의 정치를 형성하고 있기 때문이 아닌가? 싶다. 그러나 한국 침례교회는 상당 부분 한국의 타 교단 정치제도를 답습해 가고 있다. 신학을 전공한 사람에게 안수를 하는 문제, 교회의 제직을 구성하는 문제, 그리고 상회와 하회를 운영하는 문제에 있어 그렇다. 심지어는 어느 침례교회에서는 장로 제도를 도입하고 있고 또 교단법에 정착 시켜야 한다는 주장까지 나오고 있다.

한 가지 여기서 반드시 짚고 넘어갈 문제가 있다. 자칭 보수주의 교단이라고 강조하면서 **흠정역(King James Version) 성경**만을 올바른 성경으로 간주하고 절대시하는 침례교단의 한 부류가 있다. 이러한 사람들은 성경의 내용을 하나님의 말씀으로 수용하기보다 성경 번역에 대한 극단적인 편견을 가진 사람들이다. 즉 흠정역의 번역을 무흠의 글자로 섬기는 우를 범하는 자들이다. 번역문을 기계적 영감설(Mechanical Inspiration)로 섬기는 잘못된 성경 신봉자들이다. 물론 원문으로부터의 성경 번역에 있어서는 가장 잘된 영문번역이 흠정역 성경이라고 말할 수 있다. 우리가 성경을 연구할 때 사본학이나 번역학을 서로 비교 대조해 볼 필요가 있다. 성경의 사본도 가장 연대가 앞서있는 것이 보다 더 권위가 있다. 그 이유는 인쇄술이 발달되지 못한 시대에는 사람들이 손으로 성경구절 하나하나를 모두 보고 베껴 썼기 때문이다. 그러므로 사본들도 같은 구절이 틀리게 나타난 내용을 비교 대조해서 종합적으로 판단해야 한다. 우리가 읽고 있는 헬라어, 히브리어, 그리고 아람어로 기록된 원문 성경도 수없는 사본의 사본이다. 하물며 수천년 전의 역사적, 문화적, 그리고 인종적 배경이 다른 점을 가지고 있는 성경을 현대 우리의 것들과 100% 똑같은 의미로 번역해 낸다는 것은 불가능한 일이다. 그러므로 성경의 원문을 읽어보면 영어성경을 읽을 때 감각이 다르고 나아가 우리 한국말 성경을 읽을 때 감각이 다르다는 것을 금방 느끼게 된다. 그러므로 아무리 번역이 잘되었다 할지라고 흠정역 성경은 원문과 차이가 있다. 더구나 원문성경도 사본학 측면에서 볼 때, 수많은 손으로 쓴 복사본이기 때문에, 성경 사본끼리의 차이를 극복하기 위해 비교하고 대조하여 종합적으로 판단해야 할 것이다.

이러한 사본학과 번역학 측면에서 볼 때 성경을 오류 없는 하나님의 말씀으로 신앙하는데 문제가 있다고 말할 수 있을 것이다. 그러나 이러한 주장은 성경을 바로 이해하는데 있어 완전 영감설(Perfect Inspiration)을 이해하지 못하는 데서부터 기인한다. 성경의 완전 영감설(Perfect Inspiration)은 유기적 영감설(Organic Inspiration)과 축자 영감설(Verbal Inspiration)을 포함하고 있다. 유기적 영감설은 제 2 저자인 선지자들과 사도들의 인격, 성경의 역사적 배경, 그리고 기록될 때의 주위 환경 등을 기록될 말씀의 내용에 일치될 수 있도록 성령님께서 적용하셨다는 원리이다. 축자 영감설은 제 2저자인 선지자들과 사도들이 성령의 감동을 통해 전달될 말씀을 오류 없이 기록했다는 뜻이다. 미루어 완전 영감설을 결론적으로 정의하자면 하나님의 말씀은 기계적 영감설(Mechanical Inspiration)이 주장한 것처럼 글자 하나하나를 받아쓰기 식의 과정을 통해 기록한 것이 아니고 글자를 통한 그 내용이 오류가 없다는 것으로 말해야 한다. 하나님께서 전달하고자 하는 내용을 오류 없이 기록하였다는 뜻이다. 흠정역 절대주의는 글자를 섬기는 사상으로 흐를 수밖에 없다. 성경의 원문도 그 글자를 절대화 할 수 없는 입장인데 하물며 번역문을 절대화 하는 것은 대단히 위험한 사상이다. 성경을 완전히 영감된 하나님의 말씀으로 신앙하는 문제는 원문이든지 번역문이든지 하나님께서 말씀하고자 하시는 내용을 신앙하는 것이어야 한다.

침례교단에서는 개 교회중심의 신학과 정치를 우선으로 하는 경향성이 강하다. 그 이유는 교단의 정치제도가 조합적인 개 교회주의를 선호하기 때문이다. 상회와 하회의 강한 결속력을 선호하는 경향보다 각 지역 교회를 중요시하는 제도로 정착되어 있다. 총회도 조직되어 있고 각 지방의 연합회도 조직되어 있으나 개 교회의 유익을 위한 문제를 의논하거나 협력하는데 중점을 둘 지라도 총회를 중심하여 법적으로 주관하는 일은 배제하고 있다.

5. 장로회 대표제도

장로회 대표제도는 지역 교회에서 가르치는 장로인 목사와 돌보는 장로인, 말 그대로 장로를 선택하여, 당회를 조직하고 그 당회로 인하여 교인들의 치리를 행사하게 하는 대표주의 정치제도이다. 이 제도는 당회라는 단일제도로 끝나는 것이 아니고 상회인 노회를 구성하여 각 지역교회의 문제점을 해결해 주고 또 교회의 발전을 도모하고 있다. 그리고 나아가 노회 위에 상회인 총회를 구성하고 있다. 총회는 전 교단의 발전과 더불어 문제점을 해결하는 상회이다. 치리회로 볼 때 당회 위에 노회와 총회라는 3심제도의 체계를 갖추고 있다. 이러한 정치제도는 성경이 말씀하고 있는 모세오경(출18:25-26, 민11:16-18)과 신약(행14:23, 15:1-35, 18:4, 딛1:5, 벧전5:1, 약5:14)에 말씀하고 있는 정치 체제이다. 이 정치제도는 종교개혁의 역사로 볼 때 가장 우위를 자랑하는 교회체제이다. 이 장로회 정치제도는 대표정치를 말하며 웨스트민스터 신앙고백의 정치모범 조례를 기본으로 하여 조직되고 채용된 것이다.

가장 성경적인 교회의 정치제도는 장로 대표제도이다. 교회는 당회의 조직이 형성되어야 조직 교회로서 명명되어진다. 당회의 위원은 장로들이다. 당회는 가르치는 장로로서 신학을 공부하여 목회의 전문직을 하나님으로부터 사명을 받은 목사와 비전문직으로 교인들의 대표인 장로들로 구성된다. 당회원들은 전 세례교인이 참여하여 선정된 자들로 구성된다. 이 대표자들이 교회의 성도들을 다스리는 직무를 행한다. 이러한 대표제도는 당회의 조직만으로 완전한 교회의 치리를 행사할 수 없다. 인간은 아무리 진리에 대한 객관적인 공통분포를 도출해 내려고 해도 하나님의 뜻에 합당하지 못하게 일을 처리하는 경우가 허다하다. 그러므로 노회라는 상회를 통해 당회의 미비점을 보완해 주고 지역 교회의 발전을 도모해 주는 역할을 하게 한다. 또한 노회위에 총회라는 상회를 두어 노회의 문제점을 보완해 주고 각 노회의 분리와 발전을 도모하게 한다. 교회를 다스리는데 있어 소수의 주장에 의존하지 않고 반대로 많은 의견이 노출되어 혼란을 일으킬 수 있는 산만한 다수의 의견에 의존하지도 않고 신앙이 돈독한 대표자들을 선정하여 교회를 다스리게 한다. 그럼에도 불구하고 당회에서, 교회를 다스리는데 있어, 많은 사람들의 사건을 은혜롭게 처리하는데 오점이 생겨날 수 있다. 이러한 문제의 원만한 해결을 위해 노회와 총회라는 상회를 두고 운영한다. 문제가 일어날 때 삼심제도를 두어 객관적인 결론을 이끌어 내 교회를 다스리도록 대표적 집단 정치제도를 운영한다. 교회에서 교리적 문제나 정치적 문제가 생길 때 1차적으로 당회에서 그 문제를 처리한다. 그러나 불평이 일어날 때 그 문제를 노회로 가지고 올라와 결정을 보도록 한다.

이러한 장로 대표제도의 정치체제는 복잡하게 보이고 하나의 문제를 해결하기 위해서 장시간을 요하는 것이 사실이다. 그러나 영혼의 문제를 다루는 일은 영원한 생명을 죽이고 살리는 일이기 때문에 작은 일을 처리하는데 있어서라도 한 영혼이 실족하지 않도록 신중을 기해야 할 것이다. 신중에 신중을 기하기 위해서 삼심제도를 운영해도 때로는 오점을 남기는 판단을 할 수 있다.

한국교회에서 우후죽순처럼 일어난 수백교단들은, 더욱이 대부분 장로교단들인데, 교단의 구성요건을 갖춘 다음에 생겨난 것들인가 의심을 갖게 한다. 교단이 성립되기 위해서는 신학교육이 철저하게 이루어져야 한다. 자격을 갖춘 전문지식과 영적 자질을 갖춘 지도자들을 양성하는 교육기관을 필요로 한다는 말이다. 그런데 한국교회 안에 단순한 정치적 문제나 개인적 욕구를 채우기 위한 의견대립으로 교단이 갈라지는 경우가 허다하다. 교단 분리는 신학적 문제를 당할 때를 제외하고는 생겨나서는 안 된다. 물론 교리적 문제가 생길 때에도 역사적인 신앙고백을 통해 해결을 해야 한다. 성경을 하나님의 말씀으로 신앙하는 그룹과 불신하는 그룹이 함께 영적 동반 자세를 취할 수 없다. 그런 경우 오히려 나누어지는 것이 바람직하다. 그렇지 않은 경우 교단이 나누어지는 것은 아주 불행한 일이다. 이권다툼으로 교단이 분리될 경우 한 사람의 군주적 정치가 이루어 질수 밖에 없고, 부실한 교육 기관의 악조건 때문에 영적 자질을 제대로 갖추지 못한 인물을 지도자로 마구잡이로 양산해 낼 수 있고, 그리고 교단의 정치적 무질서를 양산해 낼 수 있는 여건을 조성하게 된다. 종국에 가서는 올바른 교단 정치의 몰락과, 교인들의 부실한 관리와, 그리고 교리적 도덕적 신앙생활의 부실로 말미암아 전 한국 교회의 퇴보를 몰고 오는 원인이 된다. 장로교회라는 간판은 있으나 장로교회의 역할을 하지 못하게 된다. 장로교회라는 이름은 교리적 입장에서의 이름이 아니고 교단 정치의 제도적 입장에서의 이름이다. 그러나 그 이름 배후에는 교리적이며 윤리와 도덕적 원리가 포함되어 있어야 한다. 교리적으로 교회사적 신조를 신학의 원리로 삼고 있으며 성경말씀이 성도의 신앙생활에 있어 절대 기준으로 삼아야 한다. 한국교회 성도의 수가 줄어가고 있다고 아우성인 가운데 많은 목회자들이 심각성을 표출하고 있다. 이 심각성을 해결하는 방법은 겉으로 나타난 문제를 해결하기보다 깊이 뿌리박고 있는 교리와 신앙생활을 연관시켜 문제를 해결해야 한다. 장로교회 간판을 걸고 개혁파 신학의 가장 기본이 되는 웨스트민스터 교리문답을 가르치는 부교역자를 내보내는 담임 교역자가 있다는 소식을 누차 접하고 한국교회의 퇴보를 염려하지 않을 수 없다. 교리교육은 건물로 비교하면 기초를 놓는 작업이다. 기초가 튼튼하지 않은 건물은 모래 위에 짓는 집이다. 교리적으로 신앙의 확신을 다져놓지 않고 윤리와 도덕을 아무리 강조하고 신앙생활의 경건을 아무리 강조해도 그런 것들은 무용지물이 되고 만다. 교단, 신학대학, 또는 연합회의 단체에서 돈 문제로 세상 법정에 나가 성직을 담당하고 있는 이들이 고성을 높이며 다투는 일들은 한국교회의 타락을 알리는 가장 정확한 측정기라고 말할 수 있다.

교단 정치에 있어 총회장 선거제도와 1년 임기제의 문제점을 지적

해 보려고 한다. 한국교회에서의 총회장은 총회를 대표할 뿐만 아니라 교단의 재정, 각 노회, 또는 지역 교회에 막대한 권력을 행사하는 직분으로 인식하고 있다. 1년 직의 총회장이 되기 위해 많은 정성을 들여 선거운동을 하며 총회장이 되는 이는 대교회에서 많은 재정과 인력을 투입할 수 있는 담임 목사이어야 한다는 것이 통례로 되어 있다. 어떤 장로 교단에서는 교단 총무 출마 문제로 칼부림이 일어나, 그것도 성직을 감당하고 있는 목회자들이 다투다가 칼로 사람을 찔러, 법정에서 7년이나 형을 받고 복역하고 있다는 실제적 증언을 듣고 아연 실색할 수밖에 없다. 거기에는 돈 문제가 깊이 관여되어 있었다는 사실을 듣고 한국교회의 타락이 14세기 이후 로마 캐톨릭의 모양을 답습하고 있다는 생각이 든다. 미국이나 유럽의 교회가 타락했다고 많은 비평을 가하고 있지만, 신학적으로 비 성경적인 견해를 마음대로 표출하는 경우가 허다할 지라도, 총회 임원들이 돈 문제로 폭력적인 다툼을 일으키는 경우는 볼 수가 없다.

1년 임기를 맡아 일하기 위해 수많은 정성을 들이고 막상 짧은 임기를 마칠 것을 생각하니 과거에 많은 시간과 정력을 소모한 생각이 날 수 있다. 그러한 생각의 결론은 재정을 충당해 자신의 주머니를 챙기려는 생각을 얼마든지 할 수 있다. 과거 한국 교단의 총회록을 읽어보면 참으로 하나님의 말씀을 지키려는 자세로 회의에 임했던 겸손함이 곳곳에서 묻어나오고 있다. 감히 총회장이나 임원이 되는 것이 권력을 잡는 일이라고 생각하는 점은 일점이라도 찾아볼 수 없다. 힘에 의한 정치에 좌우되는 총회가 열린다는 것은 세상정치에서도 찾아볼 수 없는 일이다. 만약 힘에 신앙의 덕에 의한 정치를 버리고 힘에 의한 정치를 시행한다면 장로대표제의 교회정치제도는 허울 좋은 이름뿐이다. 이러한 문제를 근본적으로 해결하지 않고 아무리 회초리로 자신을 때리고 가슴을 친다고 해도 올바른 정치제도를 정립시킬 수 있을 것이라고 생각 하는 사람이 있을까? 그런 비리를 막기 위해 모 교단에서는 제비뽑기 총회장 선출제도를 도입하고 있는 실정이다. 그러나 구약의 제비뽑기 방식보다 신약에 맛디아를 선출하여(행1:22-26) 12제자를 채우는 방식의 선거제도를 도입하는 것이 더 좋을 것으로 여겨진다.

한 가지 제안하고 싶은 생각이 있다. 총회장을 선출할 때 지역별로 돌아가며 나이의 순서, 목회경력의 순서, 그리고 기타의 경험을 참조하여 추천한 사람을 자동적으로 총회장을 역임하도록 하되 최소 2년 재임이 가능하도록 하고 미국장로교단(Presbyterian Church in American)처럼 총회 기간 사회만 인도하는 의장제도를 도입함이 어떤가? 그리고 총무는 미국장로교단과 마찬가지로 5년 재임이 가능하도록 하되 재정에 간섭하지 못하도록 법으로 정하고 재정처리는 각 분과위원회의 전문가들 즉 회계사들을 통해 처리하도록 함이 어떤가? 라는 생각을 해본다. 특별히 재정을 처리하는 사람들은 수입부와 지출부를 따로 정하여 소소가 수입과 지출을 함께 처리하지 못하도록 하고 은행 구좌도 여러 사람의 이름으로 열되 복수의 날인에 의해 지출을 할 수 있도록 함이 좋을 것으로 본다. 사람은 돈이나 물건을 보면 욕심이 나오게 되어있기 때문에 미리부터 법과 행정을 통해 사욕을 차단해 버리는 것이 가장 효과적이라고 불 수 있다. 사람을 믿고 재정적인 일을 처리하는 것을 대단히 위험하다. 먼저 제도를 잘 정리해 두고 그 제도에 모든 사람들이 따를 수 있도록 행정을 실행하면 된다는 뜻이다. 인물 중심의 정치를 실행할 수 있는 길을 미리부터 차단하자는 뜻이다. 인물이 제도를 따르도록 하자는 의미이다. 그러나 아무리 제도중심의 행정이 잘 마련되어 있다고 할지라도 그 행정을 따르는 사람들이 혼연 일체가 되어 동참하지 아니하면 아무 소용이 없다. 즉 좋은 법적 제도가 마련되어야 하고 그 제도를 시행하는 사람들이 제도에 따라 일을 처리하여야 한다는 뜻이다. 장로 대표제도가 교회정치에 있어 가장 좋은 정치제도라고 말하지만 그 제도를 운영하는 사람들이 사욕의 마음을 가지고 일을 처리할 때 비리를 저지를 수밖에 없다. 돈은 일만 악의 뿌리가 된다는 성경말씀을 깊이 있게 고려하지 아니하는 한국교회의 흐름을 보고 누가 정상적이라고 말할 수 있을까? 돈은 사람을 끌어들이는 마력을 가지고 있기 때문에 권력을 양산해 낼 수 있는 힘을 가지고 있다. 그러나 돈에 의해 형성된 권력은 많은 부작용을 야기 시키게 되어있다. 가장 깨끗해야 할 종교단체에서 돈으로 인해 세상 법정에 가서 소리 지르며 다투는 일이 완전히 사라져야 할 것이다.

한국교회에서는 장로회 대표제의 정치가 이미 사라져버린 지 오래되었다. 장로교 정치는 3심제도이며 또한 대표제 협의체이다. 그러나 대 교단에서는 실권을 가지기 위해 많은 비리가 오고 가고 있고, 총회장 되는 것이 얼마나 큰 권력과 명예를 쥐는 것인지는 모르지만 대교회의 담임목사들은 총회장이 되기 위한 기회를 호시탐탐 노리고 있고 대교회 담임 목회자만이 총회장이 될 수 있는 환경이 조성되어 있다. 이상한 기류가 교계에 흐르고 있다는 말은 대교회 목회자, 총회장, 그리고 기관 단체장 등이 영예를 누리는 시대가 되었다는 말이다. 하나님 앞에서 어떤 신앙을 간직하고 있느냐? 의 사람이 귀하게 여김을 받는 것이 아니고 무엇을 가지고 있느냐? 의 사람이 칭송을 받는 시대가 되었다. 기를 쓰고 대교회를 일으키기 위해 전심을 쏟아 붓는 노력을 기울이고 있는 시대가 되었다. 이것이 중세의 로마 캐톨릭을 닮아가고 있다는 말이다. 신실하고 사명을 따라 사는 목회자들이 소수의 잘못된 정치적 행위로 말미암아 비평의 화살을 맞아야 하는 형편이다. 그런 잘못된 정치적 행위의 파생으로 제비뽑기 식 선출제도가 도입되기까지 했다.

또 한편으로 군소교단들의 독단주의 정치행정에 관한 문제를 언급하지 아니할 수가 없다. 군소교단 총회장들은 평생 총회장이다. 이는 장로교의 대표정치를 수행할 수 없는 여건을 형성하고 있다. 한 사람의 의견이 모든 교단을 지배하게 되어 대표제도의 실행은 멀리 떠난 손님이 되어 버렸다. 장로교 대표제 정치는 힘의 균형을 배분한 정치제도이다. 그 배분의 원리는 성경대로의 합의체를 말한다. 당회, 노회, 그리고 총회는 성경말씀에 따라 여러 가지 안건에 대한 최대 공약수를 찾아내기 위한 협의체이다. 실권을 쥐고 있는 사람의 사적인 유익이나 영예를 위해 조직체를 움직이는 정치제도가 아니다. 정치적으로 반대쪽에 서 있다는 이유 때문에 신실한 목회자와 그에 속해 있는 교회를 정치적 힘을 사용해 근거 없는 추문 즉 이단, 이성문제, 그리고 돈 문제를 조작하여 교회를 뺏어버리고 그 교역자를 추방해 버리는 사태가 일어나고 있는 것을 볼 때 가슴이 저려오는 슬픔을 억제할 길이 없다. 그런데 한국교회에서 대 교단은 대 교단대로, 중소 교단은 중소 교단대로, 장로교 대표 제도를 올바로 수행할 수 없는 교회로 변질되어 가고 있다. 즉 중세기의 로마 캐톨릭 교회의 형태를 닮아가고 있다. 이것이 한국교회의 슬픈 현상이다. 독재성을 추구한 나머지 하나님의 이름을 이용하여 마구잡이식 군소교단이 발생하고 있으며 대 교단은 크다는 자부심을 가지고 마구잡이식 정치적 횡포를 행하고 있다. 대 교단 총회의 이름으로 이단 정죄, 이성의 추문, 그리고 재정의 갈취 등을 조작하여 교계에서 정치적으로 매장을 시켜 신실한 사명자를 목회전선에서 떠나게 만들어도 그 목회자는 하소연 할 길도 없이 홀로 외로이 가슴앓이를 하게 되어 버린다. 종종 이와 같은 소식을 접할 때 앞으로 한국교회가 어떻게 될까? 하는 걱정이 심장을 떨리게 만들고 있다.

개혁파 신학, 정통 보수주의, 그리고 장로교회 등 각 단어가 가지고 있는 의미는 다르지만 서로 연관성을 가지고 있다. 개혁파 신학은 교회사적 신앙고백의 교리로 돌아가자는 신조주의 신학을 말한다. 역사적 종교개혁의 원리로 돌라가자는 주장이다. 정통주의라는 의미는 교회사를 통해 고백되어진 신조의 노선을 말한다. 그 노선을 지키는데 다른 신학을 개입시킬 수 없다는 의미에서 보수주의이다. 그리고 장로교회라는 의미는 교회정치의 뜻을 담고 있는데 성도들의 대표제 의회정치를 표방하는 말이다. 작금에 한국교회에서 수백 개의 장로교단 간판을 달고 우후죽순처럼 일어난 교단들은 정말 신학, 윤리와 도덕, 그리고 대표제 장로정치를 제대로 습득하고 있는가? 의심하지 아니할 수가 없다. 장로교 간판을 달고 교회사적 신앙고백을 멀리하고, 교단장이 되어 총회장을 영구적으로 쥐고 있는 현상이 정말 교단다운 교단이 될 수 있는가? 의문을 던지지 아니할 수가 없다.

스코틀랜드에서 발원된 청교도 운동은 언약파들로 부터 시작 되었다. 청교도들과 웨스트민스터 신앙고백과는 밀접한 관계가 있다. 많은 청교도들이 그 신앙고백서 작성에 영향을 끼쳤다. 그들은 절대 검소, 절대 정직, 절대 준법정신, 그리고 절대 근면의 신앙생활을 통해 하나님께 영광을 돌리며 검소한 생활을 통해 나타난 잉여 재산을 선교와, 가난한 자들 돕는 일과, 신학 교육에 투자하는 일에 전심을 기울였다. 한국교회가 부흥하여 나타난 경제적 부의 현상을 하나님을 향한 갈급한 심령을 무디게 만드는 가장 큰 요인으로 등장하고 있다. 이제는 하나님의 이름으로 이세상의 부를 누리는 것이 참된 복으로 둔갑하여 나타나고 있다. 왜정시대와 6.25 사변을 통해 일어난 기독교인들의 순교의 피에 대한 간증은 한국강단에서 언급조차 사라져 가고 있다. 가난하고 병들고 곤고할 때 주님을 부르는 은혜가 말살 된지 오래 되었다. 성경을 하나님의 말씀으로 고백한 신조를 지키기 위해 수없는 순교의 피가 유럽에서 점차 사라져 가고 그 값이 미국에 들어왔고 그 선교사들을 위시하여 한국에 뿌려졌던 순교자들의 피가 너무나 쉽게 짧은 기간에 한국교회에서 사라져 가고 있다. 이것이 교회를 쇠퇴하게 만들고 있다. **한국교회의 신앙의 회복은 순교적 믿음, 순교적 신앙생활, 그리고 그 순교에 따른 청교도 생활만이 그 길이 될 것이다. 그럴 때 교회의 무궁한 발전이 일어날 것이다.**

II. 국가의 정치제도

정치제도를 논하기 이전에 정치학의 개념부터 정립해야 제도적 의미를 이해하는데 도움이 될 것이다. 정치학이란 국가의 정부를 생각하지 않고 그 개념을 정리하기는 불가능하다. 그러므로 정치라는 말의 뜻은 시대에 따라 다르게 해석되었으며 지역, 제도, 그리고 문화에 따라 다른 의미로 나타나기도 했다. 예로 군주주의, 사회주의, 그리고 민주주의의 제도에 따라 그 개념의 차이가 상이하게 드러나고 있다. 그러나 통상적으로 언급되어진 학설을 통해 그 개념을 정리해 볼 필요가 있다.

국가행위설에 의한 정치학은 "정치행위의 주체가 국가이며 국가의 행위가 바로 정치라고 정의하고 있다. **다원 사회설**은 현대 민주주의를 배경으로 사용하고 있는 정치학을 의미하는데 각종 사회 조직의 생성과 활동이 보장되고 이를 바람직한 것으로 여기는 사회가 바로 다원민주주의 사회이다. 그러므로 실제적인 권력관계에 미치는 다양한 사회 조직을 정치행위에 포함 시켜 정의하고 있다. **사회 질서설**은 사회질서의 창조, 유지, 그리고 변화에 영향을 미치는 계획적이고, 조직적이며, 그리고 목적 지향적인 사회행위가 정치라고 규정한다. **가치 분배설**은 공동체에 존재하는 기치를 분배하는 방식이 정치학이라고 인식한다. **권력설**은 사회질서를 유지하고 국민의 기본권을 보장하며 국가의 번영과 국민의 복리를 구현하기 위한 수단이 정치라고 말한다. 그리고 마지막으로 잘못된 정치학에서는 **계급 투쟁설**을 강조하는데 마르크스주의(Marxism), 해방신학, 민중신학, 그리고 주체사상 등에서는 투쟁을 통한 권력 쟁취를 정치의 핵심으로 보고 있다.[130] 그렇다면 정치는 현실적

---

130) 한종수, 정치학 개론, 서울 서대문구 경기대로, 세창출판사, 2018년 6월, pp.7-10.

적용을 주로 다루는 문제라고 말할 수 있다. 그러나 배후에 정치에 관한 이데올로기를 취급해야 교회와 국가론을 다루는 문제를 올바로 정의할 수 있을 것으로 여겨진다.

1. 정치의 이데올로기

만물의 형상(形相, Form)[131] 뒤에는, 헬라주의 철학적으로 정의하면, 이데아(Idea)가 존재한다. 이 말을 신학적으로 정의하면 하나님의 뜻에 따른 섭리가 존재한다는 말이다. 만물을 실현된 현상세계(Actu-ality)로 볼 때 그 배후에는 이데아(Idea)가 되는 계획인 원인(Poten-tiality)이 존재한다는 말이다. 정치를 역사적 현상세계의 관점으로만 정의할 때 어떤 개념은 정리가 애매할 때가 있다. 정치라는 개념이 배후에 어떻게 이념적으로 정립되어 질 수 있는가? 라는 문제를 생각하지 아니할 수가 없다. 하나님의 주권적 입장에서 생각해 보면 정치는 이미 창조이전에 하나님의 작정 속에 도안 되어 있었다는 뜻이다. 그렇기 때문에 국가의 위정자는 하나님의 뜻에 따라 세워진 사람이라는 말이 적합하다. 정치는 국가를 중심하여 현상세계에 나타난 사건과 인물들의 실체를 규명하는데 적용되는 학문이다. 그러나 정치는 인류가 창조된 시점부터 시작된 현실문제이다. 그런 의미에서 인류 역사상 가장 오래된 제도적 학문이라고 말할 수 있다. 그러나 정치학이 독립적 학문으로 발전된 시점은 매우 짧은데 19세기 후반부터 체계화 된 학문이다. 여기서 정치 이데올로기를 정의한다면 19세기 이후의 이론에 근거

---

131) 형상이란 철학적 용어는 "사물을 다른 사물과 구별하는 본질적 특징을 말한다. 이 형상을 최초로 생각해 낸 사람은 플라톤(Platon)이며 그에 있어서는 이데아와 같은 뜻으로 유일한 진실재(眞實在)를 의미한다.

를 두고 말하게 된다.

1) 자유주의

지금 한국의 정치 영역에서 자유주의냐? 보수주의냐? 의 영역에 대한 이데올로기의 논쟁이 해결점을 찾을 수 없는 극단적인 평행선을 달리고 있다. 20기로 넘어와 마르크주의(Marxism) 때문에 민주주의 세계와 공산주의 세계의 이념적 대립상태를 연출해 왔다. 지나온 역사를 통해 교훈을 삼아 미래를 개척하는 역사의식의 결여에서 일어나고 있는 사건이라고 말할 수 있다. 오직 상대성을 용납하지 않은 자기의 이데올로기를 절대화 하고 있다. 한편으로 하나님의 주권, 구원의 주 예수, 그리고 오직 은혜로 구원함을 받는다는 절대적 신앙이 교회 내에서 차츰 힘을 잃어가는 기현상이 일어나고 있다.

정치학에서 말하는 자유주의는 정치적 사상으로서의 자유주의를 의미한다. 근대 사상의 영향을 받은 개인의 자유를 최고의 규범으로 여기는 정치적 사상을 말한다. 개인 스스로 생각하고, 판단하며, 그리고 행동하는 존재로 인정하는 관점을 말한다. 여러 가능성 가운데 원하는 것을 스스로 결정할 수 있는 개인적 주관주의를 우선으로 하는 경향성을 강조한다.[132] 정치에서 중요하게 생각하는 점은 인권과 경제적 분배에 있다. 특히 정치적 자유주의를 강조하는 입장에서는 인권의 자유와 평등, 정치적 권력의 평등, 그리고 경제적 평등을 강조한다. 반대로 보수주의적 입장에서는 "더 많은 평등을 주장하게 되면 더 적은 자유를 누리게 된다."라는 슬로건을 내세웠다.

---

132) 한종수, 정치학 개론, 서울 서대문구 경기대로, 세창출판사, 2018년 6월, p.60.

특별히 현대의 정치 영역에서는 경제 질서에 대한 공평을 중요하게 다루고 있는데 자유주의를 추구하는 정치계에서는 경제적 개인주의를 중요하게 생각하고 있다. 과거 왕권시대나 군주시대에는 상업하는 사람들을 낮은 등급의 직업에 종사하는 직종으로 취급하여 왔으며 조선시대에는 정부의 관원을 양반으로 취급하였고 가장 아래 등급에 종사하는 사람들을 상인으로 취급하였다. 그러나 현대 국가를 운영하는데 경제가 차지하는 비중이 막대하다는 것은 누구나 다 아는 상식이다. 그러므로 경제는 국가의 흥망을 결정하는 척도가 되었다. 이러한 이론에 근거하여 자유주의 정치학에서는 경제 체제의 기초인 시장 자본주의와 정치체제의 기초인 자유민주주의를 대신할 대체 이데올로기는 지구상에 존재하지 않는다는 주장을 피력하고 있다.

2) 신자유주의

19세기까지 자유주의 정치학에 있어서는 국가가 경제의 영역을 간섭하거나 침범하는 일을 강하게 경계했다. 그러나 19세기 말에 들어와 생산의 불안정과 경기변동의 급변으로 사회의 불안정을 경험하게 됨으로 이를 제압할 수 있는 국가의 힘을 필요로 하게 되었다. 그리고 20세기로 넘어와 두 번에 걸쳐 경제를 피폐하게 만든 세계 대전을 통해 국가가 경제를 통제해야 함을 절실히 느끼게 되었다. 또 한편으로 사회주의 국가에서는 극심한 국가의 경제적 통제로 인하여 자유 시장 경제가 패망을 당하고 말았다. 이와 같은 자유경제와 사회주의 경제의 양극을 극복하고 일어난 새로운 시장경제를 통제할 수 있는 정치학이 등장하게 되었는데 그것이 신자유주의이다. 독일에서는 2차 대전 직후 질서를 강조하는 자유주의가 등장하였고, 1980년 영국에서는 경제에 대한 과도한 정부개입의 부작용을 일으킨 사례를 타개하기 위해 제 3의 정책을 수립하였고, 그리고 1998년 김대중 정부는 금융위기를 탈출하기 위해 경제 분야의 개혁을 추진하면서 영국의 제 3의 경제정책을 추구 하였다. 제 3의 경제정책이란 중앙정부의 축소, 지방정부의 활성화, 정부규제 완화, 공기업의 민영화, 그리고 생산적 복지정책 등이다. [133]

3) 보수주의

정치적으로 보수주의라는 의미는, 버크(Edmund Burke)[134]에 의하면, "인간은 하나님 앞에서 평등하나 신체적 또는 정신적인 면에 있어서는 불평등한 요소들을 가지고 태어난다. 이러한 불평등은 구조화된 사회질서, 지배자, 그리고 피지배자의 구별을 통해 형성된다. 인간은 불완전하며 죄를 지을 수밖에 없고 이성을 가지고 있는 반면 감성도 가지고 있다. 미래와 관련된 인간의 행위는 역사적인 경험으로 증명되어야 하며 인간이 측정할 수 없는 위험에 방치되어서는 안 된다. 그리고 진보적인 관점은 긍정적인 측면에서 뿐만 아니고 부정적인 측면에서도 고려되어야 한다."[135]라고 주장함을 볼 수 있다. 그런 의미에서 정치적 보수주의 이데올로기는 정치적 전통으로부터 급격한 변화를 꺼려하는 사상이라고 볼 수 있다. 자신이 믿는 정치적 이념을 변경시키는 일에 대하여 매우 부분적이며 점차적인 변화를 강구하기 때문에 지배

---

133) Ibid, pp.65-66.
134) 버크(Edmund Burke, 1729-1797)가 주장한 정치적 보수주의에 관한 요점을 "한용수 저, 정치학 개론, 서울 서대문구, 세창출판사, 2018년 6월, p.67"에 소개하고 있다. "버크는 1789년에 발발한 프랑스 혁명에 대항하는 글을 발표함으로 보수주의 정치학의 이데올로기를 발전시켰다. 그가 1790년에 발표한 글(Reflections on the Revolution in France)은 프랑스 혁명을 보는 국민들의 태도가 긍정적인 면이 갈수록 강하게 나타났으나 이 혁명에 대해 회의적이고 거부적인 방향으로 선회하는데 크게 기여했다." 라고 소개하고 있다.
135) 한종수, 정치학 개론, 서울 서대문구, 세창출판사, 2018년 6월, p.67.

계급이나 엘리트 계급의 유익을 옹호하는 입장에 서 있다. 그러므로 정치적 보수주의를 옹호하는 자들은 경험과 역사는 언제나 정치행위를 위해 건전한 기초를 제공하며 전통은 인간 사회를 인도하는 진리로 간주하고 있다.[136) 고 생각한다.

보수주의의 유형을 살펴보면 몇 가지 이론이 대두되는데 다음과 같은 것들이 있다.

첫째; 자유주의적 보수주의이다. 영국에서 발전된 이념으로 개혁적 보수주의라고도 명명된다. 시민계급이 주도하는 자본주의 사회와 공생하는 토지를 소유한 귀족출신들이 주축이 되어 경제적 사회의 기반을 두고 있는 정치제도이다.[137)

둘째; 낭만적 보수주의이다. 낭만주의적 국가 정치 이론은 개인주의에 기초한 계약설을 거부하는 방향으로 나간다. 이는 독일이 유지해온 봉건적 신분사회와 제후 국가를 옹호하는 이념으로 발전하였다. 사색적이고 이상주의적인 국가관과 독단적인 전통을 중시하는 사상이 공존하고 있다.[138)

셋째; 단호한 보수주의이다. 혁명에 대한 적극적 반대이론을 주장하며 해방운동을 제거하는 이데올로기를 주장한다. 주로 라틴계 국가에서 선호하는 이념이며 절대적 왕권국가의 완전한 권력의 장악과 군대, 관료, 그리고 교회 등이 함께 협력하여 완벽한 지배체제를 추구하는 정치제도이다.[139)

넷째; 사회적 보수주의이다. 단호한 보수주의에서 강하게 거절하는

---

136) Ibid, p.68.
137) Ibid, p.69.
138) Ibid, pp.69-70.
139) Ibid, p.70.

사회적 해방운동을 수용하는 입장이다. 온건한 보수주의 형태를 말한다. 사회주의 개념을 가지고 생각하고 행동하는 노동자 계급의 존재를 인정하고 있으나 계급투쟁이 자리를 잡을 수 없는 조화와 정의가 지배하는 사회질서를 목표로 삼고 있는 정치제도를 추구한다.[140]

다섯째; 신보수주의이다. 이는 전통을 계승하면서 현 상태를 유지하려는 보수주의의 본질을 이어 가면서 새로 일어난 사조와 이념적 경향에 대응하는 새로운 노선을 말한다. 그러므로 신보수주의가 강조하는 내용은 시대와 지역에 따라 다양하게 나타나기 마련이다.[141]

4) 사회주의

사회주의(Socialism)라는 개념은 공산주의의 대명사처럼 불리어져 왔으나 마르크스주의, 레닌주의, 마르크스-레닌주의, 스탈린주의, 모택동주의, 유로공산주의, 주체사회주의, 사회민주주의, 그리고 민주사회주의까지 총괄하여 이데올로기적 사회주의를 말한다. 사회주의는 본질적으로 자본주의(Capitalism)를 반대하는 개념으로 인간의 생활 관계를 개인주의에 기반을 둔 이데올로기가 아니고 공동의 사회적 개념에 두는 공통적 관계에 집중하는 사상이다. 주체사회주의는 북한에서 1950년 초에 발생한 것으로 김일성의 가족을 우상화하여 주체사상의 신앙화를 강요한 이념이다.

사회주의의 정치제도도 여러 가지가 있다.
첫째; 공상적 사회주의와 과학적 사회주의가 있다. 이는 마르크스

---

140) Ibid, p.71.
141) Ibid, p.71.

주의(Marxism) 이전에 일어난 이상주의적 사회주의였다. 자본주의적 불평등을 경제 질서의 오류로 보고 경제적 평등사회의 건설을 꿈꾼 이상사회의 실현을 주장한 사상이다. 경제적 평등이 사회의 정의를 실현한다고 주장했다.[142]

둘째; 과학적 사회주의는 마르크스(Marx) 사회주의로 명명할 수 있다. 헤겔(Hegel)의 정(Thesis), 반(Antithesis), 그리고 합(Synthesis)의 법칙에 의한 역사적이며 사회적 발달 과정을 합리적으로 분석한 이데올로기를 인용하여 사회주의를 합(Synthesis)의 결정체로 보는 이념이다. 마르크스주의자들은 사회주의가 자본주의를 대체하여야 한다고 제안하는 것뿐만 아니라 과학적 분석에 따라 사회주의가 필연적으로 자본주의를 대체시켜야 한다고 주장한다.[143]

셋째; 혁명적 사회주의다. 이는 자본주의와 연관을 가지고 있는 지배계급의 이익을 추구하는 즉 구제받을 수 없는 국가의 정치와 사회체제는 혁명을 통해 전복되어야 하며 이는 사회주의를 실현할 수 있는 유일한 방법이라고 주장한다. 공산주의 전통을 이어받은 계통이 여기에 속한다.[144]

넷째; 개혁적 사회주의이다. 이는 의회사회주의를 지칭하는데 민주사회주의라고도 말한다. 선거에 의한 사회주의의 실현을 도모하는 이데올로기적 흐름을 추구한다. 이 흐름은 동의, 입헌정치, 정당의 자유경쟁, 자유선거 등 자유민주주의의 기본 원칙을 수용한다.[145]

다섯째; 근본주의적 사회주의이다. 이는 질적인 면에서 볼 때 자본주의와 다르다고 생각하며 자본주의 체제를 폐지시키고 대체할 수 있

---

142) Ibid, p.74.
143) Ibid, p.74.
144) Ibid, p.75.
145) Ibid, p.75.

는 정치제도를 추구한다. 마르크스주의적 공산주의가 바로 근본주의적 사회주의인데 공동소유를 사회주의의 근간으로 여긴다.

여섯째; 수정주의적 사회주의이다. 자본주의적 시장경제의 효율성과 사회주의의 도덕적 이상주의를 조화시키려 한다. 이는 자본주의의 폐지가 아닌 개혁을 추구한다. 사회 민주주의가(Social Democracy)가 이에 속한다.

여기서 한 가지 반드시 짚고 넘어가야 할 문제가 있다. 그것은 다름 아닌 마르크스(Marx)적 공산주의에 대한 문제점을 지적하지 아니할 수가 없다. 무신론자인 마르크스는 모든 문제를 물질적 개념에서 인간사회를 해결하려고 했다. 그것도 사실 물질적 개념과는 거리가 먼 헤겔(Hegel)의 관념론(Idealism)인 변증법(Dialectics)을 채용한 이론이다. 관념론은 물질세계의 이론에 해당될 수 없는 역사적 사관이다. 그런데도 마르크스는 정신이 아닌 물질이 변증법을 고양시킨다는 엉뚱한 생각을 했다. 그는 경제 또는 생산 체계 내에서 발생한 내적 모순은 계급간의 적개심에 투영되며 내적 모순과 갈등에 의한 변증법적 과정을 거쳐 역사는 앞으로 진행한다는 아주 비 현실적인 주장을 내 세웠다. 구체적으로 말해서 계급사회에서 가장 기술적으로 발달된 자본주의는 프롤레타리아 혁명에 의해 전복될 운명을 지니고 있으며 이 혁명은 결국 계급이 없는 공산사회의 건설로 귀결된다는 꿈을 꾸는 것과 같은 주장을 하였다.[146]

레닌은 공산당을 이상적인 정당으로 간주하여 노동자 계급의 전위대로 지칭하였다. 당시 러시아의 산업이 발달하지 못한 상황을 고려하

---

146) Ibid, p.76.

여 동맹이론을 제시하였다. 즉 혁명이론을 제창하였는데 혁명의 잠재
력을 봉건 세력에 의해 억압받는 산업노동자들로 부터 농촌의 임금노
동자에게까지 확대 시켰다. 이 억압받은 노동자들이 동맹하여 자본주
의적 제국주의를 건설할 것을 주장하였다.[147] 이러한 마르크스-레닌주
의는 사람의 귀를 유혹하는 이론이 되어 경제적 평등과 그 평등에 의
한 제국주의를 제창함으로 모두가 다 같은 부를 누리고 살 수 있다는
유혹에 빠지게 되어 거의 1세기 동안 수많은 인명의 피와 땀을 앗아갔
다. 일반 대중들은 공상적인 경제 이론 뒤에 제국주의라는 폭군 정치
가 도사리고 있다는 사실을 간과한 것이다. 폭군정치를 수용하게 된 근
본적인 원인을 분석하면 경제적 평준화라는 미명아래 우민정치를 통
한 정치권력의 집중화와 당을 통한 권력의 중앙 집권제를 강화하게 된
제도를 이용하였기 때문이다. 강력한 중앙 집권제는 공동 소유와 경제
적 계획에 관한 비효율성을 가져오게 한다. 경제정책이 각 지방으로 구
체화 될 수 없는 구조적 허점을 가지고 있다는 말이다. 강력한 중앙 집
권제는 일부에게만 권력의 집중화가 형성되기 때문에 소수의 자기보
호 경영으로 정치체제가 경직화 되고 지방정부에는 일반 사회와의 유
통구조가 형성되기 어려운 문제점을 가속화하게 된다. 그 문제점은 공
동생산이라는 이념만 남게 되고 개인이 원하는 경제적 욕구를 충족시
키지 못하게 된다.

　　이제 사회주의 국가의 현 상태를 점검해 보면 유럽의 동구권에 속
한 국가들은 러시아를 비롯하여 거의 붕괴된 상태이다. 동양에서는 중
국과 북한이 남아있는데 중국에서의 정치제도는 사회주의를 표방하고
있으면서 경제문제에 있어서는 자본주의를 상당부분 수용하고 있다.

147) Ibid, p.78.

이러한 모순이 언제인가는 문제점으로 돌출 될 수 있다고 본다. 북한에서는 주체사상의 사회주의를 표방하고 있는데 김일성 일가의 우상주의로 말미암아 정치적으로 그리고 경제적으로 이 지구상에서 가장 폐쇄적인 제도를 시행하고 있는 집단이다. 한번 물고가 터지게 되면, 많은 물이 담수되었던 저수지가 무너지듯, 김정은의 정치제도가 단숨에 무너질 것이다.

5) 민족주의

정치적 의미에서 민족주의(Nationalism)라는 의미는 민족이 정치 조직의 중심이라는 뜻이다. 민족은 국가를 구성하는 가장 적절하고 정당성을 가진 통치 단위라는 근거를 가지고 있다. 모든 독립된 국가들은 하나의 민족으로 구성되어야 된다는 원리를 신뢰하고 있다. 그러므로 민족주의 정치제도는 어느 이데올로기나 체제와도 쉽게 결합할 수 있는 속성을 가지고 있다. 역사를 통해 볼 때 민족주의는 국가를 재구성하는데 큰 영향을 끼쳤다. 한국도 단일 민족으로 하나의 국가를 형성하는데 큰 원동력이 되었다. 1990년대 소련, 유고슬라비아, 그리고 체코슬로바키아 등 연방 형태의 국가들이 분열된 원인은 민족의 단위가 형성되었기 때문이라고 볼 수 있다.[148]

6) 무정부주의

유럽에서 문예부흥(Renaissance)을 통한 산업혁명이 급하고 강하게 진행되어 갈수록 빈부의 격차는 벌어지게 되어 권력은 국가의 중앙

---

148) Ibid, pp.83-84.

정부에 집중되어 갔으며 법, 제도, 그리고 관료제의 조직은 중앙 집권제로 강화되어 감에 따라 개인적 자율성은 반비례적으로 축소되어 갔다. 이러한 정치적 토양은 반동적으로 무정부주의를 불러오고 있었다. 무정부주의의 이념은 모든 정치기구와 법제도는 불필요하며 오히려 타도의 대상이다.[149]라는 주장이다.

대부분의 무정부주의자들은 정부에 관여된 권위적 기구가 약화되거나 완전히 소멸되기를 원한다. 그렇다고 그들이 무질서 상태를 원하는 것은 아니라고 주장하여 스스로의 모순을 드러내고 있다. 그들은 사회의 자율적 조직에 의한 자연적 질서를 강조할 뿐이다. 그럼에도 불구하고 일반 사람들이 현실사회에서 무정부주의를 바라보는 시각은 전혀 다르다. 그 이유는 무정부 상태는 무질서를 동반한다고 생각하기 때문이다. 무정부주의자들은 무정부주의야 말로 인간의 자치를 강조하는 가장 순수한 형태의 민주주의라고 강변하지만 일반 사람들은, 무정부주의는 다수가 원하는 지배체제라는 이유를 들어 대의민주주의(代議民主主義)를 거부하기 때문에, 비민주주의라고 생각한다.[150]

7) 종교적 근본주의

교회와 국가를 다루는 주제에서 깊이 있게 고려할 문제는 **종교적 정치제도이다.** 근본주의(Fundamentalism)라는 말은 20세기 초에 북미에서 일어났던 자유주의에 대항하기 위해 기독교의 근본원리 5대 교리를[151] 지칭하는 의미를 넘어 종교적 포괄적인 의미를 가지고 정치제도

---

149) Ibid, p.85.
150) Ibid, p.85.
151) 뉴욕 오번(Auburn)에서 성경의 무오설과 함께 칼빈주의적 교리를 부정하여 교단으로부

에 적용하고 있다. 일반적으로 **근본주의라는** 말은 절대적인 권위를 가진 진리라고 인정하는 원초적인 이데올로기를 말한다. 정치적 이데올로기적 개념으로 종교적 근본주의를 정의하면 종교와 정치의 구분을 고려하지 않고 일치의 이념으로 생각한다. 즉 모든 종교적 원리가 국가의 정치적 조직에까지 근본원리로 수용되어야 할 것을 말한다.

현재 중동의 여러 국가들 가운에 일어나고 있는 종교적 근본주의 정치제도는 종교적 원리가 국가의 경제, 법, 그리고 행정부까지 장악하고 있는 형편이다. 1979년 이란에서 발생한 이슬람 근본주의 혁명은 일부 북 아프리카와 동남아 지역에 이르기까지 그 영향력을 끼치고 있다. 이미 미국의 기독교적 근본주의, 이스라엘의 유대교적 근본주의, 인도의 힌두교적 근본주의, 스리랑카의 불교의 근본주의 등의 종교적 원리가 국가의 정치에 큰 영향을 끼친 사실이 있지만, 정교분리라는 관점에서 볼 때, 이들의 종교적 근본주의가 국가의 정치에 영향을 끼친 정도는 한계를 가지고 있다고 볼 수 있다. 즉 종교적 교리가 국가의 제도적 정치에까지 통째로 그 영향력을 행사하지 않고 있다는 말이다. 그러나 정치학이 발달되지 못한 국가일수록 종교적 근본주의가 국민들에게 강력한 영향을 끼치고 있다.

종교의 교리를 국가의 정치에 액면 그대로 적용할 경우 국민들로 하여금 정치적 적극성을 일으키게 한다. 그러나 종교의 원리는 절대성을 요구하고 있기 때문에 국가의 정치에 적용할 경우 전체주의적인 과

터 제명된 자들이 모여 5가지 성경교리(1. 전적 타락(Total Depravity) 2. 무조건적 선택(Unconditional Selection) 3. 제한적 속죄(Limited Atonement) 4. 불가항력적 은혜(Irresistible Grace) 5. 성도의 견인(Perseverance of Saints)를 부정하고 나선 선언이다. 이를 명명하여 오번 선언(Auburn Affirmation)이라 한다.

격주의를 일으키는 경우가 허다하다. 특히 종교적으로 근본주의를 강조하면 할수록 호전적으로 기울어지며 폭력에 의한 희생자들을 양산해 냈다. 중세에 로마 캐톨릭의 교황과 국가의 제왕들 사이에 정종(政宗)의 유착은 수많은 인명피해를 발생시켰고 중동의 이슬람 종교 국가주의는 역시 많은 사람들의 피를 흘리게 하고 있다. 그들의 종교적 원리에 어긋나게 되면 가차 없이 천하보다 더 귀한 인간의 생명을 처단해 버리는 폭력의 정치로 자리 잡게 하고 있다. 2천년의 교회역사를 탐구해 보면 기독교 이외의 종교가 국가의 정치를 좌지우지할 때는 국가의 발전이 미개한 상태에 머물러 있을 수밖에 없었다. 그러나 국가의 정치제도와 기독교의 정치제도의 분리를 유지하면서 종교적으로 기독교를 중심한 국가는 번영과 안정을 가져왔다. 일방적인 종교의 근본주의를 가감 없이 국가의 정치제도에 적용할 경우 인간의 편협한 절대주의가 정치에 도입하게 되어 많은 인명피해를 가져왔다. 성경은 말씀하고 있다. 각 개인의 자유적 인권을 강조하고 있다. 국가의 관원들이 과부와 고아를 신원할 것을 명령하고 있다. 인간의 영혼이 하나님 앞에서 누구나 평등하다는 것도 명령하고 있다. 한 영혼이 천하보다 귀하다고 말씀하고 있다. 나아가 누구나 국가의 권위에 순종할 것을 명령하고 있다. 국가의 관원들을 향해 반항하는 것을 종국에 가서는 하나님의 권위에 도전하는 일이라고 말씀하고 있다. 또한 국가의 관원들이 연약한 자들을 위해 공의와 공평을 수행할 것을 명령하고 있다. 종합적으로 결론을 정의하면 최대한 개인의 인권을 강조하면서 최대한 국가의 권위를 강조하고 있다. 그렇게 되기 위해서는 교회와 국가는 종교적으로 철저하게 기독교화 되어야 하고 정치적으로 교회와 국가는 서로 견제하고 협력하는 제도를 각자가 유지하면서 하나님 중심의 정치를 유지해 나가야 할 것이다.

2. 정치의 체제

인간이 하나님으로부터 창조함을 받은 이래 가정이 확장되어 감에 따라 족장중심의 정치에서 국가 중심의 정치로 발전되어 갔다. 그 정치는 생존과 전쟁의 수단으로 자리매김 하였다. 이로 인하여 정치는 다양하게 발전되어 왔다. 그러므로 완전한 정치체제를 정의한다는 것은 사실상 무의미하다. 다양한 정치체제 가운데 가장 유용한 제도를 국민의 위치에 따라 적용하는 것이 좋은 것으로 생각되어진다.

1) 자유민주주의 체제

자유민주주의 정치체제는 고대 그리스시대 까지 올라간다. 민주주의라는 말은 헬라어인 demokratia(Democracy)로부터 유래된 것이다. 그 단어를 분석하면 demos(국민) kratia(통치)라는 합성어이다. 그러므로 민주주의라는 말은 국민의 통치라는 의미를 담고 있다. 당시의 민주정치라는 개념은 권력에 대한 평가를 어떻게 내리느냐에 중점을 두고 있었다. 권력이 한 사람에게 집중된 군주정치 또는 소수에 예속된 귀족정치와 구별되는 개념으로 인식되었다. 현대에 들어와 민주주의 정치는 18세기 계몽주의 시대를 통해 발전을 보았다. 19세기에 넘어와서는 민주주의 쟁취를 위한 투쟁의 목표가 정치로 발전되었다. 이후 민주주의는 아무도 감히 이의를 제기할 수 없는 보편적 가치를 지닌 정치제도로 자리를 잡아갔다.[152]

---

152) 한종수, 정치학 개론, 서울 서대문구, 세창출판사, 2018, 6월, pp.93-94.

역사적으로 민주주의는 자유주의적 요소와 사회주의적 요소를 함께 수용해 왔다. 오늘날의 민주주의는 자유와 평등을 기본 가치로 받아들이고 있다. 그렇다고 민주주의가 자유와 평등을 완전한 등가물로 인정한다는 의미는 아니다. 이데올로기의 역사를 탐구해 보면 자유주의와 보수주의 영역에서는 자유를 평등보다 상위에 위치한 개념으로 이해했으며 사회주의 영역에서는 평등을 자유보다 소중히 여기고 그 원칙을 행동강령으로 삼았다. 여기서 자유를 보다 더 소중하게 여길 때 국민에게 가장 적합하게 적용시킬 수 있는 정치제도는 민주주의라는 통념이 대세를 이루었다. 이는 민주주의와 자유주의가 결합하여 자유민주주의를 탄생시키게 되었다. 미국, 영국, 독일, 그리고 한국 등이 자유민주주의 체제를 수호하는 나라들이다. 우리가 주시할 것이 있는데 독일의 정치체제는 여러 가지 이데올로기를 소유하고 있는 정당들이 있다는 점이다. 기독교민주당, 자유민주당, 그리고 사회민주당 등이 그러한 것들이다. 이러한 정당들이 결합하여 정치적 활동을 하고 있다.[153]

　　미국은 주로 공화당과 민주당으로 구성된 양당제도에 의해 여당과 야당의 정치제도가 건국 이래 거의 변함없이 내려오고 있다. 공화당의 정책은 중산층 이상 상류층을 선호하는 정책을 채용하고 있다. 공화당이 주장하는 정치이론은 한 사람의 탁월한 능력이 많은 사람들을 부요하게 할 수 있다는 생각에서 상류층을 중심으로 정책을 실행해 나간다. 민주당은 중산층 이하의 사람들을 중심으로 정책을 실행하고 있다. 국가는 중산층을 늘려 나가야 경제적 평등을 국민들에게 제공할 수 있다는 생각이다. 의료 보험이나 세금 공제도 중산층 이하의 국민들에게 유

---

153) Ibid, p.94.

리하도록 정책을 적용하고 있다. 그런데 미국의 양당제도는 국민들이 정책을 아주 균형 있게 이해하여 어느 당에도 일방적으로 기울어 지지 않도록 대통령과 의회의 의원들을 선출하여 왔다. 과거 한국처럼 한 정당이 장기 집권하도록 투표하는 일이 없으며 투표에 있어서는 절대 부정이 없도록 국민들 간에 서로를 잘 견제하고 있다. 상하원 의회에서도 양당이 거의 비슷한 숫자를 차지하여 왔다. 일본처럼 자민당이 오랫동안 여당으로 자리 잡도록 투표하지 않고 있다. 일본은 명치유신을 앞세워 유럽에 엘리트들을 보내 공부를 시켜 영국의 제도를 도입하였다. 그러나 영국의 민주정치를 흉내만 내고 있다. 세계에서 가장 전체주의적 일원화 정치가 강한 나라가 일본이다. 그렇기 때문에 일본 정부에서 신문방송을 동원하여 악한 정책도 선하다고 선전하게 되면 일본 사람들은 왜인의 근성을 버리지 못하고 그대로 따라가는 습성을 발휘하게 된다. 우리는 왜인의 근성을 깊이 생각하여 그들에게 전적 동의도 할 필요 없고 그렇다고 무조건 그들의 주장을 반대만 하고 나설 필요도 없다. 늑대의 근성을 가지고 여우의 전술을 감추고 외모는 양의 모양을 나타내어 그들을 상대해야 한다.

미국의 의회는 법안을 처리하는데 있어 서로 극단적인 대립상태의 정쟁을 일삼는 경우가 거의 없다. 인신공격이나 상대당의 단점만을 물고 늘어지는 한국의 국회의원들과 같은 행동을 하지 않는다. 정책대안을 통해 옳고 그름을 따지는 의회를 운영하고 있다. 그리고 종국에 가서는 타협점을 도출해 낸다. 만약 도덕적으로 흠점이 있는 경우 스스로 물러나거나 사법적 처리에 따라 깨끗이 정직하게 자신을 정리한다. 정치적 힘을 동원하거나 재력을 통해 야비한 방법으로 자신을 변호하거나 상대방의 약점을 물고 늘어지는 일을 하지 않는다. 한국 국회에서, 법을 만드는 단체의 사람들이, 일반 국민들 보다 스스로 법을 어기는 일을 많이 하는 모순을 범하는 것은 우리 한국이 아직도 기독교적 즉 도덕적 일류 국가의 반열에 들어서지 못하고 있다는 말이다. 물론 미국, 영국, 그리고 독일의 고위직 정치가들도 사람인 고로 여러 가지 스캔들에 말려들기도 한다. 그러나 한국 정치가들의 그것들과는 많은 차이가 있다. 세계에서 최고의 선진국이 되기 위해서는 고위 공직자들이 가장 정직하고, 가장 객관적 입장에서 법을 집행하고, 그리고 가장 참신한 기독교인들로 구성되어야 한다. 이조 500년의 역사를 살펴보면 궁정에서 온갖 모함과 협잡이 난무 하였고, 체면문화가 극을 달리고 있었고, 그리고 백성들은 지방정부와 궁전에 공물을 바치기 위해 뼈가 빠지도록 일했음에도 불구하고 고관들에게 무조건 복종만 해야 하는 정치제도가 집행되고 있었다. 그럴 때 나라는 피폐해 가고 국민들의 마음속에는 반항심이 늘어가게 되어 있다. 그 반항심이 동학란으로 이어지게 되었다. 정치의 통합을 이루어 객관적 집행을 실행하기 위해서는 상대의 당이나, 상대의 직업이나, 그리고 상대의 전문적 견해를 존중해야 한다. 상대의 작은 실수나 잘못된 도덕적 흠집을 침소봉대 하여 자기의 큰 잘못은 깊이 감추고 자신의 영달을 위해 정적을 말살시키는 행위는 반드시 척결되어야 한다. 정치적 이슈를 내어놓고 정정 당당하게 겨루어 승리자가 패자에게 배려하는 정치 풍토를 만들어야 국가가 발전한다. 해방 후 한국의 정치사를 보면 죽이고 죽는 역사를 반복했다. 대부분의 대통령들이 탄핵되고, 퇴임 후에 감옥에 가게 되고, 그리고 피살되기까지 했다. 이런 불행한 굴절의 역사를 반복하지 않기 위해서는 대통령은 물론 고위 공직자들이 절대 정직, 절대 준법, 그리고 절대 국민 존중의 생각을 가지고 정치를 해야 할 것이다.

세계 제2차 재전 후 냉전 시대에는 이데올로기의 대립이 강하게 대두되었다. 그러나 공산권의 붕괴로 사실상 자유민주주의의 승리라고 많은 사람들이 환호했다. 그렇다고 자유민주주의의 완전한 승리라고 말할 수 없는 것은 아직도 세계 처처에 사회주의적 전체주의가 뿌리를 박고 있기 때문이다. 냉전시대에 비해 자유민주주의가 보편적으로 위상이 강화된 것은 사실이다. 이제 다음에 소개하는 내용들이 법적으로 제도적으로 정착되고 또 운영되어질 경우 그 정부는 참다운 자유민주주의 체제를 갖추었다고 말할 수 있을 것이다.

(1) 기본권 보장

인간의 존엄과 가치를 핵으로 하는 국민의 기본권이 최대한 보장되어야 하는데 다음과 같이 구분할 수 있다.

국가 권력에 대한 방어 개념으로서의 자유로서 주거 불침해의 자유, 통신 비밀의 자유, 이전의 자유 법 앞에서의 평등 등이다.

정치적 기본권으로서 언론, 출판, 집회, 결사의 자유와 선거권, 피선거권에 해당하는 참정권의 자유이다.

정신적 기본권으로서 양심의 자유와 종교의 자유이다.

사회적 기본권으로서 인간다운 생활을 영위할 권리, 근로의 권리, 그리고 교육을 받을 권리 등이다.

경제적 기본권으로서 재산권의 보장, 상행위의 자유, 계약의 자유, 그리고 상속권에 관한 자유이다.[154]

---

154) Ibid, p.103.

(2) 대의제도

특별 사안에 대하여 집적민주주의 제도인 국민투표 등을 통치수단으로 채택하여 의회 대표제도 이외의 방법을 규정하여 실행할 수 있으나[155] 자유민주주의를 추구하는 거의 모든 국가들은 대의제도(代議制度)를 기본으로 하는 정치제도를 수행하고 있다. 즉 국민에 의해 선출된 의원이나 대통령 등을 중심으로 대의기관을 구성하고 이들 대의기관으로 하여금 안건과 실행할 방안을 판단하여 국가정책을 결정하고 집행하게 한다.[156]

(3) 법치주의 제도

역사적 흐름을 통해 법치주의를 살펴보면 산업화와 시민계급의 경제적 그리고 정치적 상승과 더불어 발전되어 왔으며 봉건적 절대주의의 정치적 전횡에 종지부를 찍었다. 한 마디고 말하면 법치국가의 원리는 사람에 의한 지배가 아닌 법에 의한 지배를 말한다. 구체적으로 말하면 법치국가에서는 기본권이 보장되고, 법에 의한 평등권이 실현되며, 법을 통한 제반 행위가 예측 가능하게 되고, 권력의 분립이 시행되어야 한다. 현대적 의미의 법치국가는 오직 정해진 법에 따라 움직이는 형식적 법치주의를 넘어 실질적 법치주의를 지향한다. 즉 법과 정의가 결합된 실질적 법치주의는 자유, 평등, 그리고 사유재산의 보호를 특징으로 간주하고 있다.[157]

---

155) 대한민국에서는 외교, 국방, 그리고 통일 등 기타 안전에 관한 중요정책에 있어 임의적으로 국민투표 제도와 헌법개정안에 대한 필수적 국민투표 제도를 채택하고 있다.

156) 한종수, 정치학 개론, 세창출판사, 서울시 서대문구, 2018년 6월, p.104.

157) Ibid, p.104.

(4) 정당의 자유경쟁 보장

정당은 국민과 국가를 이어주는 교량의 역할을 한다. 서로 정치적
으로 다른 이념, 세계관, 그리고 정책을 가진 정당들이 자유경쟁을 통
해 국민의 선택권을 가질 수 있도록 폭이 넓은 제공의 길을 열어준다.
이러한 자유경쟁이 이루어지기 위해서는 정당의 생성과 활동이 보장
되어야 한다. 경쟁하는 정당들은 서로의 존재를 인정하는 상대주의를
수용해야 한다. 객관적으로 상대를 인정하지 못하게 되면 정당 활동에
관한 자유민주주의의 근간을 해치게 되어 민주주의 자체의 존립을 거
부하는 결과를 가져오게 된다.[158]

(5) 자유선거

선거는 대의정치(代議政治)를 수행하기 위한 필연적인 수단이다.
자유민주주의에서는 선거의 4대 원칙인 보통선거, 평등선거, 직접선
거, 그리고 비밀선거가 준수되어야 한다. 자유선거는 복수의 후보자
가 경쟁하는 것을 원칙으로 한다. 또한 선거권뿐만 아니라 피선거권
도 보장되어야 한다. 유권자의 자유의사를 해치는 금권선거나 관권선
거 등의 각종 불법선거는 자유선거 원칙에 위배되므로 절대 금지되어
야 한다.[159]

(6) 다수결 원칙

---

158) Ibid, p.104.
159) Ibid, p.105.

자유민주주의 체제 아래에서 모든 구성원의 동의를 얻게 되면 어떤 안건에 대한 극대화를 꾀하게 된다. 그러나 전원이 동의하는 만장일치의 합의는 현실적으로 불가능하다. 만약 전원 합의 동의가 필수적이라면 어떤 결정이 장기적으로 지체되거나 불가능하게 되어 국가는 공동적으로 법의 집행을 진행할 수 없게 된다. 그러므로 다수의 의견이 관철되는 다수결 원칙은 자유민주주의 사회에서 보편화 되어 있다. 다수에 대한 결정은 그 방법에 따라 가중다수결 즉 2/3 이상의 찬성, 절대다수결 즉 과반 수 이상의 찬성, 또는 상대다수결 즉 비교 다수결을 인용하게 된다.[160]

(7) 권력의 분립

국가의 권력은 입법, 사법, 행정으로 나누어져 각각 독립된 기관을 형성하며 해당된 직무를 수행한다. 이들 각 기관은 상호 견제와 균형을 이루게 되어 국가 권력의 집중과 남용을 막을 수 있다. 문제는 형식적으로 삼권이 분립되어 있을지라도 독재권을 행사하려는 대통령에게 정치적 힘이 집중되어질 경우 의회가 행정부의 들러리 역할을 하게 되거나 사법부의 독립이 행정부의 시녀 역할을 하게 될 경우 국가는 급격히 타락의 길로 기울어지게 된다. 현대 자유민주주의 정치제도를 적용하는 국가에서는 수평적 권력 분립의 제도인 입법, 사법, 그리고 행정부의 권력을 분립하는 제도뿐 아니라 수직적으로 권력을 분립하는 지방자치제도를 적용하는 것이 일반적인 추세이다. 미국이나 독일과 같은 나라는 연방제를 실시하여 권력의 분산을 꾀하고 있으며 한국이나 일본 같은 나라는 지방자치제도를 채택하여 지방 분권화를 실시하고

---

160) Ibid, p.105.

있다. 그럼에도 불구하고 일본은 정치적 이념이 이슈가 될 경우 지방자치의 실권자들은 무조건적으로 중앙집권의 정책에 순응하고 있다.[161]

(8) 자유언론과 자유결사

현대 자유민주주의 사회에서는 언론이 제 4의 권력이라고 말한 정도로 그 역할과 사회에 미치는 영향력이 지대하다. 언론은 사실보도 외에 권력을 통제하고 여론을 조성하여 정책결정에 영향력을 행사한다. 권력에 종속되지 않은 자유언론이 건재하게 되면 민주주의는 살아있다고 말할 수 있다. 또한 각종 이익단체 및 시민단체와 같은 사회조직의 형성과 활동이 보장되어야 한다. 이들 조직은 국민의 의사를 구성하고 표출시킨다. 그리고 국가의 정책 결정기관은 이들을 통해 국민이 무엇을 원하는지 진정된 내용을 통해 알 수 있다. 최근에 이르러서 제5의 권력으로 일컬어지고 있는 시민 단체의 활동과 역할은 많은 국민의 주목을 받고 있다.[162]

(9) 정당성 확보

민주주의는 적법성(Legality)과 더불어 정당성(Legitimacy)을 확보해야 한다. 적법성은 법에 합당한가를 요구하는 형식적인 요건이라면 정당성은 권력에 대한 국민의 내적인 확신을 묻는 실질적인 요건이라고 말할 수 있다. 민주주의는 동의와 신뢰를 바탕으로 하고 있다. 이러한 동의와 신뢰가 충족되었을 때 그 정부의 권력은 정당성을 확보했

---

161) Ibid, p.105.
162) Ibid, p.105.

다고 말할 수 있다.

2) 전체주의 체제

전체주의라는 말은 1920년대 전반기에 이탈리아에서 자유주의, 민주주의, 그리고 캐톨릭을 신봉하는 사람들이 파시즘 체제에 반대하는 글을 언론에 게재하면서 그 특징을 표시하는 개념으로 **전체주의(Tetalitarianism)**라는 용어를 처음 사용하게 되었다.

(1) 전체주의의 개념과 적용

전체주의는 국가와, 특히 민족주의 국가와, 사회라는 전체를 위하여 부분에 해당하는 개인과 단체의 희생을 당연하게 생각하고 이들의 종속과 복종을 요구하는 이데올로기이다. 부분을 우선권으로 간주하기보다 전체의 우선권과 우월성을 강조하여 개인의 이익보다 전체의 이익을 전면에 내세우며 집권자의 지도력을 우선시하고 선전과 조작으로 개인의 자유를 억압하며 통제하는 체제이념이다. 전체주의는 개인과 사회 전반에 걸쳐 정치적 수단을 통해 절대적인 권력을 추구한다는 점에서 독재정치(Autocracy)나 권위주의(Authoritarianism) 정치와 구별된다. 1950년대 이후 우익의 정치 이념을 추구하는 세계에서는 물론 공산주의를 추구하는 정치권에서도 전체주의를 수납하기 시작했다.[163]

(2) 파시즘과 나치즘

---

163) Ibid, p.107.

파시즘(Fascism)이라는 말은 이탈리아어의 파쇼(Fascio)에서 유래 된 말인데 파쇼라는 말은 결속을 의미한다. 1919년 무솔리니는 파쇼라는 단체를 조직했으며 1929년 이를 파시스트당으로 개명했다. 파시즘(Fascism)이라는 말은 당의 체제이념을 대표하는 용어로 자리 잡았다. 독일 노동당은 나치당의 전신이다. 히틀러는 1919년 독일 노동당에 가입하여 정치활동을 시작했다. 당시 노동당은 반(反) 자본주의, 반(反) 의회주의, 반(反) 공산주의, 그리고 반(反) 유대주의를 표방하는 극우정당이었다. 노동당은 1920년 민족사회주의 독일노동당으로 이름을 바꾸었으며 히틀러는 1921년부터 실질적으로 이 당을 이끌어 나갔다. 나치즘(Nazism)이라는 용어는 이 당이 표방하는 민족사회주의(National-Sozialismus)라는 이념을 말한다.[164]

세계 제 2차 세계 대전이 끝남과 동시에 파시스트당과 나치당은 이 지구상에서 사라졌다. 그러나 그 이후 유럽에서 그것들과 유사한 극우 정당이 여러 곳에서 출현하였고 지금까지 활동하고 있음이 목격되고 있다.[165] 즉 네오파시즘(Neo-fascism)이라고 총칭되는 이데올로기는 카리스마적 지도력, 전체주의, 극단적 인종주의와 거리를 두고 있다고 말한다.

---

164) Ibid, p.108.
165) Ibid, p.109에서 소개하고 있는 유럽에서의 신(Neo) 파시즘과 나치즘에 대한 실제적 사건은 아직도 독재적 전체주의가 유럽에 존재하고 있음을 대변하고 있다. 독일의 극우당인 공화주의자들은 1989년 베를린 주 의회선거에서 유효표의 7.5%를 획득해 세인들을 놀라게 했다. 2000년 오스트리아에서는 보수당과 친 나치성향의 자유당이 유럽연합(EU)의 경고에도 불구하고 연정을 구성했다. 2010년 스웨덴의 총선에서 극우 스웨덴 민주당은 의회 진출 저지선인 4%를 넘어 5.8%의 득표율을 확보해 원내로 진출하는 이변을 일으켰다. 그 외에 아직도 프랑스에서는 국민전선, 스위스에서는 인민당, 이탈리아에서는 북부동맹, 네덜란드에서는 자유당 등의 극우 정당들이 활동하고 있다.

3) 권위주의 체제

권위주의(Authoritarianism) 정치체제는 왕조적 절대주의, 전통적 독재체제, 그리고 군사정부 등 절대적 통치형태를 총칭하는 개념이다. 극단적인 권위주의 정치를 시행하는 곳은 김일성의 주체사상이 적용되고 있는 북한이 그 대표적인 예이다.[166] 또한 권위주의 체제가 시행되고 있는 나라들은 군사정부 정치가 주로 시행되고 있는 국가들과 주로 미개한 지역 국가들이 대부분을 차지하고 있으며 개발도상국에 많이 집중되어 있다. 그 이유는 정부가 경제적 개발을 위한 중앙 집권제를 요구하게 되고 그 결과 군사정부가 정치의 중심에 들어올 수 있는 여건이 마련되어 있기 때문이다.

보통 권위주의는 자유민주주의 체제와 전체주의 체제 사이에 존재하는 통치형태로 인식되고 있지만 정치적 자유를 억누르고, 반대세력을 압박하며, 그리고 정치적 다양성을 용납하지 않는 개념이다. 단지 권위주의가 원하는 특정 이데올로기를 국가의 모든 부분에 이르기까지 철저하게 인식시키려 하지 않는다는 점에서는 전체주의 제도와는 차이점을 나타내고 있다. 정치의 원리 및 이데올로기의 이념이 뚜렷하지 않다는 뜻이다. 그러면서 권위주의는 명령과 복종에 의존한 정치를 구사한다. 그 결과 근래에는 이념보다는 현실적 이득에 초점을 맞추어 권위주의를 강조하는 경향성을 나타내고 있다. 이것이 바로 새로운 권위주의 체제로 등장하게 되었는데 엘리트 세력을 보호하는 프랑코-스페인의 독재정치는 전통적인 권위주의 정치제도를 선호하는 반면 근래에 새로운 권위주의 정치제도가 등장하게 되었는데 그것은 경제개

---

166) 한종수, 정치학 개론, 세창출판사, 서울시 서대문구, 2018년 6월, p.113.

발을 미끼로 하여 정치적 동원을 강요하는 개발독재의 권위주의가 등장하게 된 것이다. 이러한 형태는 주로 제 3세계에서 가난한 민중에 기반을 두고 경제적 발전을 약속한 페론주의(Peronism) 형태의 독재정치가 바로 그것이다.[167]

3. 국가와 정부

국가(State)를 존속시키고 발전시키는데 있어 정부(Government)는 필수적 조직체로 등장한다. 국가는 일정한 지역에서 국민을 상대로 법적 주권을 행사하는 자주적 독립체이다. 그러나 정부는 이 독립체를 행사하는데 사용되는 통치기구를 말한다. 이미 언급한대로 국가를 구성하는 3대 요소는 국민, 영토, 그리고 주권이다. 이 3대 요소를 간단하게 설명한 후에 정부에 관한 의미를 분석해 보자.

첫째; 국민은 국가의 통치권 안에 존재하지만 국가를 다스리는 인물 역시 국민으로부터 발생된다. 국가가 형성되기 위해서는 그 국가의 시민권을 소유한 자들로 구성된 국민이 집단으로 참여하는 정치공동체를 이루어 주권을 행사해야 한다.

둘째; 정해진 영토를 소유해야 국가의 지위를 누릴 수 있다. 이 영토는 육지만을 말하는 것이 아니고 육지와 연관된 영해와 영공을 포함한다.

셋째; 주권(Sovereignty)은 대내적 최고성과 내외적 독립성을 말한다. 그 국가의 시민으로서 각자의 개인이나 소수의 집단이 국가가 가지고 있는 최고의 주권을 초월한 권력을 소유할 수가 없다. 아울러 하나

---

167) Ibid, p.113.

의 국가는 그 국가 밖의 어떤 다른 국가나 조직으로부터 제약을 받지 않는 독립적인 지위를 가지고 있다는 뜻이다.[168]

그러므로 국가는 반드시 국민을 통치할 수 있는 정부를 소유해야 한다. 정부는 대내적으로 국가를 통치할 권위를 부여받은 조직체이며 대외적으로 국가를 대표하는 기관이다. 국가는 공적 영역에 속한 모든 기관은 물론이고 국가 내에 존재하는 공동체에 속한 모든 조직과 구성원을 포함하여 통치권을 행사할 수 있는 권위를 가진다. 정부는 국가에 예속된 기관이며 국가의 권위를 작동시키는 수단이다. 그러므로 정부의 역할은 법을 제정하고 실행에 옮기며 해석하는 일이다. 정부는 입법 (Legislation), 사법(Adjudication), 행정(Execution)을 포괄하는 개념이지만 집행을 전담하는 행정부(Executive/Administration)를 지칭하여 사용하기도 한다.[169]

1) 국가의 형태

국가는 그 형태에 따라 단일국가, 연방국가, 그리고 연합국가 등으로 구분된다. 통치권이 중앙정부에 집중된 국가를 단일국가(Unitary State)라고 말한다. 이러한 국가는 영토와 국민이 소형의 규모를 구성하고 있을 때 주로 적용되는 국가의 형태이다. 중앙정부가 지방정부를 통제할 수 있는 국가의 형태이다. 해방 후에 대한민국의 정부는 단일국가의 형태를 유지해 왔으나 근래에는 지방 자치제도가 도입된 후 지방정부에게 많은 감독권과 자율권이 부여된 정부 형태를 유지하고 있

---

168) Ibid, p.134.
169) Ibid, p.135.

으나 연방제에는 도달하지 못한 형태를 구성하고 있다. 중앙정부는 지방정부를 강력하게 통제할 감독권을 보유하고 있다. 즉 사무 전반에 걸쳐 개입할 수 있는 권한을 가지고 있다. 지방자치단체가 수행하는 업무에 관하여 중앙정부가 지도와 감독을 할 수 있는 권한을 가지고 있다. 구체적으로 중앙정부의 주무장관은 지방자치 단체장이 행한 명령이나 처분이 법령에 위반되거나 공익을 해친다고 인정될 경우 기간을 정하여 서면으로 시정을 명하고 그 기간 내에 이행하지 아니할 경우 단체장의 명령이나 처분을 취소하거나 정지할 수 있다. 그러므로 한국의 정치형태는 지방자치제를 인정하는 지방 분권적인 중앙 집권제를 시행하는 국가라고 말할 수 있다. 1995년 지방자치제가 시행되기 이전의 한국의 정치형태는 중앙정부의 통제가 엄격한 중앙집권제의 국가였다. 영국의 경우 지방자치단체에 대한 중앙정부의 통제는 입법부와 사법부의 통제가 강하지만 행정을 통제하는 제도는 약하게 정해져 있어 행정은 지방정부에게 많은 권한이 주어져 있다. 프랑스의 경우 모든 분야에 있어 영국보다 더 많은 권한을 지방자치제에 부여하고 있다.

단일 국가의 장단점이 있는데 단일국가에서는 권력이 중앙에 집중되어 있어 강력하게 국정을 수행할 수 있고 국가의 위기나 새로운 환경에 빨리 대처할 수 있다. 국가 전체를 용이하게 통제할 수 있는 법과 정책을 적용함으로 국가의 혼란이나 사회적 부조리를 쉽게 그리고 빨리 처리할 수 있다. 그러나 한편으로 권력의 중앙집권으로 권위주의적 정부를 출현시키게 되며 민주사회에서의 다양한 이해관계가 발생하는 지역, 종교, 언어 등의 얽힌 문제를 통합하기 위해서는 적합한 제도가 아니라는 지적이 지배적이다.[170]

---

170) Ibid, p.143.

연방국가(Federal State)에서는 여러 개의 주정부들이 연방의 구성체를 이루어 한 국가를 형성하고 있다. 주정부는 하나의 국가의 단위를 구성하여 광범위한 조직, 행정, 사법권을 행사한다. 연방정부는 국제적으로 완전한 하나의 국가로서 능력을 행사한다. 그러므로 사법, 재정, 군사, 그리고 행정 등에 있어 주정부의 권한과 연방정부의 권한이 분리되어 있다. 사실상 주정부가 하나의 국가를 형성하고 있다. 그러나 국제적으로 연방국가가 하나의 국가로 주체적 역할을 한다. 연방헌법에 입각한 법률에 따라 연방국가와 지방정부의 정치적 권력이 분할된다. 연방제는 지역, 인종, 종교, 그리고 언어 등의 차이점을 극복하고 사회를 통합하기 위한 국가를 형성할 뿐만 아니라 지리적으로 방대한 영토를 관할하기 위한 방편으로 연방제 국가를 시행한다. 연방제 국가는 흥할 때는 큰 성공을 이룰 수 있으나 국가가 위기에 봉착하거나 이념, 종족, 그리고 지역 사이의 대립이 격화 될 때 붕괴의 위험이 도사리고 있다. 연방정부와 지방정부의 권한 배분에 있어 미국에서는;

첫째; 헌법이 구체적으로 명시한 과세, 전쟁선포 권, 조폐권, 그리고 특허인정권 등 열거한 표현의 권리(Expressed Powers)를 갖는다.

둘째; 헌법에 명시적으로 열거되어 있지 않지만, 인종차별을 금지한 법률과 같은, 함축된 권한을 갖는다.

셋째; 연방정부는 미국을 대표하기 위한 외교 승인권, 입국 규제권, 그리고 영토 획득권 등의 대표권을 갖는다. 동시에 지방정부는 헌법에 의해 연방정부에 위임된 권한과 주정부에 금지된 권한을 제외한 모든 권한을 갖는다.[171]

---

171) Ibid, p.144.

독일의 연방정부와 지방정부의 기본법에 의한 차이점은;

첫째; 연방정부는 배타적으로 연방이 법을 제정할 수 있는 영역이 있다. 즉 외교, 방위, 통화, 관세, 통상, 국경수비, 우편, 철도, 통계 등에 관한 법이다. 한편 주정부의 입법권은 주로 문화 부분인데 학교, 예술, 언론, 방송 등이 이에 속한다.

둘째; 연방정부와 주정부가 경쟁적으로 입법을 제정할 수 있는 영역이 있다. 연방정부가 특별히 법적으로 입법권을 주장하지 않는 한 주정부가 입법권을 행사할 수 있다.[172]

연방국가의 장단점이 있는데 장점으로 단일국가에 비해 중앙과 지방 사이의 수직적 권력의 분립이 뚜렷하여 중앙정부의 권력 남용을 방지할 수 있다. 또한 다양한 이익을 흡수하고 대변함으로 균열사회를 하나의 국가로 결집할 수 있다. 그러나 권력의 분화로 인하여 국가의 체제가 복잡하여 비능률적인 행정이 야기되어 갈등이 일어날 수 있고 국가가 위기에 처했을 때 신속하고 적절하게 대응하기 어려운 점이 등장하여 이념, 인종, 그리고 지역적으로 국가가 분리될 수 있는 위험성이 잠재되어 있다.

연합국가는 여러 개의 국가가 조약을 통해 동맹을 맺어 새로운 국가의 형태를 구성한다. 각 국가들은 독자적으로 일체의 외교권, 사법권, 그리고 행정권을 행사하되 각 국가 사이에 맺은 조약을 준수하는 공동체로서의 국가를 유지한다. 연합국가는 통일된 독일, 우리 대한민국의 남북통일, 그리고 유럽연합을 그 예로 들 수 있다. 독일이나 한국의 통일 국가는 통일된 후의 정치적 통일을 완벽하게 이루어야 하는 문제에

---

172) Ibid, p.145.

대하여 국제적으로 논쟁의 대상이 되었다. 독일이 통일을 이룬 후 정치적, 경제적, 그리고 사상적으로 완전한 통일을 이루지 못했다는 설이 대세를 지배해 왔다. 그러나 한국의 통일은 상당히 다른 입장이라는 의견이 많은 전문가들로부터 제시되고 있다. 그 이유는 남한의 경제력과 기술력이 북한의 노동력과 결합될 때 시너지 효과를 거둘 수 있으며, 정치적으로 북한의 억압된 정체제도 밑에서 압박을 받은 국민들이 남한의 자유와 문화를 이미 상당부분 접하여 깊은 내용을 숙지하여 남한을 동경하고 있으며, 이미 상당한 수의 북한 국민들이 남한에 와서 정착함으로 북한 사람들을 인도하는 길잡이가 될 수 있기 때문이다. 남북의 인구 차이에 있어 남한이 북한의 두 배가 넘기 때문에 경제적 부담을 적게 받을 수 있으며 남한과 북한의 지적 능력과 국제적 감각에 있어 남한이 월등하게 높다는 것이 이점으로 작용할 수 있다는 의견이 제시되고 있다. 그러나 이러한 의견은 실제적 현실 문제에 들어가면 많은 시행착오가 생길 수가 있다는 의견도 제시되고 있다.

    1950년 6개의 국가가 합일점을 이루어 유럽연합(EU) 국가가 탄생했다. 2007년에는 27개국이 되어 5억 명을 상회하는 거대한 연합국가로 발전했다. 유럽연합의 정책분야는 상품, 서비스, 노동력, 그리고 자본 등의 왕래가 자유롭게 보장되어 있다. 또한 공동통화(Euro)와 함께 상업, 에너지, 환경, 소비자 보호 등 다양한 분야에 이르기 까지 교역의 영역을 포함하고 있다. 나아가 1985년 이후에는 국경 철폐와 공동외교 안보정책(CFSP) 등을 공동화 하고 있다. 위에 언급한 정책들은 각 국가의 법보다 상위에 존재한다. 그러나 유럽연합국가의 형태는 결속의 개념에서 볼 때 독일이나 미국과 같은 연방국가에는 미치지 못한다.[173]

---

173) Ibid, p.151.

2) 정부의 형태

정부의 형태는 보통 두 가지로 대통령 중심제와 의원내각제로 분류된다. 정부의 개념을 논할 때 좁은 의미에서 행정부에 한하여 사용되고 있으나 넓은 의미에서는 입법부와 사법부를 포함한다.

(1) 대통령 중심제

대통령 중심제는 18세기 말 영국으로부터 독립한 미국에서 창시되어 발전한 제도이다. 삼권분립이 엄격하게 지켜지는 제도이다. 미국에서는 선거인단에 의해 간접선거를 통해 대통령을 선출하고 있으나 한국에서는 직접으로 선출하는 제도를 채택하고 있다. 어느 선거제도를 채택하느냐에 상관없이 행정권이 대통령에게 집중되어 있다. 기능이 분화되어 있는 의원 내각제와 다르게 대통령은 국가의 원수이면서 행정부의 수반이다. 의회의 구성원은 대통령의 영향권 아래 있는 자리를 겸할 수 없는 경우가 일반적이다. 국민의 대표가 되는 의원이 정부의 공직을 맡게 되면 대통령에게 종속되고 겸직으로 인한 부패를 방지하려는 의도이다. 그러나 의원 내각제에서는 의원이 정부의 수장인 수상과 각료가 되는 것이 일반적이다.

권력 분립의 원칙에 따라 대통령 중심제 아래 있는 행정부는 법안의 발의권을 가지고 있지 않다. 대통령은 의회에서 가결된 법률안에 대하여 거부권을 행사할 수 있다. 반대로 의회는 대통령을 탄핵할 수 있는 권한을 가진다. 의회는 대통령을 불신임 결의로 소환할 수 없으나 대통령이 헌법이나 법률을 위반할 경우 탄핵(Impeachment)을 의결할 수 있다. 한국의 대통령 중심제는 다음과 같이 부분적으로 의원내각제를 수용하고 있다.

A. 국무총리는 국회의 동의를 얻어 대통령이 임명한다.
B. 국회는 국무총리 또는 국무위원의 해임을 대통령에게 건의할
수 있다.
C. 국회의원이 국무위원인 장관을 겸할 수 있다.
D. 국회 위원회의 요구가 있을 때 국무총리, 국무위원, 그리고 정부
의 위원은 국회에 출석하여 질문에 답변해야 한다.
E. 국회의원뿐 아니라 정부도 법률안을 제출할 수 있다.[174]

대통령제의 장단점을 분석해 보면 장점으로 대통령이 의회의 불신
임 결의를 받지 않기 때문에 임기가 보장됨으로 임기동안 소신 있게 정
책을 수립하고 집행할 수 있다. 특히 국가의 위기를 관리하는데 효과적
임무를 수행할 수 있다. 또한 의회의 다수당의 횡포를 방지할 수 있으
며 안정적 정국을 운영할 수 있다. 행정부와 입법부 사이의 권력이 분
리되어 있어 한편으로 권력이 기울어지는 기현상을 방지할 수 있다. 반
대로 단점이 있는데 대통령의 임기가 보장된 국민으로부터의 선출이
정해져 있기 때문에 독재의 가능성이 잠재해 있다. 후진국일수록 독재
성이 강화된 대통령이 집권하는 경우가 허다하다. 이 경우 투표는 독재
적 민주주의를 강화하는데 사용되기도 한다. 또한 행정부와 의회가 마
찰을 일으킬 경우 문제를 해결할 수 있는 원만한 제도적 장치가 없다.
특별히 의회에서 여소야대(與小野大)의 의석비율로 배분되어질 때 대
통령이 국정수행을 집행하는데 있어 난관에 처하게 될 경우가 있다. 미
국의 의회 정치를 보면 양당제도가 정착되어 있고 교섭단체의 법칙이

---

174) Ibid, p.155.

강하게 작용하지 않아 여소야대가 크게 시비를 일으키지 않는다. 그러나 한국에서는 정치적으로 타협을 이끌어내는 정치문화가 정착되지 못한 상태에서 흑백 논리가 강하게 작용하여 여소야대는 대통령이 국정을 수행하는데 큰 걸림돌이 되기도 한다. 한편 대통령이 실정을 하거나 정치 상황이 급변할 때 대통령을 교체하거나 대체하지 못하게 되어 임기가 끝날 때까지 기다려야 하는 어려움이 있다.

(2) 의원 내각제

의원내각제라는 제도는 의원들이 내각의 수반인 수상을 선출하고 내각의 구성원이 된다는 뜻이다. 내각 책임제라는 말은 내각이 의회의 책임을 진다는 점을 부각시킨다는 의미이다. 의원내각제는 영국에서 발달하여 다른 나라로 전수 되었다. 정치적 조건과 정치적 환경의 변화에 따라 국가의 업무가 다양화 되면서 수상의 권한이 강화되어 갔다.[175] 1949년 건국된 서독에서의 수상은 막대한 권한을 취하게 되었다. 이 권한은 독일의 헌법에 기초하여 행정권 우위를 강조하는 수상 민주주의(Kanzlerdemokratie)라는 제도를 채택함으로 그 의미를 드러내고 있다.

그 내용은 "수상은 개인적인 카리스마의 역할을 수행한다. 그러므로 수상은 무한정 연임이 가능 하다. 수직적 권력 분립 구조를 가지고 있는 연방국가에서는 약화되기 쉬운 수상의 권한을 강화시킬 필요성이 있다. 더불어 분단, 통일, 그리고 독일의 특수상황이 수상의 권한 확대를 요구하고 있다. 여기서 대통령은 실제적으로 정치적 행위를 자제한

---

175) Ibid, p.157.

다."[176] 라고 수상의 확대된 권력을 소개하고 있다.

내각제의 특징은 국민이 의회의 의원들을 선출하고 의회가 내각의 최고 책임자가 되는 수상을 선출하는 것이 상례이다. 의원내각제는 보통 이원적 권력구조를 가지고 있다. 즉 국가원수와 행정부의 수장이 분리되어 있다. 즉 영국에서는 왕, 일본에서는 천왕, 그리고 독일에서는 대통령이 국가를 대표한다. 그러나 이러한 국가의 대표는 상징에 불과하며 실제적인 국가의 정치권력은 수상이 행사한다. 한편 내각은 의회에 법안을 제출할 권한을 가지며 의회에 출석하여 의원들의 질의에 답변할 의무를 가진다. 의원내각제에서는 의회뿐만 아니고 행정부도 법안 제출권을 가진다.[177]

의원내각제의 장단점은 대체로 대통령제의 그것과 반대된다. 장점으로는 내각 행정부가 부패할 경우 행정부에 대한 불신임을 결의할 수 있기 때문에 책임정치가 성립된다. 불신임 결의나 의회출석 요구로 행정부를 견제할 수가 있기 때문에 독재가 방지된다. 그러면서 의회와 행정부가 융합할 수 있기 때문에 주요 국정을 신속하고 능률적으로 처리할 수 있다. 또한 의회의 다수세력이 내각을 구성하기 때문에 여소야대(與小野大)와 같은 현상이 일어나지 않아 대통령 중심제와 같은 대통령과 의회와의 대립이 없다.[178]

---

176) Kurt Sontheimer, Grundzuge des politischen Systems der bundesrepublik Deutschland, Munchen, Piper, 1980, pp.172-173의 내용을 요약하여 한용수 저, 정치학개론, 서울, 세창출판사, 2018년 출판, p.158에 소개하고 있다.

177) 한종수, 정치학 개론, 세창출판사, 서울 서대문구, 2018년, 6월, pp.158-159.
178) Ibid, p.159.

단점으로는 여러 정당들이 난립할 경우 정국불안정을 야기 시킬 수 있다. 프랑스의 경우(1946-1958년) 12년 동안 25번이나 정권이 바뀌었으며 이탈리아에서는 51년 동안(1945-1996년) 무려 52번이나 정권이 바뀌었다. 의원내각제에서는 입법부와 행정부가 융합하고 있기 때문에 단일정당이 의회와 내각 모두를 독점하게 되어 두 기관이 견제장치를 확실하게 정해두지 아니할 경우 정당독재가 나타날 수 있다. 또한 전문적인 직업공무원 제도가 확립되어 있지 않은 상태에서 내각 교체가 빈번하게 일어날 경우 행정공백이 발생하게 되어 국가의 정책이 일관성을 상실하는 경우가 발생할 수 있다.

(3) 혼합형 정부

대통령제도 아니고 의원내각제도 아닌 형태의 정부를 말하는데 이원집정부제라고 부르기도 한다. 프랑스가 채택하고 있는 반(半) 대통령제가 이에 속한다. 국민으로부터 직접 선출된 대통령은 하원인 의회를 해산할 권한을 가지고 있으나 의회에 대하여 직접 책임을 지지 않기 때문에 강력한 대통령제라고 말할 수 있다. 그럼에도 불구하고 의회의 다수파에 의해 선출된 수상이 내각을 주도적으로 장악하기 때문에 대통령의 권한이 제한적이다. 더불어 의회의 다수세력을 차지하고 있는 내각은 국정을 책임지고 수행하기 때문에 의원내각제라고도 말한다.[179]

1958년 이후 프랑스 헌정사에는 제헌당시 예상치 못했던 좌우 동거체제를 갖춘 정부가 몇 차례 출현했다. 1986-1988년, 1993-1995

---

179) Ibid, p.161.에 인용된 설명은 "의회는 절대 다수결로 내각인 행정부에 대하여 불신임 결의권을 행사할 수 있으나 한 회기에 단 일회만 허용된다." 라고 표하고 있다.

년, 그리고 1997-2002년 동안 나타난 좌우동거 정부였다. 최초의 동거 정부가 탄생할 때 대통령과 수상의 권한 배분이 쟁점으로 나타났다. 거기서 국방과 외교권에 대한 외치(外治)는 대통령이 권한을 가지게 되고 내치(內治)의 국정운영은 수상이 총괄하는 이원적 집정부의 관례가 성취되었다. 동거체제는 대통령중심제와 의원내각제의 혼합적인 제 5공화국의 헌정구조가 빚어낸 산물이다. 정국 안정을 위해 조직된 1958년 동거체제의 헌법은 본연의 기능을 발휘하지 못하고 오히려 정국의 불안과 정치의 비효율성을 초래했다는 비판을 받았다. 그러나 프랑스 국민은 대통령직과 수상 직을 독점하여 부패를 낳게 되면 선거를 통해 동거정부를 만들고 반대로 동거정부가 불화하여 정국이 불안정 하게 되면 역시 선거를 통해 단일 정부를 탄생시키는 정치적 균형을 이끌어 나가는 지혜를 발휘하였다.[180]

(4) 합의제 정부

스위스는 4.1만 평방 km의 땅에 인구 약 760만 명이 거주하는 작은 나라인데도 불구하고 균열된 사회를 형성하고 있는 대표적인 국가이다. 언어적, 종교적, 그리고 문화적으로 서로 다른 집단들이 모여 하나의 정치제도를 유지하고 있다. 그로 인하여 통합속의 다양성을 유지하기 위하여 대통령 중심제도 아니고 의회중심제도 아닌 합의제 정부(Collegial Gevernment) 제도를 도입하여 운영하고 있다. 그리고 이 제도를 국민투표제의 민주주의와 연결하여 상호 보완하여 오고 있다. 500년이 넘는 역사를 지켜오면서 주정부에 해당되는 칸톤(Canton)을

---

180) Ibid, p.162.

연결하여 연방제를 유지해 오고 있다.[181]

그러나 스위스의 연방정부는 미국의 그것과 다른 면이 있다. 즉 연방정부에 해당되는 연방평의회가 있는데 이 의회는 합의기관이다. 7명으로 구성된 집단지도체제의 성격을 띤 연방평의회의 각료들은 양원 합동회의에서 선출된다. 그러나 연방평의회가 의회에서 선출될 지라도 영국과 같은 내각책임제와 달리 의회의 책임을 지지 않는다. 또한 스위스에서의 대통령은 국민으로부터 직접 선출된 대통령이 존재하지 않는다. 연방 평의회 의장은 연방 각료 중에서 호선되며 의장은 임기 1년으로 연방 대통령을 겸한다.[182]

(5) 사회 민주주의 정부

사회주의 대표적인 정부의 형태는 공산주의 정부이다. 공산당이 인민 의회의 정치적 의사진행 및 결정과정을 지시하고 통제하며 당에서 결정하는 법안은 법제정의 기초를 이루고 모든 국가 기관의 행위를 구속하는 공산당 지배원칙이 입법과 행정에 우선한다. 공산당은 노동자 계급의 전위대로서 혁명의 핵심적인 역할을 수행하며 혁명 이후에는 국가 기관의 도움을 받아 최종 단계인 공산주의를 달성하기 위하여 프롤레타리아 독재를 실시한다. 마르크스(Marx)-레닌(Lenin)주의의 국가 이론에 의하면 "국가는 노동자 계급과 노동자 정당 즉 공산당이 혁명과업을 완수하기 위하여 사용하는 수단이다.[183]

---

181) Ibid, p.163.
182) Ibid, p.164.
183) Gert-Joachim Glaebner, "Partei und Staat in der DDR," in Landszentrale fur politische Bildung Baden-Wurttemberg(ed), DDR(Stuttgart: Kohlhammer, 1983), p.78의 내용을 한종수 저 정치학 개론, p.165에 요약 설명하고 있다.

사회주의 국가가 가지고 있는 정치적 제도에 있어 결정적인 문제점은 당의 최고의 지도층이 정부의 요직을 겸직하여 정권을 독식한다는 점이다. 이러한 독점적 겸직은 중국, 북한, 그리고 동독 등에서 시행되어 온 정치체제이다. 그러므로 사회주의 국가에서는 공산당 일당체제라고 말할 수밖에 없다. 이는 사회주의 국가의 정당제도는 양당 또는 다수당 제도를 허용하지 않는다는 의미이다. 이와 같이 사회주의 국가는 가식적으로 자유라는 말을 첨가시켜 **자유민주주의 체제를** 표방하고 있다. 그러나 이러한 주장은 실제적으로 자유라는 말이 전혀 형식적 표현에 불과하다.

북한에서 시행하고 있는 정치제도는 철저한 독재체제를 유지하기 위해 김일성 일가를 우상화 하는 주체사상의 사회주의를 채택하고 있다. 해방 후에 당 조선로동당에 의한 사회주의를 채택하였다. 그러나 1953년 김일성에 의한 남북통일의 실패로 말미암아 김일성이 궁지에 몰리게 되자 통치권을 강화하는 수단으로 주체사상을 발표하여 대대적인 숙청작업을 단행 하였다. 그 후로 주체사상에 의한 강력한 사회주의 제도를 표방하게 되었다. 이 사회주의는 스스로 모순을 드러내고 있다. "공산당은 노동자 계급의 전위대로서 **혁명의 핵심적인 역할을 수행하며 혁명이 완성된 이후에는 국가기관의 도움을 받아 최종 단계인 공산주의를 완성하기 위해 프롤레타리아 독재를 실현한다.**" 라는 말 속에 모순이 내포되어 있다. **노동자 계급은 처음부터 희생의 제물로 존재한다는 주장이다.** 자유 시장경제의 원칙과 인권의 주장은 없다. 혁명을 완성한 후에도 노동자들은 독재의 희생물로 존재한다는 말이다. 역시 북한에서 주장했던 공산당 헌법도 같은 맥락을 가지고 있다. "조선민주주의 인민공화국은 **조선로동당의 령도 밑에** 모든 활동을 진행한다." 라고 선언함으로 개인적 사유재산이나 인권은 무시당하고 있다. 더욱이 주체사상이 북한을 점령한 후 김일성 일가는 완전히 살아있는 신으로 존재하게 된다. 3대에 걸쳐 그들이 어떠한 정치적 실수를 할지라도 실수가 실수로 인정되지 아니하고 국가에 해가 되는 모든 책임은 그 참모들과 국민에게 돌아간다.

사회주의 국가에서는 공산당이나 주체사상이 국가의 조직적 원리로 자리 잡은 중앙집권제가 실행될 경우 그들이 말하는 **민주라는 개념**은 공식적으로 선거에 의해 밑에서 위로 지도자를 선출한다는 것을 의미하며 **중앙집권이라는 개념은** 상위기관의 모든 결정은 절대적으로 하위기관을 구속할 뿐만 아니라 모순 없이 실행한다는 것을 뜻한다. 그런데 그들이 말하는 **선출의 개념은** 개인의 의사를 마음대로 표시하는 주관적 주장을 객관화 시키는 공식 석상에 나타내 전체적 통계에 반영시키는 것을 말하는 것이 아니고 이미 정해진 안에 대하여 가부를 묻는 동원을 통하여 투표 참여자들이 거수기 역할을 하는 것에 불과하다.

이념적로 볼 때 이미 공산주의는 이 지구상에서 자취를 감추었다. 하나님을 배반하는 정치제도가 100년은 넘기지 못하고 멸망했다. 그러나 더 가관인 것은 김일성 일가가 우상화 되어 있는 사악한 집단인 사회주의 국가가 북한에 남아있다. 평양을 중심으로 일어난 복음운동이 불같이 튀어 우상에 찌들어 있었던 대한민국을 개화시켜 국가 부흥의 길을 열어줄 고속도로를 닦고 있었다. 그러나 뜻밖에 남북한으로 나라가 두 동강 나고, 하나님을 섬기는 국가와 하나님을 대적하는 국가로, 극한의 사상적 대립이 첨예하게 드러나게 되었다. 여기서 70년의 역사가 흘러간 후 북한은 세계에서 가장 폐쇄되고 가난한 국가로 전락하게 되고 남한은 세계에서 가장 빠른 속도로 성장하여 10대 경제 강국이 되었다. 그리고 남한은 경제적 기반을 이용하여 세계에서 두 번째 많은 선교사들을 파송하는 기독교 국가가 되었다.

　　이제 우리는 깊이 고려해야 할 심각한 문제를 않고 있다. 그것은 기독교의 물량주의이다. 하나님의 섭리는 공의와 함께 작용한다. 교회의 타락은 반드시 국가의 타락으로 이어진다. 지금 21세기 초반 한국교회는 14세기 이후 로마 캐톨릭 교회를 닮아가고 있다. 즉 하나님 앞에서 어떤 신앙을 가지고 있느냐? 가 중요한 것이 아니고 내가 하나님의 이름으로 얼마나 많을 것을 가지고 있느냐? 가 중요한 시대가 되었다. 하나님의 이름으로 적극적 사고방식을 통해 나의 소유를 늘려갈 때 성공적인 기독교인으로 인정받는 비정상적인 시대를 맞이하고 있다. 정치의 타락을 막기 위해서는 교육이 올바로 시행되어야 하고 교육이 올바로 시행되기 위해서는 기독교가 올바로 정립되어야 한다. 기독교가 건전해야 교육이 올바로 시행되고 교육이 올바로 시행되어야 국가가 건전하고 강하게 발전한다. 이는 역사가 증명하고 있다. 기독교와 인격적 교육은 절대 필수적인 관계를 가지고 있다. 올바른 인격적 교육은 사회, 문화, 경제, 그리고 정치에 이르기 까지 윤리와 도덕의 가치를 가장 튼튼하게 정립하는 기능을 발휘한다. 윤리와 도덕의 가치를 귀하게 여기는 사회를 건설하기 위해서는 절대 올바른 기독교 교육이 우선되어야 한다. 그러므로 기독교의 타락은 국가의 멸망으로 이어진다. 1917년 볼세비키 공산당의 무력에 의해 짓이겨진 러시아는 당시 러시아 정교회의 교황이 앉았던 의자가 보석으로 장식되어 1만 달러 이상의 값어치를 자랑했다는 일화는 교회의 타락이 얼마나 무서운 결과를 가져올 수 있는가를 교훈하고 있다.

　　교회는 끊임없는 개혁이 요구 된다. 교회의 개혁은 교리적 개혁, 윤리 도덕적 개혁, 그리고 제도적 개혁이 연관성을 가지고 지속적으로 시행되어야 한다. 교리적 즉 신학적 개혁은 사악한 인간이 하나님 앞에서 "어떠한 인격적 결단을 해야 하는가?"를 안내하는 지침서 역할을 한다. 만약 인간의 심령 속에 신학이 잘못 들어가게 되면 그 인격이 하나님과의 관계를 설정하는데 있어 파행의 길로 접어들게 된다. 스탈린의 행보가 그 적절한 예이다. 그렇기 때문에 교회사적 신학을 취해야 한다. 그것이 개혁파 신학이다. 개혁파 신학은 교회사가 고백한 객관적 신학이다. 개인적인 학적 표출 또는 체험을 뒤로 돌린다. 그 이유는 모세와 선지자와 그리고 사도들의 신앙노선을 따라야 하기 때문이다. 신학 즉 교리의 표준이 역사교회가 고백한 신앙고백이 되어야 한다. 이 신앙고백은 성경이 말씀하고 있는 기준에 의하여 인격적 결단에 의해 객관화하여 작성된 내용들이다. 나아가 이 신앙고백은 성도의 윤리와 도덕으로 이어져야 한다. 즉 성경이 말씀하고 있는 명령에 복종하는 삶이 되어야 한다. 인간은 만물보다 사악하기 때문에 절대 하나님의 명령에 완벽하게 복종할 수가 없다. 그러므로 회개의 길이 열려있다. 이것이 얼마나 큰 은혜인가? 날마다 순간마다 항상 회개하면서 주님을 섬기는 삶이 되어야 한다. 이 회개의 삶은 정치에까지 이어져야 한다. 정치는 가정에서부터 교회, 국가, 그리고 모든 사회생활에 이르기까지 하나님께서 명령하신 윤리와 도덕률이 적용되어야 한다. 정치제도에 있어 가장 객관적인 법률이 적용되도록 해야 하고 비리나 권력의 남용이 허용되어서는 안 된다. 정교분리라는 이름으로 근거도 없는 이원론적(二元論的, Dualism) 이념에 빠져 정치에 무관심 또는 배타적 입장에 서 있게 되어 국가나 사회가 불법이 난무하게 되고 타락하여 국가는 물론 교회까지 멸망에 이르게 되어도 기독교인이 정치에 관여하지 않아야 한다는 태도가 옳은 행위인가?

특별히 기독교 안에서 어느 단체의 회장이 되기 위해 거액의 돈거

래가 오고가고 이로 인한 부작용이 발생하여 세상 법정에서 길고 긴 고소고발 사건들이 신문에 연일 발표되고 있는 현실은 극단적인 교회의 타락을 불러 일으키고 있다는 증거이다. 또한 기독교 대학 및 신학대학의 타락을 들지 아니할 수가 없다. 교묘하게 법망을 피하여 교수들의 채용을 돈으로 사고파는 행위를 서슴없이 행하며 경영자가 많은 학교의 재정을 뒤로 빼 돌림으로 학내의 데모로 인하여 학업은 물론 기독교가 추구하는 경건의 모습은 어디에서도 찾아볼 수가 없게 되어가고 있다. 신문 방송에서 발표하고 있는 기독교 각 기관의 비리는 말할 필요도 없을 뿐더러 입소문을 통해 번지고 있는 비리에 대한 내용들은 말로 표현하기조차 부끄러운 일들이 수없이 퍼져 나가고 있다. 국가에서 행하는 선거법을 조금만 어기게 되면 가차 없이 처벌하고 있는데 보다 더 깨끗해야 할 기독교 안에서, 세상 사람들과 비교해 볼 때, 너무나 비도덕적인 그리고 불법적인 행위를 자행하고 있다. 이는 필경 기독교의 타락을 불러올 것이고 나아가 교회 부흥의 후퇴를 부채질 하는 일이 되고 말 것이다.

국가나 교회의 멸망은 외부의 침입보다 자체 내의 타락에서부터 먼저 시작되는 경우가 허다하다. 자체 내의 타락이 외부의 침입을 부채질하는 빌미를 제공한다는 뜻이다. 교회가 교리적 타락으로 인해 윤리 도덕이 타락할 때 이단이 침입할 수 있는 터전을 제공하게 된다. 이단은 천사를 가장한 이리의 음모를 품고 있기 때문에 기회만 있으면 교회의 윤리적 도덕적 타락의 기회를 엿보다가 교리적 공격을 가해온다. 국가의 타락은 지도자의 타락에서부터 시작되는 것이 상례이다. 거기에는 재력과 권력이 상존해 있다. 권력을 잡으면 돈에 취해버리는 경우가 허다하다. 불법과 비리를 통해 상상할 수 없는 돈을 축적한다. 국민들의 고난은 안중에 없다. 교회는 물론 국가도 올바른 정치가 집행되지 않을 때는 언제나 권력과 돈에 대한 불균형이 판을 치게 된다. 중세의 종교 개혁이 일어나기 전에 속죄권 판매가 얼마나 많은 농민들의 피와 땀을 흘리게 했는가? 왕권 독재시대에 얼마나 많은 국민들의 피와 땀을 흘리게 했는가? 자신들의 유익을 위해 천하보다 귀한 한 생명을 파리 목숨같이 취급하여 마음대로 죽이는 일들이 자행되어 온 사건들은 우리가 너무나 잘 알고 있는 사실이다. 그러면서 그 잔악한 권력자들은 강조하기를 "교회의 발전을 위하여 그리고 국가의 발전을 위하여" 라는 말을 너무나 쉽게 내세우고 있다. 역사가 증거 하듯이 **포악한 사건 뒤에는 선을 가장한 모순의 논리가 잠재해 있다는 사실을 보여주고 있다.**

4. 국제정치

국가가 발전하기 위해서는 국제정치에 대한 적응력이 강해야 한다. 이 말은 외교에 대처하는 능력이 강해야 한다는 말로 통한다. 특히20세기 이후 국제정치는 왕래가 너무나 빠른 속도로 진행되고 있다. 지구촌이란 말이 실감나는 시대이다. 통신 기술의 발달과 교통수단의 발달은 국제간의 거리를 계속 좁혀오고 있다. 각 국가 사이의 행위는 상호작용과 관계를 기반으로 하여 교류를 하는 공통점을 가지고 있다. 이 말을 다시 정리하면 "국제정치는 국제적으로 시행하는 정치행위자들 사이에서 이루어지는 제반 관계 및 내용의 일체다." 라고 정의할 수 있다. 여기에서 외교를 배제할 수 없다. 외교 정책은 날마다 발전하고 확대되어 정치, 안보, 경제, 통화, 기술, 정보, 문화, 산업, 그리고 환경에 이르기까지 많은 분야를 점하고 있다. 이제 21세기에 있어 외교는 자국의 진장과 평화를 유지하는 최대의 수단이며 외교의 실패는 국가의 고립과 전쟁을 초래할 수 있는 절대적 요건으로 등장했다. 우리 대한민국이 세계에서 으뜸가는 국가로 올라서기 위해서는 10대 경제 강국을 자랑할 자부심을 넘어 이제 세계에서 가장 으뜸가는 국가건설을 위해 외교정책을 수립하고 실행해야 할 여건을 갖추어야 할 것이다. 그리고 대학에서 국제정치에 대한 격을 높여 각 나라에서 사용하는 어학을 수련하는데 시간과 학과를 늘려야 할 뿐만 아니라 정치외교에 대한 비중을 높여 학과를 배정해야 할 것이다.

1) 국제정치 이론

국제정치에 있어 현실주의(Realism)와 이상주의(Idealism)가 상존하고 있다. 현실주의자들은 국가를 중요하게 생각하고 국제질서의 갈등을 지향하는 것을 국제정치로 파악하고 있다. 현실주의는 세계를 지배하는 권위 있는 체제가 존재하지 않은 무정부의 상태를 주장하고 이 무정부적 체제에서 자기 국가의 유익을 추구하는 국가들의 상호작용을 국제정치로 간주하고 있다. 현실주의자들은 국제체제에서의 국가는 자기의 국가가 처한 위치에서 어떤 것이 국익에 유익이 되는지 정의를 내리고 이에 따라 행동하는 것을 원칙으로 삼고 있다. 하나의 국가를 무정부적 체제에서의 국제관계를 고려하여 서로의 국가가 공존하는 자기중심적 행위를 추구하는 국가행위라고 생각한다. 그러므로 국제사회가 본질적으로 국제적 무정부 상태의 위치에 처해 있기 때문에 국제법이나 국제기구의 역할이 효과적으로 그 기능을 발휘할 수 없다는 견해이다.[184]

한편 이상주의는 현실주의에 대립되는 이론이다. 이상주의 역시 현실주의와 마찬가지로 오랜 전통을 유지하고 있다. 이상주의는 윤리, 도

---

184) 한종수, 정치학개론, 세창출판사, 서울 서대문구, 2018년 6월, p.290.

덕, 그리고 법과 같은 규범적 요소와 국제조직이 국가 사이의 관계를 형성하는 기초를 유지하며 이들의 역할은 힘에 못지않게 중요하다고 주장한다. 이러한 생각은 인간은 원래 천성적으로 사악하지 않다는 인식에서 출발 한다. 인간은 평화적이고 조화로운 상호작용을 성립시킬 수 있다는 존재라고 믿기 때문에 이상주의를 추구하고 있다. 그러므로 국제사회에서 평화적이고 협력적인 국가 사이의 관계를 형성할 수 있으며 각 국가들은 자국의 이익에 사로 잡혀 독립적인 유익을 추구하는 입장에서 벗어나 공동체의 일원으로서 협력적인 행위를 할 수 있다고 본다. 실제로 이상주의자들은 한 국가가 외교정책을 결정할 때 도덕적 원리를 추구해야 한다고 주장한다. 국제관계에서 상호 의존을 중요하게 생각하며 국제기구 또는 NGO를 통하여 평화와 정의를 촉진시키고 인권을 존중하는 국제적인 노력을 적극 지원한다.[185]

1980년대에 출현한 신자유주의는 현실주의를 비판하면서 시작되었다. 그 비판의 원리는 자유주의에 기초를 두고 있었다. 이 이론이 신자유주의 제도라고 불리게 되었다. 신자유주의의 제도는 국가의 이익을 스스로 추구하는 국제정치의 단일적 행위자(Unitary Actor)로 간주하고 현실주의의 관점을 수용하면서 국제기구의 역할과 국제 사이의 협조에 관한 비관적인 현실주의를 비판하고 거부 한다. 여컨대 신자유주의자들은 죄수딜레마게임(Prisoners' Dilemma Game)을[186] 이

---

185) Ibid, p.291.
186) Ibid, p.292.의 인용구의 설명. 죄수딜레마게임(Prisoners' Dilemma Game)이란 피의자 두 사람이 함께 범한 범죄를 서로 인정하느냐? 인정하지 않으냐? 라는 문제에 부딪치게 될 때 딜레마에 빠지게 되는 경우를 두고 하는 말이다. 예컨대 공범의 혐의를 받고 있는 두 사람의 피의자가 다른 방에서 조사를 받게 될 때 서로 상대방을 신뢰할 수 있다면 두 사람은 모두 범죄를 부인함으로 석방될 수도 있다. 그러나 실제로 상대방이 어떻게 진술할지 모르기 때문에 심각한 딜레마에 빠지게 되는 경우가 있다. 만약 상대방의 의도를 전혀 알 수 없는 경우에 자백을 하게 되면 두 사람의 공범죄가 드러난 경우 처벌의 손실을 줄일 수 있

용하여 국제사회에서 국가 간의 협조가 가능하다는 입장을 설명하고 있다.

1950년대부터 통합이론이 등장하기 시작했는데 이는 유럽통합을 대변하는 이론으로 발전하기 시작했다. 정치적 조직체로서의 연방주의, 국경을 초월하여 교류하고 협력하는 국가 사이에 점진적이며 자동적으로 통합이 이루어지는 것을 상정하는 기능주의, 정치적 제도를 통해 국가 사이의 협력을 용이하게 하고 통합을 지속적으로 심화시키는 제도주의, 그리고 다양한 계층의 정부를 각 기관, 회원국들 간의 중앙정부 및 지방정부, 시민사회 등 제반 정치적 제도는 물론 행위자들을 포괄하는 통치양식과 정치적 과정을 총괄하여 정의했다.[187]

또한 1970년대 상호 의존이론(Interdependence Theory)이 등장 하였는데 세계는 이미 많은 분야의 인간생활에서 상호의존적이 되어 간다는 인식에서 출발하였다. 이 이론은 정치행위자들과 정치체계들의 상호의존은 물론 경제적 사회적 과정의 상호연계를 분석한 내용이다. 이 이론으로 국제정치 행위자로서 국가의 역할이 상대화 되었으며 국내정책과 국외정책의 질적인 차이를 안고 있는 외교나 안보정책의 우위론이 사라지게 되었다. 그동안 상호의존 이론은 일반적인 국제정치의 진술을 이끌어 내는 성과를 거두지 못했지만 최소한 국제정치의 복잡성을 분석하는 모형을 제시했다는 점에서 그 의미가 크다.[188]

겠지만 이 경우 두 사람 모두가 범죄를 부인함으로 석방되는 이득보다 훨씬 적다는 것 때문에 딜레마가 존재한다.

187) Ibid, pp.294-295.
188) Ibid, pp.293-294.

2) 국제정치 행위자

종교개혁은 기독교의 교리, 윤리, 그리고 교회의 제도만의 개혁에 영향을 끼친 사건에 머물러 있지 않았다. 정치, 경제, 사회, 문화, 교육, 그리고 모든 과학 분야에 까지 사회 전반에 걸쳐 급격한 변화와 발전에 기여한 대 변혁의 사건이었다. 수도원 대학에서만 머물러 있었던 문예부흥의 태풍은 종교개혁의 회오리를 타고 온 세계를 강타했다. 국제정치에 까지 엄청난 영향력을 행사하기에 이르렀다. 16세기의 종교개혁은 유럽 각 국가 사이의 교류를 이행하기 위한 주춧돌을 놓았다. 전 유럽에서 연쇄적으로 종교개혁의 불길을 당기게 됨으로 국가 사이에 정치적 제도의 교류를 형성하게 되었다. 그러나 17세기부터 19세기 까지는 국제정치가 국가의 각 정부에서 실권을 잡은 행위자들에 의해 형성되었다. 20세기 이후에는 국가 사이의 협력을 증진시키는 국제기구가 설립되어, 2차 대전 이후에는 각 국가 사이에 민간 기구까지 조직되어, 국제간의 교류를 활성화 하게 되었다. 더욱이 국가 사이의 협력을 강화하는 비정부기구(NGO)의 활동은 세계를 지구촌으로 변화시키는 국제정치시대를 맞이하게 된 것이다. 지구촌 시대로의 급변은 사실상 국경이 점차 희미해져 가는 세계화를 촉진 시키게 되었다. 국제 조직을 통해 범죄, 마약, 인신매매, 질병, 그리고 환경오염 등을 해결하기 위해 각 국가 사이의 공조가 불가피해졌다. 이러한 문제를 해결하기 위한 행위자들의 중요성이 증대되어 갈 수밖에 없다. 이러한 정부기구에 속한 행위자들은 물론 비정부기구에 속한 자들까지도 국제간의 상호작용을 강화해 나감으로 문제점들을 해결하는 일들을 증가시키고 있다. 반면에 국제관계를 복잡하게 연계시키는 일들을 점증시키고 있다.

(1) 국가

국제사회에 있어 국가는 가장 중심 되고 아주 중요한 기구이다. 각 국가는 자기의 나라 안에서는 경제적, 법적, 그리고 각종 규제를 자체적으로 실행할 수 있는 여건이 마련되어 있다. 그러나 국제간에는 세계를 하나의 체제로 다스릴 수 있는 정부를 수립할 수 없는 여건이다. 그러므로 국가 사이의 관계를 형성하는 일은 아주 중요한 필수적인 요건이 구비되어야 한다. 국제사회에서 국가의 위치는 경제적, 정치적, 그리고 지리적으로 엄청난 비중을 차지하고 있다는 말이다. 현재 유엔에 가입된 국가는 거의 200여개에 도달하고 있다. 그러나 200여개의 국가가 서로 동등한 권리를 소유하고 있는 것 같으나 사실 지배력의 관점을 헤아려 보면 국력에 따라 그 영향력은 결국 초강대국의 영역을 벗어날 수 없는 힘의 질서가 정해져 있다.

(2) 국제기구

국제기구는 회원자격에 따라 정부기구(IGO; Inter—Governmental Organization)와 비정부기구(Non—Governmental Organization)로 구분된다. 그러나 통상적으로 정의하는 국제기구는 정부기구(IGO)를 두고 하는 말이다. 세계적으로 정부를 동원한 기구로는 유엔과 국제통화기금, 세계은행, 국제노동기구, 세계무역기구(WTO), 그리고 세계보건기구 등을 말한다. 동서냉전체제로 인하여 발생한 집단방위 기구인 북대서양 조약기구(NATO), 바르샤바 조약기구(WTO), 미국과 캐나다를 포함한 유럽 국가들이 동참하고 있는 유럽 안보협력기구(OSCE), 아세안 지역포럼(ARF), 유럽연합(EU), 동남아 국가연합(ASEAN), 북미 자유협정(NAFTA), 아태경제협력체(APEC), 그리고 아

세아 유럽 정상회의(ASEM) 등은 지역기구에 속한다.[189]

(3) 비정부기구

국제적인 단체로 유엔이 탄생한 이후 국제적으로 다양한 민간 조직이 유엔의 부속기구로 탄생하게 되어 활동하게 되었다. 유엔은 정부기구는 물론 민간 조직을 파트너로 삼아 활동하기 시작했다. 이 때 국제사회에서 사용되기 시작한 용어가 비정부기구(NGO)이다. 이 기구는 좁은 의미에서는 비정부와 비영리인 민간단체에 해당하는 시민단체를 지칭하는 의미이지만 넓은 의미에서는 정치, 경제, 사회, 그리고 문화 등 다양한 분야에 걸쳐 구성되어 있는 비정부의 단체를 총괄하는 개념이다. 정치 분야의 비정부기구로는 국제사회주의 연합, 국제자유주의 연합, 세계 정당연합, 그리고 기독교 민주주의 세계연합 등이 있다. 사회 문화 분야에서는 국제자유노동조합연맹, 국제적십자사, 세계유대인회의, 세계반공연맹, 국제 올림픽 조직위원회, 국경 없는 이사회, 그리고 그린피스 등이 있다. 특히 기독교 이름을 가지고 기독교를 파괴시키려는 WCC와 WARC가 있으며 복음이란 이름으로 정통 기독교를 혼란스럽게 만드는 WEA가 있다. 그 외의 다양한 종교 단체가 있으며 경제 분야에서도 많은 민간단체가 있는데 IBM은 다국적 기업으로 활약하는 비정부기구이다.[190]

3) 국제정치 체제

---

189) Ibid, pp.296-297.
190) Ibid, p.298.

국제정치 체제는 일반적으로 사실상 강대국들이 배치하는 무대의 위치에 따라 그 제도가 결정된다. 거기에는 국가 간의 대외정책이 작용하고 있기 때문이다. 프랑스를 중심으로 발발했던 30년 종교전쟁(1618-1648)은 로마 캐톨릭과 개신교 간의 교리적 전쟁으로 지칭된다. 이 전쟁의 결과는 웨스트팔리아 조약을 양산하게 되었는데 로마 교회와 정부 사이의 타락한 정치의 기원으로 기록된다. 국제법으로 볼 때 세계 제 1차 대전의 종말을 의미하는 베르사유 조약(1919)은 민족자결의 원칙, 집단 안전보장, 그리고 군사동맹 거부 등을 그 내용에 포함시키고 있다. 세계 제 2차 대전 이후 동서 냉전 체제는 미국 중심의 자유주의 서방 진영과 소련 중심의 공산주의 동방진영 사이의 대립을 양립 시키는 두 개의 국제조직을 강화하는 원인이 되었다. 여기에서 우리는 냉전체제에 대한 문제를 분석하고 비평하여 국제적 위치에서 대한민국이 어떻게 세계에서 힘 있는 국가로 등장하느냐 하는 문제를 상고해 보아야 할 것이다.

(1) 냉전 체제의 형성

냉전체제의 형성은 세계 제 2차 대전이 끝난 후 미국을 축으로 한 서방 민주진영과 소련을 축으로 한 동방 공산진영이 반세기에 걸쳐 정치적, 사상적, 경제적, 그리고 군사적 대립과 갈등을 지속해 왔다. 동서 냉전의 뿌리는 얄타 회담으로 거슬러 올라간다. 1945년 2월 전후(前後) 문제를 논의하기 위하여 미국, 소련, 그리고 영국 연합국 수뇌들이 모여 전쟁이 끝나면 독일을 분할 점령하고 베를린에 삼국 사령관으로 구성된 관리위원회를 설치하기로 합의하였다. 이 관리위원회에서 프랑스를 초청할 수 있다는 안을 첨부하였다. 또한 이 회의에서 소련은 독일이 항복하면 그 후 2-3개월 이내에 연합국의 일원으로 일본에

선전포고하여 태평양 전쟁에 참여할 것을 미국과 영국에 약속했다.[191]

1945년 8월 10일 **히로시마에** 이어 두 번째 **나가사키에 원자폭탄이** 투하되고 일본의 패망이 확실시 되자 소련은 얄타 협정을 준수한다는 명목 하에 일본에 선전포고를 하게 되었다. 그리고 소련군은 만주를 거쳐 한반도에까지 밀고 들어왔다. 이때 미국은 소련군이 한반도를 단독으로 점령하여 관리하는 것을 원치 않았기 때문에 일본군의 항복과 무장해제를 위한 경계선으로 38도 선을 소련에 제의하게 되었다. 결국 38선 이북은 소련군이 이남에는 미군이 관리하는 군정이 실시되었다. 이로 인하여 사실상 한 민족에 두개의 국가가 설립되게 되었다.[192] 아직까지도 냉전 체제를 강하게 지속하고 있는 한 민족 두 개의 정치제도를 유지하고 있는 나라는 슬프게도 지구상에 한반도뿐이다.

냉전체제를 초래한 자는 누구인가? 또 무엇이 그 원인으로 작용했는가? 라는 물음에 대하여 사상적 또는 정치적 관점에서 전통적 입장을 고수해 온 서구의 학자들은 소련에게 그 책임을 돌리고 있다. 소련은 기독교 정통주의를 반대하고 일어선 헤겔(Hegel)의 역사관을 수용하여 물질적 세계관을 강조한 마르크스(Marx)와 엥겔스(Engels)의 사상을 인용한 공산주의 지상낙원을 꿈꾸고 있었다. 이러한 물질적 공산주의 세계관은 공격적 사상의 침투를 그 무기로 삼고 있다. 국민들의 생명을 파리 목숨처럼 생각하고 혁명이란 이름으로 수없는 피를 흘리게 했을 뿐만 아니라 외교적으로 공세적 침투를 감행한 공산주의의 팽창주의로 인하여 냉전이 급격히 형성된 것으로 여기고 있다. 이로 인하

---

191) USA Department of State, A Decade of American Foreign Policy, Basic Documents 1941-1949, Washington, p.28.
192) 한종수, 정치학 개론, 세창출판사, 서울시 서대문구, 2018년 6월, p.301.

여 미국은 방어적 입장에서 공세적 입장으로 전환되기 시작했으며 미소 양국은 냉전의 두 보루가 되었다.

세계 제 2차 대전을 통한 강대국 간의 협정은 반세기를 넘어 70여년 동안 한국에까지 그 영향력을 행사하고 있다. 중국과 러시아의 영향력을 벗어나지 못하고 있는 북한은 이 지구상에서 가장 폐허되고 독재적 주체사상의 사회주의를 시행하는 나라가 되었고 남한 대한민국은 시장경제를 바탕으로 민주주의 정부가 수립되어 자유를 누리는 나라가 되어 세계 10위권의 경제 강대국이 되었고 특히 관과 할 수 없는 것은 기독교 중심의 국가로 변모해 가고 있다는 점이다. 기독교를 반대한 국가들은 자꾸만 쇠퇴해 가고 있었고 기독교를 신봉하며 부흥시킨 나라들은 부강한 나라고 되었다. 다시 강조하건대 세계 최고의 강대국이 되기 위해서는 절대 기독교 중심의 국가가 되어야 한다는 점이다. 인류 역사가 생겨난 이후 모든 역사의 축은 기독교였다. 하나님께서는 구약에서부터 강력하게 말씀하고 있는 것은 기독교 중심의 국가가 될 때 나라가 부강하게 될 것이라는 점이다. 그리고 그 기독교 중심의 국가는 다른 국가들을 지배했다. 이는 성경대로 성취된 역사를 말해준다.

그러나 여기서 중대한 점을 짚고 넘어가야 할 것이 있다. 지금 경제적 10대 강대국이 되었다고 만족할 만한 형편과 처지에 도달하지 않고 있다는 점이다. 자원의 부족, 작은 국토, 그리고 많지 않은 국민의 수 등의 여건은 항상 우리에게 불안한 요소로 작용하고 있다. 더구나 북한과의 사상적 적대감은 70여년 동안이나 지속되어 왔다. 이로 말미암아 많은 국방비 지출은 경제적 발전에 저해가 될 수 있다. 우리는 주로 인적 자원을 통해 기술을 개발하여 수출에 의존한 경제력을 키워왔다. 이러한 악조건 하에서 경제적 대업을 이룰 수 있다는 것은 기적이라고 말할 수밖에 없다. 앞으로 더 강력한 경제적 발전을 이루기 위해서는 여러 가지 약점들을 극복해야 한다. 그러기 위해서는 강대국과의 외교가 절대적으로 필요하다. 특히 미국과의 밀착된 외교는 아주 중요하다. 그리고 강대국들이 가지고 있는 기술 이상의 것들을 개발해야 하는 집중력이 요구된다.

여기서 우리가 또 한 가지 깊이 생각해야 할 문제가 있다. 그것은 북한의 주체사상이다. 주체사상은 김일성 일가를 신으로 섬기는 종교적 이념이다. 어떤 의미에서 공산주의 사상보다 더 악랄하고 독재성을 강조하는 이념이다. 북한의 모든 정치적 체도는 주체사상에 기초를 두어 사회주의를 시행하고 있다. 그렇기 때문에 우리가 심도 있게 고려할 점은 정치적 또는 경제적 여건으로만 우리의 원하는 대로 통일을 이룰 수 있다고 생각해서는 안 된다는 것이다. 우리는 북한의 모든 국민들은 주체사상의 우상에 몰입되어 있다는 점을 심각하게 받아 들여야 한다. 사상적 전쟁이 일어날 경우 자유분방한 대한민국에서는 주체사상을 깨트릴 이념을 교육해 두어야 한다. 우상주의 주체사상을 깨트릴 가장 완벽한 무기는 기독교이다. 특히 개혁파 신학에 기초한 하나님 주권사상이 가장 완벽한 무기이다. 2천년 교회사를 통해 각 국가의 흥망성쇠를 살펴보면 개혁파 신학의 기초가 되는 교회사가 고백한 신앙고백을 중심하여 정부를 이끌어온 정부는 부흥하였고 그렇지 못하고 로마 캐톨릭 중심의 국가들이나 회교권 중심의 국가들은 부흥에서 뒤처진 사례들을 볼 수 있다. 그러므로 우리는 국가의 헌법이 어느 사상에 기초를 두고 형성 되었느냐? 하는 것은 흥망성쇠에 대단히 중요한 요소로 작용한다는 사실을 깊이 깨달아야 할 것이다. 남북통일을 간구하는 우리로서는 정치적 경제적 통일을 이루었다 할지라도 이념적 통일을 이루는 데는 길고 긴 시간이 필요하다는 사실을 알아야 한다. 종교적 이념을 바꾸는 데는 짧은 시간에 해결할 수 없는 난제에 직면하게 된다. 종교적 주체사상에 찌들어 있는 북한 주민들의 생각을 바꾸기 위해서는 민주주의와 경제적 여건으로만 성취될 수 없다는 것을 명심해야 할 것이다.

우리는 반드시 빠른 시일 안에 통일을 이룩해야 한다. 이 통일은 적대적 사상을 극복하고 기독교 중심으로, 그것도 개혁파 신학 중심으로, 평화 통일을 이룩해야 한다. 미국의 역사를 보면 민족적 팽창, 지리적 여건, 그리고 정치적 또는 경제적 힘에 의한 단일화 등에 의해 국가가 형성된 것이 아니다. 원래 미국의 원주민은 동양계 사람들인 인디안 족속이었다. 지금 미국에 대해 잘못된 인식을 가지고 있는 사람들은 미국의 원주민을 백인으로 착각하고 있다. 미국이라는 국가는 어느 한 민족 중심의 나라가 아니다. 미국이란 나라는 유럽에서 순수한 기독교 신앙을 펼칠 수 있는 장소를 찾아, 아브라함이 고향을 떠나 가나안 땅을 찾아 가듯이, 고향을 떠난 신앙인들이 세운 국가이다. 짧은 역사를 가지고 있는 미국이 세계를 지배할 수 있는 능력을 소유하게 된 원인은 오직 성경에서 말씀하는 하나님 중심의 국가를 건립했기 때문이다. 그렇기 때문에 미국의 국가 이념은 종교의 자유를 아주 중요하게 생각하고 있다. 헌법 전문에는 하나님 중심의 기독교 이념을 삽입시켜 놓았다. 한국의 헌법에는 홍익인간의 이념을 삽입시켜 놓았다. 이러한 사상을 하나님 주권중심의 사상으로 바꾸어야 대한민국이 좀 더 빨리 통일을 이룩할 수 있고 또 세계의 일등국가로 우뚝 서게 될 수 있다.

(2) 새로운 국제 정치 체제

초강대국인 미국과 소련이 자기 진영에 속한 각 국가들을 관리하면서 세계 정치를 주도한 양극구조(Bipolar System)를 형성한 냉전 체제는 1970년대 들어와 다극구조(Multipolar System)의 체제로 전환하는 모습을 나타내기 시작했다. 즉 냉전 시기에는 군사적으로 미국과 소련의 주도 아래 대립 구조를 형성해 왔으나 1980년대 이후 정치적으로 미국, 소련, 그리고 중국이 3극 구조를 형성하게 되었고 경제적으로 미국, 소련, 일본, 그리고 유럽의 EC 등 4극 구조를 형성하게 되었다. 그러나 이러한 다극 구조는 미국과 소련 또는 미국과 중국 등의 강대국의 우월적인 위치 아래 일어난 현상이다. 1991년 공산 사회주의의 붕괴로 미국이 유일의 강대국으로 등장하게 되어 도전할 다른 국가가 없었다. 그러나 여러 강대국들이 협력을 통하여 국제문제를 해결해 나가는 국제정치 다극구조(Multipolar System)를 내다보는 정치학자들이 있는데 이는 미국의 쇠퇴를 염두에 두고 하는 말이 될 것이다. 미국의 쇠퇴를 예측하는 이들은 무역적자, 동성애, 인종차별, 에이즈, 그리고 도덕적 타락으로 인한 사회질서의 붕괴 등을 들고 있다. 어떤 이들은 얼마 지나지 않아 중국이 세계의 패권국이 될 것이라고 말하고 있다. 다극구조를 주장하는 이들은 중국과 더불어 EU는 물론 러시아의 재부상을 예측하고 있다.[193]

(3) 미국의 패권적 권위는?

20세기 말 동구권을 지배하고 있었던 공산주의가 무너지고 미국이 소련 연방이 해체되고 미국이 초강대국으로 우뚝 서게 되었다. 소련은 지금 한국의 GDP와 별 차이가 없을 정도로 경제적 후퇴 상태에 놓여 있다. 이러한 변화는 미국이 세계를 지배하는 패권적 권위에 대항하는 새로운 도전의 길을 열어 놓았다고 말할 수 있다. 그 도전은 중국

---

193) Ibid, p.311.

에서 발원되고 있다. 러시아가 경제적으로 후퇴하고 있으나 군사적으로는 강대국임을 자랑하고 있으며, 일본이 경제적 대국을 뽐내다가 미국의 환율 펀치에 20년 이상을 불황에 시달렸으며, EU가 미국의 경제력에 도전을 가해 와 대항세력으로 등장하였으며, 중국의 경제적 급성장으로 G2가 되어 미국의 적수로 떠오르고 있다. 이러한 현상은 세계를 지배하려는 미국의 독주에 제동을 가하는 요소로 등장하고 있다.[194]

　여기에서 우리가 생각할 중요한 문제가 있다. 역사는 언제나 예측을 불허하는 경우가 허다하다. 먼저 우리 대한민국을 생각해 볼 문제이다. 이조 말엽에 우리나라는 정말 세계에서 가장 비참한 생활을 하는 나라로 전락해 있었고 조정에서는 경제를 운영할 수 없을 정도로 피폐해 있었다. 서울 시내에는 곳곳에 오물과 더러운 대소변이 걸음걸이를 멈추게 하고 있었다. 우리의 자력으로 국가를 운영할 수 없어 결국 외세에 의존할 수밖에 없는 형편에 처하게 되었다. 어떻게 되었든지 우리 조상들은 외국의 지배아래 통치를 당할 수밖에 없었다. 그때에 가장 보수적 신앙을 가지고 또 가장 수준 높은 선교사들이 한국에 들어와 선교를 시작한 것은 참으로 한국을 축복하시려는 하나님의 섭리가 아닐 수 없다. 그것도 아주 유능한 의사들과 교육가들이 동반된 선교사들이었으니 미개한 나라에 엄청난 하나님의 복이 임하게 된 것이다. 36년간 수많은 기독교인들이 순교의 제물이 된 것은 절대 무의미한 피를 흘린 사건이 아니다. 피를 먹고 자라는 교회는 급성장했고 국가의 발전에 밑거름이 되었다. 인간의 개념으로 볼 때 어느 누가 한국의 8.15 해방을 예측이나 했을까? 역사의 축을 이루고 있는 기독교는 국가로부터 박해를 당함으로 교회가 훈련을 받기도 하고 또는 국가가 도움을 주는 협력체로

---

194) Ibid, p.312.

등장하기도 한다. 그것이 한국교회에 적용되었다. 교회의 역사가 한국에서 재현된 사건이다. 8.15 해방과 6.25 사변을 누가 미리 예측할 수 있었을까? 그리고 오늘날 한국의 위상이 세계에서 높아진 수준은 50여 년 전과 비교할 수 없을 정도이다.

여기에서 우리가 정신을 더 가다듬어야 한다. 잘될 때 절대 교만해서는 안 된다. 삼가 조심하고 하나님을 향해 스스로를 점검해야 한다. 우리 대한민국은 지정학적으로도 강대국의 중심지에 서있다. 그러나 이것이 아주 유익점이 될 수 있다. 우리 대한민국의 기술이 세계에서 가장 뛰어난 것들이 너무 많다. 중국, 러시아, 인도, 그리고 동남아세아까지 엄청난 시장이 기다리고 있다. 일본과의 무역전쟁은 간단하게 처리할 수 있다. 기독교인들의 신앙적 무장만 확실하게 갖추어 지면 북한의 주체사상의 사회주의 역시 쉽게 무너뜨릴 수 있다. 문제는 항상 우리의 신앙의 자세이다. 그리고 기독교 신앙을 추구하는 국가와 강력한 동맹국을 유지하는 일이다. 그르므로 미국과의 단절은 절대 안 된다. 인간의 눈으로 볼 때 중국과 깊은 교류를 하게 되면 불원간에 중국이 미국을 제치고 세계 초강대국으로 등장할 것처럼 생각할 수 있으나 아직도 기독교인들을 박해하고 선교사들을 추방하는 현 사태는 국가의 멸망을 채찍질하는 짓으로 밖에 볼 수 없다. 지금 중국에는 우리 대한민국의 선교사들이 대 활약을 펼치고 있다. 중국을 통해 북한에 복음이 들어가는 통로를 만들고 있다. 선교 역사를 보면 선교를 받은 나라는 선교한 나라의 지도를 받을지언정 무력으로 역공한 경우는 극히 드물다. 예수님을 구세주로 믿고 보니 먹이를 주는 손을 물어버리는 개와 같은 일을 할 수 없다는 생각을 하게 되기 때문이다. 중국과 북한이 기독교 중심의 국가가 되면 우리 대한민국의 영적 지도를 받는 국가가 될 것이다. 그 때를 위하여 우리는 경제적 부를 누리기 위한 삶을 살지 말고 저축하고 경건한 삶을 살면서 통일된 미래를 준비해야 한다.

4) 국제적 갈등과 폭력의 해결수단

　국제적 갈등은 몇 가지 요인으로부터 발생한다. 갈등의 요인은 서로의 배타적 견해로부터 시작되며 주로 중첩되어 나타난다. 국가의 형성은 영토가 중요한 요소로 등장한다. 영토의 대소는 국가의 번영에 결정적인 역할을 한다. 영토가 방대할수록 자원과 국민의 수를 비례적으로 많이 차지할 수 있게 된다. 그러므로 국제적 분쟁에 있어 영토의 점령이 갈등의 제 1 원인으로 등장한다. 다음으로 경제적 갈등이다. 무역, 금융, 그리고 자원의 교류 등은 정부의 통제수단으로 등장하는데 원리적으로 다른 국가가 상대국의 경제적 실체를 간섭할 수 없다. 그러나 국제간의 교류가 다원화 되고 빨라짐에 따라 경제적 갈등이 자주 생겨나게 된다. 이 경제적 갈등은 때로 군사적 충돌로 이어지기도 한다. 국제적 갈등을 해결하는 수단은 평화적 방법과 전쟁인 폭력적 방법으로 분류된다. 평화적 방법으로는 협상, 제 3자의 중재, 또는 국제사법 재판 등의 수단을 동원하는 경우가 있다. 폭력적 해결 수단은 국가 사이의 전쟁과 적대세력에 대항하기 위한 테러 등이 있다.[195]

　인류 역사상 전쟁이 없이 평화로운 시대를 살아왔던 시대는 시간적으로 1/10도 안 된다. 모든 정치가들이나 통치자들은 전쟁을 원치 않고 있다고 말한다. 그러면서 전쟁을 일으키려고 명분을 축적한다. 그들의 말은 우리의 평화를 지키기 위해서 우리 국가의 안녕을 위해서 방어적 전쟁을 할 수밖에 없다고 주장한다. 인류 역사를 살펴보면 나라와

---

195) Ibid, pp.313-314.

나라 사이에 힘의 우위를 소유하고 있는 나라가 전쟁에서 승리했다. 그러나 그 전쟁의 승리에 도취하여 또 다른 나라들까지 점령하려고 확대 전쟁을 일으켜 결국에 가서는 패망한 예가 허다하다. 근현대사에서 일본과 독일이 그랬고 프랑스의 나폴레옹이 그랬다. 고구려는 넓은 만주를 침공하여 점령했으나 신라와 당나라의 연합전선에 의해 무너졌다. 고려 이후 우리 대한민국은 외국을 침공하지 않았으나 지금의 대한민국은 선진국의 대열에 들어섰다. 전쟁의 역사는 무엇을 말하는가? 전쟁의 역사 중에 전쟁의 영웅 세 사람을 말하면 로마의 알렉산더 대왕, 프랑스의 나폴레옹, 그리고 독일의 히틀러를 들 수 있다. 그러나 이 세 사람은 취후의 생이 비참하게 끝났다. 인간의 사악함은 선을 추구하는 것 같으면서 잔혹하기 이를 데 없다. 명령 한마디에 의해 수많은 사람들의 피를 흘리게 하면서도 자신의 야욕을 채우기 위해 계속 전쟁을 일으킨다. 세계 제 1차 대전 후 1928년 국제간의 부전조약(不戰條約)은 지구상에서 전쟁을 하지 말자는 선포였다. 그러나 수년이 지난 후 다시 세계 제 2차 대전이 발발했다. 현재 유엔 헌장은 회원국들에게 전쟁을 금지하는 규정을 준수할 것을 규정하고 있다. 그러나 집단 안보 및 자위권의 발동에 의한 전쟁은 합법화 하고 있다. 그런데 지금도 이 지구상 각 도처에서 크고 작은 전쟁이 계속되고 있다. 나라를 튼튼하게 존립시키기 위해서는 내적으로 국방을 튼튼히 하고 외부로는 외교를 부드럽게 해야 한다. 특히 대한민국이 이러한 위치에 처해 있다. 강대국에 둘러 싸여 있기 때문이다.

국제간에 벌어지고 있는 전쟁은 평화를 더욱 위축시키는 원흉이다. 그러나 전쟁을 일으키며 전쟁을 일삼는 나라들의 집권자들이 잘 쓰는 용어는 "국가의 방어를 위해, 국가의 부흥을 위해, 그리고 우리 국가의 발전과 평안을 위해" 라는 말을 즐겨 쓰고 있다. 이 세계는 약소국들이 아무리 평화를 주장할지라도 힘을 가지고 있는 국가에 의해 지배를 당하게 되어 있다. 평화 조약은 사실상 강대국의 주장에 따라 체결되는 종이쪽지에 불과하다. 그러므로 전쟁을 통해 누가 헤게모니를 쟁취하느냐의 결과에 따라 평화조약이 체결될 수밖에 없다. 전쟁에서 승리한 국가가 평화조약을 선정하는 내용에 따라 약소국가는 서약을 할 수밖에 없다는 말이다. 지금 세계는 자꾸만 지구촌으로 변모해 가고 있다. 지구를 한 바퀴 도는 시간이 짧아지고 있다. 많은 국가들이 핵을 소유하게 됨으로 함부로 전쟁을 일으킬 수 없는 형편에 도달했다. 이제는 국제간의 경제 전쟁이 상식화 되어 있다. 그러므로 무력으로 상대 국가를 멸망시키려는 수단으로 비밀 테러를 행하는 경우가 잦아지고 있다. 최근 테러리즘은 국제화 되고 보편화 되고 있다. 비밀의 조직을 통해 비정규적 군대를 동원하여 상대 국가의 시민들에게 폭력을 행사한다.

이러한 국제적 변화에 대해 우리 대한민국은 미래에 대한 전략을 섬세하게 세워야 한다. 국제적으로 언제 테러를 당할지 모르는 불안한 상황을 맞이하고 있기 때문이다. 테러를 행하는 국가들에 대해 세심한 분석을 해야 한다. 예컨대 2010년 미국은 테러를 행하는 국가를 발표 했는데 이란, 시리아, 수단, 쿠바 등이었다. 지금 중동지역 이슬람 국가들이 서방 국가들에 대해 가장 테러를 많이 하는 것으로 나타나 있다. 안전하다고 믿었던 유럽의 국가들이 테러대상국이 된 것이다. 그 국가들이 테러를 행하는 근본적인 원인은 종교에 기인한다는 것을 너무 간과하고 있다. 이슬람교의 종교관은 근본적으로 그들이 주장하는 종교적 교리에 반대하는 자들을 궁극적으로 살해한다는 원리를 적용하고 있다. 또한 그들은 한 남자가 4명의 여자와 결혼할 수 있다는 교리를 따르고 있다. 그러나 그들은 겉으로 절대 인간애를 강조하는 여우의 모습을 드러낸다. 영생을 믿느냐? 라고 물으면 담대하게 **그렇다!** 라고 대답

한다. 그런데 누가 영원한 생명을 허락하느냐? 라고 물으면 예수 그리스도를 말하지 못한다. 모하멧, 그리스도, 또는 선지자 등을 말하며 헤매고 만다. 수년전 중동 국가들과 무역하기 위해 한국에서 이슬람교의 할랄 식품을 생산할 수 있도록 땅을 제공하도록 계약을 체결했다는 소식은 기독교인들의 가슴을 철렁하게 만들었다. 그들은 한 지역에서 이슬람교의 인구가 그 지역의 25%를 넘었을 때 그들의 종교를 전파하기 위해 테러를 행할 수 있다는 주장을 앞세운다. 동남아 및 아프리카 여러 국가에서는 기타의 종교인들이 기독교를 전파하는 많은 기독교인들에게 테러를 행하거나 공공장소에서 살해를 해도 경찰들이 적극적으로 사법처리를 행하지 않고 있다.

더욱이 현대의 테러는 첨단 기술을 사용하여 고도의 사제 폭탄을 제조하고, 폭파 기술도 급속하게 발달되어가고 있으며, 그리고 첨단 통신장비를 동원하여 무죄한 일반 시민들을 집단적으로 상해하고 있다. 특히 생화학 무기를 사용하여 단시간에 수많은 인명피해를 내고 있다. 예로 1995년 일본에서의 독가스 테러는 세계를 공포의 도가니 속으로 밀어 넣었다. 테러집단은 게릴라 군대보다 더 극단적인 포악성을 드러낸다. 요인 암살과 납치, 중요한 목표물 폭파, 시민들을 향해 자살 폭탄 투하, 그리고 방화 등을 서슴없이 행한다. 이제는 통신장비가 세계화 되어 어느 곳에서든지 국제적으로 사이버 테러를 행할 수 있게 되었다. 특히 대한민국은 외교에 있어 적대국을 만들 경우 지정학적으로 테러를 당할 수 있는 아주 좋은 위치에 처해 있는 국가이다. 그러므로 우리는 내적으로 육해공군의 강력한 군대를 가지고 있어야 한다. 외부의 침입을 방어하기 위한 군대뿐만 아니라 테러에 대비한 군대를 육성해야 한다.

세계에서 가장 강한 전체주의 국가를 주창하는 나라가 대한민국 옆에 자리하고 있다. 북한과 일본이다. 북한은 독재적 우상주의를 표방하는 전체주의이다. 일본은 국가의 공익을 최우선으로 하는 전체주의이기 때문에 완전한 민주주의 체제를 유지하는 국가가 아니다. 정당이 있지만 그 정당은 사실상 여당과 야당이 정책적 대결을 강하게 유지하는 정부의 형태에서 벗어나 있다. 다수당의 여당만이 그 정당의 가치를 소유하고 있다. 정말로 우리 대한민국은 민주주의 국가를 유지하기 위해 많은 피를 흘렸다. 또한 한국교회의 성장을 위해 많은 순교자들이 피를 흘렸다. 이러한 피 값을 무가치 하게 흘러 보내지 않기 위해서는 먼저 교회가 영적 긴장을 풀지 말아야 한다. 불교적 복의 개념 또는 유교적 복의 개념에서 벗어나야 한다. 순교자들의 피를 생각하고 그분들의 삶을 모습을 따라 신앙의 길을 가야 한다. 참된 민주주의를 실행하기 위해서는 정부의 요인들은 절대 불법과 부정을 행해서는 안 된다. 성경말씀이 지시한 대로 과부와 가난한 자들을 선대해야 한다. 어떠한 경우에도 사법처리를 공정하게 처리해야 한다. 그리고 대통령으로부터 모든 국무위원들과 국회위원들은 하나님께서 말씀해 주신 성경에 따라 국가를 통치하기 위해 항상 양심을 하나님에게 향하도록 기도와 성경말씀의 적용에 심혈을 기울여야 한다. 나라가 부강해 지기 위해서는 법이 공정하게 적용되어야 한다. 작금에 대한민국에서 갑질이라는 말이 유행하고 있는데 이는 약한 사람들보다 권력과 경제력을 가지고 있는 사람들을 우선으로 하는 권력의 적용 내지 경제적 적용을 시행한다는 말이다. 참으로 개탄스러운 일이다. 대한민국은 하나님 중심의 나라, 복음의 나라, 그리고 정의가 강물처럼 흐르는 나라가 되어 이 땅위의 영원한 평화가 넘치는 나라가 되기를 원한다.

5) 국제정치와 한반도

필자가 미국 유학시절 느낀 것은 한국과 미국과의 정치적 환경이 너무나 다르다는 것뿐 아니라 "왜 대한민국은 체면의 정치문화가 깊이 뿌리박혀 있는가?" 에 대한 의문이 쉽게 사라지지 않았다. 한 가지 예로 미국의 정치문화는 본질적으로 원리를 찾아가는 문화이다. 즉 신문방송을 통하여 사건에 기초한 사실증명을 확인하여 국민의 신뢰를 기대하는 정치문화이다. 어떤 경우에든지 고위층 정치가가 신문방송을 통해 사건을 호도하게 되면 절대 성공할 수 없는 입지에 떨어지고 만다. 한국에서처럼 반공이나 반일감정을 정치적 수단으로 이용하여 상대 정적을 제거하는 공작을 할 수 없다. 한국 속담에 "콩 심으면 콩이 나고 팥을 심으면 팥이 난다." 는 말이 적용되는 정치 문화가 형성되어 있다. 즉 공작정치가 통하지 않는 나라이다. 워터게이트(Water Gate) 사건으로 탄핵 직전에 대통령직에서 물러난 닉슨(Richard Nixon)은 처음 작은 거짓말을 감추려 하다가 더 많은 거짓말을 첨가하게 되어 결국 자리에서 물러나게 되었다.

다음에 미국의 정치문화는 국제적 질서를 우선으로 하는 경향성을 띄고 있다. 국내적으로는 경제를 최우선으로 한다. 정치적 이념의 대결보다 정책대결을 우선으로 한다. 공화당은 경제적 정책에 있어 위에서 내려가는 하향식 방법을 우선으로 한다. 민주당은 아래에서 위로 올라가는 정책을 채용한다. 그렇기 때문에 공화당은 대기업과 부자들의 부요함을 채워 줌으로 그 잉여 경제가 아래 중산층에 까지 내려 갈 수 있다고 생각한다. 그러나 민주당은 우선적으로 중산층을 부요하게 해야 경제가 활성화 될 수 있다는 정책을 채용한다. 40년이 넘었으나 지금도 기억하는 한 교수의 말이 내 가슴속에 남아 있다. 수업 중에 내

전공분야와는 전여 다른 국제정치 이야기가 나왔다. 나는 그 때 뢱커(Recker) 교수에게 한국의 통일에 대하여 "남북한의 이념적 갈등이 극심한데, 즉 공산주의와 민주주의의 사상을 어떻게 극복하고 통일을 이룰 수 있느냐?" 라고 질문했을 때 그는 "통일은 이념의 극복이 우선되는 것이 아니라 국민적 사회적 통합이 우선이다." 라는 말을 들었을 때 나는 강한 보수주의 신앙을 가진 기독교인으로서 도저히 이해할 수 없는 말을 한다고 생각했다. 그 이유는 내가 태어난 대한민국은 너무나 강한 이념적 대립이 남북 사이에 상존하고 있기 때문이라고 생각했다. 그러나 미국의 정치가들이나 지식층에 속한 사람들은 나의 생각과 많은 차이를 가지고 있다는 것을 알았다. 그 이유는 국제정치에 습관화되어 있는 미국 시민들은 대륙적 기질을 가지고 사건을 응시하고 있다는 것을 알았다. 공산주의 세계에도 이슬람교 세계에도 불교나 유교의 세계에도 기독교가 침투되면 대립적인 이념의 장벽이 무너진다고 생각하는 사람들이다. 내 조국 대한민국이 하루 빨리 통일이 되기를 가슴이 저리도록 고대하는, 그것도 기독교 중심의 통일이 되기를 뼈저리게 소망하는, 내 심령의 뿌리 깊은 생각 때문에 그런 차이점이 나타난 것이 아닌가? 생각했다.

이제 한반도 통일과 국제적 정치에 관한 아주 작은 소견을 피력해 보려고 한다. 대한민국은 너무나 강력한 주변 국가들에 둘러싸여 있다. 더구나 자원이 모자라는 국가이다. 한 가지 우리는 인적 자원이 세계 어느 나라보다 풍부하다. 미국의 고등하고 졸업생들보다 한국의 대학교 졸업생들이 비례적으로 훨씬 더 높다. 그리고 외국 유학생들도 매우 빠른 속도로 늘어가고 있다. 세계에서 10위권의 경제대국을 이룩한 힘도 인적 자원에서부터 생겨난 것이라고 생각한다. 이러한 힘을 바탕으로 하루 빨리 통일이 되기를 고대한다. 자기의 유익을 위한 정쟁에서 벗어나 한반도는 물론 세계에서 가장 정직한 나라, 법적 정의가 강물처럼 흐르는 나라, 그리고 복지가 세계 최고의 나라가 되기 위해 정치, 경제, 교육, 문화, 그리고 모든 사회가 한 덩어리 되어 온 국민이 국가 건설에 매진하는 나라가 되기를 고대한다.

(1) 한반도의 정치적 입지

21세기를 맞이하여 세계는 신 국제정치의 환경을 재편하는 경향성으로 기울어지고 있다. 20세기 말 미국과 소련의 냉전이 끝나고 폴란드, 헝가리, 불가리아, 체코슬로바키아, 그리고 루마니아 등 유럽 동구권의 국가들은 공산주의를 청산하고 경제적 부흥에 박차를 가하게 되었다. 특히 1980년대 중국의 경제개발 정책은 세계를 놀라게 하고 있다. 이러한 국제정세의 변화는 냉전체제에서 겪었던 부정적인 요소가 각 국가의 국민들의 마음속에 잠재해 있었기 때문이라고 볼 수 있다. 공산권 국가들은 경제적 발전이 후진되면서 국민들의 생활수준이 높아지기는 고사하고 오히려 퇴보하는 경향이 극심해지기 시작했다. 특히 공산권 국가들은 군비경쟁에 돈을 쏟아 부은 결과 국민 복지는 바닥신세를 면할 수 없게 되었다. 결국 동구권의 국가들은 정부에 대한 불신이 극도에 도달하게 되었다. 밑바닥 민심으로부터 일어난 정부를 향한 반발심은 동구 공산권의 국가들을 무너지게 만들었다. 그러나 지구상에 남아있는 단 하나의 사회주의 폭력집단 북한은, 주체사상의 정치체제를 배경 삼고 있는 김정은은, 정치적 생존을 위해 온갖 포악을 시행하고 있다. 역사를 볼 때 김정은 체제가 무너지는 일은 시간문제이다.

이러한 남북한의 대립관계를 형성하고 있는 현상은 주변국과의 연관관계를 생각하지 아니할 수가 없다. 사실상 남북과의 대립은 그 원인이 주변 4개국과의 연관관계에서 비롯되어 있다. 2차 대전 후 북한은 소련과 중국의 종속국가로 지내왔다. 그러나 6.25의 무력 통일에 실패한 후 북한은 양국의 어느 나라도 신뢰할 수 없다는 결론에 도달했다. 6.25 남침과 더불어 계속 무기를 대주고 군사적 지원을 해 주겠다던 소련이 처음 약속과는 다르게 뒤로 발을 빼고 물러나게 되었다. 그 이유는 미국과의 극단적인 대립을 원치 아니했기 때문이었다. 북한은 중국에 애청하여 모자라는 무기 대신 인해전술을 통해 겨우 38선을 유지하는 선에서 휴전을 하게 되었다. 휴전 이후 북한은 중국으로부터 많은 경제적 지원을 받아 왔으나 1980년대 이후 중국이 미국과의 경제적 제휴로 말미암아 차츰 고립상태로 변모해 가는 것을 감지하게 되었다. 탈냉전 이후 이념적 대립이 국제정세를 좌지우지 하는 것이 아니고 경제적 우위에 따라 국가의 위치가 변하는 상태이다. 이는 지구상에서 공산주의가 무너졌기 때문이다. 결국 북한은 스스로 살아남아야 할 정책을 수립하게 되는데 그것이 바로 핵을 만드는 작업이었다. 70년대 미국 국무장관을 역임했던 키신저 박사는 "핵을 보유한 국가는 무언의 불가침 조약을 상대국과 맺고 있는 셈이다." 라고 말했다. 북한이 핵을 보유함으로 적대국과의 서약하지 않은 불가침 조약을 세우기를 원하는 것이다.

그러나 지금 미국과 중국은 경제적 협력 관계를 유지하면서 한편으로는 군사적 대립 상태를 유지하고 있다. 미국의 입장에서는 동북아의 평화적 패권을 유지하면서 대 러시아의 견제를 위해 중국이 필요한 입장이다. 한편 중국은 경제적 성공을 위해 서방국가에 대한 개방정책이 필요한 입장이다. 미루어 볼 때 세계는 지구촌으로 변하고 있는 이 시점에서 외교는 국가 정책의 최우선 순위로 정해야 한다는 점이다. 과거에도 마찬가지였다. 2차 세계 대전이 발발할 때 영국의 처칠 수상이 소련은 물론 미국과의 외교에 실패했다면 전쟁을 승리고 이끌 수가 없었을 것이다. 강대국들인 미국, 러시아, 중국, 그리고 일본에 둘러 싸여 있는 우리 대한민국이 외교를 최 우선순위로 정하고 국가 정책을 세워 나가야 하는 이유가 여기에 있다.

일본과 러시아는 북방 영토 문제로 갈등이 지속되고 있다. 중국과 일본 역시 바다 가운데 있는 섬을 차지하려는 시비가 계속 일어나고 있다. 미국과 중국은 경제적 전쟁으로 심각한 대립각을 세우고 있다. 현재 미국과 러시아는 공산주의가 무너진 이후 갈등관계가 희미해져 가고 있다. 이럴 때 대한민국의 외교는 참으로 민감하고, 정확하고, 그리고 포괄적인 외교정책을 펼쳐야 할 때이다. 우리의 외교의 최종목표는 남북통일이다. 세계정세를 볼 때 북한은 시간문제이지 반드시 무너질 때가 온다. 그 때를 준비하는 외교를 펼쳐야 한다. 그 외교는 우선 기독교 중심의 국가와 강한 유대강화를 형성하기 위한 외교를 펼쳐야 한다. 이러한 주장을 하게 되면 비 기독교인들은 정신없는 소리를 한다고 조소할 것이다. 우리는 미국이 왜 세계를 지배하게 되었는가를 깊이 있게 인지해야 한다. 미국은 기독교 중심의 국가이다. 미국의 부분적인 타락을 조사해 보면 한국과 비교될 수 없을 정도로 포악하고 타락한 삶을 사는 부류들이 있다. 미국의 사회는 잡탕 도자기(Melting Pot) 사회라는 말이 아주 적합하게 적용된다. 미국을 지배하는 부류에 속한 사람들은 성실하고, 지적 수준이 높고, 정직하고, 열심히 일하고, 재력이 있고, 그리고 기독교인들 그것도 진실한 기독교인들이 대부분이다. 이들이 미국을 지배하고 있기 때문에 하나님의 복이 저절로 임하게 될 수밖에 없다. 그러므로 한국 정치가들도 그들의 발자취를 따라가면 대한민국을 세계에서 으뜸가는 국가를 만들 수 있다.

(2) 대한민국과 주변국가

불행인지 아니면 어쩔 수 없는 우리의 숙명적 역사인지 알 수 없으나 대한민국은 지금까지 주변 국가의 침입과 간섭을 벗어나지 못한 과거를 경험해 왔다. 요행이도 지금 우리는 기독교를 신봉하는 국가로 변모해 가면서 경제 강국으로 성장하고 있다. 우리는 더욱 강력한 기독교화 된 국가를 형성할 수 있을까? 우선 주위의 4대 강국과 우리 대한민국과의 관계를 살펴보고 앞으로의 대처방안을 세워나가야 할 것이다.

A. 우선 미국의 한반도 정책은 어떤 방향으로 갈 것인가? 를 생각해 보아야 한다. 종교적으로 철저하게 기독교를 신봉하는 국가인 미국은 항상 세계 지배전략이 백악관뿐만 아니라 국민들의 뇌리 속에 깊이 뿌리 내리고 있다. 민주주의 정치와 시장경제를 실천함으로 세계 여러 나라를 통해 미국의 국익을 도모하는 작전을 수행해 왔다. 그 일을 실현하기 위해서는 세계에서 가장 강력한 군사적 힘을 바탕으로 적대국을 굴복시켜 왔다. 그러나 미국의 군사적 공격은 공산세계에서 보듯이 명분 없는 전투를 일으키는 일을 절대 하지 아니했다. 올바른 명분을 바탕으로 군사적 공격을 수행해 왔다. 대한민국을 지켜준 바탕에는 내적으로 기독교가 큰 힘을 발휘했다. 미국의 많은 기독교 목사들과 선교사들이 미국의 정치가들에게 대한민국의 기독교인들이 흘린 피 값을 무의미하게 내동댕이쳐서는 안 된다고 호소했다. 그리고 그들은 예언했다. 앞으로 한국의 교회는 세계에서 가장 신실한 기독교를 발전시키는 역사를 이룩할 것이라고 말했다.

또한 세계 제 2차 대전 후 미국의 한반도 정책이 오늘의 대한민국을 만들었다. 동남아에 있어 대한민국의 휴전선을 동아세아의 군사적 대치 선으로 정하고 공산권의 확대를 저지하는 정책을 펼쳐 왔다. 그러나 탈냉전 이후 미국의 국제시장에서의 무역 적자는 대한민국이 주한 미군의 방위비 부담을 더 많이 분담할 것을 계속 요구해 왔다. 지금 한반도에서의 비핵화 정책은 세계에서 가장 큰 이슈로 등장했다. 또한 중국을 견제하기 위해 한미일 협력 체제 강화를 시도하고 있다. 그러나 한일 관계의 36년간의 뿌리 깊은 상처는 아직까지 치료되지 않고 있다. 일본의 전체주의적 국수주의는 대한민국뿐 아니라 중국과 동남아에서도 적대감을 불러일으키고 있다. 그러나 미국의 입장에서는 동남아의 자유 시장경제에 기반을 둔 민주주의 국가들이 단합하여 중국의 견제 역할을 해줄 것을 고대하고 있다. 그런 의미에서 미국은 대한민국과 일본이 친화하여 중국과 북한에 대한 견제역할을 하는데 많은 정성을 기울이고 있다. 이러한 국제정세는 과거 냉전시대를 넘어선 새로운 변화의 기로에 서 있다. 특히 동남아에서의 미국의 주도권은 중국을 어떻게 대하느냐의 입장에 따라 대한민국과 일본이 어떻게 대처해야 하느냐의 방향을 제시해 주는 원인이 된다.

한편 미국의 입장에서는 중국과 북한을 대항하기 위해 한국과 일본에 전진 배치된 미군의 유지비를 더 많이 분담할 것을 계속 요구해올 것이다. 이 와중에 북핵문제가 국제적 이슈로 떠오르게 되었다. 그 이슈의 문제는 미국과 북한 사이에 핵문제로 타협이 거의 불가능한 극단적인 상태에서 자기 나라의 이익을 주장한다는 점이다. 아무리 작은 힘 없는 국가라고 할지라도 일단 핵을 가지게 되면 적대국과 사실상 불가침 조약을 맺은 거와 같은 효과를 발휘하게 되는 것이다. 아니 종이로 체결된 불가침 조약보다 더 큰 효과를 가지게 된다. 그 이유는 아무리 강대국이라 할지라도 핵을 가진 국가를 무력으로 침공할 수 없기 때문이다. 핵이 터질 경우 이웃나라들의 피해를 생각할 수밖에 없으며 만일 여러 곳에 핵 기지를 설치해 놓을 경우 일부는 공격을 받을지라도 다른 기지에서 역공을 감행하게 되면 세계 어느 나라든지 역공으로 말미암아 엄청난 인명 피해를 당할 수 있기 때문이다. 그렇기 때문에 북한의 입장에서는 냉전이 사라진 이 시점에서 국세가 기울어진 러시아도 믿을 수 없고 자기나라의 경제적 개발에 몰두하고 있는 중국도 믿을 수 없는 입장에서 자체적으로 핵을 개발할 수밖에 없다고 북한 스스로 공포하고 나섰다. 그러나 미국의 입장에서는 어떤 일이 있어도 북한의 핵을 허용할 수 없는 입장이다. 대한민국, 일본, 그리고 기타 동남아의 민주주의 국가를 보호하기 위해서도 그렇거니와 중국을 견제하기 위해서는 더욱 그렇다.

미국은 세계 어느 나라에서나 군사적 우위를 유지하면서 핵을 억제하는 정책을 펼쳐왔다. 특히 미국은 남북문제에 있어 핵문제에 가장 중요한 역점을 두어왔다. 미국이 북한의 핵 개발에 대하여 자국의 국가이익을 심각하게 해치는 것으로 인식하게 된 이유가 있다.

첫째로, 북한의 핵무기 개발이 미국 외교의 중요정책 목표인 핵확산 금지조약(NPT: Non Proliferation Treaty)을 와해 시켜 미국이 주도하고 있는 국제적 질서를 무너지게 하고 둘째, 북한의 핵무장이 한국과 일본의 핵 무장을 유발시켜 동북아 지역에서의 긴장감을 더 높이게 되어 미국의 영향력을 감소시키게 되며 셋째, 이러한 동북아의 핵확산은 전 세계로 확산되어 세계를 지배하는 미국의 영향력을 감소시켜 미국을 난처하게 만들어 주도권을 상실하게 하며 넷째, 지역적 핵문제로 인해 다시 전 세계의 냉전체제로 회귀하게 되면 미국의 영향력 상실로 지배적 주도권을 중국에 빼앗길 수 있다는 우려가 관련되어 있

기 때문이다.[196]

이러한 현재 상황을 분석해볼 때 미국은 북한을 세계 평화를 저해하는 집단으로 생각하고 있다. 그러나 현재 나타난 미국의 입장은 미국은 한국과 긴밀한 동맹 체제를 유지하면서 북한과의 접근 정책을 통해 관계개선을 모색하고 있다. 장기적으로 볼 때 미국은 한국의 대북 포용 정책을 지원하면서 북한의 핵 동결을 유지하여, 북한과의 제네바 합의를 깨지 않은 선에서, 엄격한 상호주의 원칙을 지키며, 북한에 접근 정책을 추진할 것이다. 이러한 정책은 대북 화해협력을 강화해 나가면서 안보정책에 있어서는 한국의 안보와 미국의 대 동아시아 국방 정책이 실현되기를 기대하고 있다.[197] 이러한 정책을 미루어 보면 결국 미국은 대한민국 주도의 통일을 실현하기를 원하고 있다. 미국은 한반도에서 주도권을 가지고 중국을 견제하기 위해 점진적으로 통일을 추진할 것으로 보인다. 그러나 우리가 주시해야 할 문제는 미국은 한반도에서 어떻게 주도권을 가지고 안정된 정세를 이끌어 나가느냐? 에 초점을 맞추고 있다는 점이다. 그러므로 미국은 한반도 통일에 대해 소극적으로 지원이 가능할지언정 적극적 행동을 취하지는 않을 것이다. 한반도의 분단된 상태는 주변 4대 강국들이 자국에 어떤 이해관계가 있느냐에 관심이 쏠려 있기 때문이다. 특히 일본은 한국의 통일을 원치 않을 것이 뻔하다. 통일된 이웃 한국을 대하기가 버거울 것이기 때문이다. 1996년 한국일보 일간지에 "한반도 통일이 일본의 국익에 위협적이고 부정적인 영향을 미칠 경우 일본은 이를 적극 반대할 것이 분명하다." 라고 발표 된 적이 있다. 일본은 경제적 힘을 바탕으로 동북아시아의 안보를

---

196) 박영근, 21세기 국제정세 변화와 한반도 문제, 삼양출판사, 경북 포항시, 2003년 6월 20일, p.48.
197) Ibid, p.49.

책임지는 역할을 증대하는 정책을 시도하여 군사대국의 위치를 점하려 하고 있다. 중국은 한국 주도의 통일이 이루어지면 어떻게 관계개선을 해야 하느냐에 관심을 기울일 것이다.

B. 이제 중요한 것은 중국과의 관계이다. 중국이 짧은 기간에 서방 국가의 경제정책 도입을 통해 세계 경제 대국으로 급등했다. 중국은 미국이 동북아시아에서 주도권을 강하게 행사하는 일에 대해 심히 견제하고 있다. 중국은 동북아시아 지역에서 주도권을 행사함으로 세계 질서에까지 영향력을 행사하려는 의도를 가지고 있다. 중국은 미국, 일본, 그리고 러시아가 한반도 문제에 있어 깊이 관여하기를 원치 않고 있다는 말이다. 그러한 외교정책의 배후에는 자국의 경제적 발전에 도움이 될 것이라는 생각은 물론 일본의 군사력 확장을 견제하려는 의도가 숨어 있다. 따라서 중국이 추진하는 한반도 정책은 자국의 발전과 밀접한 관계를 가지고 있다. 즉 중국은 한반도 정책에 있어 북한과 한국을 상대하여 자국의 이익을 위해 어떻게 외교정책을 펼쳐 나가느냐에 몰입되어 있다. 중국은 외교정책을 펼쳐 나가는데 있어 가장 가까운 북한을 이용하여 미국을 상대할 때 방어적 역할을 해 주기를 바라며 그 대신 경제적 지원을 해주고 있다. 그렇기 때문에 미국과의 경제적 교류를 하면서 북한과도 관계를 끊지 않은 정책을 수행하고 있다. 또 한편으로 중국은 자국의 경제적 발전을 위해 대한민국의 기술도입을 필요로 하고 있다. 그러므로 중국은 한반도에서 분쟁이 일어나기를 원하지 않고 있다. 2001년 통일 교육원에서 발표된 남북관계에 있어 중국의 입장을 보면 "남북 당사자 간의 대화와 협상을 통한 관계 개선이 한반도 평화 정책에 가장 효과적일 뿐 아니라 주변 강대국들의 영향력을 억

제하는 데에도 유리하다는 인식을 가지고 있다."[198] 라는 입장이다. 이로 미루어 보면 중국은 한반도에서 균형을 유지하는 정책을 통해 자국의 이익을 최대한 확보하려고 하고 있다.

특히 중국은 한반도 비핵화에 비상한 관심을 가지고 있다. 한반도 비핵화에 관해서는 미국과 같은 노선을 택하고 있는데 북한의 핵 개발을 절대 반대하고 있다. 그러므로 북한의 핵 개발은 중국과 거리를 멀리하게 만들고 있다. 핵 개발을 추진하는 북한에 대해 중국은 경제적 지원을 차츰 줄여가는 입장이다. 중국이 북한의 핵 개발을 반대하는 이유는 미국을 배경으로 하여 일본과 한국이 무기생산에 집중하게 되고 중국도 강하게 핵 개발을 발전시킬 수밖에 없게 되어 동북아시아의 긴장감이 고조됨으로 경제개발 도상국에 있는 자국이 장애물을 만나게 된다는 생각이다. 나아가 북한의 핵 개발을 방치하게 될 경우 미국을 위시하여 러시아는 물론 서방국가들의 비난을 면치 못하게 되고 경제적 교류가 원활하지 못하게 됨으로 경제적 발전의 속도가 저하 된다는 판단이다.

결국 중국은 경제적 발전을 국시의 최우선 순위에 두고 대한민국과 북한을 하나의 패턴으로 외교정책을 펼쳐 나가는 것 보다는 두 가지의 이분화 된 외교 패턴을 구사하여 한반도에서 분쟁이 생기기를 원치 않고 있다. 이 와중에 미국은 중국의 패권주의 정책을 차단하기 위해 한미일 공동체 외교정책을 강력하게 추진하고 있다. 이러한 미국의 외교정책은 중국을 강하게 자극하고 있다. 이미 2000년 박치정, 소치형, 그리고 강석찬이 주장한 중국의 외교정책은 "한반도 통일 정책은

---

198) Ibid, p.63.

자국의 동북아시아 지역에 대한 패권 장악에 결정적인 영향을 미친다고 판단하고 있기 때문에 매우 신중한 입장을 유지하고 있으며 향후 통일 한국이 중국에 어떤 영향을 미칠 것인가에 대한 신중하고도 정밀한 분석을 하고 있는 실정이다."[199] 라는 발표를 내 놓았다. 과거 중국의 역사를 비추어보면 현재 동북아시아에서 패권주의를 염두에 두고 있음이 분명하다. 미국의 영향력을 저지하기 위해 고심 중에 있다. 그 증거로 남북한의 갈등과 한반도 통일 문제에 대해 원거리를 유지하고 있다. 중국은 북한의 급격한 붕괴로 인해 대한민국에 흡수 통일 되는 일이 일어나가를 원치 않고 있다. UN에서 가장 중국을 옹호하는 나라는 북한이기 때문이다. 그러면서 경제적 유익을 얻기 위해 한국과의 국교를 강화하는 방향으로 외교를 펼치고 있다. 중국의 한반도 통일에 대한 입장은 자주적 통일의 방법을 옹호하고 있다. 외세의 영향력을 배제한 남북한의 합의와 절차에 따라 평화적인 방법으로 통일 되어야 한다는 입자이다. 1997년 최춘음의 저서 155-156쪽의 내용은 "중국은 한반도가 현 상태를 크게 변화시키거나 훼손시키지 않은 방향으로 진행되어야 하고 통일된 한국이 친 중국적인 성향을 유지하기를 기대하고 있으며 적어도 반 중국적이 되어서는 안 된다는 것을 시사하고 있다." 라고 기록되어 있다.

미루어 보면 중국은 사실상 한반도 통일이 성취되기를 원하는 입장보다는 현 상태에서 자국의 이익을 추구하는 입장이 더 강하다고 말할 수 있다. 그러나 우리 대한민국은 절대 어떤 일이 있어도 기독교 중심의 남북통일을 이루어야 자손만대에 하나님의 복이 임하는 국가를 물려줄 수 있다. 그러기 위해서는 우리는 기독교 국가를 강하게 발전시켜

---

199) Ibid, p.67.

나가야 한다. 그리고 특별히 중국 선교에 전심을 기울여야 한다. 중국에 기독교인이 늘어나는 정도에 비례하여 한국을 선호하는 방향으로 기울어지는 국가가 될 것이기 때문이다. 시진핑이 한국선교사들을 추방하는 정책을 강화하는 데는 북한과의 관계를 악화 시키지 않겠다는 의도가 숨어있다. 요즈음 북한이 기독교를 더 박해하는 방향으로 가고 있기 때문이다. 기독교 역사를 보면 선교를 받은 나라가 선교한 나라에 대해 적대적 감정을 가지고 침공하여 속국으로 삼은 경우가 거의 없다. 유럽에서 일어난 인접한 국가와의 전쟁을 보면 로마 캐톨릭을 대항하기 위해 각 국가 간의 연합전선을 형성했을지라도 선교를 받았기 때문에 선교한 국가를 침공한 예는 거의 없었다. 그러므로 우리가 집중해야 할 일이 있는데 그것은 중국을 심령적으로 우리 대한민국에 무릎을 조아리게 만드는 방법은 선교가 최고의 무기이다. 중국에 선교가 활발해질 때 그에 비례하여 북한의 선교가 활발해 진다는 것은 다 아는 바이다. 중국 선교를 위해 강의하러 중국을 방문할 때 마다 느끼는 것은 중국의 주민들이 북한에서 넘어오는 사람들에 대해 경계심을 가지고 있는데 반하여 대한민국으로부터 들어온 사람들에 대해서는 아주 좋아하는 경향성을 보고 선교에 대한 무한한 가능성을 느끼게 된다. 더하여 대한민국은 미국과 외교를 더욱 친밀하게 강화해 가면서 중국과의 산업교류, 기술교류, 그리고 문화교류의 외교를 통해 선교를 강화해 나가게 되면 폐쇄 된 북한이 붕괴될 때 자연히 중국은 우리의 편에 설 수밖에 없는 입장이 될 것은 명확한 일이 될 것이다.

우리는 국토에 대한 꿈을 꾸어야 한다. 110여년 전 중국에 넘어간 간도 땅은 우리에 속한 땅이었다. 그 땅은 남북한 합한 것과 거의 비슷한 정도의 크기를 가지고 있다. 기독교 선교가 중국과 북한에 퍼지게 될 때 통일이 되면 조선족과 남북한이 합하여 잃어버린 간도 땅을 찾을 기회가 올 것을 기대한다. 세계의 역사를 보면 100년 내지 120년 주기로 국경의 변화가 왔다. 지금 중국은 기독교 국가가 아니다. 아직도 사회주의 체제를 중심으로 국가를 운영하고 있다. 기독교인들이 늘어 가면 반드시 사회주의 체제가 무너지고 말 것이다. 이런 와중에 북한은 계속 중국에 기대하고 있다. 지금 중국에서 기독교인들이 급하게 늘어가고 있다. 소수의 처소교회 교인들이 정부에서 주도하는 삼자 교회 교인들을 주도하고 있다. 문제는 폐쇄된 북한의 문을 여는 일이다. 그 일은 중국의 영향력에 달려 있다. 중국에서 기독교인들이 늘어가고 경제적 힘으로 북한의 문을 열게 하면 쉽게 성취될 일이다. 그러나 중국의 경제는 미래적으로 볼 때 대단히 암울하다. 수 십년 전부터 산아 정책으로 호적에 이름이 없는 사람들이 수억이며 20년 또는 30년 후에는 40대의 젊은 한 가족이 아버지 내외 가족과 할아버지 내외 가족을 부양해야 하는 환경에 처하게 된다. 즉 경제적 인력과 산업의 수요공급에 있어 불균형 상태가 생겨나게 된다. 경제적 힘은 국경을 변경시키는 절대 요인으로 작용한다. 남북통일이 되고, 경제적으로 일본을 능가하고, 그리고 우리 대한민국이 세계 5대 강국 안에 속하게 되면 중국에 있는 조선족과 힘을 합해 간도 땅을 되찾을 수 있다. 그 때는 우리 대한민국의 선교는 러시아, 동남아시아, 그리고 아프리카 등지에 가장 강력한 선교 국가가 될 것이다.

그러나 지금 우리가 영적 긴장감을 늦추면 안 되는 절박한 시기에 처해 있다는 것을 알아야 한다. 국제 정세는 너무나 급하게 흘러가고 있다. 일본의 경제적 보복, 동북아시아에서 미국의 패권주의 강화, 중국의 강한 견제 사이에 대한민국이 끼여 있기 때문이다. 북한의 비핵화를 어떻게 실현케 하느냐 하는 문제는 국제적 이슈로 떠올라 있다. 비핵화 이슈를 중심으로 강대국들이 대한민국 주위에 포진하여 힘을 가하려는 의도를 역력하게 드러내고 있다. 대한민국 정부가 잘못 결정하면 이조말기의 역사를 재현하는 것과 같은 처지에 도달할 수 있다.

먼저 우리는 하나님 중심의 교회관과 국가관을 가져야 한다. 그러기 위해서는 교회의 지도자들이 자기중심의 복을 원하는 일을 금해야 한다. 그리고 국가의 지도자들은 절대 기독교인들로 채워져야 한다. 그리고 교회와 국가는 성경 말씀에 의한 정치를 실시해야 한다. 그리고 외교적으로는 절대 기독교 국가를 선호하는 정책을 우선으로 해야 한다. 만약 대한민국에 선교사가 50년만 더 일찍 들어왔으면 하는 생각은 나 혼자만의 생각일까? 그렇게 되었으면 외교적으로 어느 나라를 먼저 교섭해야 할 것인가 하는 문제가 쉽게 결론지어 졌을 것이다.

C. 일본의 한반도 정책은 어떤 태도를 취하고 있는가? 일본은 세계에서 가장 강한 국수주의적 전체주의를 추구하는 나라이다. 정당들이 존재하고 있으나 사실상 여당과 야당이 강하게 구분되어 있지 않고 여당 주도의 의회를 형성하고 있다. 우리 대한민국은 여야의 입장이 정책 대결보다 사상적 또는 주관적 관점에다 정치활동의 바탕을 깔고 있다. 그러나 미국은 공화당은 경제정책에 있어 상류층 주도의 정책을 펼치고 민주당은 서민 중산층 주도의 정책을 펼치고 있다. 그러나 국제정책은 양당이 큰 차이가 없는 노선을 취하고 있다. 일본은 과거 침략적인 근성을 버리지 못하고 있다. 섬나라의 지정학을 살펴보면 육지에서 섬나라를 침입하는 경우보다 섬나라가 육지를 침입하는 경우가 더 많은 것이 세계 역사이다. 그러다 일본은 세계 제 2차 대전에서 패배하고 미국의 주도하에 민주주의를 실행하는 나라가 되었다. 즉 민주주의를 이룩하기 위해 투쟁을 통한 자력적 기반을 형성하지 못했다. 미국은 유럽에서 신앙의 자유를 위해 많은 피를 흘린 자손들이 세운 나라

이다. 대한민국은 해방 후 70여년 동안 많은 정권이 바뀐 가운데 6.25 사변은 물론 4.19 학생운동, 군사 쿠데타 등을 통해 민주주의에 대한 많은 경험을 쌓았다.

그런데 일본은 민주주의에 대한 갈망이 희미한 나라이고 경험이 없는 나라이다. 기회를 엿보는데 능숙한 나라이다. 근래에 와서는 군사적 체제를 강화해 가고 있다. 그 이유는 안보역할의 증대, 잠재적 위협에 대한 방어, 그리고 안보와 더불어 경제우선주의 정책을 목표로 삼고 있기 때문이다. 일본은 한반도에 중국과 러시아의 영향력이 미치는 정책에 대해 민감한 반응을 보이고 있다. 한, 미, 일 동맹을 통해 러시아와 중국의 영향력을 억제하기를 원한다. 한편으로 방위력 증강이라는 명목 하에 군사력을 확대하기 위해 심혈을 기울이고 있다. 국수주의가 강한 나머지 자국에서 행해야 할 주변국에 대한 배려는 고려하지 않고 자국의 마음에 맞는 협력강화만 주장하고 나서는 입장이다. 힘센 나라에는 아부하는 성격을 가지고 있는 일본은 미국의 비위를 건드리는 일을 하지 않음으로 한, 미, 일 동맹의 강화를 통해 중국과 러시아를 견제하려 하고 있다. 특히 북한의 도발적인 행동에 대해 대한민국을 통해 저지하려는 속셈을 가지고 있다. 경제력을 바탕으로 군사적 대국을 이루어 한반도가 위기 상황을 맞이할 때 북한을 위시하여 대륙세력의 영향력을 견제하는 완충적인 역할을 하는 곳이 대한민국으로 생각하고 있다. 6.25 전쟁 당시 한국의 후방기지 역할을 수행했다고 자임하면서 경제를 발전시킨 그 때를 잊지 않고 있다. 현재 남북의 분단을 적절하게 이용하여 남과 북에 대한 등거리 외교를 통해 자국의 이익을 도모하려하고 있다.

한반도에 대한 일본의 통일 정책은 한마디로 부정적이다. 일본은 한반도의 통일 문제가 남북한의 문제이지 외부에서 간섭할 일이 아니다 라는 생각이다. 그러면서 일본은 두 가지의 정책을 실현하려고 한다. 즉 통일 정책에는 무관심하고 남북한을 따로 취급하는 외교정책을 시행하고 있다. 주변 4개국 가운데 일본만이 한국 통일정책에 대한 대안을 세우지 않고 있다. 그 이유는 남북한이 어떤 형태로든 통일이 되면 일본의 외교 정책이 위축될 수밖에 없기 때문이다. 즉 통일 한국이 단일 체제로 일본을 상대하게 되어 힘에 버거운 외교대상이 되고 경제적 힘이 일본을 능가하게 됨을 우려하기 때문이다. 2000년을 기준으로 볼 때 한국의 경제 규모가 일본의 1/10에 불과했다. 2019년 현재 턱밑까지 따라 왔다. 통일이 되면 한반도의 입장은 갑자기 통일된 독일과 다른 상황이다. 이미 대한민국은 내적으로 통일에 대한 많은 준비를 해왔다. 남한과 북한의 경제적 대비는 38:1이다. 엄청난 차이이다. 통일이 되면 인구 8천만에 북한의 자원과 싼 노동력과 남한의 기술이 합하여 세계 5대 경제대국을 이룩할 수 있다. 경제 우선정책을 선호하는 일본으로서는 가장 거슬리는 말이 남북한 통일로 인해 경제대국이 된다는 것이다. 왜인들의 전체주의 근성을 버리지 못하는 그들은 한반도 통일보다는 현상 유지를 추구하는 입장이다. 경제력을 바탕으로 평화라는 명분을 이용하여 핵 강대국인 미국, 중국, 그리고 러시아와 대등한 군사력을 보유하고 가장 근접국가인 대한민국을 강대국으로 성장시키는 일을 저해하는 나라로 존재하고 있다. 일본에 강의차 들를 때마다 동경의 분위기는 음침하고 생각보다 알코홀 중독자들이 깊이 산재해 있고 우상종교들이 너무 많이 펴져 있다는 것을 느낀다. 우리 대한민국 선교사들에게 선교의 불모지대를 말하라고 하면 일본을 꼽는다. 이에 비하여 우리 대한민국은 희망이 넘치는 국가이다. 기독교 중심의 통일만 이루어지면 분명히 일본을 능가하는 국가가 될 것이며 중국, 러시아, 그리고 인도를 중심한 동남아를 향해 세계에서 가장 능력 있는 선교 국가가 될 것이다. 그 때를 위해 우리는 지금 경건하고, 근면하고, 정직하고, 그리고 준법정신이 강한 기독교인들이 중심이 되어 국가를 건설해 나가야 할 것이다.

D. 다음으로 러시아를 생각해 보아야 한다. 러시아는 소련 연방이 붕괴된 후 정치와 경제정책을 새로 수립하게 되었다. 인접해 있는 지역 국가들을 제압하려는 정책을 완화하고 협력관계를 유지하는 정책으로 전환하게 되었다. 1990년 이후 러시아는 주변국들과 국교를 강화하고 특히 아태 지역을 자주 방문하는 정책을 펼쳐 왔다. 그럼에도 불구하고 러시아의 현재 GDP는 한국의 그것과 별 차이가 없는 경제력을 나타내고 있다. 러시아와 한국의 GDP는 10:9 정도를 나타내고 있다. 한국의 땅 넓이와 인구를 비교해 보면 상대가 될 수 없이 국토와 인구가 한국보다 많다. 그런데 한국의 산업기술력은 러시아가 따라올 수 없는 정도로 앞서고 있다.

그럼에도 러시아는 옛날의 패권주의를 회복하려는 몸부림을 치고 있다. 그 정책을 보면 알 수 있다. 신 국제질서의 재편에 적극적으로 동참하고, 일본의 재무장을 통한 군사적 대국으로 가는 길을 견제하며, 한반도 문제에 대한 러시아의 영향력을 확대하며, 중국의 반러시아 운동을 저지하며, 다자간 안보 협력 기구를 설치하는 일을 실현하려고 한다. 한 가지 예로 북한의 핵 개발 문제로 한 때 한국, 북한, 미국, 그리고 중국이 함께 하는 4자 회담이 열렸을 때 불만을 토로하고 러시아와 일본이 참여하는 6자회담을 강하게 주장하였다. 남북 정상 회담을 통해 동북아시아 지역 안정화에 자국이 조정자가 되기를 간곡히 바라고 있다. 회담에 동참하여 군사적 우위를 점령하려는 의도를 숨기지 않고 있다. 더불어 퇴보한 경제적 회복을 일으키려는 외교를 적극적으로 펼치고 있다. 특히 한국의 기술과 러시아의 자원을 통한 경제적 협력을 강화하는 정책을 구사하고 있다.

우리 대한민국의 관심은 한국 주도의 통일이다. 특히 기독교인들은 기독교 중심의 통일에 심대한 관심을 기울이고 있다. 그리고 각 교회마다 국가와 통일을 위해 간절한 기도가 그치지 않고 있다. 북한에 아직도 수용소에서 지하에서 인간으로서는 도저히 상상할 수 없는 짐승보다 못한 생활에 처해 있는 기독교인들을 생각하고 시시 때때로 기도하는 한국의 기독교인들이 많이 있다. 과거에 기독교를 심히 박해했던 러시아가 작금에 와서는 상당한 종교 자유의 문을 열어 놓고 있다는 것은 아주 고무적이다. 현재 러시아는 한국을 통해 경제적 협력을 통해 수익을 높이고 북한과 우호 관계를 맺으면서 동북아시아에서 자국의 활동 영역을 펼치는 전진 기지로 삼으려는 의도를 나타내고 있다. 한편으로는 공식적으로 남북 협력과 평화회담을 강조하는 것을 보면 남북통일이 달성될 수 있도록 협력할 수 있는 자세를 취하고 있다고 말할 수 있다. 그러나 러시아는 북한의 정치 체제가 갑자기 붕괴 되지 않은 한 빠른 시일 내에 남북통일이 이루어질 수 있다는 생각을 하지 않고 있다. 한편으로는 일본을 견제하기 위해서는 남북통일이 이루어지기를 원하고 있다. 그 이유는 통일이 자국의 경제적 발전이 도움이 될 뿐 아니라 일본을 견제 하는데 도움이 된다고 생각하기 때문이다.

러시아 과학 아카데미 극동문제 연구소의 **미아니시코프**는 한반도 통일에 대해 독일식 흡수 통일을 희망하지 않고 있다. 즉 한반도 통일을 단계적으로 이루어지기를 바라고 있다. 정전 협정을 평화협정으로 바꾸고 평화 공존을 유지하면서 서로의 교류를 강화하고 종국에 가서 통일을 성취하는 방향을 제시하고 있다. 러시아는 주위의 국가들이 다자간 협력관계를 유지하면서 대화의 장을 지속하여 통일 문제에 참여하기를 원하고 있다. 결론적으로 러시아의 한반도 통일정책은 자국의 경제 재건을 확립하기 위하여 다자간 안보 대화와 협력 체제를 구성하여 자국의 정책을 관철시키는 방향으로 나아가고 있다.[200]

(3) 주변 국가에 대한 대한민국의 외교

탈냉전이라는 국제정세의 변화는 과거 이념적 적대성을 강조한 외교정책으로부터 빨리 탈피해야 할 것을 재촉하고 있다. 북한과의 통일정책을 완벽하게 수립하기 위해서는 미국을 등에 업고 주위의 국가들과 관계설정을 새롭게 정립해야 한다. 주변 4대 국가와의 외교는 통일을 위한 절대적 요소로 자리 잡고 있다. 이제 대한민국이 국가의 발전을 위해, 특히 통일을 위해, 외교를 강화해야 한다는 정책은 필수 중에 필수 최우선 정책으로 채택하고 집중을 가해야 할 위치에 처해 있다. 주변 국가는 미국을 위시하여 중국, 러시아, 그리고 일본이다. 기독교 중심의 한반도 통일을 위해서는 주변 4개 국가와의 역학관계가 매우 중요한 외교 전략으로 등장해 있다. 즉 주변 4개 국가들은 자국의 이익과 한반도 통일과 역학 관계를 형성하고 있다. 그렇기 때문에 대한민국의 외교는 주변 4개 국가와의 친밀한 관계를 유지하면서 우리의 통일정책을 주도적으로 이끌고 나가야 하는 어려움이 있다.

A. **미국과의 외교정책을 어떻게 밀고 나갈 것인가?** 한미동맹은 외교적으로 세계 어느 나라보다 강력하고 끈끈한 외교관계를 맺어왔다. 미국 선교사들의 희생의 피로 한국을 문맹에서 깨어나게 했으며 6.25

---

200) Ibid, p.79.

전쟁을 통해 미군들의 피는 한국 땅에서 영원한 동맹을 유지하는 씨앗이 되었다. 1994년 10월 제네바 합의 이후 북미 관계는 점진적으로 개선의 창문을 여는 듯 했으나 북한의 핵문제는 다시 교착상태 속으로 끌고 들어갔다. 원래 미국 공화당의 외교정책은 강성을 띄고 있었다. 그러나 트럼프 대통령은 화해의 정책을 구사하고 있다. 19세기 이후 미국과 적대관계를 유지한 국가들이 부흥한 나라들을 찾아보기 힘들다. 그것은 미국의 정치가들이 항상 하나님 주권신앙을 가지고 나라를 다스리기 때문이다. 중국 국민들은 "왜 미국이 전쟁을 일으키는 일을 좋아 하는지 모르겠다. 그리고 왜 외국 국가들을 지배하려는 욕심이 그렇기 많은지 모르겠다." 라고 말한다. 북한에서 대 국민들을 상대하여 김정은이를 선전할 때 마구 험한 욕설을 섞어가며 미국을 비난하는 방송을 하고 있다.

문제는 북한의 핵이다. 평화 조약은 이해관계가 깨지거나 힘의 균형이 무너질 때 휴지 조각이 되고 만다. 북한이 핵보유국이 되려고 하는 이유는 간단하다. 핵을 가지게 되면 사실상 어느 국가이든지 불가침 조약을 맺는 효과를 거둘 수 있기 때문이다. 핵 기지가 비밀 장소 여러 곳에 설치되어 있으면 단시간에 그리고 같은 시간에 공격이 불가능하다. 그러나 중동 지역의 핵보유 국가들이 미국을 대항하다가 패망한 결과가 있다. 그 국가들의 독재자들이 처형당하고 국가의 발전은 후진성을 면치 못하고 있다. 사실상 미국은 국제경찰의 역할을 하고 있다. 여기서 한국의 외교는 남, 북, 그리고 미국의 삼각관계는 물론 중국, 러시아, 그리고 일본과 유연한 회교 정책을 펼쳐야 할 어려운 실타래를 푸는 것과 같은 입장에 있다. 우선 트럼프 대통령이 북한을 향해 화해정책을 구사하는 것을 대단히 우리에게 좋은 기회를 맞이하게 된 것이다. 그러나 우리는 미국을 정확히 알아야 한다. 그 화해 정책은 북한을 조종하려는 미끼가 될 수 있기 때문이다. 그러므로 한국은 미국의 정책에 보조를 맞추면서 국가와 국가의 대등한 관계를 유지하는 외교전을 펼쳐야 할 것이다. 현재 트럼프 행정부는 주한미군의 주둔 비용을 한국에 더 많이 분담할 것을 강하게 요구하고 있다. 동시에 미국 의회는 한국에서 22,000명 이하의 미군을 철수할 수 없는 법안을 통과 시켰다. 군 통치권을 가지고 있는 대통령이 마음대로 미군을 철수할 수 없게 되었다. 항상 북한의 핵문제가 외교의 걸림돌이 되어 왔다. 한국은 북한의 핵을 없애려는 미국의 정책에 적극 협조하면서 북한과의 접촉을 해야 한다. 한국에서 집중해야 할 외교는 북한의 핵 동결과 더불어 경제적 봉쇄를 해제하는데 집중해야 한다. 그렇게 되면 핵이 없는 북한 땅에 들어가 금강산 관광과 개성공단 산업이 열리게 되어 남북 간에 경제적 도움이 크게 될 것이고 교류가 빈번하게 이루어져 통일을 앞당기게 될 것이다.

B. **외교정책 가운데 우리는 대일 외교에 심혈을 기울여야 한다.** 일본은 겉으로는 경제협력과 동반관계를 주장하고 있으나 다른 한편으로는 과거 제국주의의 근성을 대한민국에 펼치려는 행동을 자주 드러내고 있다. 그 저변에는 자국의 이익을 위해 한반도 통일을 가장 싫어하는 음흉한 생각을 품고 있기 때문이다. 그럼에도 불구하고 동북아시아에서 시장경제와 민주주의를 실현하고 있는 국가이다. 그러나 의회 민주주의의 뿌리가 약한 정치제도를 가지고 있다. 우리 대한민국처럼 4.19, 5.16, 6,8, 그리고 5,18 등 숱한 항쟁의 경험을 겪지 않고 세계 제 2차 대전에서 패망 후 미국의 주도하에 민주주의를 실현하고 있기 때문에 뿌리 깊은 민주주의 체제를 갖추지 못하고 있다. 한국 정부가 심각하게 생각해야 할 것은 일본이 북한과의 관계개선을 어떻게 하려고 하는가? 이다. 일본은 대한민국에 대해 아직도 냉전적 지배인식을

버리지 못하고 있다. 특히 북한에 대해서는 더욱 그렇다. 핵문제와 일본인 납치 문제가 있기 때문이다. 이와 관련 남북한과 일본이 함께 국교 정상화를 이룩함으로 평화 공존을 이룩하는데 대단히 어려운 단계가 기다리고 있다는 것을 간과해서는 안 될 것이다. 특히 2019년 현재 우리가 일본과의 경제 전쟁이 일어나고 있는 시점에서는 요원한 일처럼 보인다. 그러나 미국은 북한의 비핵화 문제가 해결되는 것은 물론 한, 미, 일 공조를 이룩하고 한반도 통일을 통해 중국과 러시아를 견제하려는 정책을 실현하고자 하고 있다. 그 때가 반드시 성취 될 것을 기대해 본다.

C. **대한민국의 중국에 대한 외교 정책이다.** 중국에 대한 외교정책은 갈수록 중요해지고 있는데 비례하여 정책의 재정립이 요구되고 있다. 재정립이 필요한 이유는 경제적 입장에서는 친밀한 관계로 나아가고 있으나 사상적 정치적 입장에서는 계속 제도적 차이점을 가지고 있다. 더욱이 기독교에 대해서는 한국인 선교에 대한 배타적 입장을 고수하고 있다. 시진핑은 한국인 선교사들을 계속 추방하고 있다. 대한민국은 북한을 설득하고 앞으로 통일의 발판을 놓기 위해서는 중국과의 외교를 절대적으로 강화해야 할 입장이다. 그러나 생각할 것이 있다. 중국과 너무 가까운 외교를 펼칠 때 미국을 염두에 두지 아니할 수가 없다. 미국과 중국은 경제적 교류를 하면서 서로 견제하는 입장에 있기 때문이다. 일단 중국과의 외교에 중점을 둘 것은 안보협력을 통해 남북한을 중심으로 동북아시아 지역 평화 구축에 기반을 둔 정책을 펼쳐나가야 할 것이다.

기독교 선교가 중국에 널리 퍼져 많은 사람들이 그리스도를 영접하게 되면, 특히 중국의 고위층 정치가들이 구원의 주를 영접하게 되면,

한국과 중국은 급속하게 친밀한 이웃나라가 될 것이다. 미국과 캐나다처럼 될 수 있다. 한국이 중국과 외교를 진행하는데 어려운 점은 북한과의 통일 외교를 펼쳐 나가야 하는 반면, 경제외교를 강화해야 하며, 또한 안보외교를 상황에 따라 적용해야 하는 복합적인 관점을 가지고 접근해야 하는데 있다. 그 일을 수행하기 위한 원거리 지원군이 사실상 중국에서 일하는 한국인 선교사들이다. 중국 국민들은 한국인들을 아주 좋아하고 또 환영한다. 그러나 중국 정부 요인들이 항상 한국 선교사들을 경계하고 있다. 알아야 할 것은 기독교 중심의 국가를 이룩하게 되면 중국이 부요하게 되고 남북한 통일이 되어 중국과 한반도가 진정한 평화의 국가들을 이룩할 수 있다는 점이다. 이 사실을 대한민국 정부 요인들, 중국 정부요인들, 그리고 북한의 김정은을 호위하고 있는 주위의 요인들이 알게 되면 남북통일은 너무 쉽게 이루어질 것이다 동북아시아의 평화는 영구적으로 지속될 것이다.

   D. **러시아에 대한 외교 정책을 어떻게 수립해야 할 것인가?** 2018년 러시아의 GDP는 대한민국의 그것에 비하여 10:8정도에 머무르고 있다. 단 1년 사이에 10:9로 한국경제가 GDP에 있어 러시아에 근접하여 왔다. GNP는 오히려 한국의 절반에도 미치지 못하고 있다. 공산주의적 사회주의가 무너진 후 소련연방이 해체되고 미국과 냉전의 상대국으로서의 지위를 상실했으나 아직도 핵 군사력을 자랑하고 있으며 유엔 상임이사국으로서 동북아시아에서 중요한 위치를 점하고 있다. 러시아는 한반도의 평화에 깊은 관심을 가지고 있다. 그 이유는 한국의 경제적 기술과 협력을 필요로 하기 때문이다. 여기서 우리 대한민국의 외교가 중요한 역할을 하여야 할 절대적 필요성을 느끼게 된다. 현재 러시아는 중국과 대등한 입장에서 한반도 평화정책을 위해 6자 회담에 적극 참여하기를 기대하고 있다. 그 이유는 남북통일을 우선으로

하는 입장에서의 6자회담에 적극 참여하기를 원하는 것이 아니고 자국이 과거에 가졌던 국제사회에서의 영향력을 확보하려는 의도가 있기 때문이다. 그러므로 한국은 한반도 통일을 위해 다자간 협력 체제를 구축하여 순발력 있고 유연한 외교정책을 펼쳐 나가야 한다. 이는 참으로 어려운 외교이다. 한국은 반드시 미국의 주도하에 통일을 이루어 나가야 한다. 그 이유는 미국이 기독교를 신봉하는 나라이기 때문이다. 1990년대 이후 미국의 기독교 복고운동은 미국의 사상, 교육, 그리고 정치계에 막대한 영향을 끼쳤다. 세계 제 2차 대전 후 미국의 기독교가 너무 타락했기 때문에 1980년대부터 미온적인 복고운동이 90년대 들어와 강력한 태풍으로 변했다. 정치가들이 하나님을 향한 신앙이 국가의 도덕적 회복의 원동력이라는 점을 인식했다. 정치가들이 말씀운동은 물론 시시때때로 기도운동에 참여하는 일에 적극 동참하게 되었다. 1960년대 케네디 대통령에 의해 공립학교에서의 폐지된 기도회를 다시 복원하게 되었다. 기독교를 신봉하는 나라는 반드시 국가의 부흥을 가져온다. 그러므로 미국을 중심으로 통일정책을 세워 중국과 러시아의 한국중시정책을 지속적으로 유도해야 한다. 러시아와 경제정책을 밀접하게 유지시켜 북한의 체제전환을 일으키도록 지원을 아끼지 말아야 할 것이다. 또한 북한의 핵 개발을 정치시키도록 러시아를 통한 외교정책을 펼쳐나가야 한다.

E. **종합적으로 주변국가에 대한 외교정책을 어떻게 수립해 나가야 할 것인가?** 첫째, 직접적이며 중심적 행위자로서의 자주적 외교의 영역을 확대해 나갈 필요가 있다. 물론 미국을 중심한 4자회담 또는 6자회담이 절대 필요한 것은 사실이다. 그러나 남북통일은 결국 한반도에서 우리 민족끼리 이루어야 할 최종 결단이다. 주변 4개국과 평화적인 외교를 펼쳐 나가는 동시에 내적으로는 강력한 자주적 행위자로서의

남북한 교류를 확대해야 한다. 냉전시대의 편 가르기 식의 외교를 빨리 탈피해야 한다. 둘째, 우리 대한민국이 외교를 아주 중요하게 생각해야 할 이유는 주변 4개국의 협력을 얻어야 하기 때문이다. 그것도 미국에 의존적이면서 미국과 견제관계를 유지하고 있는 중국이나 러시아와 평화 공존의 외교를 펼쳐야 하기 때문에 고도의 외교정책을 필요로 하고 있다. 셋째, 주변 4개국과의 외교를 진행함에 있어 때로는 중립적인 위치를 점할 필요도 있다. 주변 4개국과의 외교를 펼치는 과정에 어느 한쪽으로 치우치는 경우 냉전 시대의 외교정책을 적용하게 되어 적대관계를 형성할 수 있기 때문이다. 넷째, 경제 분야의 다자간 협력 외교가 필요하다. 오늘날은 국제적으로 총칼의 전쟁보다 경제 전쟁에 눈을 돌리는 시대가 되었다. 그러므로 EC, ASEN, APEC, NAFTA 등 국제 경제 기구들과 깊은 유대를 형성하는 다자간 외교를 강화해야 한다. 따라서 한국의 외교는 주변국들과 쌍무적인 우호관계를 공고히 하는 동시에 동북아시아 다자간 협력 체제를 통해 강력한 경제교류를 도모하는 한편 북한의 핵 위협과 일본 및 중국의 군사 대국 추진을 통한 패권경쟁에 효율적인 대처를 세워 나가야 할 것이다.[201]

　　외교를 지향하는데 있어 주변 강대국의 다양성은 때로는 우리 대한민국의 외교에 도움을 줄 수 있다. 중국을 선호하는 외교를 펼칠 때 미국은 말할 것도 없고 일본이나 러시아가 시비를 걸어 올 수 있다. 그럴 때 우리가 균형 있는 외교전을 시도할 때 오히려 우리 국익에 도움을 가져올 수 있다. 그러나 명심할 것은 모든 역사를 주관하시는 하나님을 의지하고 외교를 펼쳐야 한다. 에브라임이 열방에 혼잡 되니 애굽을 향했다가 앗수르로 돌아가는(호세아7:11) 일을 행함으로 나라를 망하게

---

201) Ibid, pp.91-93.

하는 일을 해서는 안 된다. 기독교 국가인 미국을 선호하여 하나님 중심의 국가관을 가지고 중국, 러시아, 그리고 일본과 적대관계를 일으키지 않은 방향으로 외교전을 펼쳐 나가야 할 것이다.

제 3 장

기독교 윤리학과 정치

모든 국가의 정세는 하나님의 주권과 관계를 가지고 있다. 그렇다면 교회와 국가의 관계는 무관한가? 교회와 국가의 발전은 비례적으로 아주 밀접한 관계를 가지고 역사를 거쳐 왔다. 교회가 경건하고 말씀에 올바로 서 있을 때 그리고 말씀을 지키기 위해 생명을 바친 순교의 피가 많으면 많을수록 비례하여 교회의 발전이 두드러지게 나타났다. 더불어 따라오는 것은 국가의 발전이었다. 선교를 위해서는 선교국은 정치, 문화, 경제, 사회, 교육 모든 분야에 있어 피선교국 보다 뛰어나게 앞서야 한다. 그래야 피선교국이 도움을 받을 수 있고 그 도움은 선교의 길을 열어주는 매개물이 될 수 있기 때문이다. 선교를 위해 하나님께서는 부요한 국가를 사용하신다. 그리고 선교사들의 도덕적 생활을 본받게 된다. 그 도덕적 생활은 국가의 법을 정립시키는 기초가 된다. 국가의 법이 모세오경에 나타난 계명, 율례, 그리고 규례를 넘어설 수 있는 더 좋은 법은 있을 수 없다.

예수님께서 승천하신 후 세계의 역사를 보면 똑같은 패턴이 재현되었다. 우선 중세의 역사를 보자. 4세기 초 콘스탄티누스(Constantinus) 대제에 의해 로마 정부가 기독교를 수용함으로 박해했던 정책이 사라지고 교회의 선교가 북방으로 확장되고 6세기 로마 캐톨릭 교회 초대 교황 그레고리 1세(Gregory I)에 의해 교회의 세력이 쇠퇴해

가는 로마 정부보다 더 강해짐으로 사실상 세계에서 가장 큰 힘을 발휘하는 단체로 등장하게 되었다. 교회가 교리에 건전한 위치에 서있고 선교에 전심을 다할 때 그 교회에 관계된 국가는 부흥과 함께 세상을 지배하는 복을 누리게 된다. 그러나 역으로 교회가 교리적으로 그리고 도덕적으로 타락할 때 교회가 사람들로부터 지탄을 받게 되는 것은 물론 그 교회와 관계된 국가도 퇴락하게 되고 세상을 지배하는 능력을 상실하게 된다. 이는 성경이 말씀하고 있다. 천년 동안 전 유럽을 호령했던 로마 캐톨릭 교회가 교리적 그리고 도덕적 타락으로 말미암아 종교 개혁을 불러 올 수밖에 없는 정황을 맞이하게 된 역사가 그 예가 된다.

세계를 지배하는 미국이 기독교를 신봉하는 국가임을 누구나 다 알고 있다. 그리고 미국의 건국에 결정적인 기초를 놓은 사람들이 순수한 신앙을 소유하고 있었던 청교도들임을 우리는 다 알고 있다. 또한 우리 대한민국을 보자. 포악한 일제의 압박 밑에서 기독교 교리를 지키기 위해 즉 제 2계명 "우상에게 절하지 말라." 는 명령을 복종하기 위해 수많은 신앙인들이 목숨을 버리기까지 했지 않은가? 6.25 사변으로 인하여 얼마나 많은 기독교인들이 목숨을 잃었는가? 대한민국 기독교인들의 수가 늘어가는 비례에 따라 국가가 발전된 사실을 주시해야 한다. 그러므로 우리 대한민국이 영구적인 교회의 발전과 국가의 발전을 원한다면 교회에서 뿐만 아니라 신문방송을 통해서도 성경교리를 철저하게 교육해야 하고 도덕적 생활이 절대 근면, 절대 검소, 절대 정직, 그리고 절대 준법 생활을 철저히 지켰던 청교도 생활로 돌아가야 한다. 생활의 부요함은 범죄의 온상이 된다. 그리고 인간 스스로 부요가 가져오는 유혹을 깨트릴 수 있는 능력은 너무나 미약하기 때문에 외적 힘을 필요로 한다. 그 힘은 성경 교리교육, 청교도 생활의 준칙, 그리고 국가의 법칙 강화 등을 세분화 하고 벌칙도 강화해야 한다. 언제부터 대한민국이 유럽이나 미국에서 망한 인권만을 높이는 법안, 동성애 허락, 그리고 범죄자에 대한 처벌 완화 등을 수용하는데 그토록 열을 올리고 있는가? 심지어는 분명히 성경에서 철저하게 금하고 있는 동성애를 극소수 교회에서 지원하고 있는데 대한 심각성을 경고하지 아니할 수가 없다. 죄를 범한 자에 대한 인권은 반드시 제한을 받아야 한다. 그럼에도 불구하고 정부는 즉 사법부는 범죄자에 대한 자유를 너무 허용하고 있는 지금 오히려 범죄자들을 양산하는 원초가 되고 있다. 동성애는 절대 나라를 망하게 하는 악성 종양이다. 미국이나 유럽의 예를 들면 소수의 동성애자들이 직장에 들어오게 되면 언어가 추악하며, 수근 수근하며, 분쟁이 일어나며, 시기가 일어나며, 그리고 그들의 무정한 마음으로 서로를 이간질 하는 분위기를 조성하게 된다(로마서1:26-32)는 사실은 성경이 정히 말씀하고 있다. 그 직장은 소수의 동성애자들 때문에 많은 종업원들이 불평과 시기의 분위기를 벗어날 수 없는 처지를 경험해야 한다.

　　교회와 정부는 이러한 악을 도려내는 일들을 힘 있게 추진해야 한다. 그러므로 정부 요인들이나 교회의 지도자들은 준법정신이 일반 국민들보다 훨씬 강한 의지를 가지고 생활을 해야 한다. 그래야 국민들로부터 존경의 대상이 되고 신뢰를 보여주게 되어 교회와 국가를 다스리는 일에 능력을 발휘할 수 있다. 자신들의 불의한 행위는 교묘하게 감추고 국민들의 범죄는 정해진 자대를 무시하고 법을 악용하여 반대자들을 엄하게 처단하는 일을 절대 금물이다. 지위가 높을수록 범죄한 대가를 더욱 강하게 치를 수 있도록 해야 한다. 우리는 싱가포르의 도덕 정치를 배워야 한다. 화장실에 가서 물로 세척하는 일을 범하기만 해도 태형을 받는 강력한 법을 집행하고 있다. 국가가 망하는 데는 성적 문란 특히 동성애, 돈을 추구하는 정경유착, 그리고 극도의 권력이나 명예를 추구하는 사회 분위기 등이 그 원인이 된다. 능숙한 거짓말을 통해 남을 속이고 자신의 영달을 위해 사람들 앞에서는 가장 순진한 양의 탈을 쓰고 뒤에서는 음흉한 이리로 변하여 남의 재산이나 공공의 재산을 수탈하면서 스스로 뛰어난 머리를 자랑하는 사악한 사회를 척결해야 교회나 국가가 건전하게 발전한다. 특히 종교는 이중적인 표리부동한 자세로 세인들의 재산을 수탈할 수 있는 가장 용이한 도구이다. 본래 하나님의 이름은 선으로부터 시작하는 관념론이 존재하기 때문에 누가 성직자로서 일반인들이 범하는 범죄를 행할 수 있는가? 라고 생각할 것이다. 그러므로 교회의 지도자들이나 국가의 고위 공직자들은 작은 범죄라도 엄청난 큰 범죄를 범한다는 자세로 항상 자신을 돌아보아야 한다. 지도자들이 정직하면 국가에 난국이 닥쳐올 때 국민들의 힘을 모아 쉽게 극복할 수 있는 저력을 발휘하게 된다.

우리는 역사적으로 나타난 교회의 퇴락을 잘 알고 있다. 교회의 멸망은 능력 있는 인재, 재정의 풍부함, 그리고 정치적 수단이 모자란 데서 오는 것이 아니다. 교회의 퇴보는 성경대로 믿는 교리를 무시하고, 그에 따른 신앙생활의 타락, 그리고 정치적으로 세상 국가와의 정종(政宗)의 야합으로부터 시작된다는 것이 공식화 되어 있다. 종교개혁이 일어난 근본 원인은 바로 이런 것으로부터 온 것이었다. 중세의 로마 캐톨릭은 교회뿐 아니라 국가의 정치, 예술, 사회, 그리고 교육에 까지 막대한 영향을 끼쳤다. 그 영향은 헤치고 나오기 어려운 침울하고 어두운 그림자들을 남겼다. 그러므로 종교개혁은 수많은 피를 흘리게 했다. 그 피값으로 얻어진 신앙고백서가 바로 개혁파 신학의 씨앗이 된 것이다. 참으로 아쉬운 것은 이 씨앗을 그대로 묻어두고 아니, 폐기 시키고 어떻게 건전한 교회를 건설하려고 아우성을 치는지 알 수가 없다. 그 피의 값으로 얻어진 신조를 무시하고 무슨 올바른 교회를 회복하겠다는 말인가?

　또한 우리는 월남의 패망을 잘 알고 있다. 월남의 패망은 사상적 정립을 바로 하지 못한데 원인이 있다. 그 사상은 기독교를 주축으로 국가를 형성하지 못했기 때문에 이념적으로 올바르게 국가를 이끌 수가 없었다. 그 결과 도덕적 정치를 구가할 수 없었다. 월남에서의 불교는 사실상 부패의 온상이었다. 불교가 국가의 비리를 숨겨주는 온상이었다. 국가의 정치가들은 부정을 일삼는 탑을 쌓아가고 있었다. 월남의 고위층 정부요인들은 물론 군대의 장교들도 물자를 뒤로 빼돌려 자신들의 영달을 위해 부정축재에 여념이 없었다. 국민들은 국가에 대한 충성심은 물론 이념적으로 나라를 지켜야 한다는 생각조차 할 수 없는 사상의 불모지대를 형성하고 있었다. 그 결과 형제간에도 한 쪽은 월맹군에 다른 한 쪽을 월남군에 속하여 전쟁을 하고 있었다. 더욱이 가관인 것은 한 사람이 낮에는 월맹군에 밤에는 월남군에 속하여 전쟁에 참가한 것이다. 왜 그렇게 해야 하느냐? 고 물으면 먹고 살 수가 없기 때문이라고 말했다. 전쟁에 참가하면 가족을 살리기 위해 먹을 것이라도 구할 수 있다고 말했다. 또한 그들은 말했다. 고위공직자들도 고급 장성들도 모두 자기 혼자만 살겠다고 부정부패를 일삼고 있는데 우리는 어떻게 살 수 있느냐? 고 반문하였다. 50여년이 지난 후 지금 월남은 공산주의 사상이나 자유 민주주의 사상의 극단적인 이념적 관점의 대립을 찾을 수 없다. 그것은 궁극적으로 종교적 관점으로 들어가 생각해 보면 쉽게 해답을 찾을 수 있다. 우리나라는 남북 간의 종교적 이념이 확실하게 구분되어 있다. 즉 정치적으로 자유 민주주의 시장경제를 추구하는 대한민국과 사회주의 국가를 추종하는 북한과는 근본적 사상의 차이가 있다. 우리는 잘 알고 있다. 북한 고위층 사람들의 부정부패를 잘 알고 있다. 그러므로 북한의 정치 집단이 붕괴되는 것은 시간문

제이다. 그러므로 국가의 정치가 타락하지 않기 위해서는 교육이 바로
되어야 한다. 특히 윤리와 도덕 교육이 강화되어야 한다. 나아가 교육
이 바로 시행되기 위해서는 종교가 특히 기독교가 올바로 제 역할을 해
야 한다. 어느 나라이든지 기독교가 제 역할을 할 때는 궁극적으로 국
가의 발전을 이룩하게 되고 이웃 나라에까지 그 영향력을 행사하게 된
다. 그것이 역사이다.

I. 윤리학 측면에서 본 교회와 국가

혹자들은 도덕과 윤리와의 정의를 내리는데 있어 자주 혼동을 일으키는 경우가 있다. 도덕은 시공간에서의 실천을 어떻게 행하는가? 에 초점을 맞추는 규범이다. 윤리는 도덕을 행하는 원리를 제공하는 본질이다. 그러므로 윤리는 교리를 실천하는데 대한 도덕적 규범이다. 도덕은 그 윤리에 의한 실제적인 실천을 행하는 규범이다.

기독교 윤리는 세상 어떤 윤리보다 탁월하며 가장 근본 원리가 되는 하나님과의 관계에서의 윤리이다. 기독교 이외의 윤리는 지역 풍습, 자기들만의 종교, 그들만의 철학, 그리고 국가와의 관계에서 규범을 말하고 있다. 그러나 기독교 윤리는 성경이 말씀하고 있는 유신론적 윤리를 말하고 있기 때문에 비기독교 윤리와는 너무나 큰 차이가 있으며 그 차이점은 해결할 수 없는 수렁과 같다. 그 차이점은 구속에 관계된 윤리이냐? 아니면 구속과 상관없는 윤리냐? 의 문제로 귀결된다. 이 문제는 죄인을 용서하는 문제와 관계를 가지며 하나님께서 요구하시는 공의와 관계를 가진다. 그것은 하나님께서 요구하시는 윤리적 생활을 어디에다 기준으로 삼고 살아가야 하는 규범을 정하는 문제이다.[202] 그러므로 기독교의 윤리와 도덕은 서로 밀접한 관계를 가지는데 기독교 윤리를 해석하여 생활에 옮기는 일이 기독교인의 도덕으로 연결된다.[203]

자연주의 윤리는 하나님으로부터 내려오는 계시를 무시한 윤리이

---

202) Cornelius Van Til, In Defence of the Faith Volume III, Christian Theistic Ethics, Westminster Theological Seminary, Philadelphia, Presbyterian and Reformed Publishing Co, 1980. p.15.
203) Ibid, p.16.

기 때문에 인간이 죄인의 상태에 있다는 개념을 무시한 윤리로 귀결되고 만다. 한 나라를 다스리는 국가의 법은 법의 뒤에서 지탱해 주는 윤리를 포함하고 있다. 거기에는 인간을 어떤 관점으로 정의 하느냐? 의 윤리를 말한다. 그리고 국가를 다스리는 법은 국가에 속한 국민들이 어떻게 법을 준행해야 하느냐? 의 행동을 규정한다. 그러므로 국가의 법에 올바른 기독교 윤리가 정착되어 있지 않으면 국가를 운영해 나가는데 막대한 악영향을 끼치게 된다. 이교도의 윤리에 바탕을 둔 국가의 법을 제정하게 되면 법을 준수하는 국민은 물론 법을 준수하도록 이끌어 나가는 국가의 관리들의 준법정신이 약해질 수밖에 없다. 그 이유는 하나님을 향한 윤리가 법에 적시되어 있지 않기 때문에 법에 대한 양심의 소리를 들을 수 없기 때문이다. 그러므로 어떤 법이든지 자연주의 윤리에 기초한 국가의 법은 매우 제한적으로 인간의 양심을 두드리게 되어 있다. 자연히 준법정신이 약해져 버리게 된다. 그 결과 국가의 관리들이 양심을 속이고 겉으로는 법을 준수 하는 척 하지만 뒤로는 불법을 자행하게 된다.

기독교 윤리는 아담에게 명령한 행위언약으로부터 시작된다. 이 행위언약은 도덕률(Moral Rule)이다. "지키면 살고 어기면 죽는다." 는 도덕적 명령이다. 그러나 그 삶과 죽음의 배후에는 깊고 넓은 윤리가 포함되어 있다. 그 내용들은 영생을 부여하는 구속, 인간의 죄, 그리고 하나님과의 교제 등의 윤리적 문제가 깊이 관여되어 있다. 이러한 문제들과 국가의 정치적 윤리문제와 어떤 관계가 있는가? 를 살펴보자.

1. 윤리학과 교회

하나님께서는 이성적이며 또한 의지적인 면에 있어 절대적 인격을 행사하신다. 이는 하나님께서 선하게 되어가는 존재가 아니라는 뜻이다. 영원 전부터 영원까지 선하다는 뜻이다. 하나님 안에서는 능동적이냐? 수동적이냐? 의 문제가 성립되지 못한다. 하나님 안에서는 영원한 성취만 있을 뿐이고 궁극적으로 자아 결정적이다.[204] 그러므로 윤리의 근간을 이루고 있는, 하나님께서 아담과 맺은 언약은, 이미 영원 전에 계획가운데 그리고 자아 결정적으로 이미 설계도가 정립된 사항이었다. 십계명 역시 마찬가지이다. 모든 인류는 하나님의 계명에 집착해 있을 때 평화를 누릴 수 있으며 하나님과 더불어 기쁨을 누릴 수 있다. 하나님의 자아 결정적 윤리를 바탕으로 계명이 정해진 것은 어떤 상황을 따라 성립될 수 없다. 그것은 이미 영원 전에 그의 계획 가운데 완성된 설계도가 창조세계에 계명으로 나타난 것이다.

교회는 성도들이 기독교 윤리를 실천하는 장소이다. 윤리의 기준은 십계명이다. 신앙생활의 실천은 십계명에 순종하는 생활이다. 십계명은 절대 윤리관을 지시하는 하나님의 계시이다. 이는 전 인류에게 가장 객관적인 윤리로 나타난다. 기독교인은 이 계명을 절대 윤리로 수용한다. 하나님과의 교제 관계를 성립시킬 수 있는 기준이 성경이 지시하는 율법이다. 하나님과의 수직적 관계에서 이 율법에 의해 자신의 양심을 점검하게 되고, 죄인을 인식하게 되고, 그리고 하나님을 향한 삶을 어떻게 정비하고 함양시킬 것인가를 날마다 확대해 나간다.

각 교단마다 교회법을 규정할 때 반드시 성경이 가르치고 있는 법에 기초하여야 한다는 것은 상식적인 문제이다. 한 나라 국가의 법을 정할 때 그 법의 바탕에 윤리가 깔려 있다. 그 윤리는 그 나라의 전통, 종교,

---

204) Ibid, p.34.

그리고 문화적 배경을 통해 드러난 사회적이며 통합적 규정이다. 그러나 교회의 윤리는 교단의 법을 성립시키는 원리로 작용한다. 그리고 그 법을 지키는 성도들의 생활은 도덕률을 기준으로 삼느냐? 아니냐? 로 나타난다. 국가의 법도 그 배후에 윤리가 깔려 있는데 국가에 속한 국민들이 생활하고 있는 생활규범이 법에 의해 정해지며, 그 법은 도덕생활로 이어지며, 그 도덕생활은 윤리로 이어진다. 그 윤리가 기독교의 계명에 의존되어 질 때 국민의 복지와 준법은 최고의 선(Summun Bonum)으로 이어진다.

기독교의 윤리는 최고의 선(Summun Bonum)이 하나님 중심 즉 성경의 계명에 따라 규정되어야 한다. 그 윤리는 사람 중심의 최고의 선이 아니고 하나님 중심의 최고의 선이 되어야 한다. 이는 기독교 윤리에 있어 형이상학적(Metaphysical) 전제주의(Presupposition)가 하나님 중심이 되어야 한다는 말이다. 우리가 하나님을 생각할 때 초자연적 하나님을 역사 속에 끌어내려 현세적 관점에서 하나님을 해석하려 하면 안 된다. 수직적 관점에서 하나님의 윤리는 궁극적 절대 자아 결정자로서의 인격적인 존재로부터 시작된다. 그 하나님께서는 절대 필연적이며 절대 자유로운 결정에 의해 윤리를 규정하신다. 인간의 입장에서 수직적 입장의 하나님을 생각할 때는 오직 전적 부패의 인간임을 자임할 수밖에 없다. 인간이 하나님의 윤리를 성경이 말씀하고 있는 계명에 따라 도덕을 실천하려고 하면 오직 전적으로 부패된 존재임을 깨닫게 된다. 그러므로 기독교인은 오직 모든 인간의 활동 속에서 필연적으로 하나님의 의식을 전제적으로 생각하지 아니할 수가 없다.[205]

---

205) Ibid, p.34.

다음으로 생각할 것은 기독교 윤리에 있어 인간 중심의 개념이다. 인간이 의식의 활동을 실행함에 있어 절대적으로 인격적 하나님을 배경에 두고 있다. 이는 인간의 의식이 하나님으로부터 창조함을 받은 존재로 인식되어야 한다는 말이다. 하나님의 형상으로 창조되었다는 의미는 인간을 인격적 특성에 따라 분석적으로 인식할 수 있다는 말이다. 하나님께서는 인간을 지적이며, 감성적이며, 도덕적으로 창조하셨다는 말이다. 이는 궁극적으로 인간 자신의 경험을 공허한 상태로 창조되었다는 것을 부정한다.[206] 이는 인간 각자가 가지고 있는 인격은 인격적인 하나님의 창조에 기인한다는 말이다. 그러므로 인간이 하나님께서 아담과 맺었던 언약을 어기는 경우 인격적으로 그 책임을 져야 한다. 하나님에 대한 인식과 함께 율법에 대한 인식이 존재하는 한 인간은 하나님께서 명한 율법을 수행해야할 양심의 가책을 느끼는 것이다. 인간의 자유의지는 **자아의식과 유추적 활동으로 구성되어 있다.** 이 말의 의미는 하나님의 영원한 계획과 그분의 성품에 포함되어 있는 창조의 특성과 무한한 전지전능을 자아의 의식과 무관하게 인식할 수 있다면 인간은 정말 자유로운 위치에 놓이게 될 것이다. 인간은 직관(Intuition)을 통해 들어오는 모든 인식을 유추적으로 이해하고 있다.

기독교 윤리에 관한 인식론적 전제는 성경에 기록된 율법이다. 그러나 그 율법이 우리에게 전달되기 이전에 영원세계에서 이미 율법의 전제로 하나님께서는 윤리를 정해 두셨다. 우리는 율법을 통해 하나님의 윤리를 인식하지만 사실 그 윤리는 이미 영원 전 하나님의 계획 가운데 율법과 함께 설계되어 있었다. 그 주어진 율법을 통해 우리는 도덕을 실천해야 한다. 도덕을 실천하는 가운데 우리는 하나님의 거룩을 경

---

206) Ibid, p.36.

험하게 된다. 이 거룩한 모임의 단체가 교회이다. 그리고 그 교회의 모임을 통해 세상으로 퍼져 나가는 사역의 중요한 사명이 복음 전도이다. 거룩의 실천은 도덕률의 실천이다. 그러나 그 실천은 도덕률의 배후에 자리 잡고 있는 믿음이 우선되어야 한다. 이것이 기독교 윤리를 실천할 수 있는 원동력이다. 기독교 윤리, 율법, 그리고 도덕의 실천은 믿음에 기반을 두고 있다. 그 믿음을 일으키는 힘은 성령님의 사역이다. 인간의 자아의식을 통해 성경의 율법에 순종하려고 할 때 자발적인 동력에 의해 그것이 가능하게 될 수 있을까? 오히려 율법에 대한 반항심이 일어나고 말 것이다. 그 이유는 인간의 사악한 전적타락의 심령이 전인격을 지배하고 있기 때문이다. 인간이 자발적인 동력에 의해 성경의 율법에 복종하려고 할 때는 이미 그 심령 속에 삼위일체 하나님에 대한 믿음이 전제적으로 상존해야 가능하다. 그 믿음도 자발적으로 일어날 수 있는 것이 아니고 성령님의 사역이 작동해야 한다. 우리가 교회에서 성경 말씀의 지시에 따라 율법을 준행하려고 할 때 자연적으로 그 율법 안에 윤리의 규정이 이미 포함되어 있다는 것을 인식하게 된다.

좀 더 구체적으로 예를 들어 설명하자면 성도가 교회 안에서 성경의 율법을 어길 때 또는 교단이 정해준 법을 어길 때 법이 정한 형벌의 대가를 측정할 수밖에 없다. 어떤 사람은 범한 정도에 따라 무거운 형벌을 받게 되고 어떤 사람은 가벼운 형벌을 받게 된다. 그러나 하나님 앞에서의 형벌의 대가는 아무리 작은 범죄라 할지라도 모든 율법을 어긴 죽음이라는 형벌의 대가를 치러야 한다. 이것이 믿음을 전제한 윤리관을 성립시키는 원인이다. 크고 작은 범죄와 상관없이 한 가지 율법을 어긴 형벌의 대가는 모두가 죽음이라는 결과를 가져오게 된다. 이 문제는 인간의 능력으로 해결할 수 없기 때문에 믿음이라는 전제가 절대적으로 필요한 것이다. 교회 안에서 율법을 어길 때는 율법을 어김으로 나타난 결과에 대해서만 형벌을 측정한다. 그 측정은 윤리를 포함하고 있다. 그 윤리는 하나님께서 순종을 전제로 행위언약을 체결하신 것인데 **영생과 사망을 포함하고 있다.** 순종하느냐? 아니면 불순종하느냐? 의 도덕률 속에 윤리가 포함되어 있다. 교회에서 성도들이 성경이 정해 준 말씀에 어긋난 생활을 할 때 불순종으로 인한 무엇이 옳고 그른 것인가를 정해주는 원리가 윤리이다. 그러므로 하나님을 순종하는 도덕률의 원리가 기독교 윤리이다. 즉 하나님의 말씀인 성경을 따라 어떻게 살아야 하는가? 하는 도덕률의 원리가 기독교 윤리이다.

그 순종에 관한 명령은 집약적으로 십계명에 명시 되어 있다. 즉 하나님께서 명하시는 10가지 계명을 지키라는 것이다. 그 지킴은 하나님의 명령에 순종하라는 윤리에 기반을 둔 도덕률이다. 1-4계명은 하나님을 사랑하되 뜻과, 마음과, 목숨을 다하여 사랑하라는 명령이다. 5-10계명가지는 네 이웃을 네 몸과 같이 사랑하라는 명령이다. 위의 두 종류의 명령은 그 의미의 차이가 있다. 전자는 **목숨을 다하여** 라는 명제가 따라 온다. 그 이유는 하나님을 순종 하는 것, 즉 말씀에 순종하는 것, 계명을 지키는 것은 영원한 생명과 관계가 있기 때문이다. 행위언약은 영원한 생명을 전제로 주어진 언약이기 때문이다. 그러나 아담은 이처럼 가장 귀한 생명의 언약을 파괴시켜 버렸다. 대표적 임무를 수행해야 할 아담의 범죄는 하나님과의 생명의 교제를 단절 시켜 버리고 말았다. 이 교제의 회복이 영생이다. 이 교제의 회복은 행위언약을 어긴 이상 행위언약으로 불가능하다. 다른 방법이 뒤 따라오게 되는데 그것은 믿음이다. 이 믿음으로 교제의 회복이 되었다고 해서 율법의 무용론이 대두되어서는 안 된다. 믿음이 온 후로는 율법은 오히려 하나님과의 교제의 수단으로 강하게 대두 된다. 율법을 통해 하나님의 거룩을 알게 되고 인간의 비참을 알게 된다. 율법은 하나님께 나아가는 인도자이다. 특히 율법을 통해 생명의 언약인 은혜언약이 그 속에 포함되어 있다는 것을 알 수 있다. 하나님을 사랑하면 계명을 지키게 된다(요 14:21). 이는 하나님을 향한 수직적 관계의 명령 수행이다.

5-10계명은 수평적 관계에서, 인간과 인간사이의, 계명을 지키는 것이다. 이 계명은 타인을 향한 사랑이 나의 몸을 사랑하는 것 정도의 양을 요구한다. 수직적으로 하나님을 향한 사랑은 목숨을 바쳐야할 양을 요구한다. 그 사랑은 생명을 전제로 언약을 맺었고 죽은 생명을 살리기 위해 하나님의 독생자께서 생명을 버리셨기 때문에 당연히 우리는 생명을 다하여 사랑을 바쳐야 한다. 그러나 수평적으로 인간 사이의 사랑은 동등성의 수준에서 사랑을 실천해야 할 것을 명령하고 있다. 그런데 어떤 사람이 자신을 사랑하는 것과 동등하게 타인을 사랑할 수 있는가? 이는 참으로 어려운 사랑의 실천이다. 여기에서 윤리를 생각하지 아니할 수가 없다. 이는 인간 사이의 동등 사랑의 윤리라고 말할 수 있다. 이 동등 사랑의 윤리를 교회 안에서 어떻게 실천할 것인가? 사도행전에 나타난 대로 모든 사람들이 자기의 재산이나 물건을 가지고 와서 통용할 것인가? 그럼에도 불구하고 아나니아와 삽비라 같은 불의의 사건이 일어난 것을 보고 우리는 초대교회의 사건을 틀렸다고 말할 것인가? 잘못 생각하면 여기에서 공산주의 사상이 싹트게 된다. 이미 언급한대로 인간이 윤리적으로 완전히 자유롭지 못하다는 것은 창세전에 하나님께서 계획하신 윤리와 율법에 대해 공허한 상태로 태어나지 않았기 때문에 유추적 자아인식에 따라 우주를 해석하고 있다. 이 유추적 자아인식은 자신의 소유와 주관을 항상 우선으로 하여 만물을 해석한다는 뜻이다. 그러므로 자아인식을 버리고 자신의 소유를 어느 교회나 자선 단체에 다 내놓을 사람은 극히 드물다. 자아인식과 주관이 천성적으로 인간을 지배하는 한 동등한 수평적 사랑이 교회 안에서 이루

어 질 수 있다는 것은 사실상 불가능한 일이다. 그러므로 인간을 물질적 존재로 보고 물건을 평등하게 소유할 수 있다는 공산주의의 논리는 하나의 천상에 휘날리는 꿈에 불과한 이론이다.

그러면 교회 안에서 어떻게 "내 몸과 같이 이웃을 사랑하라." 는 율법을 실천해야 하느냐? 이 문제는 기독교 윤리를 성경적으로 정립해야 할 필요가 있다. 이는 사도 바울이 가르쳐 주신 원리를 적용해야 한다. 도둑질 하지 말고 가난한 자를 두울 수 있도록 수고하라(엡4:28)고 말씀하고 있으며, 상전들에게 하시는 말씀은 "종들에게 공평을 베풀 것(골4:1)"을 권하고 있으며, 종들에게는 육신의 상전들에게 순종할 것(엡3:22)을 말씀하고 있다. 디모데 전서에는 교인들이 과부, 장로, 그리고 종을 대하는 자세를 가르치고 있다(딤전5:1-20). 여기에는 각자 그들이 처한 위치에 맞도록 성도 간에 사랑을 실천할 것을 교훈하고 있다. 자녀양육을 잘하며, 나그네를 대접하며, 환란당한 자들을 구제하는 일을 하는 자들을 택하여 하나님의 일을 할 것을 권하고 있다(딤전5:10). 여기서 각계각층의 사람들을 나열하여 서로 돕는 일을 할 것을 권하고 있다. 그러나 일방적인 공평은 전여 언급되지 않고 있다. 그 이유는 모든 사람들이 똑 같은 은사와, 똑같은 지적 역량과, 경제적 역량을 소유할 수 없기 때문에 가진 자가 못 가진 자들을 돌보아 일방적인 평등과 공정을 만들 수 없기 때문이다. 서로 힘을 합하여 가난한 자를 돕는 일, 과부와 고아를 돕는 일, 가난한 교회를 자립할 수 있도록 돕는 일, 그리고 병든 자를 돕는 일 등은 못 가진 자들의 자립을 돕는 정도에 한하여 실행할 수밖에 없다. 즉 못 가진 자들이 지적으로, 경제적으로, 그리고 권위에 있어 반드시 능력 있는 자들과 동등한 위치에 거해야 된다는 말이 아니다. 그들이 삶을 영위해 나가는데 있어 자력으로 부족한 일을 처리해 나갈 수 있으면 된다.

인간은 일반은총의 영역으로 볼 때 이미 하나님으로부터 자신의 기능과 역량을 가지고 태어났다. 이는 유추적 자아의식의 선호도에 따라 일반은총의 삶을 살아가는데 있어 제각기 다른 효율을 나타낸다는 뜻이다. 어떤 사람은 경영을 집행하는데 있어 10을 가지고 100 또는 1,000의 효과를 증가시키기도 하며 반대로 어떤 사람은 10을 가지고 1로 그 효과를 축소시키기도 한다. 그러므로 모든 사람이 똑 같은 경제적 지위와 지적 지위를 향유할 수 없다. 그러므로 공산주의는 사실상 인류를 멸망의 도가니 속으로 이끌어 들이는 망측한 이론이다. 인간은 태어날 때 공허한 자아인식 상태로 태어난 것이 아니기 때문에 자신의 선입관념에 의해 일반은총의 영역에서 그의 재능을 발휘하게 된다. 마찬가지로 각 사람마다 교회 안에서 은사의 역량을 발휘하게 된다. 그 은사의 역량은 특별은총의 분야에서 하나님의 복음을 위해 일할 수 있는 역량이 있고 일반은총의 분야에서의 역량을 활용할 수 있는 경우가 주어진다. 즉 어떤 사람은 특별은총 분야에서 성경을 잘 가르치는 은사가 있는 반면에 어떤 사람은 일반은총 분야에서 재력이 강해 교회의 재정을 많이 도와주는 경우가 있다. 어느 쪽이 되었든지 그 은사를 통해 이웃을 사랑하는 일에 사용해야 한다. 그러나 생각할 것이 있다. 재력이 강한 사람이 가난한 사람을 돕는 일에 있어 "이웃을 네 몸과 같이 사랑하라." 고 성경이 말씀했기 때문에 자신과 똑같은 수준의 재력을 나누어주라는 말인가? 그것은 아니다. 그 가난한 사람의 은사와 재능을 하나님을 위해 잘 사용하고 경제적으로 자립할 수 있도록 돕는 것이 가장 합당한 일이 될 것이다.

교회 밖의 후진 곳을 찾아 돕는 일도 아주 중요하다. 2010년 한국교회가 구제비로 지출한 금액이 1년 통계 약 1조가 넘는다는 신문의 기사를 보고 마음의 훈훈함을 느꼈다. 구제하는 일은 국가의 부흥을 일으키는데 일조를 한다. 또한 그러한 일은 복음 전도에 큰 도움을 준다. 이는 또 국가의 윤리와 도덕의 수준을 높이는 일을 한다. 교회의 윤리는 어느 단체나 국가의 윤리보다 높은 수준의 윤리를 소유하고 있다. 그 윤리는 생명과 관계된 창조의 원리를 기본으로 하기 때문에 그렇다. 그 생명은 일반은총의 관념에서 보는 원리가 아니다. 영생을 조건으로 맺은 언약과 관계된 윤리이다. 이 윤리는 도덕률의 실천과 필연적인 관계를 맺고 있다. 종말에 이르게 되면 이 윤리와 도덕률의 실천은 완성을 보게 된다. 이 완성은 영생과 연관을 가지게 된다. 이 영생은 영원한 하나님의 나라로 연결된다. 믿는 자는 흠이 없는 영원한 나라에서 윤리의 완성, 도덕의 완성, 흠이 없는 부활체로 하나님을 아버지고 모시고 영원한 교제를 누리게 된다.

2. 정치윤리

교회사적으로 정치윤리를 규명하기 위해서는 교회와 국가 사이에 어떤 관계를 형성해 왔느냐에 초점을 맞추어야 할 것이다. 서로가 적대 관계에 있었느냐? 또는 호의 관계에 있었느냐? 가 정치윤리를 규정하는 자대가 될 것이다. 또한 거기에는 문화, 교육, 인종, 그리고 정치제도 등이 포함되어 정의를 내리는데 좌우를 결정하게 될 것이다. 서구에 속한 국가들은 정치윤리를 규정하는데 있어 주로 로마 캐톨릭과 어떤 관계를 형성하느냐에 따라 결정되었다. 로마 캐톨릭과의 협력관계를 벗어나 개신교와 밀접한 관계를 형성 할수록 정치윤리가 성경적으로 정립되어 왔다. 예증으로 몇 나라들을 들어보려고 한다.

1) 독일

독일은 유럽 국가들 중에서 가장 기독교 정치가 발달된 나라이다. 루터주의 국가관과 칼빈주의 국가관이 상존한 나라이다. 루터주의는 두 영역인 교회의 영역과 국가의 영역을 구분하되 국가 주도형 교회관을 주장하고 있는 반면 칼빈주의는 국가와 교회의 영역은 제도적 구분에 한하여 두 영역을 구분하여 인정하지만 하나님의 주권에 있어서는 두 영역 모두 하나의 통치 아래 있다고 주장한다. 즉 영의 왕국인 교회와 힘의 왕국인 국가는 하나님의 통치권 아래 두 가지 제도가 상존하고 있는데 궁극적으로는 하나님의 주권 아래 그의 뜻을 준행하는 조직체라고 주장한다.

문제는 독일에서 기독교인의 정치참여가 어떤 정도인가? 이다. 세계 제 2차 대전이 끝나고 기독교 정당인 기독교 민주연합(CDU)과 기독교 사회연합(CSU)이 태동되었다. 이러한 정당들은 바이마르 공화국에 속한 전통적인 정당들이 독일의 민주주의에 일조하지 못했으며 또한 공산당과 사회민주당에서 기독교적 정치의 고향을 찾을 수 없다는 현실에 회의를 느끼게 되었다. 그리고 나치즘의 전체주의적 독재를 완전히 척결하고 민주주의를 정착시켜야 한다는 역사적 요구에 의해 기독교 정당들이 생겨나게 되었다. 이 정당에 참여한 기독교인들의 생각은 기독교적 정치윤리가 확립되어야 하며, 국가는 도덕과 법의 규범을 중요시 하여 과도한 국가 권력으로 부터 개인의 존엄성과 자유를 중요시하며, 새로운 정치풍토를 형성하여 건전한 국가의 건설을 추구한다는데 중점을 두고 있었다. 이 두 정당인 기독교 민주연합(CDU)과 기독교 사회연합(CSU)은 지역만 다를 뿐 사실상 하나의 정당이라고 보아도 무방하다. 이 정당들의 특이한 점은 이념에 있어 동질성을 가지고 있는데 기독교적 입장을 유지하며 도덕적 규범을 강조하는 점에 있어서는 보수적이라고 말할 수 있고, 개인의 자유와 현재 또는 미래의 자유를 강조하는 점에 있어서는 자유적이라고 말할 수 있고, 그리고 사회 정의와 경제적 공평을 강조하는 점에 있어서는 사회주의적이라고 말할 수 있다.[207]

이러한 정치윤리는 사실상 성경이 말씀하고 있는 원리이다. 국가가 건전하게 발전하기 위해서는 법의 원칙과 도덕적 원칙이 국민들에게 강하게 적용되어야 하며, 자유 시장경제를 통해 경제적 자유를 다 같이 누리도록 해야 하며, 경제적 평등의 정의를 실현해야 국가가 건전하게 발전할 수 있다. 독일의 두 기독교 정당은 개신교들만이 아니고 캐톨릭 교인 또는 비 기독교인이라 할지라도 이 정당의 정책에 동의하는 자들은 누구나 참여할 수 있는 기회를 제공하고 있었다. 즉 기독교적 정치윤리에 동조하는 사람들에게는 국가를 발전시키기 위해, 반드시 기독교 신앙고백을 중심으로 정당을 지지하지 아니할 지라도, 정당이 추구하는 정치윤리에만 동조하게 되면 당원으로 받아들이도록 하였다.

그러나 독일의 두 기독교 정당이 비록 신앙고백을 중심으로 구성되어 있지 못한 정당이라고 할지라도 독일의 정치계에서 개신교회와 완전히 분리되어 있는 입장에 서 있는 것이 아니었다. 그 이유는 정치적 이념에 있어 기독교적 입장을 강조하고 있는 정당이기 때문이다. 아데나워(Konrad Adenauer, 1949-1963) 정권, 에어하르트(Ludwig Erhard, 1963-1966) 정권, 키싱어(Kurt Georg Kiesinger, 1966-1969) 정권, 콜(Helmut Kohl, 1982-1998)정권 등의 독일 정치를 장기간 주도해온 역사를 보면 독일이 얼마나 많은 기독교 정당의 영향을

---

207) 이상원, 한국교회와 정치윤리, SFC 출판부, 2002년, p.30.

많이 받았는가를 알 수 있다.[208]

2) 미국

국가적으로 기독교를 신봉하면서 정교분리(政敎分離, Separation of the Church and State)의 원리를 잘 지켜 나가고 있는 나라는 미국이라고 말할 수 있다. 미국에서는 교회와 국가는 밀접한 상관관계를 가지고 있다. 그러면서 제도적으로 분리되어 있다. 철학적 사상의 변화는 교회 교리의 영향을 강하게 받아 왔고 정치 역시 교회로부터 사상적 영향을 강하게 받아왔다. 즉 도덕적 사회가 문란하게 된 배경에는 도덕의 붕괴와 그 배후에 신학적 타락이 자리 잡고 있었다. 정치의 자유주의적 변화의 기로에는 신학과 도덕적 타락이 원인을 제공하고 있었다. 세계 제 2차 대전이 끝나고 전 세계는 허무의 도가니 속으로 빨려 들어갔다. 인간이 만든 과학이 삶을 풍요롭게 하기는커녕 수많은 사람을 살상한 전쟁을 경험한 국가들은 심한 정치적 혼란, 경제적 궁핍, 그리고 인간애의 몰락 등을 겪으며 허무감 속으로 빨려 들어가고 있었다.

세계 제 2차 대전 이전까지 잠수되어 있었던 키엘케골(Kierkeg-aard, 1913-1855)과 하이데거(Heidegger, 1889-?)의 허무를 배경으로 전개되었던 실존주의(Existentialism) 철학은 갑자기 2차 대전 이후 서구를 휩쓸기 시작했다. 그 결과 사회는 반문화 운동(Counter Cultural Movement)이 일어나 젊은이들은 장발에 생맥주를 들고 나체족을 만들어 바닷가로 산 속으로 헤매고 다녔다. 그러나 그 운동은 허무를 더 재촉하고 있었다. 그들은 반문화 운동을 도시 속으로 끌고

---

208) Ibid, p.31.

들어오는 반 반문화 운동(Neo Counter Cultural Movement)을 일으키게 되었다. 도시는 무질서, 범죄의 소굴, 그리고 알콜 중독자들이 늘어만 가고 있었다. 인간의 자유는 방종으로 변해가고 있었다. 1950년대를 기점으로 자유주의 신학이 구미를 휩쓸고 있을 때 사회적으로 소외된 국민들의 수가 늘어만 가고 있었다. 미국에서는 신학생들이 줄어가고 교회 부동산을 다른 단체에 팔아넘기는 수가 늘어가고 있었다. 대중음악은 비틀즈를 비롯하여 자극적인 음률이 젊은이들을 범죄의 늪으로 빨려들게 만들었다. 후에는 록앤롤(Rock and Roll) 음악을 통해 마약과 술에 찌든 젊은이들이 거리를 활보하게 되었다. 이제 미국은 청소년들의 범죄로 국가가 위기를 당하느냐? 의 문제가 수면위로 떠오르게 되었다. 대통령 선거에서 **교육문제**가 선거의 제 1의 이슈로 등장하였다.

1960년대 후반부터 미국교회는 사회문제에 관심을 기울이기 시작하였고 연이어 정치에 관심을 기울이는 방향으로 향하였다. 1970년대 들어와 복음주의 자들을 중심으로 사회참여 운동이 활발하게 전개되기 시작하였다. 1973년 시카고에서 열린 "사회적 관심에 대한 복음주의 자들의 대회(Conference of Evangelicals for Social Concern)"에서 가난하고 연약한 자들의 권리를 옹호하고 정의와 평화를 증진 시킬 것을 선언하였다. 1980년대 들어와 보수주의자들이 이 운동에 적극 참여하게 되었다. 사회적으로 미국의 타락이 극도에 달했다고 부르짖기 시작했다. 에이스(AIDS)라는 전염병은 하나님의 저주로부터 온 것이라고 외쳤다. 보수주의 목사들은 미국의 타락이 자유주의 신학과 관계가 있고, 사회의 무질서와 젊은이들의 타락은 정치의 타락을 가져오고, 가난한자와 소외된 자들을 더욱 양산해 냈다고 외쳤다. 보수주의 목회자들은 자유주의에 기반은 둔 사회적 운동을 멸시했고 정부를 향한 정치적 영향력을 강하게 행사하기 시작했다. 그들이 주장하는 기독교 교리를 법적으로 보장받기 위해 활발한 운동을 전개하기 시작했다. 그 대표적 주자가 제리 포웰(Jerry Forwell)이다. 그는 도덕적 다수(Moral Majority) 운동을 일으키기 시작했다. 이에 기독교 연합(Christian Coalition)이라는 단체가 합류하여 1980년대 이후 미국 정치에 많은 영향을 끼쳤다.

보수주의 기독교 단체가 당시 정치계에 영향력을 행사할 수밖에 없었던 것은 제 2차 세계 대전 이후 1950년대와 60년대를 거치면서 교회의 영적 침체의 영향을 받은 미국의 사회가 너무나 무질서하고 범법자가 늘어가고 있었기 때문이다. 당시 미국의 사회는 경제적 부로 말미암아 자유가 너무 남용되어 가고 있었다. 성의 자유, 청소년 범죄의 증가, 그리고 정치가들의 도덕적 해이가 보수주의 목회자들을 자극하기에 이르렀다. 또한 2차 대전 이후 한동안 미국의 교회와 사상계에 많은 영향을 끼쳤던 근본주의자들의 2원론(Dualism)이, 성경의 복음을 주장하는 데는 합당한 일이라 하겠으나, 극단적인 배타주의에 의한 문화관을 배제함으로 정치계의 정의와 사회도덕을 바로 세우는 일에 너무 등한시 하였다. 이에 사회의 타락에 대해 보수주의자들의 관심이 높아져 복음을 전하는데 있어 세속주의의 방법론을 채택하자는 신 복음주의가 등장하게 된 것이다. 동시에 본질적인 개혁파 신학에서 주장하는 특별은총과 일반은총의 영역에서 정치와 사회를 취급하는 신학적 입장이 점차 미국 신학계에 확장되기 시작하였다. 즉 개혁파 신학이 주장하는 구원관을 우주적 관점에서 취급하자는 것이었다. 기독론과 구원론에서만 다루는 개인구원에만 중점을 두는 부분적인 신학을 넓혀 성경관, 신론, 인간론, 기독론, 구원론, 교회론, 그리고 종말론 등을 성경의 총체적 관점에서 다루되 일반은총론에서 다루는 문화관의 입장에서 정치, 경제, 사회, 교육, 그리고 과학의 분야에 까지 하나님의 주권적 사역을 다루자는 운동이 각 보수주의 즉 개혁파 신학교에 침투해 들어오기 시작했다. 이러한 영향을 받은 목회자들이 정치계에 압박을 가하는 소리를 내기 시작했다. 그러나 여러 학자들이 주장하는 견해가 약간씩 차이가 있었다. 사회개혁과 정치적 개혁을 시도하는데 있어 온건한 입장을 취하느냐? 또는 강력한 입장을 취하느냐? 의 차이가 있을 뿐 근본적인 차이는 크게 나타나지 아니했다.

20세기 말 미국에서 정치와 사회를 개혁해야 한다는 근본적 차이는, 만원경적으로 볼 때 크지 않지만, 각 신학적 입장에 따라 나타난 정치윤리를 현미경적으로 규명해 보면 다음과 같은 차이가 나타난 것을 볼 수 있다. 이러한 미국에서 발생한 정치윤리에 대한 신학적 견해는 앞으로 한국교회와 정치계에 중요한 자대가 될 것으로 추측 된다. 그 이유는 지금 한국 교회와 정치계에서는 극단적인 이념적, 지엽적, 그리고 당파적 대립의 정치가 판을 치고 있기 때문이다. 정치학은 전쟁터에서 이용되는 싸움의 기술을 적용하는 학문이 아니다. 반드시 지켜야 할 성경과 역사적 개혁파 신학의 이념은 뒤에다 두고 현재 자신이 당하고 있는 지엽적이며 자신과 관계된 이익 집단만을 위해, 이념적 투쟁을 하는 것뿐만 아니고, 이념을 도구화 하여 극단적인 투쟁을 전개하는 정치는 결코 바람직하지 못하다. 정치는, 특히 교회와의 관계에서, 불변한 성경의 원리를 준수 하면서 국가의 공적 이익을 위해 서로의 공통 분포를 형성하여 조정과 협상을 이끌어 내는 기술이다. 이제 미국에서 벌어졌던 교회와의 관계에서 정치윤리를 소개해 보려고 한다.

(1) 복음주의적 보수주의

1947년 칼 헨리(Carl Henry)는 "현대 근본주의의 불편한 양심" 이란 책을 출판 했는데 그는 근본주의 신앙을 가진 교회들이 주장했던 편중된 타계적 신앙, 반 지성주의, 그리고 문화와 사회문제들에 대한 무관심을 비판했다. 더불어 근본주의를 비판하고 나선 신 복음주의 자들인 해롤드 오켕가(Harold Ockenga), 버나드 램(Bernard Ramm), 그리고 티. 비. 매스톤(T.B. Maston) 등이 교회는 복음의 메시지를 사회문제에 대응하여 효과적으로 적용해야 한다는 주장을 펼치고 나섰다. [209] 이러한 주장은 2차 대전 후 미국교회와 사회가 급속하게 자유주의로 변화 되어가는 노선에 제동장치 역할을 하게 된 것이다. 그러나 이러한 신 복음주의는 복음과 성경에 기초한 칼빈의 문화관에서 설파하고 있는 내용과 상당한 차이를 드러내 보이고 있다. 즉 신 복음주의에서 주장하는 관점은 복음과 문화와의 접촉점을 통한 공통분포를 형성하자는 주장이지만 칼빈주의 문화관은 하나님의 주권 안에서 두 영역 즉 특별은총과 일반은총의 영역을 구분하되 하나님의 뜻을 수행하는데 있어서는 하나의 목적을 향해 가야 한다는 입장이다. 하나님의 주권적 입장에서 볼 때 일반은총의 영역 안에 속해있는 정치는 국가의 정책이 하나님의 영광을 위한 목적을 향해 진행되고 있으며 또한 우리가 그렇게 노력해야 한다. 교회는 물론 도덕적 선구자 역할을 감당해야 하지만 국가 역시 도덕적 사회를 실현하기 위해 최선을 다해야 한다. 교회와 국가는 힘을 합하여 사회 정의를 세워 나가는 일에 매진해야 한다. 또한 복지정책, 청소년 선도, 그리고 범죄 퇴치 운동에도 힘을 합하여 공동전선을 펴고 일을 추진해야 한다. 국가는 총칼을 사용할 수 있

---

209) Carl F. H. Henry. The Uneasy Conscience of Modern Fundamentalism, Grand Rapids, Eerdmans Publishing Company, 1947, p.20. 30. 에 기록된 내용을 이상원 편저, 한국교회와 정치윤리, SFC 출판부, 2002년, p.107에 "고려신학대학원 신원하 교수의 논문"에 기재된 내용이다.

는 법적 근거를 가지고 있기 때문에 힘의 왕국을 통하여 포악한 자들을 제압할 수 있다. 교회는 국가와 힘을 합하여 선도하는 일을 감당할 수 있다고 주장했다.

미국교회 보수주의는 80년대에 들어와 신앙의 복구를 강조했다. 그 이유는 미국의 사회적 전반에 뿌리 내리고 있는 자유주의 사상과 범죄의 만연으로 인해 문화적으로도 세계의 경쟁에 뒤떨어지고 있다는데 주목하였다. 미국 사회의 사상적 주류를 찾을 수 없다는데 관심을 두기 시작했다. 이러한 퇴보를 극복하는 데는 오직 신앙의 회복만이 유일한 길이라고 주장하고 나섰다. 전통적인 윤리를 강조하면서 공화당 정책을 지지하는 입장에 서 있었다.

신학적으로는 근본주의(Fundamentalism)의 입장을 취하면서 정치제도에 관한 개혁을 시도하는 것은 사실상 미시적이고 개인적인 입장의 정치윤리를 개혁하자는 정도에 끝나고 말았다. 개혁파 신학에선 성경을 전체적으로 그리고 구체적으로 교리학을 전개하는 동시에 일반은총에 속한 정치윤리에 관해서는 구체적이며 구조적으로 문제를 지적하여 실제적인 개혁을 시도하여 정의로운 정치와 공정한 사회를 조성할 것을 주장한다. 그런 의미에서 근본주의는 일반은총에 관한 정치윤리의 신학적 입장을 명확하게 정립하지 못하고 있다.

(2) 개혁파 입장의 문화관

여기서 말하는 개혁주의의 정치참여라는 말은 70년대 초 칼 헨리(Carl Henry)의 보수주의 입장을 통해서는 사회의 변화를 기대할 수 없다는 생각으로부터 발원하여 개혁파에서 주장하는 일반은총을 강조하면서 사회 구조에 대한 분석을 문화명령의 사명에 근거하여 사회를 변화시키는 일에 있어 구조적인 접근이 필요하다는 주장이다.[210] 이들의 주장은 19세기 칼빈주의 신학자인 아브라함 카이퍼(Abraham Kuyper)와 종교개혁자 칼빈(Calvin)의 신학적 정통을 이어온 사상이라고 자처한다. 초창기 이 운동의 주요 역할을 감당했던 모버그(David Moberg) 교수는 "사회악에 중립적인 태도를 취하는 것은 악을 후원하는 행동과 마찬가지이다." 라고 주장하면서 사회악을 개혁하는 데 대한 강력한 행동주의를 주창하고 나섰다. 개혁파 신학의 전통을 이어가기를 주장하는 리폼드 저널(Reformed Journal)과 칼빈대학 사회학과 교수들과 미국 개혁파 신학을 주장하는 신학자들(Richard Mouw, Nicholas Wolterstorff, Lewis Smedes, Stephen Monsma, Paul Henry)과 사회정의 연합회에 속한 신학자들(James Skillen, Paul Marshall, Stephen Mott)이 주축을 이루어 신학적으로는 개혁파적 보수주의 입장을 취하면서도 정치적으로 적극적 참여의 입장을 취하고 있었다.[211]

이들이 주장하는 개혁파적 입장의 정치윤리는 창조함을 받은 인간이 하나님을 향한 문화명령의 사명을 정치계에서 어떻게 수행하느냐? 에 초점을 맞추고 있다. 정치를 인간이 살아가는 절대 필수요건으로 간주한다. 국가의 기능은 하나님의 질서를 유지하는 중요 기관으로 인정한다. 하나님의 뜻을 준행하기 위해 국가는 사회정의를 실현해야 할 절대 의무를 가지고 있다. 성경이 말씀하고 있는 과부와 고아를 돌보는 일에 게을리 하게 되면 국가의 발전에 장애가 된다. 미국의 사회는 다

---

210) 이상원, 한국교회와 정치윤리, SFC 출판부, 2002년, p.110-111.
211) Ibid, p.111.

양한 종족, 다양한 문화, 그리고 다양한 계층의 사람들이 모여 민족적 전통이나 문화적 전통에 기반을 두지 않고 오직 신앙의 토대위에 국가를 건설해 나왔기 때문에 정의로운 법집행이 성경적으로 이루어 져야 한다는 주장이다. 한편으로는 과도한 복지제도를 지원할 경우 노동에 대한 사명을 저하시키고 산업이 퇴보하는 동시에 정부예산이 고갈 될 수 있다는 경고를 강하게 함과 동시에 첨단 방어무기를 개발해 세계를 주도하는 국가로 자리 매김을 해야 한다고 주장했다. 동시에 국가권력의 편중을 우려했다. 전체주의 정치에 의한 권력 남용은 국가를 부패하게 만든다고 주장했다. 즉 정부 관료들의 권한이 확대되어 기업을 제압하고 노동자들의 자유를 억압하게 되면 물품 생산력이 저하되고 경제가 어느 한 부분에만 집중되어 국가의 경제적 위기를 맞이할 수도 있다는 경고도 잊지 않았다.

(3) 급격한 정치윤리

급진주의 신학은 그 자체가 성경의 교리를 이탈한 것이기 때문에 항상 상황에 기초한 논리를 제공할 뿐이다. 여기에서 말하는 급격한 정치윤리라는 의미는 급진주의(Radical) 신학의 개념을 두고 하는 말이 아니고 급격한 변화(Rapid Progress)에 발맞추어 성경이 말씀하는 정치적 경제적 변혁을 시도하자는 주장이다. 1960년대 반문화 운동이 구미를 강타할 때 미국의 젊은이들은 기성세대의 정치활동을 극열하게 불신했다. 그들은 전통과 규율을 냉소적으로 대했고 정치 자체를 비판하고 나섰다. 복음과 전혀 무관한 주장을 내세우는 부류에 대항해 복음주의적 입장에서 미국의 체제 전반을 비평 하면서 새로운 성경적 공동체를 만들어 대안을 제시해 변화된 삶을 확산해 나가야 할 것을 주장했다. 그 대표 주자로 짐 왈리스(Jim Wallis)와 존 알렉산더(John

Alexander) 등 젊은 복음주의 자들이 등장하게 되었다.[212]

이들은 미국의 경제체제, 정치적 제도, 문화, 사회, 그리고 자유주의적 자본주의 등의 현상들이 성경의 가르침과 너무 멀다고 생각하면서 공격의 고삐를 조이기 시작했다. 미국의 정치와 경제제도는 빨리 성경적으로 변혁되어야 한다고 주장했다. 이러한 주장의 배후에는 미국의 복지정책과 사회보장제도는 지지하지만 근본적인 해결책이 되지 못한다는 주장이다. 즉 미국에서 시행하고 있는 현실정치의 방법으로는 자신만 생각하는 이기적 부패를 근절할 수 없으므로 근본적인(Radical) 방법을 통해 정치제도를 바꾸어야 한다는 주장이다. 그 방법은 예수님께서 가르치신 새로운 질서와 가치를 중심으로 모여 생활을 주도했던 제자들의 공동체만이 국가와 사회를 변혁시킬 수 있다는 주장이다. 보복이 아니라 용서, 폭력이 아니라 평화, 그리고 착취가 아니라 희생하는 공동체의 생활은 새로운 질서를 만들게 되고 선교에 관한 영향력을 행사할 수 있을 뿐 아니라 사회의 혁신에까지 그 영향력을 행사할 수 있다는 주장이다. 이러한 주장의 배후에는 정부의 주도아래 가난한 자들을 돕는 복지혜택에 대한 정책을 펼쳐나가는 것을 인정하지만 이러한 정책이 궁극적으로 사회를 개선할 있다는 환상을 버려야 한다는 생각이 자리 잡고 있다. 그러므로 사회를 변혁시킬 수 있는 진정한 정의로운 방법은 이 사회의 삶에 대한 방식을 바꿀 수 있는 성경에서 말씀하고 있는 공동체를 확산시켜 나가는 길 밖에 없다고 주장한다. 또한 이들은 전쟁과 폭력을 극렬히 반대하여 그리스도를 따르는 평화주의를 추구하는 방법 외에는 올바른 정치적 윤리를 실현할 수 없다고 주장한다. 이들은 반전운동의 한 형태로 베트남 전쟁을 반대하는 데모를 주도

---

212) Ibid, p.116.

하였다. 한편 여권신장, 흑인 차별 철폐운동, 성적 소수자의 권리 등을 옹호하는 운동을 펼치기도 했다.[213]

　이러한 운동의 사상적 배경에는 문화에 대한 이원론적(二原論的)인 생각이 자리 잡고 있었다. 세상의 모든 제도들은 공중의 권세를 잡고 있는 지배아래 존재하고 있기 때문에 세상 정치를 타락한 존재로 인식하고 있다. 타락한 세상 정치는 기대할 수 있는 제도가 아니라는 것이다. 그러므로 예수님께서 세우신 새로운 질서의 공동체를 통해서만 평화, 정의, 그리고 사랑의 단체를 구상할 수 있다는 주장이다. 그 결과 이들의 주장은 하나님의 통치아래 만물이 지배되어 가고 있는 섭리론을 부정하게 되었다. 사탄도 하나님의 뜻에 의한 그의 경륜에 참여하고 있다는 성경의 가르침을 부정한다. 만물을 다스리시는 하나님께서 정부를 허용가운데 그의 뜻을 따라 사용하시어 그의 뜻을 이루시는 통치, 본존, 섭리를 부정하고 있다. 우리가 볼 때 아무리 악한 정부라 할지라도 하나님께서 그의 뜻 가운데 세우신 이상 기독교인들은 적극적으로 정치에 개입하여 하나님의 선한 목적을 이루기 위해 전력을 기울여야 할 것이다.

(4) 근본주의적 우파

　1960년대와 1970년대를 거치면서 미국의 도덕은 땅에 내동댕이쳐 버리고 말았다. 특히 청소년 범죄가 급증하고 있었다. 미국 사회를 부패하게 만드는 동성애, 마약, 알코올 중독, 이혼, 그리고 성적 타락으로 인한 낙태 등은 극에 달하고 있었다. 1980년대 들어와 제리 포웰

---

213) Ibid, pp.117-119.

(Jerry Falwell) 목사와 팻 로벗슨(Pat Robertson) 목사를 필두로 도덕 회복운동이 일어나게 되었다. 당시의 사회적 분위기는 도덕적 타락을 누가 말해도 그 말에 귀를 기울일 수밖에 없는 형편이었다. 1979년 시작된 제리 포웰 목사의 주도로 도덕적 다수운동(Moral Majority Movement)은 미국 사회를 강타하여 회원이 1천 만명 이상이 되었고 1980년대 팻 로벗슨 목사는 대통령에 출마해 3위를 차지하는 기염을 토했다. 그들의 주장은 기독교적 도덕을 회복해야 국가가 올바로 서게 되며 발전할 수 있다고 강조했다. 더불어 강력한 법적 제도를 실천해야 한다고 주장했다.

포웰(Falwell) 목사는 정치윤리에 있어 도덕적 방법론을 제시하였는데 우선 도덕적 지도자론을 펼치었다. 미국 초기 대통령들은 신앙이 돈독하고 자신을 헌신하는 탁월한 지도자들이었다. 그들의 건국 정신은 하나님을 절대 신앙하는 자세로 국가의 발전을 위해 헌신하였다. 그들이 가졌던 미국의 건국이념은 하나님을 섬기는 자세와 국가에 헌신하는 자세를 함께 소유한 인물들이었다. 미국의 쇠퇴는 건국이념의 신앙심과 국가에 헌신하는 지도자 상을 잃어버림으로 오는 결과이라고 설파하였다. 그리고 국가의 발전을 위해 헌신적인 신앙과 국가관을 가진 자가 대통령과 국회의원들이 되어야 한다고 강조했다. 더불어 도덕을 강화하는 법을 제도화해야 한다고 강조했다. 미국의 대중문화와 세속주의가 국가를 타락하게 만들고 있기 때문에 텔레비전을 비롯한 대중 매체를 개혁해야 한다고 강조했다. 그 결과 미국의 재중 매체의 비도덕적, 폭력적, 그리고 선정적 프로그램이 사라져 갔으며 특히 교육에 있어 공립학교에서의 기도회를 실시할 것을 강력하게 추진하였다. 이 추진운동은 사회운동에서 끝날 것이 아니고 정치적 운동으로 까지 번

져 나가야 할 것을 주장하고 나섰다.[214]

이들의 주장은 하나님의 교회와 정부의 정치는 두 제도 모두 하나님께서 세우신 제도이기 때문에 교회를 사랑하는 사람은 국가를 사랑하게 된다는 것이다. 신앙인은 애국을 할 수밖에 없다는 주장이다. 그렇기 때문에 정부는 절대로 기독교 사상에 반하는 정책을 수립하거나 집행해서는 안 된다고 말한다. 정부와 기독교가 연합하여 기독교적 정부의 제도를 확립해야 할 것을 강조했다. 그러기 위해서는 낙태 반대, 포르노 제거, 강력범 퇴치, 엄격한 형벌제도 수립, 교육을 위한 부모들의 통제권 강화, 건전한 가정을 위해 간통죄 처벌, 가족세금 감세, 그리고 근거 없는 이혼 반대 등의 운동을 강력하게 펼치었다.

정부의 제도에 대해서도 깊이 관계된 이론을 제시했는데 그 내용은 하나님께서 제도적으로 허용하신 정부이기 때문에 정부의 권력 집행부에 참여하고 있는 인사들은 극히 조심하여 권력을 남용하지 않도록 해야 하며 하나님의 말씀에 따라 도덕적 순결을 지키는 위치에서 벗어난 국가를 다스리면 안 된다는 주장이다. 그렇게 되기 위해서는 정부 관료들이 기업에 대해 깊이 간섭해서도 안 된다. 그럴 경우 노동자들의 생산에 대한 의욕이 저하되어 자유 시장경제가 절름발이의 길을 걷게 되고 국가의 발전에 저해가 된다. 그렇게 되면 복지제도의 혜택을 받아야 할 인구가 늘어갈 수밖에 없는데 정부주도의 지나친 복지 예산을 늘리게 되면 미국의 경제가 비틀거리게 될 것이다. 그때는 어쩔 수 없이 세금을 더 많이 부과해야할 형편이다. 이러한 현상은 경제적 균형을 깨트리게 되어 국가의 파산상태를 눈앞에 두게 될 것이라는 등등의 비판을

---

214) Ibid, p.123.

가했다. 미국이 세계를 주도하는 정책은 정부가 자유 시장경제를 활성화 하도록 뒤에서 후원하면서 정치와 경제의 유착을 멀리하고, 노동자들의 임금과 처우개선을 통해 생산을 늘리며, 세금을 늘리는 정도에 따라 복지예산을 비례적으로 늘려 나가야 하며, 그리고 정부는 국민들이 하나님 중심의 신앙과 문화관에 기초한 노동론을 바로 인식하여 준법정신에 의한 도덕주의가 모든 사회를 지배할 수 있도록 전력을 기울여야 한다.[215] 고 강조했다.

3) 한국적 정교분리

구미에서는 정교분리(政敎分離)에 관한 신학적 규정이 정확하게 정립되어 있다. 그러나 한국에서는 정교분리에 대한 규정이, 교회와 국가와의 사이에 있어, 대립적인 입장이나 상대적으로 무관한 입장을 말하는 정도에 그치고 있다. 그 이유는 아마 구미에서는 교회와 국가 사이에 벌어진 긴 역사를 통해, 수없는 갈등과 유착을 통해, 판결이 내려진 갖가지 유형들을 참조하여 세속법정에서 또는 교회의 법에 따라 정립된 정치 윤리를 소유하고 있기 때문일 것이다. 그러나 한국에선 겨우 130여년의 기독교 역사가 말 해주듯이 신학적, 법적, 그리고 정치윤리에 의한 정교분리형에 관한 여러 가지 논증을 말할 수 있는 학문적 분위기조차 조성할 수 없는 입장이라고 말할 수 있다. 더구나 왜정 밑에서 온갖 박해와 수모를 겪으며 순교한 신앙의 선배들은 하나님의 계명을 사수하느냐? 아니면 왜인들이 강요하는 우상에 절하느냐? 하는 문제에 있어 생명을 분토같이 여기며 싸웠기 때문에 정치윤리에 대한 견해를 피력할 수 있는 여유가 없었을 것이다. 역시 6.25 전쟁 중에도 똑

---

215) Ibid, p.124.

같은 양상이 벌어지고 있었다. 마구 잡이 식으로 기독교인들을 잡아 죽이는 공산군들에 의해 수많은 기독교인들이 피를 흘려야 했다. 아직도 북으로 잡혀간 기독교인들의 생사를 모르고 있는 수를 종잡을 수 없다. 세상이 너무 요동치는 물결과 같이 격랑에 휘말리고 있었기 때문에 당시에는 세상을 죄악시 하는 2원론(二元論) 사상을 수용하는 근본주의(Fundamentalism) 사상이 기독교 안에 자리 잡을 수 있는 여건이 조성되어 있었다. 감히 정치윤리나 기독교인의 정치참여에 대해서는 엄두도 낼 수 없는 상황이었다. 현재 개혁파 신학의 문화관이나 정치 윤리는 상당부분 신학계에 파고들어 왔으나 아직도 깊이 뿌리를 내리지 못하고 있다. 그러나 한국교회는 그 순교자들의 피 값으로 엄청난 발전을 거듭 하여 왔다.

한국의 전통 종교는 기독교가 아님을 다 알고 있다. 유교나 불교 외에도 여러 가지 범신론(Pantheism) 사상이 산재해 있다. 또한 한국에서 종교문제로 다툼이 있어, 국가의 법정에 나가 판단을 원할 경우, 많은 사건이 유보되거나 애매하게 결론이 나는 경우가 허다하다. 한국 헌법에 "모든 국민은 종교의 자유를 가진다. 국교는 인정되지 아니하며 종교와 정치는 분리된다." 라고 규정되어 있다. 그렇다면 이 헌법이 어떤 의미를 담고 있는가? 하는 문제를 서구와 같은 정도의 상황에 비추어 조명해 볼 수 있어야 한다. 그러나 많은 기독교인들이 2원론(Dualism)에 의거하여 정치 자체를 도외시 하거나 죄악시 하는 경향으로 흘러가고 있다는데 문제점을 지적하지 아니할 수가 없다. 기독교가 한국에 들어오기 이전에는 종교의 자유와 정교분리(政敎分離, Separation of the Church and State)의 이론이 무지한 상태였다. 3국 시대와 고려 시대에는 불교가 국민들 사상의 주축을 이루었고 정치와 종교의 유착으로 나라가 비정상이 되어버리고 말았다. 또한 유교를 중심으로 형

성된 조선 역시 정종(政宗)의 유착으로 고려 시대보다 경제적 퇴보를
면치 못하게 되었다. 삼국 시대 이후에 불교와 정치의 분리라는 개념은
전혀 찾을 수 없었고 종교를 정치화 하는 방향으로 흘러버리고 말았다.
샤마니즘의 종교관 역시 한국민족의 저변에 깊이 뿌리내리고 있다. 병
에 걸리거나 환란을 당하게 되면 무당이 가정에 들어와 굿을 하는 일들
이 빈번하게 벌어졌고 더욱이 궁궐에 들어와 무당의 예식을 집행하기
까지 하였다.[216] 한국에서는 종교를 정치의 도구로 이용한 경우가 빈번
하였다. 우주적 종교관이 없다. 기독교만이 우주적 종교관을 가지고 있
다. 기독교만이 창세전에 계획한 신적작정(God's Decree)의 교리를
말하고 있으며 그 계획에 의한 섭리론을 말하고 있다.

유교의 틀에 깊이 관여되어 있었던 조선 말엽 천주교의 상륙으로
인해, 기독교만큼의 박해는 아닐지라도, 교인들이 심한 박해를 받고 있
었다. 1830년대 이후 로마 캐톨릭은 그들 나름대로의 정치윤리에 대
한 교조주의(Catholicism)를 발표하였다. 그 내용은 바로 정교분리(
政敎分離)에 관한 학성이었는데 이 학설을 발표한 정하상(鄭夏祥)씨는
1839년 처형당하고 말았다.[217] 그러나 해방 후 민주화의 물결이 쓰나
미 처럼 한반도를 휩쓸고 들어올 때 천주교는 민주화 운동의 선각자가
되었다. 천주교 정의구현 사제단을 중심으로 독재정권에 대항했고 개
신교 자유주의자들이 민중신학을 중심으로 민주화 운동을 전개할 때
그들과 힘을 합하여 노동운동, 농민운동, 그리고 소외된 자들을 위한
운동에 적극 가담하였다. 그러나 한국 천주교에서는, 왜정시대와 다르
게, 교리적으로 정교분리에 관한 성경적 입장의 신학을 정립하여 발표

---

216) 성갑식, 한국의 정치신학, 정화인쇄문화사, 서울 종로구, 1984, p.274.
217) Ibid, pp.275-276..

하기보다 소외되고 가난한 노동자들의 편에서 민주화 운동에 앞장서 투쟁한 역사를 기록하고 있다.

왜정시대로 돌아가 한국교회와 왜정의 정부 사이에 있어 정교분리(政敎分離)는 어떻게 정립되었는가? 하는 문제는 깊이 고려해야할 점이 있다. 1905년 을사 보호조약이 체결된 후 강압적 제국주의를 한국에 뿌리내리기 위해 왜인들은 한국교회를 천왕과 대결 시키는 정책을 시도하였다. 즉 천왕을 신성화 하여 기독교인들이 성경을 하나님의 말씀으로 신앙하는 정책을 말살 시키려는 정책을 시행하였다. 그 가운데 하나가 정교분리라는 정책이었다. 교회가 정부의 정책에 관여하지 말라는 주장이었다. **외국 선교사들에게는 선교에 관한 일만 감당하게 할 것을 강요하고 왜인들은 정치에 관한한 올바른 통치를 하겠다고 설득했다. 그러면서 뒤에서는 기독교인들로 하여금 천왕에 절하라고 박해를 가하기 시작했다.** 그러나 십계명을 삶의 법칙으로 받아들이는 성도들이 이러한 회유나 박해에 속아 넘어갈 수가 없었다. 이로 인하여 많은 순교자들이 나왔다. 오히려 반대로 기독교는 왜인들의 정치에 대항하는 단체로 등장하게 되었다. 당시 많은 선교사들이 전 천년주의적 근본주의 사상을 가지고 한국교회에 선교한 영향으로 말미암아 세상을 죄악시 하는 2원론(二元論, Dualism)이 성도들 심령 속에 자리 잡게 되었다. 거기에다 왜정에 대한 극단적인 반항심이 성도들에게 뿌리 내리게 되었다. 그 결과 정치는 아예 나쁜 것이라는 관념이 성도들 뿐 아니라 모든 한국 국민들에게 까지 인식되어져 버리고 말았다. 아예 정치 자체를 무시 또는 죄악시 해 버리는 경향성을 가지게 되었다. 사람이 사는 곳에는 반드시 정치가 존재하게 되어 있는데 그 자체에 반항적이 되어 버리고 말았다.

해방이 된 이후에도 세상을 죄악시 하는 근본주의(Fundamental-ism)적 2원론(Dualism) 사상은 한국교회 안에 깊이 뿌리박고 있었다. 즉 문화 자체를 죄악시 하는 사상이다. 교회와 정치의 관계는 접촉점이 없는 분리된 별개의 조직체로 인식되어졌다. 그러므로 이승만 대통령이 기독교주의 건국이념을 강조한 주장은 전혀 근본주의와 대치된 이념이라고 말할 수밖에 없다. 더구나 선진국에 속한 구미에는 헌법에 종교의 자유를 강하게 강조하고 있는데도 불구하고 사실상 한국에서는 종교에 대한 2원론(二元論, Dualism) 사상이 강하게 작용하고 있어 해방 후에도 기독교가 일반 사회로부터 많은 따돌림을 받아왔다. 물론 서구에서도 개신교를 자유롭게 신봉하는 사회분위기가 되기까지는 기독교인들의 수없는 피를 흘리는 투쟁을 통해 획득한 신앙의 자유였다. 한국에서는 최근 20세기 말에 들어서서 기독교를 정당한 종교로 수용하는 사회 분위기로 전환되었다. 그러나 아직도 한국에서는 종교라 함은 불교 또는 유교가 주류를 형성하고 있다는 생각이다. 종교의 자유라 함은 개인적으로 양심을 따라 하나님을 신봉하는 자유뿐만 아니라 종교적 결사의 자유와 종교적 전파의 자유를 포함하고 있다. 나아가 종교에 의해 법률상의 불이익을 받지 아니할 권리를 포함하고 있다. 또한 종교적 교육을 목적으로 학원을 설립할 때 교직원은 물론 학생들에게 종교적 교육을 실시하는데 있어 제한을 받지 않고 자유롭게 종교교육을 시킬 수 있는 권리를 부여 받게 된다. 만약 미신종교나 미래를 말해주는 주역 같은 허무맹랑한 주술을 통해 재물을 수탈하거나 점을 치는 무당행위를 하게 되면 국가가 정한 법에 저촉이 되기 때문에 당연히 제제를 받아야 한다.

여기서 우리가 깊이 고려해야할 제목이 있는데 그것은 제헌 헌법 제 12조 2항에 "국교는 존재하지 아니하며 종교는 정치로부터 분리된다." 라고 규정되어 있는 주제이다. 이 문제에 대해 유진오 박사의 논설을 참고해 보면 중요한 대목을 발견할 수 있다.

> "종교와 정치의 분리라는 문제는 현재에 있어서는 그다지 중요성이 없는 것 같으나 역사적으로 볼 때 구미 각국에서 종교와 정치의 관계가 너무 밀착하여 여러 가지 폐해를 야기 시켜 때로는 유혈의 참극을 일으킨 적도 없지 않았으며 우리나라에 있어서도 고려 시대에는 불교가, 이조 시대에는 유교가 국교와 같은 대우를 받아, 폐해도 적지 않았으므로 금후 그와 같은 폐해를 방지하기 위하여 주의하여 본 헌법조문에서는 장래에 국교를 두지 아니하여 종교는 정치로부터 분리하는 것을 명시한 것이다." [218]

위에서 논증하고 있는 유진오 박사의 논설은 정교분리(政敎分離)의 원칙을 국가와 종교와의 관계를 설정함에 있어 가장 기본적인 원리만을 설명하고 있다. 이러한 유진오 박사의 논설을 통해 볼 때 구미의 정교분리는 근본적으로 무엇을 의미하고 있는가를 바로 인식해야 할 것이다. 구미의 정교분리라는 의미는 종교와 정치가 불법적인 암거래를 통해 고위직을 가진 자들이 돈, 명예, 그리고 권력을 쟁취하는 수단으로 종교와 정치를 사용한다는 것을 차단해야 한다는 의미를 담고 있다. 참된 종교를 신봉하면서 정의로운 국가를 운영하게 되면 참된 종교는 국가에 엄청난 도움을 주게 된다. 지금 구미에서는 제도상으로 볼 때 종교와 정치가 분리되어 있으나 사실상 선진국에 속한 나라들은 내적으로 기독교를 국가의 종교로 삼고 있다. 미국의 예를 들어보자. 국

---

218) 성갑식, 한국의 정치신학, 한국 기독교 사상 편집부, 대한 기독교 서회, 서울시 종로구, 1984년, p.282.

가의 헌법에 종교의 자유를 명시하고 있다. 그러나 그 구체적인 내용을 보면 실제로 개인 자신의 양심에 따라 기독교를 섬기는데 아무 제한을 받지 아니한다는 신앙의 자유를 말하고 있다. 즉 로마 캐톨릭이나 정치의 압력에 의한 신앙의 자유를 박탈할 수가 없다는 신앙의 자유를 말하고 있다.

인간이 하나님의 형상으로 창조된 이상 누구나 신의 존재를 생각하지 아니한 사람은 없다. 하나님이 없다고 말하는 사람은 거짓말을 하고 있다. 국가가 위태로울 때 정부의 요인들은 하나님을, 즉 그들 나름대로의 신을 절실히 찾고 있다. 그러므로 국가를 다스리는 정치가들이 종교가 잘 못되어 있으면 국가는 당연히 잘못된 길로 갈 수밖에 없다. 그렇기 때문에 참신한 기독교인들이 국가의 요직에 참여하고 있으면 당연히 그 국가는 부흥하고 국민들이 평안을 누리게 되어 있다. 그러므로 교회와 국가는 사실상 밀접한 관계를 형성할 수밖에 없다. 그렇다면 정교분리(政敎分離)라는 개념은 제도적 분리이지 참된 종교와 올바른 정치는 서로 밀접한 관계를 유지해야 한다는 말이 된다. 즉 국가는 참된 종교인 기독교를 적극 협력해 교회의 발전에 기반을 마련해 주어 올바른 교리를 지켜 나갈 수 있도록 총칼을 동원하여 악한 범죄자들이 침범할 수 없도록 보호해 주어야 한다. 또한 교회는 국가의 위정자들이 정직하고 올바른 정치를 할 수 있도록 끊임없이 하나님 중심의 도덕적 권면을 해야 한다. 그러나 정치 분야에서 권력을 가진 자들이 자신들의 사욕을 채우기 위해 교회의 제도를 간섭하여 성직에 대한 분야에 까지 침범하여 자신들의 정치적 입지만을 위한 종교로 이용해서는 안 된다. 또한 종교적으로 지도층에 있는 사람들이 정치와 결탁하여 힘없는 서민들의 돈을 수탈하는데 정신이 팔리게 되면 결국 국가는 물론 교회도 타락하여 종국에 가서는 국가의 멸망을 자초하게 된다. 그것이 바로 2천년 교회사가 증명하는 교회와 정치의 결탁으로 인한 흥망성쇠의 역사이다.

　1970년대를 거치면서 한국교회 안에 독재정권에 대한 저항문제가 양 진영, 즉 보수주의 교단들과 자유주의 교단들 간에 심각한 신학적 논쟁거리로 등장했다. 이 문제는 성경에 비추어 교리적 결론을 얻어내야 하는데도 불구하고 보수주의 교회와 자유주의 교회 사이에 공통점을 찾을 수 없는 극단적인 논쟁만 일으키는 지경에 이르렀다. 자유주의 진영에서는 신약 성경에 기록된 "권세 자들에게 굴복하라(롬13:1-2)."는 말씀을 액면 그대로 수용하지 않는 입장이다. 신약 성경을 성령으로 감동으로 기록된 하나님의 말씀으로 인정하지 않고 있기 때문에 신약성경의 기록된 역사적 배경을 우선으로 하여 문맥상의(Contextual) 주제만을 기본으로 하여 성경을 해석한다. 그러므로 "권세 자들에게 굴복하라." 는 말씀은 단순히 그 시대의 환경에 따라 복음을 전하기 위한 조건을 마련하라는 권면에 불과하다는 주장이다. 성경은 오늘날 복잡한 정치 환경에 맞지 아니할 뿐 아니라 어떤 해결점도 제시하지 못한다고 주장한다. 현대 문화적 다양성, 과학의 발달, 그리고 직업의 전문화 등으로 정치적으로 해결하기 어려운 문제들이 많이 등장하는 상황을 맞이하여 악한 정부에 대한 저항권을 성경에만 맞추어 해석하게 되면 해결점을 찾을 수 없다는 주장이다. 그렇다면 국가가 위기에 처할 정도의 악한정부를 향해 기독교인들이 로마서 13장 1절 이하에 기록된 대로 무조건 순종하라는 말인가? 결국 다원적 사회조직, 다양한 국가의 형태, 그리고 민주적 정부 아래에서는 현재 일어나고 있는 사건들을 신약 성경에 의존하여 해석한다는 것은 무리가 있다. 각자 개인의 의사에 따라 결정되어야 할 문제이다. 사도 바울은 악한 정부에 대한 저항권에 대해서는 전여 언급이 없기 때문에 정교분리(政敎分離)라는 사상을 성경으로부터 유출해 낼 수 없다는 주장이다.

자유주의자들은 또 다시 주장하기를 "로마서 13장은 율법적인 원칙이 아니다. 율법전서에서 판결문을 이끌어 내는 식으로 그 성구를 다룰 수 없다. 바울은 그리스도인이 고귀한 자유와 양심의 통찰력을 가지고 자기에게 당면한 문제들을 풀도록 밀어준다. 아마 이 성구가 조심스럽게, 그러나 매우 강력하게, 만들어주는 제한선이 있는 것 같다. 즉 '시민적 순종은' 사랑의 틀 가운데 들어 있다는 사실이다. 원수까지도 사랑하는 원리에 의하여 권세 잡은 자들이 비록 악할지라도, 오리를 가자고 하면 십리를 같이 가고, 겉옷을 달라고 하면 속옷까지도 줄 의향을 가지고 서야 할 자리에 서야 한다는 말이다. 그는 사랑으로서 증언하고 있는 수단과 힘을 다하여 그릇된 권력이 변화되기 위하여 노력해야 한다는 내용이다. 본훼퍼(Dietrich Bonhoeffer, 1906-1945. 독일의 루터파 교회 목사이며 신학자)가 말 한대로 "그리스도인의 임무는 발광자의 운전자로 인해 상한 사람들을 구해 내는 것뿐 아니라 그 운전을 저지시키는 것" 이라고 외친 사실은 이 사랑의 결단에서 유래된 것이다.[219] 라고 강변한다. 이러한 관점은 다분히 하나님의 주권을 무시한 인도주의적 사랑의 관점에서 성경을 해석하고 있다.

이러한 로마 캐톨릭의 정의구현 사제단이나 개신교의 자유주의자들이 주장하는 기독교의 정치참여에 관한 견해는 실제로 기독교적 관점이 아니다. 기독교는 언제나 어떤 주제이든 간에 성경의 원리를 바탕으로 해석해야 한다. 기독교인의 정치 참여에 관한 문제도 마찬가지이다. 먼저 로마서 13장 1절 이하에 나타난 내용은 정부에 대한 하나님의

---

219) Ibid, p.288.

주권사상이다. 인도주의적 사랑의 관점으로 볼 것이 아니다. 성경 분문이 명시하고 있는 문구는 바로 "권세는 하나님께로 나지 않음이 없나니." 이다. 그러므로 기독교인의 정치참여는 하나님의 주권사상 아래 하나님께서 세우신 정부에 순응하고 나아가 하나님의 법도에 어긋날 경우 기독교인으로서 순종할 것과 불순종할 것을 구별하여 행동에 들어가야 한다. 만일 정부가 교회를 말살시키는 정책을 시행할 경우 순종할 수 있는가? 불가능한 일이다. 또한 정부가 극도로 타락하여 교회는 물론 국가가 위기에 처할 경우 그 불의에 순종할 수 있는가? 아니다. 로마서가 기록될 당시 로마 정부의 극심한 박해 속에서 기독교인들이 어떻게 신앙을 유지할 수 있었는가? 그 문제는 지금도 논쟁거리가 되어오고 있다. 그러나 사도바울은 성도들에게 하나님의 주권에 의해 세워진 정부이기 때문에 그 정부에 순종할 것을 권면하였다. 그러나 하나님의 말씀에 의해 신앙생활 할 것을 거부하지 말라고 당부하였다. 그러므로 기독교인의 정치 참여는 국가에서 행하는 모든 정책에 순응해야 한다. 납세, 국방의 의무, 준법, 문화, 그리고 교육 등에 적극적으로 참여해서 타인의 모범이 되어야 한다.

그렇다면 독재정권 하에서의 기독교의 위치를 생각하지 아니할 수가 없다. 교회와 국가의 권위적 공통점은 모든 성도들과 국민들의 충성을 요구하고 있다는 점이다. 그렇다면 교회와 국가가 충성을 받을 수 없을 정도의 불의한 단체로 전락할 경우에도 모든 사람들이 충성해야 하는가 하는 문제가 제기된다. 역사를 보면 그럴 경우 교회와 성도들 그리고 국가와 국민들 간의 충돌을 일으켰다. 종교개혁 당시의 수많은 순교자들은 성경교리에 어긋나는 교회와 국가를 향해 반대운동을 전개하다가 생명을 버렸다. 정치적 역사를 살펴보면 불법적인 독재정치에 항거한 수많은 국민들이 목숨을 잃어 버렸다. 한편으로는 국가의 정치와 교회의 불법적 야합은 국민들을 더욱 분노하게 만들었고 보다 더 많은 피를 흘리게 했다.

독일의 교회와 국가의 관계에 있어 히틀러는 나치의 지도 원리를 교회에도 주입시켜 교회를 그의 통치정책 속에 끌어 들였다. 히틀러 정부는 전 육군 군목 루트비히 뮐러를 제국 감독으로 기용하여 독일 내에 존재하는 복음주의 교회들을 히틀러 제국에 동조하는 교회로 만들었다. 즉 히틀러 앞잡이 노릇을 하는 교회로 만들려 하고 있었다.[220] 여기에서 우리가 히틀러의 폭군정치와 로마서 13장에서 위정자에게 **순종하라는** 말씀과의 차이점을 자유주의자들이 말하는 사랑이라는 주제를 통해 해결하려는 시도는 전혀 접촉점을 만들 수 없다. 로마서 13장에 나온 내용은 인본주의 사랑에 근거한 교훈이 아니다. 하나님의 통치와 섭리에 근거하여 국가의 위정자들이 세워졌기 때문에 하나님에게 순종하는 자들은 당연히 하나님께서 세우신 자들에게 순종하라는 명령이다. 성경은 분명히 말씀하고 있다. "왕이 가난한 사람을 신실하게 판결하면 그의 보좌는 영원히 견고하게 되리라(잠29:14)." 라고 했기 때문에 히틀러의 폭군 정치는 하나님을 배반하는 행위이다.

소련의 기독교와 정부사이의 역사도 역시 비슷한 길을 걸어 왔다. 2차 대전을 전후하여 소련의 기독교는 스탈린으로 인해 극심한 박해를 받았다. 설교가 감시를 받았으며, 설교가 정부 당국의 정책에 거슬리게 되면 일반 법정에서 재판을 받아야 했다. 수도사들을 노동 현장으로 끌고 갔으며, 많은 예배 장소를 공공건물 건설이라는 명목으로 폐쇄 시켰다. 기독교 순례자들을 도와줄 경우 많은 벌금을 물어야 했고 심지어는

---

220) Ibid, p.291.

집을 빼앗기기도 했다. 이러한 박해는 흐루시초프 통치시대까지 계속되었고, 1964년 예배 장소가 예년에 비해 반으로 줄어들었으며, 1962년에는 9백개의 교회가 600개로 줄어들었다. 그리고 3세부터 18세 까지의 아이들을 교회에 나갈 수 없도록 법을 제정하여 만일 이 나이에 해당하는 아이가 교회에 나오게 되면 목사는 설교를 중단해야 했다. 그리고 그 목사는 그 교회에서 강제 추방을 당해야 했다.[221]

중국의 경우 지금은 기독교의 탄압이 많이 줄어들고 종교의 자유를 허락하고 있다고 하지만 암암리에 간접적 탄압은 계속되고 있다. 1917년 소련 볼세비키 공산당에 의해 짓이겨진 기독교는 물질주의 만능 앞에 노예의 신세가 되었다. 그리고 2차 대전을 거치면서 공산당에 취한 자들은 수많은 기독교인들을 잡아다 고문하고 죽이는 일을 서슴없이 자행했다. 그런데 역사는 절대변수를 양산해 내는가? 지금 중국의 선교는 공산주의로 부터 측량할 수 없는 핍박을 받은 한국 교회가 주로 감당하고 있다. 이러한 사건은 앞으로 미래의 역사를 가늠케 하고 있다.

선교하는 나라는 복음과 함께 경제와 문화의 발전을 피선교국에 전달해 준다. 그리고 피서선교국과 동맹국이 된다. 그것이 기독교의 역사이다. 특히 선교는 교회와 국가사이의 갈등을 해결해 주는 역할을 해왔다. 그 갈등이 해결될 때까지는 많은 성도들이 피를 바치는 순교가 필요했다. 기독교가 들어가면 가장 민주적인 국가경영을 할 수 있는 원리를 제공해 준다. 교회에서의 민주적 회의 방법, 재정을 공정하게 처리하는 방법, 그리고 어려운자와 공동체를 구성하여 협력하는 방법 등을 제공해 준다. 올바른 기독교가 들어가면 미개한 국가의 정책에 의해

---

221) Ibid, p.293.

서나 독재자에 의해 고통당하는 국민들을 깨우치게 해준다. 특히 기독교가 형식적으로 인정되고 있는 나라에서 정교분리(政敎分離)의 정책이 올바로 인식되지 못하고 정부와 기독교 사이에 갈등이 존재하거나 또는 기독교를 간접적으로 탄압하는 사태가 벌어지고 있는 현상은, 민주주의에 의한 정부가 정착하지 못하거나, 교회가 정부에 대한 과도한 종교적 입지를 차지하려고 할 때 일어난 사건들이다. 그렇기 때문에 정부의 지도자들이 기독교인으로 채워지는 일은 국가 발전에 아주 중요한 요소로 등장한다. 정치적 지도자들은 반드시 알아야 할 자신의 신분에 관한 문제가 있다. 그것은 정치적 입지를 가지고 있는 사람은 정치적 지위가 자신의 것이 아니고 하나님의 권위로부터 세워진 것이므로 국가를 위한 하나님의 대리자라는 것을 명확히 알아야 한다. 그는 하나님을 대신하여 국민을 봉사하는 대리자라는 것을 알아야 한다.

기독교를 탄압하는 정부에 대한 성도들의 자세를 어떻게 취해야 할까? 비기독교인의 입장에서, 특히 정부의 고위직에 종사하는 비 기독교인의 입장에서, 기독교인들의 예배행위와 복음 전파를 아주 배타적으로 보는 경우가 허다하다. 그 이유는 영적 입지가 서로 다름으로 인하여 심령적으로 갈등이 생기기 때문이다. 다음으로 예수님께서 성경에 말씀하셨기 때문이다(마10:16). 사도행전은 로마 정부 아래 교회를 확장시켜 나간 역사이다. 기독교인들은 우주적인 역사관을 가지고 있다. 그러나 비 기독교인들은 아주 좁은 지엽적 관점으로 세계를 바라보고 있다. 그렇기 때문에 기독교인들이 정부의 고위직에 많은 사람들이 들어갈수록 국민들을 객관적인 관점에서 바라보게 되고 자신의 직무에 대해 서민들을 위해 봉사하는 사명을 가지고 일을 하게 된다. 그들은 자기의 직무를 하나님으로부터 받은 은총으로 생각하기 때문에 항상 맡은 일에 충실하고, 자신을 돌아보고, 그리고 정직하게 봉사하려고 한다. 그리고 국민 정서에 맞는 민심을 수집하려고 할 때 가장 정확하게 국민들의 마음을 알 수 있는 단체는 교회이다. 거기에서 수집한 국민의 정서에 따라 올바른 정치의 목표를 세울 수 있다. 문제는 비기독교인 통치자가 기독교인들을 법적으로 그리고 성경적으로 맞지 않은 독재적 정권을 유지하려 할 때, 그 한계점을 명시하기 어렵지만, 교회와 국가가 위기에 처할 때 무력을 사용해서라도 정부를 전복하고 성경과 국가의 헌법에 맞는 정부를 세워야 한다. 그 한계점이란 교회가 신앙의 자유를 완전히 박탈당해 더 이상 신앙생활을 할 수 없게 되고, 국가가 붕괴되어 교회를 지켜줄 힘을 상실하고, 더불어 국민의 생활이 극단적인 혼란한 상태에 이르렀을 때를 말한다. 만약 기독교를 탄압하는 외부의 세력 즉 외국의 침입에 의해 기독교를 말살하는 정책을 시행할 때 당연히 무력을 통해 이를 퇴치시켜야 한다.

기독교적 정치윤리에 대한 결론은 이렇다. 수직적으로 특별은총을 입고 하나님을 섬기는 신앙인이 수평적 개념에서의 일반은총의 영역에서 국가의 법을 지키며 자기의 맡은 임무를 수행해야 하는 근본 원리가 기독교적 정치윤리이다. 교회의 윤리는 하나님과의 관계를 말하는 수직적 개념을 우선으로 한다. 수직적 개념은 1계명부터 4계명까지의 준수를 어떻게 근원적으로 규정하느냐? 에 초점을 맞춘다. 그러나 수평적 개념은 5계명부터 10계명까지의 준수를 어떻게 규정하느냐? 를 근원적으로 규정한다. 그러나 근본적으로는 수직적이든 수평적이든 궁극적으로 하나님께 영광 돌리는 윤리관을 형성해야 올바른 윤리가 된다. 정치윤리를 규정함에 있어 칼빈은 사도행전5장 29절을 인용하여 "사람보다 하나님을 순종하는 것이 마땅하니라." 는 구절을 설명 하면서 국가와 하나님과의 관계에 있어 하나님 우선주의를 강조하였고 또한 사도 바울이 고전 7장 23에 "우리는 사람들의 악한 욕망의 종이 되어서는 안 되며 더욱이 그들의 불경건한 명령에 복종해서는 안 된다." 는 구절을 인용하여 우선적으로 하나님을 찬양할 것을 주장했다.[222] 윤리는 행동의 지침을 제시하는 것이기 때문에 이러한 칼빈의 사상은 하나님 주권신앙의 표본이라고 말할 수 있다. 그의 신앙은 하나님 주권주의가 주류를 이루고 있지만 국가에 대해 기독교인이 가져야 할 윤리는 국가 **국가 공직자에게 순종하라는** 점을 강조하고 있다. 그 이유는 악한 공직자라도 **하나님으로부터 권세를 받았기 때문이라는** 사실을 강하게 지적하고 있다.[223] 한편 위의 성경 구절을 해석하고 설명함에 있어서 **인간에 대한 복종이 하나님께 불복종이 되어서는 안 된다.** 는 점을 강조하고 있다. **즉 주님은 왕 중의 왕이시다. 그가 그의 거룩한 입을 여실 때에는 모든 사람이 순종해야 한다. 어떤 인간이라 할지라도 사람의 말보다 하나님의 말씀이 더 중요하기 때문이다. 그러므로 우리는 공직자에게 순종해야 한다. 그러나 그 순종은 오직 주님 안에서 해야 하며, 만약 공직자들이 하나님의 명령을 거역하고 그 거역한 불신앙에 따라 기독교인들을 명령할 때 그 명령을 들을 필요가 없다.**[224] 라고 주장하고 있다.

이러한 칼빈(Calvin)의 주장은 교회와 국가론에 있어 수직적 윤리와 수평적 윤리를 아주 질서 있는 관점으로 피력하고 있다. 이러한 주장에 대해 일방적이고 편협적인 견해를 가진 사람들은 모순 된 이론이라고 치부해 버리고 있다. 그러나 이러한 칼빈의 주장은 성경의 교리를 통합되고, 일관되게, 그리고 아주 조화 있게 설명하고 있다. 이는 수직적 면에서 하나님의 주권과 수평적 면에서 사람에게 순종해야 할 의무를 질서 있게 설명하고 있다. 이러한 칼빈의 주장을 통하여 우리는 그

---

222) Calvin's Institutes, Book IV. XX, 32.
223)Ibid, Book IV. XX, 32.
224) Ibid, Book IV. XX, 24, 29.

가 강조했던 정치윤리를 깊이 있게 고찰해 볼 필요가 있다. 그의 정치 윤리는 하나님의 주권을 순종과 불순종의 한계를 통하여 국민에 적용 되는 규범이라고 정의할 수 있다. 일반 은총에 속하는 힘의 왕국인 국 가의 경영은 하나님의 영광을 위하여 건설 되어야 하며 모든 정부의 요 인들과 국민들은 그 건설을 위하여 매진해야 한다는 것이다. 물론 영의 왕국인 교회 역시 하나님의 영광을 위하여 성경말씀을 따라 삶을 살아 가면서 복음전도에 매진해야 할 것은 두말할 필요가 없다.

칼빈(Calvin)이 주장한 두 가지 왕국의 관계를 소개하면 다음과 같 다. 영의 왕국은 이 땅에 현존하는 하늘나라의 모형이다. 하나님께서는 이 땅위에 하늘나라를 이미 일으키셨다. 영의 왕국에 속한 그의 백성들 은 이미 영적인 복과 영생의 복을 감지하고 있다.[225] 더불어 힘의 왕국 인 국가는 영의 왕국인 교회와 관계를 가지고 있다. 우리가 이 땅에서 삶을 영위해 나가기 위해 먹을 수 있고, 집을 마련하고, 양식을 얻을 수 있도록 도와주는 기관이 국가이다. 힘의 왕국인 국가에 속한 백성들은 그들의 삶을 통해 영의 왕국인 교회를 건설해 나가는 예배 처소를 마련 하도록 물질적인 재원을 마련해 주는 일을 한다. 국가는 사회적 질서와 도덕을 실천하기 위해 무기를 사용하게 되는데 그 힘을 통해 교회의 질 서를 지키도록 보호막이 되어주며 부도덕한 일이 교회에서 일어나지 않도록 방어 역할을 해준다. 국가의 질서가 바로 서고 도덕적인 사회가 강해질수록 교회와 국가 간의 긴밀한 관계가 형성되고 교회를 통한 사 회 활동의 시민의식이 더 의롭게 되며 교회와 국가 간의 평화와 안정을 정착 시키게 된다.[226] 이러한 칼빈의 주장은 영의 왕국인 교회와 힘의

---

225) Ibid, Book IV. XX, 2.
226) Ibid, Book IV. XX, 2.

왕국인 국가는 서로 대치되는 것 같이 보이나 하나님의 주권 아래에서는 그 역할이 다를 뿐 하나님을 위해서 그 둘이 서로 협력관계를 유지해야 한다는 주장이다. 교회도 하나님께서 세우신 왕국이고 국가도 하나님께서 세우신 왕국이다. 그러나 영의 왕국인 교회는 영원한 왕국이며 국가는 일시적인 왕국이다. 하나님께서 국가를 세우신 목적은 예수님께서 재림하실 때까지 참된 종교인 기독교를 보호하고 하나님의 나라를 확장시키기 위한 뜻이 있기 때문이다. 이러한 칼빈의 주장은 당시 국가의 필요성을 거부하는 재세례파들에 대한 경고였다. 당시 일부 종교개혁의 편에 서 있었던 자들이 국가의 무용론을 주장하는 좌경화 쪽으로 흐르는 것을 비난한 내용이다. 또한 반대로 군주들에 아첨하는 자들이 군주의 권력을 이용하여 자신들을 하나님의 지배권에 대입시키는 일을 비난하였다. 즉 군주의 권력을 악용하는 것도 하나님께서 세우신 국가를 부정 하는 것만큼이나 악한 일을 하는 것이라고[227] 주장했다.

칼빈은 정치신학의 윤리를 **하나님의 영광**에다 강조점을 두고 있다. 그 구체적인 언급은, 하나님께서 국가를 허용하시고 통치하신 이유는, 국가는 그리스도의 왕국인 교회의 보조수단으로 보고 있기 때문이다. 그런 의미에서 힘에 의존하여 다스려지는 국가이지만 이 다스림은 제한적이며 국가의 통치권은 항상 변화하며 종국에 가서는 국가는 교회를 섬기는 종의 역할을 감당하게 된다. 그러므로 국가와 교회는 전혀 분리될 수 없다는 것이 칼빈의 총제적인 견해이다.

칼빈(Calvin)의 정치적 제도에 관한 논증은 21세기를 살아가는 우리들에게 엄청난 귀감이 되는 내용을 제시해 주고 있다. 당시로서는 감

---

227) Ibid, Book IV. XX, 1.

히 아무도 의회 대표제를 제안할 수 없는 시대에 정치가로서의 천재성을 드러내는 견해이다. 그는 귀족들을 선출하여 국가를 다스리는 대표민주주의를 주창하고 나섰기 때문이다. 오늘날로 말하자면 지적 수준과 도덕적 수준이 높은 사람들 즉 많은 사람들을 지도할 수 있는 능력 있는 사람들을 국민들에 의한 선발을 통해 의회 대표제 정치를 할 것을 제시한 것이다. 이러한 제도는 정치적 경험이나 성경에 비추어 볼 때 가장 합당한 방법이다(출18:13-26, 신1:9-17). 여기서 칼빈은 정치윤리에 있어 제도적으로 경계할 것을 주장하였는데 "왕정은 독재로 전락하기 쉽고, 엘리트 정치는 소수의 파당을 양산해 낼 수 있는 환경을 조성하기 쉽고, 그리고 대중 중심의 정치는 폭동을 낳을 수 있는 위험이 있다고 경계심을 나타냈다.[228] 칼빈은 당시 왕정과 로마 캐톨릭에 의해 정치와 종교가 유착된 상황에서 이러한 예언적 정치윤리를 설파했다는 것은 정말로 놀라운 일이 아닐수 없다. 칼빈은 구약의 신정정치(神政政治, Theocracy)와 당시의 프랑스의 앙리 2세(Henry II)와 영국의 매리(Mary) 여왕의 폭압적 정치를 비교 대조하면서 후자들에 대해 비판적이었다. 한편 왕들의 횡포에 대해 항거하는 것을 금하지는 않았다.[229] 그러나 그 항거는 개인적 차원에서 행해지는 것을 금했다. 미리 예방하는 방법을 제시하고 있었는데 그 방법은 독재를 막을 수 있는 제도적 장치를 미리 마련하는 것을 제안하고 있다. 즉 법적으로 대표정치에 의해 반대 견해를 수용할 수 있도록 합법적 저항권을 인정해야 한다는 말이다.

칼빈(Calvin)의 견해를 통해 정치윤리를 피력해 보았다. 당시의 정

---

228) Ibid, Book IV. XX, 8.
229) Ibid, Book IV. XX, 31.

치 상황으로 볼 때 소위 오늘날의 의회 대표제라고 말할 수 있는 대표 귀족정치를 주장했다는 것은 보통 사람으로서는 감히 엄두도 낼 수 없는 일이었다. 칼빈은 모든 정치윤리가 합의에 의한 합법적 제도, 전문가들로 하여금 국가를 다스리게 하는 제도, 그리고 하나님과의 관계에서 누구나 인간다운 삶을 추구하며 그분만을 위하여 영광을 돌리게 하는 주권주의를 강조하는 곳으로 귀착되어 있다. 오늘날 통용되는 정치윤리는 자유민주주의, 인권과 평등, 그리고 자유 시장경제에 의한 정치제도가 모든 사람들에게 지지를 받고 있다. 그러나 이러한 이념이 참으로 모든 사람들을 공평하게 할 수 있는가? 하는 문제는 별개로 취급되어야 할 것이다. 그 이유는 수천 수백만의 국민들을 100% 만족하게 할 수 있는 평등은 존재할 수 없기 때문이다. 인간은 사악하기 한이 없기 때문에 모든 사물을 항상 자기만족을 우선으로 생각한다. 그러므로 인간은 만족을 못 느끼고 산다. 내 몸처럼 타인을 사랑한다는 말은 얼마나 큰 윤리를 배경에 깔고 있는가를 생각하는 사람은 극히 드물다. 그러므로 결국 칼빈이 주장한 합의를 통해 성립한 합법적 제도에 의해 다스려지는 공권력을 집행하는 것이 가장 객관적인 공평을 시행하는 국가가 될 것이다. 법적인 입장에서 보면 어떤 사람은 불공평한 입장에 설 것이며 어떤 사람은 공평 이상의 대접을 받을 수도 있다. 그것은 법에 만족하지 못한 사람은 불공평을 당한다고 생각할 것이다. 그러나 법을 잘 준수하는 사람은 공평 이상의 대접을 받을 수 있다. 문제는 법을 집행하는 사람의 공평주의가 얼마만큼 최대 공약수를 찾아가느냐에 따라 국민의 전체적 자유민주주의, 인권, 그리고 평등을 수행하는 국가가 될 것이다.

그러나 칼빈(Calvin)이 가장 중요하게 생각한 것은 국가에 관한 하나님의 주권주의 사상이다. 교회에 대한 하나님의 절대 통치를 강조하는 것과 마찬가지로 국가에 대한 하나님의 절대 통치를 강조하고 나섰다. 우리가 주시할 것은 칼빈은 국가관을 하나님의 교회와 연관시켜 통치적 개념을 정의하고 있다는 점이다. 교회와 국가는 서로 적대관계를 형성하고 있는 것처럼 보일 때도 있고 협력관계를 형성하고 있는 것처럼 보일 때도 있지만 하나님의 통치 아래에서는 서로 하나님 나라의 완성을 위해 동일한 목적을 향해 진행되고 있는 조직이라는 것이다.

종교개혁은 단순히 기독교의 혁신에만 그친 개혁운동이 아니었다. 중세의 폭압적인 군주정치와 로마 캐톨릭 교회의 유착은 정치와 종교 양쪽을 모두 부패하게 만드는 늪지의 역할을 하고 있었다. 그러므로 종교개혁은 기독교 개혁에만 그치지 않고 문화, 교육, 예술, 그리고 특히 국가와 종교의 제도적 분리를 정착시키는 기폭제 역할을 했다. 17세기와 18세기를 거쳐 오면서 유럽의 시민들에 의한 민주혁명을 통해 수많은 피를 흘리게 했다. 여기서 자유민주주의가 기초를 놓게 되었다. 그 자유민주주의는 기독교의 사상적 도움을 필요로 하게 되었다. 여기 자유민주주의에는 칼빈의 기독교 사상이 절대적 영향을 끼치게 되었다. 그 절대적 영향을 끼치게 된 원인은 칼빈의 문화관, 정치적 윤리, 그리고 일반은총에 대한 깊은 통찰력이 성경에 기초를 두고 있었기 때문이다. 칼빈은 그의 기독교강요에서 시민권의 중요성을 강조했다. "하나님의 빛으로 볼 때 시민권의 권위는 모든 인간들에게 주어진 신성하고 합법적인 것일 뿐만 아니라 가장 신성하고 고귀한 것을 의심하는 자는 아무도 없다."[230] 라고 주장했다. 개혁파 신앙을 주창하는 개혁자들은 교회와 국가의 관계를 일방적으로 취급하지 않고 항상 쌍방으로 취급한다. 그들의 교회관은 일반 은총에 속한 국가론을 교회와 무관하게 생

---

230) Ibid, Book IV. XX, 4.

각하지 아니했다. 그들은 국가의 개혁을 교회의 개혁과 연관시켜 정치적 투쟁을 피하지 아니하고 역사를 지켜왔다. 그들은 16세기 종교개혁 이후 스위스, 프랑스, 화란, 스코틀랜드, 영국, 그리고 미국 등의 역사가 증명하는 바와 같이 신앙의 자유를 위해 국가의 다스림이 하나님 주권적 입장으로 서 있게 하기 위하여 피나는 투쟁을 지속하여 왔다. 개혁 신학의 근간을 이루고 있는 칼빈주의는 항상 국가관이 교회관과 병행하고 있다는 점을 강조하고 있다.

칼빈의 사상은 그의 수제자 존 녹스(John Knox)가 영국에서 대표제 제도인 장로교 정치를 실행하였고 그의 후계들인 위그노들(Huguenots)이 프랑스로 이주하여 종교의 자유를 누리고자 하였으나 이들이 무차별적으로 죽임을 당하는 운동이 발생했다. 이것이 바로 프랑스 혁명이다. 미루어 보면 칼빈의 사상이 프랑스 혁명에 영향을 끼친 것이나 다름없다. 이뿐 아니라 칼빈의 정치윤리는 제네바, 영국, 그리고 프랑스 외에 전 유럽에 이르기 까지 그 영향력을 끼친 것이라 할 수 있다. 지금까지 칼빈을 중심으로 정치윤리를 생각해 본 결과 가장 합리적이고 객관적인 정치제도는 칼빈의 사상에서 유래된 것이라고 말할 수밖에 없다. 그 이유는 칼빈이 가장 성경적이며 그리고 종교개혁 이후 역사적으로 가장 올바른 정부형태를 논술하고 있다고 보기 때문이다.

성경적 정치윤리의 근간은 하나님 주권을 믿는 신앙고백이다. 이 신앙고백은 특수한 부분만을 두고 하는 말이 아니고 모든 생활 전반에 걸친 하나님의 섭리를 신앙하는 것을 말 한다. 그 가운데 하나가 국가에 대한 하나님의 주권이다. 인간이 하나님을 반항하는 국가를 운영할지라도 하나님께서는 그 반항을 사용하시어 국가를 다스리는 일에 사용하고 계신다. 즉 하나님을 배반하는 국가를 지배하는 사탄까지도 하나님의 다스림에 속하여 주님의 일을 하고 있다(사10장, 45장, 54장, 롬 8:31-39). 하나님께서는 인간이 하나님을 배반하여 타락한 이후에도 만물을 사탄의 지배아래 복종하도록 버려두지 않으셨다는 뜻이다. 또한 하나님께서는 이세상의 만물을 버리시지도 않으셨다. 또한 하나님께서는 만물을 그의 독생자 예수 그리스도에게 다스리시고 심판하시는 권세를 허락해 주셨다(엡1:15-23, 골1:16-20). 하나님의 주권신앙은 중보자 예수 그리스도를 신앙하는 곳에서부터 시작하여 아버지에게로 연결 된다. 하나님 아버지께서는 다스리는 절대 주권을 그의 아들이신 그리스도를 통하여 실시하도록 허락하셨기 때문이다.

국가에 속한 국민의 생활은 창조질서에 기초를 두고 있기 때문에 힘 있게 발전하고 확장되어 나가는 과정에 있어 여러 가지 인간의 생각을 초월한 현상이 나타날 수 있다. 여러 가지 현상이 나타난다는 것은 하나님의 주권적 섭리를 의미한다. 그렇지만 성경이 말씀하고 있는 일반은총의 질서를 벗어날 수 없다. 이 질서는 하나님의 존재뿐만 아니라 하나님께서 창조하신 모든 질서를 통해 나타내신 그의 법칙을 포함하고 있다. 더불어 이 질서는 내적 권위를 포함하고 있다. 법칙과 권위가 있기 때문에 지구와 별들이 규칙을 따라 움직이고 있다. 모든 자연이 법칙과 질서에 따라 생성하고 사라지고 있다. 모든 국가와 사회도 마찬가지이다. 그렇기 때문에 국가는 혁명정부가 되었든 아니면 전체주의 국가가 되었든 국가로 존재하기 위해서는 위에 언급한 질서를 내포하고 있어야 한다. 그렇지 않으면 국가는 강도의 소굴로 변하고 만다. 그러므로 국가가 하나님의 권위 즉 하나님의 주권, 창조에 의한 질서의 법칙, 그리고 질서에 따른 법칙을 외면할 때 걷잡을 수 없는 붕괴를 가져올 수 있다. 하나님의 주권을 신앙하게 되면 인간의 모든 권세에는 한계가 있다는 것을 인식하게 된다. 인간은 모든 권세를 가질 수 없으며 다만 인간 사회의 갈등을 해소하기 위해 잠시 대리적 역할을 하는 생활궤도의 하나일 뿐이다. 그러므로 국가에 속한 정부의 권위는 한계점을 가지고 있는 특성이 있다. 국가는 가족에 있어 가장의 권위, 학교 안에서의 선생의 권위, 교회 안에서 차지하는 성직자의 권위, 그리고 사업을 일으키는 사업가의 권위 등의 모든 권위를 다 소유할 수 없다. 모든 단체는 각 분야에 있어 다른 형태의 권위를 가지고 있다. 이는 하나님의 주권이 전 우주적으로 그리고 각 분야에 따라 구체적으로 임하고 있다는 증거이다.

권위의 문제는 권위를 집행 하는 자와 그 집행 아래 순종해야할 사람으로 구분된다. 그러므로 그 구분은 범죄와 밀접한 관계가 있다. 특별히 정부와 백성 사이에는 범죄의 요건이 밀접하게 끼어들어 올 수밖에 없다. 특별히 칼빈은 이 문제를 심각하게 다루고 있다. 그는 정부의 활동을 하나님의 대리적 활동으로 보았다. 즉 정부는 백성을 위해 하나님을 대리하는 조직체로 보았다. 정부는 하나님의 부탁을 실행하기 위해 무력을 부여받았다. 무력을 통해 포악한 범죄자들을 징벌할 수 있는 권위를 하나님으로부터 부여 받았다. 그런 의미에서 백성은 정부에 순종해야 한다는[231] 점을 강조 했다.

그렇다면 백성은 무조건 수동적 존재로 권리와 자유를 주장할 수 없다는 말인가? 종교개혁 이후 정치윤리에 있어 정부와 백성은 서로 견제하며 또한 협력관계를 유지해 오고 있다. 그러므로 정부와 백성은 국가를 발전 시켜야 할 서로의 책임을 지고 있다고 본다. 그런 의미에서 정부의 권위는 민주주의 방식을 통해 백성들로부터 나오는 것으로 생

---

231) Ibid, Book IV. XX, 20.

각하고 있다. 이러한 백성의 주권 교리는 성경이 말씀하고 있는 국가에 대한 하나님의 주권교리와는 일치되지 않는 것처럼 보인다. 정부의 권위는 하나님으로부터 온다는 것은 변함없는 진리이다. 그러므로 하나님께서 백성들의 마음을 감동시켜 정부의 요인들을 선정하도록 하신 섭리가 있다. 정부의 권위는 온전히 백성들로부터 온 것도 아니고 정부 자체로부터 온 것도 아니기 때문에 정부는 스스로 그 권위를 남용해서는 안 된다. 그러므로 통치자들은 하나님으로부터 온 것이기 때문에 하나님의 백성을 다스리는 무거운 마음을 가지고 국가를 통치하도록 해야 한다. 정부는 권위와 권세를 하나님의 법에 맞도록 집행해야 한다는 말이다.

　소위 국민을 위한, 국민에 의한, 그리고 국민에 대한 자유 민주주의라는 정치제도는 모든 권위와 주권이 국민에게만 주어진 특별한 분야로 잘못 인식되어진 말이다. 국민으로부터만 나오는 주권을 말할 경우 백성들이 마음대로 정치적 투쟁을 일삼을 수 있고 정부를 전복 시킬 수 있다는 가능성을 생각하게 된다. 이런 생각들은 오류투성이인 이합집산이 이루어지게 되는 무질서의 정부를 탄생시킬 수 있다. 이러한 무질서의 자유는 방종이며 국가를 패망하게 하는 요인이 된다. 백성들의 세력범위는 대표자들에 의해 법을 제정하도록 하여 그 법에 의한 특정한 기간, 장소, 그리고 방법을 제한적으로 채택하게 하여 정치적 투쟁을 할 수 있어야 한다. 이런 의미에서 모든 백성이 마음먹은 대로 정치적 투쟁을 할 수 있는 민주주의는 성립되지 않는다. 정부는 물론 백성들이 다 같이 하나님의 법에 순종하려는 자세가 갖추어 질 때 관리들은 전심을 다하여 정직한 마음으로 법에 때라 백성을 돌보아야 하고 백성은 순종하는 마음으로 법을 지키는 생활에 임해야 한다. 특별히 관직에 종사하는 이들은 백성들보다 깨끗하고, 정직하고, 순수한 마음가짐으로 맡은 일에 종사해야 국가의 발전과 함께 백성들로부터 칭송을 받게 된다. 관직에 종사하는 자들은 백성들을 친애하고 백성들은 관리자들을 신뢰하게 되면 참다운 하나님 중심의 기독교 민주주의가 형성될 것이다. 특별히 개혁파 신학을 신봉하는 기독교인들은 자유를 수호해야 함은 물론 기독교의 신조를 수호함과 동시에, 국가의 관직에 종사할 때 제한된 권세를 가지고, 하나님의 명령을 수행한다는 자세를 취해야 한다.

기독교인은 국가의 정치에 관한 깊은 책임감을 가져야 한다. 정교분리(Separation of the Church and State)의 이름으로 정치를 악의 모형으로 처분해 버리는 경우 일반 은총에 대한 하나님의 사명을 저버리는 죄를 범하게 된다. 사도바울은 오히려 딤전2:1-2에 "모든 사람을 위하여 간구와 기도와 도고와 감사를 하되 임금들과 높은 지위에 있는 모든 사람을 위하여 하라. 이는 우리가 모든 경건과 단정한 중에 고요하고 평안한 생활을 하려 함이니라." 라고 권하고 있다. 이 말씀은 기독교인들이 우선 정부의 요인들로부터 비난의 대상이 되어서는 안 된다는 배경을 깔고 있다. 우선 우리는 우리의 이웃에게 복음을 전해야 하기 때문에 비난의 대상이 되어서는 안 된다. 그리고 더 나아가서는 정부와 백성들을 지도할 수 있는 원리를 국민들에게 성경적으로 제공해 주어야 한다. 우리의 의무는 제공만으로는 부족하다. 정치에 적극 참여하여 복음이 전 사회를 걸쳐 국가적으로 수행될 수 있도록 정치생활 자체를 하나님 중심의 주권신앙화 될 수 있도록 개혁해야 한다.

3. 교회와 국가에 관한 성경적 지침

기독교인이 이 세상을 살아가는 동안 거의 모든 시간과 정력을 교회생활에 전념할 수 없다. 그것이 기독교인들에게는 어려운 문제로 등장한다. 그리고 시험거리로 등장한다. 하나님께서 우리에게 제 4계명이 명한 바에 의하면 노동의 법칙으로 일반노동과 종교노동의 시간적 비율을 6:1로 배정해 주셨다. 그러나 성경은 삶의 모든 영역이 하나님 중심이 되어야 할 것을 명령하고 있다. 그것은 사실상 일반노동의 영역에 있어서도 모든 노동의 원인과 목적이 하나님을 영화롭게 해야 한다는 점을 지시하고 있다. 창조 받은 아담은 하나님으로부터 만물을 다스리고 지켜야 할 명령을 받았다. 그 직무는 하나님께서 만물을 다스릴 사역의 중보자로서의 임무를 감당하는 일이었다. 그러나 아담이 범죄 한 이후 자연은 아담을 향해 엉겅퀴를 발하고 말았다(창3:17-18). 기독교인은 하루 동안 안식을 취한다는 명목으로 놀며 자신을 위해 즐기는 시간으로 생각해서는 안 된다. 자신을 위하는 일에 대해서는 죽고 하나님의 일을 위해 사는 날이어야 한다.

종교의 자유가 허락된 나라에서도 인간의 사악한 타락 때문에 신앙생활을 바로 한다는 것은 참으로 어려운 일이다. 하물며 기독교를 박해하는 독재정권하에서, 왜정시대처럼 압박과 설움을 당하는 식민지 정책 밑에서, 그리고 타 종교의 선입관념에 사로잡혀 있는 정부 하에서 성경대로 신앙생활을 한다는 것은 전 생활의 기득권을 다 포기할 정도로 어렵기까지 하다. 오히려 마음대로 신앙생활 할 수 있는 여건이 조성될 때 성경을 난도질 하는 자유주의 사상이 들어와 교회의 뿌리를 흔들어 성도들이 타락할 수 있는 기회를 더 많이 제공하기도 한다. 그렇다면 국가의 제도와 교회의 제도적 영역이 다르기 때문에 신앙인들이 전여 국가의 제도와 무관하게 살 수 있는가? 그것은 아니다. 국가에 의해 정부조직이든, 아니면 관변 단체이든, 그 외의 회사나 학교를 불문하고 그 조직 속에는 이미 정치가 이루어지고 있기 때문에 사람은 정치를 떠나서는 삶을 영위할 수가 없게 되어 있다. 인간이 속한 단체 자체는 이미 정치가 개입되어 있다는 말이다. 어느 단체를 막론하고 거기에는 주도자가 있고, 많은 영향력을 행사하는 자가 있고, 또한 특유한 능력을 가지고 일을 하는 자가 있다. 이 모든 기능별로 사람들을 모아 단체를 운영하여 얻은 이익을 나누는 역할을 하는 기구가 바로 정치적 조직체이다. 그 조직체 가운데 가장 큰 힘을 발휘하는 왕국이 바로 국가이다. 그러므로 국가는 권력을 가지고 있으며 총칼을 사용할 수 있는 군대와 경찰을 운영하게 된다. 그리고 국가의 경제를 위해 세금을 부여하게 된다. 그리고 정부만이 국가의 재원을 분배할 수 있는 권한을 가지고 있으며 공공정책을 수립하고 그 정책을 실행하기 위해 유능한 인물을 선정하여 직책을 맡길 수 있으며 그 직책에 맞는 정부의 조직을 구성하게 된다. 정부는 온 국민들로 하여금 공정한 적업선택과 교육을 받을 수 있는 기회를 제공한다. 또한 범죄자에게는 벌금, 투옥, 그리고 사형까지 집행할 수 있는 권한을 소유하고 있다. 그리고 정부만 외국과의 관계를 통하여 우국이나 적대국에 대한 외교정책을 수립하고 실현할 수 있다. 구약 신정정치(Theocracy) 시대에도 외교문제는 국가를 유지하는 중요한 주제로 등장했다. 현대 사회는 다양한 직업이 상존하고 있으므로 이에 대한 이익을 서로 나누어야 하는 상부상조의 구조를 형성하고 있다. 이를 통한 경제문제는 국가의 발전에 절대적 요소로 등장한다. 즉 경제적 발전은 국가의 발전관 직결되는 문제이다. 즉 장사를 잘해야 한다는 말이다. 과거 조선 시대에 장사꾼을 상놈이라고 천대했으니 국가의 경제가 퇴락할 수밖에 없었다.

특별히 국가의 정부는 헌법을 제정하고 집행하는 기관이다. 헌법집행에 있어 공정을 기하는 문제는 과거 역사를 통해서나 현대 사회에서나 항상 시비꺼리로 등장한다. 심지어 유럽이나 미국과 같은 법정신에 충실하다는 국가에서도 공정한 법집행에 있어 많은 비시꺼리가 발생하고 있다. 특히 미국사회에서는 인종 차별 없이 공정하게 법을 집행해야 한다는 문제가 자주 발생하고 있다. 법적으로는 공정성에 대한 장전이 정확하게 명시되어 있다. 그러나 현실 세계로 들어가 보면 많은 괴리가 발생한다. 1980년대 한인 타운을 불바다로 만들었던 사건은 흑인이 백인경찰에게 대들었다고 해서 무차별 구타를 당하고 난후 재판을 한 결과 그 경찰이 무죄선고를 받게 된데서 부터 발생했다. 이에 분노한 흑인들이 주위의 상점에 불을 지른 사건이 일어나 흑인타운과 접경에 있었던 한인 상점들이 무차별적으로 화염에 휩싸이게 되었다. 지금 유럽에서는 종교의 자유라는 공정성을 틈타 이슬람 테러 집단들이 여기저기에서 마구잡이로 자살 테러를 행하고 있다. 이제는 종교의 차별을 엄하게 구분하여 기독교 이외의 타 종교에 대한 금지령을 발해야 한다는 여론이 비등하고 있다. 그렇기 때문에 정부는 국민의 생명과 재산을 보호하기 위하여 자유라는 좋은 이념을 남용할 수 없도록 법적으로 최대공약수를 제정해야 할 것이다. 인간은 사악하기가 만물보다 더하다고 성경이 말씀하고 있다. 모든 일을 자신에 기준을 두어 주관적으로 생각하기 때문에 지위가 높아지면 그 높은 지위의 입장에서 사물을 해석한다. 많은 독재자들은 자신이 독재를 시행하고 있다고 생각하지 않고 있었다. 국가를 위해 자신만이 가장 위대한 애국자라고 생각한다. 그렇기 때문에 국가의 위정자는 절대 하나님 주권의 신앙을 가지고 자신을 한없이 낮추는 종으로 생각하고 나라의 통치는 자신에 의해 이루어지는 것이 아니기 때문에 자신은 오직 하나님의 종의 역할만 감당하면 된다고 생각해야 한다. 그러므로 국가는 하나님 주권적 민주주의가 실행될 때 부흥하게 되어있다. 그래서 위정자는 신실한 기독교인이 되어야 나라를 바로 통치할 수 있다.

교회와 국가에 관한 성경적 관점을 다루기 위해 우리는 성경에 나타난 많은 구절들을 탐구해 보아야 할 것이다. 이 성경구절들은 존 레데콥(John H. Redekop)의 저서 하나님 안에서의 정치학(Politics under God)[232]에 기록된 160개 이상의 성경 구절을 발췌한 것이다. 이 성경구절들은 국가와의 관계에 있어 신앙인들이 정치적 참여에 관련된 내용들을 요약 설명한 구절들이다.

창4:15, 하나님께서 가인에게 표를 주심으로 시민 정부를 세우도록 하셨다.

출1:15-21, 하나님께서 히브리 산파의 시민 불복종을 칭찬하시고 상을 주셨다.

출1:22-2:10, 모세의 부모는 시민 불복종을 실천하였다.

출3:10, 하나님께서 모세에게 이스라엘 백성을 탈출시키기 위하여 애굽 최고 통치자에게 압력을 가하라고 명령 하셨다.

출3:18, 하나님께서 이스라엘 장로들에게 이집트 왕에게 압력을 행사할 것을 명하셨다.

출6:1, 하나님께서 불신앙의 통치자 바로의 행동을 통제 하셨다.

출8:28, 바로는 통치와 관련하여 하나님을 인정하고 모세에게 자신을 위해 기도해 달라고 부탁했다.

출9:27-28, 바로는 자신의 죄와 여호와의 의로우심을 인정하고 기도를 부탁했다.

출10:10-11, 국가의 통치와 관련하여 바로는 주님과 주님의 권능을 인정했다.

출12:31-32, 바로는 자기 나라와 관련하여 이스라엘 백성에게 여

---

232) John H. Redekop, Evangel Herald Press, Scottadale PA, USA. 2007, 기독교 정치학(배덕만 옮김), p.233-241.

호와를 예배하도록 요구하고 개인의 축복을 간구했다.

출15:3, 애굽과 이스라엘과의 정치적 적대관계에서 출애굽 동안 모세와 이스라엘 백성은 "주님은 용사이시니" 라고 선언했다.

출15:14-18, 여호와 하나님은 모든 민족을 통치하시며 그들은 그분의 말씀을 듣고 전율한다.

출17:8-16, 모세가 기도하는 동안 하나님께서 이스라엘이 여호수아의 지도로 아말렉과 싸우도록 명령하셨다.

출18:15-26, 모세는 백성을 통치하기 위해 경건한 재판장이 되기 위한 자질들을 설명 했다.

출22:28, 하나님께서는 이스라엘 백성들을 향해 재판장을 모독하거나 저주하지 말 것을 주지시켰다. 이는 국가의 관료는 하나님께서 지정한 것을 말씀하고 있다.

출23:1-9, 하나님께서 재판장과 정치 지도자들을 향하여 부정, 악행, 뇌물을 받지 말 것, 그리고 편벽된 송사를 하지 말 것과 가난한자를 도울 것, 공평을 행할 것, 허망한 풍설에 귀를 기울이지 말 것, 그리고 나그네를 압제하지 말 것을 명하셨다.

레19:15, 여호와께서 모세에게 재판할 때에 정의가 왜곡되거나 차별이 있어서는 안 된다고 명하셨다.

신8:18-20, 하나님께서는 불신자들의 민족도 다스리시면서 심판하신다. 하나님을 순종하지 아니한 민족이 멸망할 것이라고 말씀하셨다.

신10:17-20, 하나님께서 모든 성읍을 하나님의 명령대로 통치할 것을 말씀하시고 불순종하는 족속에게는 성읍을 함락시킬 것을 명하셨다.

신15:3-11, 가난한 자들의 필요를 채워주어야 하며 외채를 피할 것을 명하고 있다.

신17:8-13, 하나님께서 재판장은 두려운 마음으로 율법의 뜻에 따라 신중에 신중을 기하여 백성을 판결할 것이며 신실한 백성은 제사장이나 법관들에게 순종할 것을 명하고 있다.

신17:14-20, 하나님께서는 땅에 거주할 백성들을 위해 택하신 자들을 왕으로 세울 것을 명하셨다. 통치 구역을 각 왕들에게 배당해 주시되 그 왕들은 은금을 많이 쌓아 두지 못하게 하셨다.

삿21:25, 정부의 부재는 혼란한 무정부 상태를 말해 준다.

삼상8:1-22, 하나님께서는 왕을 모시기 원하는 이스라엘 백성의 소망을 인식하시고 그 백성들이 사울을 왕으로 삼을 수 있도록 인도하신다. 그러나 사실상 하나님께서는 신정정치(Theocracy)에 합당한 왕을 원하셨기 때문에 사울은 그 정치에 합당한 인물이 아니었고 백성들이 원하는 왕으로 선택된 자가 사울이었다(삼상9:15-17, 12:17-19). 그런 의미에서 하나님께서 원하신 왕은 다윗이었기 때문에 이스라엘 신정정치에 맞는 초대 왕은 다윗이었다. 호13:11절에 "내가 분노하므로 네게 왕을 주고 진노하므로 폐하였느니라." 라고 하신 말씀은 국가는 오직 하나님의 주권적 정치가 되어야 함을 말씀 하여 주실 뿐 아니라 신앙으로 통치되어야 국가가 발전할 수 있음을 명시하고 있다.

삼하23:3, 하나님을 경외함으로 국가를 다스리는 자는 하나님에게 기쁨을 드리게 된다는 것을 말씀하고 있다.

대상22:6-10, 삼상23:2, 삼하 5:17-20, 하나님께서는 다윗으로 하여금 전쟁을 잘 수행 하도록 이끄셨지만 그가 용사로서 피를 많이 흘렸기 때문에, 그토록 스스로 성전 건축을 행하기를 원했지만 허락 되지 않았다. 그 이유는 비록 구약에 신정정치(Theocracy)가 진행되고 있었을지라도 정교분리(Separation of Church and State)의 원칙에서 볼 때 피를 많이 흘리게 한 국가의 위정자가 성전의 사역에 개입할 수 없다는 것을 명시하고 있다.

대하20:6, 주 하나님께서는 이방의 모든 나라들을 다스림으로 국가의 권력이 하나님의 통치에 속해 있다는 것을 말씀해 주고 있다.

스6:10, 백성들은 왕과 왕자들의 생명을 잘 보존하기 위해 기도해 주어야 한다.

느9:2, 백성들은 자기의 죄와 조상들의 죄를 자복함으로 국가를 위한 집단적 회개를 촉구하고 있다.

에4:14, 5:1-8, 에스더는 아하수에로 왕을 상대하여 자기의 백성을 위해 성공적 협상을 이끌어 냄으로 외교술을 발휘하였다.

시2:1-5, 하나님께서는 만유의 주이신 자신을 향해 반대하는 왕들을 비웃고 꾸짖으신다.

시2:10-11, 왕들과 재판관들은 하나님으로부터 지혜와 교훈을 받으며 두렵고 떨림으로 그분을 섬겨야 한다. 그렇지 않으면 급하게 진노가 임할 것을 명하고 있다.

시9:15-20, 공의로우신 하나님께서는 악한 이방나라들에게 스스로를 알리시어 심판을 행하신다.

시11:7, 여호와는 의로우시며 정직한 자는 그의 얼굴을 뵙게 된다.

시22:27-28, 국가의 통치는 하나님의 주권아래 있기 때문에 결국에는 모든 족속이 하나님께 예배하게 된다.

시33:10, 각 나라들의 계획은 하나님의 뜻 가운데 있기 때문에 그들의 생각과 계획이 하나님의 뜻에 어긋날 경우 결코 성취되지 못한다.

시33:12, 국가가 하나님 중심이 되어야 할 것을 명시하고 있다. 국가는 여호와를 하나님으로 섬겨야 복 있는 나라가 된다.

시46:8-9, 전쟁도 하나님의 통치권 아래 수행되기 때문에 창과 활과 전쟁에 사용되는 수레까지도 하나님께서 전쟁을 중지 시킬 때 멈추게 된다.

시47:7-9, 모든 국가의 위정자들은 하나님의 허용 가운데 위임된 직분을 행하게 된다. 그러므로 하나님만이 온 땅의 왕이시며 백성들을 다스리는 분이시다.

시66:7, 국가들은 하나님의 살피심을 피할 수 없다. 모든 국가는 하나님의 통치아래 있다.

시72:8, 하나님께서는 만물을 창조하신 후 자연법칙이라는 궤도아래에서 움직이도록 허용하신 것이 아니고 보전하시고, 통치하시고, 그리고 섭리하시는 중에 국가를 다스리시고 계신다.

시82:3-4, 하나님께서는 불공평한 재판을 책망하시는 중 가난한 자와 고아를 보호하며 빈궁한 자에게 공의를 베풀 것을 명하고 계신다.

시86:9, 모든 국가는 하나님의 통치아래 있기 때문에 종국에 가서는 모든 민족이 주님께 굴복하며 영광을 돌릴 것을 명시하고 있다

시94:10, 하나님께서는 뭇 백성을 징벌하시는데 있어 지식으로 사람을 징벌할 것을 명시하고 있다.

시94:20, 주님은 법을 빙자하여 재난을 꾸미는 자와 어울릴 수 없다는 것을 명시하고 있다.

시99:4, 하나님께서는 정의와 평등을 사랑하시기 때문에 공의를 세우시고 행하신다.

시102:15-20, 모든 나라들과 왕들은 하나님을 경외해야 할 것을 명시하고 있다.

시110:6, 하나님께서 나라를 다스리실 때 노함이 발하게 되면 심판으로 말미암아 시체가 가득하게 하시고 머리들을 깨트리신다고 명시하고 있다.

시122:6, 예루살렘을 위해 평안을 구하라고 하신 말씀은 한국의 청와대를 위해 평안을 구하라는 말씀과 상통한다.

시148:11-13, 국가의 모든 위정자와 재판관들은 먼저 여호와 하나님을 섬기고 찬양해야 할 것을 강조하고 있다. 국가의 위정자들은 물론

모든 백성들이 신실한 기독교인이 될 것을 교훈하는 구절이다.

잠8:15-16, 오직 여호와 하나님으로 말미암아 방백들이 공의를 세우며, 의로운 재판관들이 올바른 판결을 하며. 그리고 왕들이 국민을 치리해야 하므로 모든 관원들은 하나님을 바로 섬겨야 한다.

잠14:31, 가난한 사람을 학대하는 자는 인간을 창조하신 하나님을 멸시하는 자이며 궁핍한 자를 불쌍히 여기는 사람은 주님을 공경하는 자이다.

잠14:34, 나라가 영화롭게 되기 위해서는 공의가 바로 서야 하고 백성이 힘들게 되는 경우는 죄악 때문이다.

잠17:15, 만약 법정에서 악인을 의롭다 하고 의인을 악하다 하는 두 사람을 하나님께서 아주 미워하신다.

잠21:1, 국가의 위정자는 전혀 하나님의 주권 하에 움직이기 때문에 주님께서는 그 위정자의 마음을 그의 뜻대로 인도하고 계신다.

잠22:22, 가난한 자나 부한 자나 여호와 하나님께서 지은 자들이므로 약하다고 탈취하지 말고 곤고한 자를 성문에서 탈취하지 말아야 한다.

잠24:6, 20:18, 전쟁에는 좋은 전략이 있어야 승리한다.

잠24:21, 사람은 여호와께서 세우신 위정자를 경외하고 위정자를 반역하는 자와 사귀지 말아야 한다.

잠24:23-25, 재판할 때에 편견 되게 하지 말 것이며 그렇게 되면 그 재판관은 백성들로 부터 미움을 받고 저주를 받을 것이며 오히려 나쁜 재판관을 견책하는 자는 기쁨을 얻고 복을 받을 것이다.

잠25:15, 오래 참으면 관원도 설득할 수 있는데 그것은 부드러운 혀를 통해서 가능하다.

잠28:9, 사람이 귀를 돌려 율법을 듣지 아니하면 그의 기도가 가증하다.

잠29:4, 왕은 정의로 나라를 견고하게 하지만 억지로 뇌물을 내게 하는 자는 나라를 멸망시킨다.

잠29:7, 26, 의인은 가난한 자의 사정을 알아준다.

잠31:8-9, 하나님의 백성들은 가난한 자들과 자신을 위해 발언할 수 없는 자들의 권리를 보호하기 위해 발언해 주어야 한다.

전3:8, 국가는 전쟁할 때가 있고 평화할 때가 있다.

전10:2, "지혜자의 마음은 오른쪽에 있고 우매자의 마음은 왼쪽에 있다."는 이 말씀은 자주 오용되고 있는데 사30:21과 잠4:27의 말씀을 참조하여 해석해 보면 좌로나 우로나 치우치지 말라는 내용이다. 나라를 다스리거나 재판을 할 때 꼭 참조해야 할 내용이다.

사1:17, 정의를 구하며, 학대받는 자들을 도와주며, 고아를 신원하며, 그리고 과부를 변호 하라는 말씀이다.

사1:23, 하나님께서는 통치자들이 뇌물을 사랑하고 불법 선물을 쫓아다니는 것을 정죄하셨다.

사10:1-2, 하나님께서 경고한 말씀은 "불의한 법령을 만들며, 불의한 말을 기록하며, 가난한 자를 불공평하게 판결하며, 가난한 내 백성의 권리를 박탈하는 자는 화 있을 진저…" 이다.

사10:5-11, 정부를 통해 하나님의 섭리가 성취되고 있는 가운데 하나님께서는 악한 정부를 그분의 대리자로 사용하고 계신다.

사13:1-5, 13:17-20, 하나님께서는 자신의 계획을 성취시키기 위해 군사력까지도 사용하신다.

사14:24-27, 14:28-29, 하나님께서는 아시리아 정권이 백성을 억압했기 때문에 멸망시킬 것이라고 경고하셨다. 이는 온 세계를 향해 작정한 경영이 있으며 이것이 열방을 향하여 펴신 하나님의 손이라는 것을 말씀하셨다.

사34:1-3, 모든 국가를 다스리는 하나님께서 열방의 악한 행동 때문에 하나님께서 심판을 내리심으로 멸망이 극에 달할 것이라는 예언의 말씀이다.

사40:23, 하나님께서 만물을 다스림으로 왕자들을 무가치하게 만들어 버릴 것이며 사사들 역시 헛되게 만들겠다는 말씀이다.

사42:1-4, 하나님께서는 예수 그리스도의 생을 예언하시는 중에 하나님을 위한 공의를 실현하는데 머물지 않고 세상에 정의를 바로 세우기 위해 이방에 정의를 베풀 것을 말씀하셨다.

사44:28-45:4, 하나님께서는 고레스 왕을 사용하시어 이스라엘 백성과 관련된 주위의 국가들을 그 분의 뜻대로 섭리하시는 중에 열국을 항복하게 하시어 역사를 주관하고 계심을 말씀하고 있다.

사45:4-5, 하나님께서는 이방의 통치자 고레스에게 영예로운 지위를 허용하시었다.

사59:7-8, 하나님께서는 이사야 선지자를 통해 이스라엘 백성의 삶이 "행악하기에 빠르고, 무죄한 피를 흘리기에 신속하며, 평강의 길을 알지 못하며, 행악하는 곳에 정의가 없으며, 이 길을 밟는 자는 평강을 알지 못한다."고 경고하셨다.

사59:14-16, 정의가 없을 때 중재자가 없으므로 주님께서는 스스로 구원을 베푸시기를 원하신다고 말씀하셨다.

사61:1-11, 하나님께서는 모든 분야에 있어 계몽되고, 정의가 실현되며, 새로운 건설을 일으키며, 그리고 책임 있고 공정한 정책을 요구하고 계신다.

렘5:28, 고아의 송사를 공정하게 하지 아니하며 빈민의 재판을 공정하게 판결하지 않는 것은 옳지 않다고 말씀하고 있다.

렘25:7-14, 유다에 있는 악 때문에 하나님께서는 바벨론의 왕인 느브갓네살을 사용하여 하나님의 백성을 벌하실 것을 말씀하셨다.

렘29:7, "너희는 내가 사로잡혀 가게 한 그 성읍의 평안을 구하라."

는 말씀은 하나님께서 모든 국가의 흥망성쇠를 주관하시므로 내가 속해 있는 민족이나 국가를 위해 간구해야 할 것을 명하셨다.

애3:35-36, 지존자의 얼굴 앞에서 사람의 재판을 굽게 하는 것과 사람의 송사를 억울하게 하는 것은 다 주께서 기쁘게 보시는 것이 아니라고 말씀하신 것은 재판관의 불의를 꾸짖으시는 내용이다.

겔34:4, 통치자들이 약자를 돌보는 것은 훌륭한 정치를 하는 것이라고 명시하고 있다.

단3:1-30, 사드락, 메삭, 그리고 아벳느고는 시민불복종을 실천하였지만 마침내 느브갓네살 왕의 칭찬을 받게 되었다.

단4:31-33, 하나님께서는 모든 나라의 통치권을 가지고 계시며 믿지 않는 통치자들에게도 불의를 행한 책임을 물으심을 말씀하고 있다.

단5:22-30, 하나님께서는 자신을 공경하지 않은 불신앙인 벨사살을 처벌하셨다. 하나님께서는 벨사살의 목숨은 물론 그의 모든 삶을 주관하고 계셨다.

단6:1-5, 다니엘은 자신이 전적으로 정직하고, 능력이 있으며, 부패하지 않은 인격을 가지고 정부의 고위 공직을 수행하였다.

단6:8-23, 다니엘은 하나님의 뜻을 순종하기 위해 정부를 향해 불복종을 실천하고 사자굴에서 구조되었다.

욜3:2, 렘21:11-23:6, 하나님께서는 만국을 다스리는 가운데 교회의 중심이 되는 이스라엘 백성을 위해 이방 나라들을 사용하시며 또한 이스라엘을 직접 흩으시어 땅을 나누시기도 하시며 악한 왕들에 대한 심판을 시행하시기도 하실 것을 말씀 하셨다.

암1:1-15, 하나님께서는 이방 통치자들의 죄악 된 행동을 처벌할 것을 말씀하셨으며 전체적으로 도시와 특정한 죄에 대해서도 처벌하실 것을 말씀하셨다.

암5:12, 15, 하나님의 경고가 구체적으로 나타나고 있다. 그 내용은 의인을 학대하고, 뇌물을 받고, 그리고 성문에서 가난한 자를 억울하게 하는 죄였다. 하나님께서는 악을 미워하고 선을 사랑하며 성문에서 정의를 세울 것을 명령하셨다.

암5:24, 하나님의 명령은 "정의를 물같이 공의를 강같이 흐르게 할지어다." 이었다.

암6:14, 만군의 여호와 하나님의 말씀이 떨어졌던 내용은 "이스라엘의 죄악을 인하여 한 나라를 일으켜 그의 백성을 치실 것이라." 는 것이었다.

암9:8, 주 여호와 하나님께서 범죄한 나라를 주목하여 지면에서 멸하여 버릴 것을 말씀하셨다.

옵1:15, 여호와 하나님께서 만국을 벌하실 날에는 행한 대로 받을 것인데 행한 것이 그의 머리로 돌아갈 것을 말씀하셨다.

미7:3, 하나님께서는 선물을 요구하는 통치자와 뇌물을 받는 재판관을 벌하신다고 말씀하고 있다.

합1:5-11, 하나님께서는 그의 섭리를 성취시키기 위해 이방 통치자들과 국가들을 놀라운 방법으로 사용하기기 때문에 모든 나라들은 하나님의 권능아래 있다.

습3:1, 범죄를 행한 나라, 패역하고 더러운 곳, 포악한 성읍은 화 있을 진저... 라고 말씀 하셨다.

마2:7-12, 동방박사들은 헤롯왕의 명을 거절하고 하나님의 명령을 따라 시민불복종을 실천하였다.

마5:44, 눅6:27-31, 주님께서는 너희 원수를 사랑하며 너희를 핍박하는 자를 위해 기도할 것을 말씀하셨다.

마8:5-13, 예수님께서는 한 군대 장교의 믿음을 칭찬하셨다.

마14:3-4, 세례 요한은 비록 죄수의 신분에 불과 했지만 헤롯왕이 죄를 지었기 때문에 그에게 도전하였다.

마17:24-27, 예수님께서 지방 성전 세금 납부를 지지하셨다.

마22:15-22, 막12:13-17, 눅20:20-26, 예수님께서는 가이사에게 세금 납부하는 것을 승인하셨다.

마22:37-39, 막12:28-31, 눅10:27, 렘48:10, 자기의 이웃을 사랑하는 것은 아주 중요하다. 이러한 실천은 사적인 면과 공적인 면에 있어 차원이 다른 것을 말씀하고 있다.

마25:31-46, 예수님께서는 하나님을 기쁘게 해 드리기 위해 개인적 활동은 물론 사회적 활동 및 사회적 정책을 말씀하셨다.

마27:22-26, 눅23:13-24, 요19:2-16, 예수님을 심문할 때 터무니없는 방법과 유추적 논리를 통해 예수님을 유죄한 자로 몰아세우는 정치적 재판을 비판하고 있다.

막6:14-29, 정치적 공작에 의해, 세례요한이 헤롯왕의 불의한 행위를 책망함으로, 헤로디아 왕비는 세례요한의 목을 벨 음모를 꾸몄다.

눅3:12-13, 세례요한은 세리들에게 세금 징수 하는데 있어 정직하게 행할 것을 교시 하였다.

눅3:14, 세례요한은 교시하기를 군인들에게 돈을 갈취하지 말며, 백성을 거짓으로 고소하지 말고, 자신들의 임금에 만족하라고 교훈 하였다.

눅4:5-7, 영역 주권에 있어 하나님의 주권을 모르는 사탄은 자신이 세상 만국을 통치한다고 자임 한다.

눅7:1-10, 예수님께서는 이스라엘 민족을 사랑하고 회당을 지어준 백부장의 종을 낫게 해 주시면서 그 백부장의 믿음을 칭찬하셨다.

눅11:42-43, 예수님께서는 하나님의 공의를 버리고 정치적으로 높은 자리에만 관심을 두는 바리새인들을 책망하셨다.

눅14:31-32, 이 땅의 임금들은 전쟁을 획책한다. 그런데 예수님께서는 전쟁의 기본 요소와 화친의 방법을 교훈하고 있다.

눅17:20-21, 바리새인들의 정치적 메시아사상과 대비하여 하나님의 나라는 너희 안에 있다는 것을 교훈하고 있다.

눅18:18-27, 예수님께서는 부자 관원에게 재물과 율법에 대하여 인간이 완전히 지키기 어려운 수평적 계명을 지키라고 명하셨다.

눅19:1-10, 삭개오가 세리로서 정직하게 자기의 직무를 행하였다면 계속해서 일할 수 있었을 것이다.

눅23:50-53, 배려하는 로비를 통해 아리마대 요셉은 예수님을 장사지내기 위해 통치자 빌라도의 허락을 요구했다.

요18:36, 예수님께서 "내 나라는 이 세상에 속한 것이 아니니라. 만일 내 나라가 이 세상에 속하였더면 나의 종들이 싸웠을 것이다." 라고 말씀하셨다.

요19:10-12, 예수님께서는 빌라도에게 정치적 권한을 "위에서 주시지 아니 하였다면" 이러한 일을 행할 수 없다고 말씀하셨다.

행4:18-21, 사도들이 정부를 향해 설교를 할 때 시민 불복종적인 내용을 설파 하였다.

행5:25-29, 베드로와 그 외의 사도들이 로마 정부에 대항해 시민 불복종을 시행한 이유는 하나님을 섬기는 것이 국가의 법을 따르는 것보다 우선이기 때문이었다.

행5:33-42, 가말리엘은 정부에서 일하는 지혜롭고 정의로운 사람으로 로마 정부와 사도들과의 사이에서 일어날 갈등을 해소하였다.

행9:15, 사도 바울은 왕에게 말씀을 증거 하라는 사명을 하나님으로부터 받았다.

행13:7-12, 로마의 총독 서기오 바울이 복음의 말씀을 듣고 싶어 바나바와 바울이라는 사울을 데리고 오도록 사람을 보냈다. 바울은 그에게 복음을 증거 하게 되고 그는 기독교인이 되었다.

행16:37-39, 바울과 실라는 자신들의 로마 시민권의 소유자들임을 주장했다. 바울은 로마정부의 요인들이 자신을 정의롭게 다루도록 주장하였다.

행21:30-32, 정부의 군인들은 무기의 힘으로 폭동을 막는데 사용하고 법과 질서를 유지 하는데 필요한 것을 말씀하고 있다.

행22:25-29, 바울은 로마 시민권을 주장하여 채찍질 하려던 천부장이 물러가게 되었다.

행22:30, 천부장은 정치력을 발휘하여 유대인들이 바울을 고발한 사건을 제사장들과 공회를 통해 그 진상을 밝히고자 하였다.

행23:10, 군대가 사도바울을 구조하였다.

행23:17-24, 바울은 로마 군대의 도움을 요청 하였다. 이에 한 군대 장교가 바울을 보호하기 위해 470명의 군대를 파견하였다.

행23:25-29, 바울이 유대인들에게 잡혀 죽게 되었으나 로마의 한 군대 장군이 로마 시민권을 가진 바울을 데려다가 심문하여 보니 유대 율법을 범한 것 밖에 없어 구해준 사건을 벨릭스 총독에게 보고하였다.

행24:10-26, 바울은 로마의 총독 벨릭스 앞에서 유대주의 율법에 따라 하나님을 섬길 것이 아니고 오직 하나님의 복음을 믿음으로 부활을 얻을 것이라는 증언을 하였다.

행25:8-12, 사도 바울이 심문을 받는 동안 자신은 유대인들에게 잘못한 것이 없다는 것을 항변하면서 자신이 상소할 것을 선언 하였다.

행25:13-21, 총독 벨릭스는 바울의 사건을 처리하기 위해 구류해 두었다. 당시 바울은 오직 유대인들이 지키는 유전에 반대되는 행위를 했다는 죄목으로 구류에 처하게 되었다. 그러나 바울은 이 기회에 복음을 전하게 되었다.

행25:22-26:32, 죄수가 된 바울은 로마 정부를 이용해 아그립바 왕 앞에서 복음을 전파하였다.

행28:19, 바울은 자기 민족인 유대인들이 고발하려 하기 때문에 어쩔 수 없이 가이사에게 상소하였다.

롬13:1-7, 정부의 위정자들은 하나님께서 세우신 권세 자들이다. 그러므로 그들은 하나님의 종이요 대리자이며 특별한 역할을 수행하는 자들이다. 기독교인들은 그들을 존경하고 따라야 하며 정부에 세금을 납부해야 한다.

롬14:17-18, 세상 정부인 정치적 메시아사상과 비교하여 영적 메시아사상에 따라 하나님 나라를 묘사하고 있다.

고전2:6-8, 기독교인들이 소유하고 있는 하나님 나라에 관한 지혜와 세상의 통치자들이 가지고 있는 지혜 사이에는 엄청난 차이가 있다.

고후10:3, 세상의 모든 사람들은 육신의 것으로 인하여 싸움을 하게 되지만 기독교인들은 육신에 따라 싸우지 않아야 한다.

갈5:1, 13, 이 세상에는 자유가 없으나 그리스도께서 우리를 자유롭게 하려고 자유를 주셨다.

빌3:20, 성도들의 시민권은 하늘에 있다.

빌4:21-22, 세상 정부를 지배하는 가이사의 집에도 성도들이 있었다.

골1:16, 하나님께서는 세상의 모든 자연뿐 아니라 왕권, 주권, 통치자, 그리고 권세까지도 다스리신다.

딤전2:1-2, 성도들은 모든 사람을 위하여 간구와 도고와 기도와 감사함으로 임금들과 높은 지위에 있는 사람들을 위해 기도해야 한다.

딤전6:15, 주 예수 그리스도는 만물을 다스리실 뿐 아니라 만국을 다스리시는 만왕의 왕이시다.

딤후2:2-4, 병사는 자기 사생활에 집착하지 않으므로 그리스도의 병사 역시 개인의 사적 생활을 우선으로 해서는 안 된다는 교훈이다.

딛3:1-2, 기독교인들은 통치자들과 권세 잡은 자들이 선한 일을 행할 마음이 생기도록 복종하며 순종해야 한다.

약2:12, 세상의 법과 다르게 하나님의 율법은 자유의 법이다.

벧전2:13-14, 성도들은 주님을 위해 왕, 권세자, 그리고 각 총독들에게 복종해야 한다. 하나님으로부터 그 직분을 받았기 때문에 그 직분을 받은 자들을 존경해야 한다. 성도들의 선행으로 그들의 악행을 방어할 수 있기 때문이다.

벧전2:16, 성도들에게 주어진 자유는 성도들의 마음대로 사용하기 위함이 아니고 그 자유를 하나님의 종이 되는데 자발적으로 사용해야 한다.

벧전3:22, 이 세상 나라는 영원하지 못하나 예수님께서는 하늘에 오르사 하나님 우편에 계시니 천사들과 능력들과 권세들과 능력들이 그에게 복종하느니라.

계1:5, 예수 그리스도는 모든 땅의 임금들의 머리이다.

계1:6, 하나님의 영적 나라를 위하여 성도들을 제사장으로 삼으셨다.

계18:1-24, 하나님께서 바벨론을 심판하셨다. 그 심판은 그 악행 때문이었다. 모든 나라들은 그들의 악행의 대가를 받기 때문에 흥망성쇠가 있을 뿐이다. 이 세상에서는 영원한 국가는 없다. 완전하고 영원한 나라를 완성하기 위하여 하나님께서는 이 세상 나라들을 그의 뜻대로 사용하신다. 이는 하나님께서 만국을 다스리는 통치의 원리를 가지고 계신 계획을 말씀하고 있다.

위와 같은 성경 구절들은 하나님 나라, 즉 영의 왕국과 세상의 나라, 즉 힘의 왕국을 비교 대조하여 각 기능, 성도의 취할 자세, 왕국의 분리, 그리고 교회와 국가를 다스리는 하나님의 주권 등을 논하고 있다. 이는 분명히 성도와 국가, 성도와 교회, 그리고 교회와 국가 사이의 제도적 분리와 공동적 사역을 확실하게 논증하고 있는 성경구절들이다.

도대체 왜 한국교회 안에 정교분리라는 원칙을 성경적으로 명확하게 논증하지 못하고 애매하게 통째로 **기독교인은 정치에 참여해서는 안 된다는** 합리적이지도 못하고 상황적이지도 못한 이론이 굳어져 버렸는가? 더욱이 비기독교 신문 방송에서 조차 기독교인 정치 참여를 도외시 할 정도를 넘어 아예 죄악시 하는 기사를 거침없이 내 보내고 있는가? 이제 정말 성경적으로 그리고 교회사적으로 기독교인이 정치에 참여하지 않고 신앙생활을 바로 할 수 있었는가? 하는 문제를 다음 단원에서 다루어 보려고 한다.

II. 정부에 대한 기독교인의 자세

앞에 서술한 160 구절이 넘는 성경말씀을 종합해 볼 때 "기독교인
이 정치에 참여해선 안 된다." 라는 단순하고 다듬어지지 못한 말은 전
혀 합리적이지 못한 진술이다. 그러므로 우리는 교회와 국가와의 관계
에 있어 성경적 가르침을 올바로 정립해야 할 것이다. 정치라는 영역은
국민을 다스리는 공직자들의 활동, 정당, 그리고 정부의 조직을 포함하
여 국가의 경영을 위해 일하는 활동 모두를 포함한다. 그러나 정치라는
영역에 깊이 들어가 생각해 보면 가정, 사회, 교육, 문화, 그리고 선거
를 포함하여 시민단체의 활동까지 정치의 영역에 포함된다. 이러한 정
치 참여 활동은 궁극적으로 하나님 나라 건설인 교회를 발전시키는 문
제와 연결되어 있다. 그 연결은 먹고, 마시고, 입고, 그리고 잠자는 가
장 기본적인 문제와 연결되어 있다. 올바른 정치는 이러한 문제들을 잘
해결해 주는 원동력이다. 나아가 복음을 전하기 위해서는 이러한 기본
적인 문제를 원활하게 해결해 주는 조직이 필요하다. 그 조직은 교회와
국가이다. 조직은 사람들의 모임을 통한 정치가 이루어 져야 된다. 그
럼에도 불구하고 "기독교인이 정치에 관여해서는 안 된다." 라는 말은
성경적으로 분석해 볼 때 전여 이해가 안 되는 말이다. 그렇다면 성경
이 말씀하는 지침이 무엇인가? 생각해 보아야 한다.

1. 성경적 국가관

인간이 누리고 있는 삶의 영역은 하나님의 주권 밖에 존재할 수 없
다는 것이 성경의 가르침이다. 마가복음 16장 15절에 나타나 있는 **온
천하**라는 말씀은 지리적으로나, 사회적으로나, 그리고 인간관계에 있
어 예외를 허락하지 않는다는 의미이다. 어떤 사람도 하나님의 돌보

심과 심판에서 벗어날 수 없다. 우리가 교회와 국가를 생각할 때 인간은 정치의 영향을 받지 않고 살수 없다는 것을 깊이 있게 고려해야 한다. 모든 종교와 모든 국가는 정치적 조직을 통해 움직이고 있다. 아무리 정치를 도외시 하면서 살려고 발버둥 쳐도 인간은 정치라는 조직에 의한 삶을 벗어날 수 없다. 아마 홀로 산속에 들어가 가족도 없이 모든 생활필수품을 자급자족하는 사람은 정치와 무관한 사람일 것이다. 그러므로 인간은 정치에 참여 하느냐? 마느냐? 의 문제로 논쟁을 한다는 것은 전혀 무의미하다. 정치에 어떻게 참여 하느냐? 가 중요한 이슈로 대두된다.[233]

역사적으로 볼 때 교회가 국가의 정치에 끼치는 영향력은 대단히 큰 힘을 발휘했다. 중세의 로마 캐톨릭이 전 유럽을 장악하고 있을 때 유럽 각 국가의 제왕들은 로마 교조주의(Catholicism)에 반발할 수가 없었다. 올바른 신관과 성경관을 가지고 하나님을 바로 신앙하는 국가의 지도자가 나올 때는 성경대로 국민을 다스리게 되어 국가는 평화와 부를 누리게 되었다. 참된 기독교인들은 통찰력과 절제력을 가지고 정치하기 때문에 폭군이 될 수가 없다. 그러나 구약에서부터 신앙인들이 어떻게 국가를 통치했느냐를 살펴보면 한때는 참된 신앙의 자세로 국가를 잘 다스리다가 일시적 타락이나 실수로 빠져들 때 자신을 점검하고 회개하기보다 약은 인간적 수단을 통해 자신의 잘못을 감추려 하다가 자신도 망하고 국가도 망하게 하는 일들이 비일비재하였다. 지도자의 위치가 높아질수록 비례하여 책임과 의무가 강해진다. 인간은 바람 앞의 갈대보다 더 흔들이기 쉬운 존재이므로 항상 칼날 보다 더 예리하게

---

233) Ibid, p.48.

자신을 찔러보는 습관을 길러야 참다운 지도자가 될 수 있다. 우리는 왜 장기집권자들이 처음에는 국민을 잘 다스리다가 시간이 흘러감에 따라 폭군으로 변하고 불법적인 행동을 일삼게 되는지를 알아야 한다. 인간은 간사하기 한이 없고 사악하기 그지없다. 인간의 의지가 아무리 강해도 일시적인 현상으로 나타날 뿐이다. 배부르고 호화로운 생활에 취하게 되면 범죄 할 궁리를 할 수밖에 없는 것이 인간이다. 순교자들이나 삶의 평생을 하나님께 바치면서 사는 사람들은 분명 그 자신의 의지로 사는 것이 아니다 오직 성령의 사역에 따라 그렇게 사는 것이다. 정치지도자가 되면 많은 사람들이 그를 추앙하게 되고, 풍부한 생활이 그의 주위를 감싸게 되고, 그리고 권력에 맛을 들이게 되면 마약보다 더 강한 중독이 그를 빠져 나오지 못하게 만든다. 그러므로 국가 정치에는 반드시 견제세력이 있어야 한다. 인간은 속일 수 있으나 하나님은 속일 수 없으므로 정치 지도자는 가장 두려워해야 하는 분이 하나님이란 것을 가슴속에 아로 새기고 국민을 상대할 때 두려움과 기도하는 마음을 취해야 한다. 그러나 가장 무서운 것은 기독교가 타락할 때 교회와 국가에 엄청난 재앙이 온다는 사실이다. 타락한 기독교인들이 지도자의 위치에 처해 있을 때 국가는 물론 교회에까지 말할 수 없는 재앙이 밀려오게 된다. 그것이 교회와 국가 사이에 일어난 역사이다. 우리는 왜 종교개혁 시대에 그렇게 많은 순교자들이 생겨났을까? 를 곰곰이 생각해야 한다. 그렇기 때문에 기독교인들은 모든 사회에 일어난 악에 대해 책임을 느끼고 기도와 경건의 생활을 물론 국가에 대한 충성심과 국민에 대한 헌신의 생활을 해야 한다. 기독교인은 자신을 점검하면서 회개하고 타인을 위해 헌신의 생활을 통해 영향력을 행사해야 한다.

1) 정부제도와 시민권

성경적 정부제도는 어떤 것이 가장 좋은가? 그 해답이 쉽지 않다. 구약에서는 하나님께서 신정정치(Theocracy)제도를 이스라엘 백성에게 적용하셨기 때문에 오늘날 민주정치 제도와 상당한 차이가 있다. 물론 이스라엘 백성이 이웃나라들이 왕을 세우는 것을 보고 자신들의 왕을 세워 주기를 원했기 때문에 사울 왕이 등극하게 된 것이므로 백성 중심의 민주주의 정치가 형성된 것이라고 주장할 수도 있을 것이다. 그러나 하나님의 주권적 관점에서 볼 때 하나님께서 원하시는 이스라엘의 초대 왕은 다윗이었다. 그리고 구약은 3직 즉 왕직, 선지자직, 그리고 제사직을 통해 이스라엘 국가를 통치한 시대였다. 이러한 통치의 직무가 오늘날에도 적용될 수 있는가? 하는 질문이 생긴다. 구약 시대와 달리 신약 시대에는 정치제도가 신정정치에서 벗어나 제왕정치로 변해 버렸기 때문에 구약시대의 정치제도와 신약시대의 정치제도 사이에 어떤 공통점이 있느냐? 의 질문이 대두된다. 예수님 당시에는 로마의 제왕정치 제도 아래 유대인들이 그들 민족의 전통을 이어가기 위해 정치적 메시아사상을 가슴에 아로새기고 있었으며 회당을 통해 민족교육을 고취시키고 있었다. 그러나 예수님께서는 유대민족의 정치적 메시아사상을 아랑곳 하지 않으시고 어떤 민족이든 간에 오직 영적메시아 사상을 고취 시키는 일에 전념하고 계셨다.

오늘날에 와서 전 세계적으로 각 국가별로 여러 가지의 정치 형태를 갖추고 있다는 것을 알고 있다. 민주정치, 이미 사라져 가고 있지만 사회주의 정치, 그리고 종교를 중심한 정치제도 등이다. 그러나 민주주의 정치제도나 사회주의 정치제도나 완전히 종교적 테두리를 벗어난 정치제도는 없다. 즉 정교분리(Separation of Church and State)라는 의미는 제도적 분리이지 하나님의 주권이라는 의미에서 볼 때 하나의 통치아래 존재하고 있다. 그렇다면 우리가 경험하고 있는 민주주의 정치제도는 구약의 신정정치나 로마시대의 제왕정치제도와 전혀 다른 의미를 가지고 있는가? 그 다르다는 의미는 하나님의 주권적인 의미에서 근원적인 내용까지 다르다는 의미인가? 즉 우리가 경험하고 있는 민주정치제도는 국민을 위한, 국민에 의해, 그리고 국민에 대한 정치제도이기 때문에 국가에 대한 하나님의 정치적 개입이 없이 전폭적으로 백성에 의해 구성된 정치제도인가? 등등의 질문이 생겨나게 된다.

성경말씀이 제시하고 있는 역사적 사건은 우주적 관점을 가지고 구체적 예언을 하고 있다. 신정정치는 과거의 실체적 사건을 통해 이스라엘 백성이 겪어야 할 미래의 사건을 구체화 하고 있다. 즉 하나님께서 설정하신 아브라함, 이삭, 야곱과 맺은 언약은 이스라엘 백성과 국가에 대한 시공간 사건의 실체를 성취시켜 주시는 예언이었다. 그 예언과 실체는 이스라엘 백성이냐? 이방인들이냐? 를 상관하지 않고 예수 그리스도를 구세주로 믿는 모든 사람들에게 하나님의 백성이 되는 구체적인 사건을 모형으로 예언하고 있다. 이 예언은 하나님 나라의 완성이 이스라엘 백성을 모형으로 하여 이방인들에게 까지 복음이 전파되어 전 우주적인 구원을 성취한 하나님 나라를 완성할 것을 예언 하였고 신약시대에 넘어와 그 예언이 성취되어가고 있다. 그러므로 이스라엘의 신정정치(Theocracy)는 완성될 하나님 나라의 정치형태를 모형으로 보여주고 있다. 그러므로 로마의 제왕정치나 오늘날 성행하고 있는 민주주의 정치제도는 하나님 나라 완성을 향해 가는 도구로 사용되고 있다. 하나님의 주권적 입장에서 보면 힘의 왕국인 신정정치, 제왕정치, 그리고 민주주의 정치 모두가 복음이 땅 끝까지 전파되는 영의 왕국을 위해 사용되고 있다. 민주주의 정치제도가 아무리 잘 조직되고 그에 따른 헌법이 잘 정해져 있다고 할지라도 영의 왕국인 하나님의 나라 확장에 올바로 쓰임을 받을 수 없는 정부는 하나님의 심판을 면할 수 없다.

민주정부가 잘 조직되고 복지시설이 세계 최고로 잘 시행되고 있다 할지라도 자신들만의 안락함에 빠져 있다고 하면 하나님께서는 그 국가에게 주어진 혜택을 다른 국가로 옮겨갈 수밖에 없을 것이다.

예수님께서 전파하신 복음이 땅 끝까지 전파되어 감으로 예수님께서 재림하실 때까지 하나님께서는 힘의 왕국인 국가의 정치제도를 사용하시어 복음이 효과적으로 퍼져 나가도록 섭리하시고 계신다. 복음 전파를 위해 하나님께서는 선한정부는 선한 정부대로, 악한 정부는 악한 정부대로, 그리고 기독교를 박해하는 정부는 박해하는 정부대로 효과적으로 사용하시어 영원한 하나님의 왕국 건설을 세워 나가고 계신다. 역사 선상에 나타난 악한 정부이든 선한정부이든 모든 정부는 하나님의 통치아래 지배되어 오고 있다. 그런 의미에서 이스라엘의 신정정치(Theocracy)나 현대 민주정치나 공통점을 가지고 있다. 이스라엘 신정정치는 하나님께서 예수님을 심판주로 정하시어 영원한 국가를 다스리는 모형을 보여주시기 위해 직접 간섭한 정치제도이다. 그러나 제왕 정치나 민주정치는 하나님의 원격의지(Remote will)가 작용한 정치제도이다. 어느 정치제도이든지 하나님의 의지가 작용하고 있다. 하나님께서 직접 간섭하셨던 이스라엘의 신정정치는 근접의지(Proximate will)가 작용하고 있었던 정치제도라고 말할 수 있다. 그러나 어느 정부의 정치제도이든 하나님의 통치와 섭리가 성취되기 위해서는 하나님의 의지가 작용하고 있기 마련이다. 즉 이 지구상에 존재하는 모든 국가의 정치제도는 영원한 하나님 나라를 위해 쓰임을 받고 있다는 뜻이다.

정부제도의 역사를 보면 부흥한 국가는 왜 기독교 중심의 나라가 되어왔는가? 에 깊은 관심과 연구가 필요하다. 가장 기본적인 원인은 성경에 말씀한 약속이기 때문이다. 하나님께 충성한 나라는 반드시 다른 나라를 다스리는 특권을 누리게 된다. 그 특권을 이용해 복음을 전파할 수 있다. 하나님께서는 지배받는 나라를 통해 복음을 전파하는 일은 원치 않으셨다. 나누어 줄 것이 있어야 복음을 전하는 미끼를 만들수 있기 때문이다. 그런 의미에서 제왕정치제도를 선호하는 나라가 되든지 민주주의 정치제도를 선호하는 나라가 되든지 간에 성경대로 통치하는 하나님 중심의 국가가 될 때 그 나라는 발전하게 되어 있다. **그런데 가장 주의를 기울여야 할 문제는 전 국민은 물론 특히 통치자들이 얼마나 하나님을 잘 섬기느냐에 따라 국가의 흥망성쇠가 달려 있다는 것을 명심해야 한다. 통치자들은 절대 겸손하여 하나님의 가장 무익한 종의 심정을 가지고 자신의 직무에 충실해야 하며 국민들을 상대해야 한다. 기독교 중심의 국가들 가운데 타락한 기독교인들이 정부의 요인들로 등장하게 되면 비기독교인들 보다 더 사악한 행위를 서슴치 않았던 것이 역사의 증언이다.**

그런 의미에서 정부의 제도중심의 정치가 우선이냐? 아니면 신실한 인물중심의 정치가 우선이냐? 의 문제에 직면하게 된다. 많은 사람들이 민주주의 제도를 선호함으로 올바른 정치제도를 적용할 수 있다고 생각한다. 그러나 아무리 제도가 좋아도 사악하기 그지없는 인간의 본질은 변할 수가 없기 때문에 국민들이 시민권을 행사하여 어떻게 국가의 제도를 선하게 적용하느냐? 의 문제에 심혈을 기울여야 된다. 가장 성경적 하나님 중심의 국가의 제도를 정립해야 함은 물론 시민권을 올바로 사용하여 가장 하나님 중심의 신앙을 가진 인물들을 등용시켜야 한다.

국가의 올바른 제도를 정립하기 위해서는 헌법전문에서 부터 신앙고백주의가 강하게 진술되어야 한다. 신앙고백은 하나의 종교를 편애하는 사상이 아니다. 어떤 종교도 모두 허공을 치는 인간들이 각자의 유익을 위한 주술에 불과하기 때문에 삼위일체의 인격적인 하나님을 고백하지 아니한 종교는 사특한 악마의 장난에 불과하다. 국가가 발전하기 위해서는 모든 법이 성경에서 말씀하는 계명, 시민법, 그리고 하나님을 섬기는 예배의 법을 반드시 국가의 헌법에 반영시켜 실시하도록 해야 한다. 그런 의미에서 한국 헌법에 **"홍익인간의 이념"** 은 사특한 법이다. 반드시 **"삼위일체 하나님의 이념"** 을 삽입해야 한다. 기독교를 신봉하는 시민들은 이러한 이념에 상응하여 성경대로의 기독교 국가를 건설하기 위해 각 분야에 따라 정치에 적극적으로 참여해야 한다.

우리는 국가의 시민권과 하늘나라의 시민권은 구분하여 생각할 수밖에 없다. 국가의 시민권이 하늘나라의 시민권으로 연결되는 것이 아니기 때문이다. 그러나 하늘나라의 시민권을 가지고 있는 성도들은 정부에 대해 국가의 시민권을 어떻게 행사 하느냐? 에 따라 하나님께 영광을 돌이는 큰 자원을 마련하게 된다. 인간은 누구나 문화노동에 대한 은총을 하나님으로부터 받아 태어났다. 그 노동을 통해 하나님의 사명을 감당해야할 의무가 성도들에게 주어졌다. 6일간의 노동은 안식일과 연관된 명령이다. 안식일을 잘 지키기 위해서는 6일간의 노동에 충실해야 한다. 또한 6일간의 노동을 잘 수행하기 위해 하루 동안 모든 일을 뒤로 하고 하나님과 깊은 교제를 나누며 쉼을 얻는 삶이 되어야 한다. 하나님께서는 인간의 생활이 7일을 한 바퀴로 삼아 하나님을 향한 노동과 우리 인간을 향한 노동을 교차적으로 실행하면서 살도록 명령하고 있다.[234] 이러한 노동을 아주 강하게 적용 시킬 수 있는 조직이 정부

---

234) 최순직, 6일의 신학, 기독교문서선교회, 서울시 방배동, 1987, 11. p.15.

이다. 그렇기 때문에 정부에 강한 영향력을 행사하도록 힘 있는 기독교인들의 정치참여가 필요하다. 시민권의 행사는 정치와 밀접한 관계를 가진다. 특히 하늘나라의 시민권을 가지고 있는 기독교인들은 국가의 올바른 정치를 위해 국가로 부터 얻은 시민권의 권리를 최대한 사용하여 정치에 영향력을 행사해야 한다. 그 행사하는 힘은 오직 하나님 나라 확장을 위해 사용되어야 한다. 국가의 경제는 노동력의 분배와 밀접한 관계를 가진다. 100을 투자하면 100의 대가를 차지하는 것이 당연하다. 어떤 사람은 다른 사람보다 뛰어난 머리를 가지고 태어나서 100을 가지고 1,000의 효과를 나타내는가 하면 어떤 사람은 100을 가지고 오히려 10의 효과밖에 나타내지 못하는 사람이 있다. 국가는 이러한 문제를 잘 파악하여 국민증진에 효과적으로 대처할 수 있도록 정치력을 발휘해야 한다. 특히 기독교인들은 노동에 대한 사명을 절실하게 깨달아 충실하게 자기 일에 집중해야 한다. 그것이 국가의 유익에 도움이 되고 나아가 하나님께 영광을 돌리는 일이 된다. 노동에 대한 과분한 유익을 탐하는 것은 8계명을 범하는 일이다. 과도한 노동쟁의는 자신이 속한 회사뿐만 아니라 국가에까지 멸망을 초래하게 된다. 또한 회사끼리 물건의 정가를 담합하여 물건을 비싸게 파는 문제, 가격 조정으로 대 기업이 중소기업을 흡수하는 경우, 또한 평생을 바쳐 특수한 물품을 발명해 냈는데도 불구하고 정탐하는 사람을 투입시켜 발명품의 정보를 빼내가 버리는 경우 등은 참으로 나쁜 도적에 해당된다. 이러한 일들은 국가에서 강한 법을 적용시켜 근절해야 한다. 이러한 운동을 기독교 시민들이 해야 할 것이다. 기독교인은 악한 정부에 대해 항상 성가신 존재가 되어야 한다. 정부가 더 정직하고 하나님을 잘 섬기도록 충격을 주어야 한다. 그러기 위해서는 먼저 기독교인이 사도행전 14장 18절 이하에 기술 된 것처럼 높은 도덕적 기준에 따라 타인에 대해 삶의 모범이 되어야 한다.

2) 정부를 향한 기독교인들의 기도는?

기독교인들이 정부를 향해 기도한다는 말은 정부의 지도자들을 위해 기도한다는 말이다. 성경에는 순종하라는 말씀도 나오지만 선지자들이 왕들의 죄악을 지적한 내용이 나온다. 그러나 성경을 하나님의 말씀으로 신앙하는 성도는 국가의 정치가 내가 속한 가정과 밀접한 관계가 있으므로 내 가정을 위하여 국가의 위정자들의 안녕과 그들의 지혜를 위해 기도해야 한다. 역대상 21장 7절에는 다윗이 그의 백성을 위해 기도했다. 에스더 4장 12-17절에는 에스더가 모르두개와 유대인들을 위해 기도했다. 에스라 6장 10절에는 왕과 왕자들의 생명을 위해 기도하라는 말씀이 나온다. 신약성경 로마서 13장 1-2절에는 권세 자들에게 복종하라고 말씀하고 있다. 또한 데모데 전서 2장 1-3절에는 임금들과 높은 지위에 있는 자들을 위해 기도하라고 말씀하고 있다. 그렇다면 우리는 정부와 정부에 종사하는 요인들을 위해 어떻게 기도해야 하는가? 그들이 악한 행동을 할 때와 또는 독재로 국민들을 억압할 때 어떻게 기도해야 하는가? 우리는 통치자들이 정의에 입각하여 인격적으로 국민들을 통치하도록 기도해야 한다. 그 정의는 인도주의적이라기보다 하나님의 말씀에 의지하여 통치하는 수단이다.

정부가 국가의 평화를 유지하기 위해서는 국민들의 신뢰와 지지가 절대 필요하다. 비밀리에 저지르는 악은 반드시 드러나게 되어 있다. 정치가들의 논리와 주장은 모두가 선하게 들린다. 아무리 악한 통치자라도 국가와 국민을 위해 자신을 희생한다고 확신 있게 말한다. 그렇기 때문에 국민보다 하나님을 더 두려워하여 성경을 절대 지침서로 알고 국민을 대하는 정치가가 되어야 할 이유가 여기에 있다. 그들은 하나님께 끊임없이 기도하며 하나님 말씀의 지침서를 가지고 국민을 생각해야 한다. 주위의 아부하는 책사들에 둘러싸여 하나님의 뜻을 차단하고 자아중심의 아집에 사로잡힌 충성심은 결국 국가를 패망으로 이끌어가는 원인이 된다. 그러므로 기독교인들은 항상 통치자들이 하나님의 말씀에 의지하여 통치할 것을 위해 간절히 기도해야 한다. 이는 하나님의 진리를 아는 것과 또한 하나님의 진리에 따라 행동하는 통치를 해야 한다는 점이다. 이는 말을 쉬우나 심히 어려운 일이다. 그 이유는 통치자의 주위에 갖가지 호리는 말들이 존재하고 있기 때문이다. 더욱이 그들은 생각할 수 있는 철학적 마음가짐과 시간이 없을 정도로 바쁘다. 통치자의 주위에 어떤 충언을 하는 사람이 있느냐에 따라 정부의 성공실패가 좌우되는 경우가 허다하다. 한 가지 깊이 생각할 문제는 정치 지도자의 판단력이다. 통치자의 판단력의 잘못으로 자신은 물론 국가가 위기에 처한 일들이 역사를 통해 수없이 나타난 사건을 우리는 알고 있다. 조선 시대에 왜구들이 침입해 들어온다는 첩보를 무시하고 왕궁에서는 당파싸움에 열을 올리고 있었다. 우리는 수많은 국가 간의 전투에서 최고 사령관이 공격을 하지 말아야 할 시점에 공격하다가 패한 적이 많은 역사를 알고 있다. 그러므로 기독교인들은 통치자의 올바른 판단력을 위해 간절히 기도해야 한다. 제왕 통치시대에 올바른 관점을 가지고 있는 신하가 올리는 충언을 역적모함으로 오인하여 처형한 경우가 너무 많은 것은 통치자의 객관적 판단력의 결핍에서 오는 사건들이었다. 그러므로 기독교인들은 최고 통치자뿐 아니라 정부 요인 모두가 하나님의 말씀에 절대 굴복하는 자들이 되도록 기도해야 하며 그들이 참으로 하나님의 말씀을 듣고 실행에 옮기는 자들이 되도록 기도해야 한다. 아무리 하나님에게 진실한 삶을 사는 사람이라 할지라도 홀로 성경에 의존하여 모든 일을 결정하는 것 보다 주위의 경건한 하나님의 사람들이 포진하여 각자의 견해를 표출하여 종합적인 판단을 하는 것이 가장 적합하다. 그러므로 기독교인들은 정부의 요인들이 참다운 신자들로 포진되기를 위해 기도해야한다.

기독교인들은 정부 요인들이 행할 일들에 대해 기도해야 한다. 정부 요인들이 시민들을 위해 선을 베푸는 일에 최선을 다하도록 기도해야 한다. 로마서 13장 4절을 보면 통치자는 선을 베푸는 자들이라고 명시되어 있다. 이유 없이 어려움을 당하는 자들을 돌보아 줄 가장 힘 있는 세력이 권력을 쥐고 있는 그룹이다. 국가의 재산을 잘 운영하여 잉여 산물을 가지고 가난하고 병든자들을 돌볼 수 있는 인물들이 될 수 있도록 위정자들을 위해 기도해야 한다. 반대로 공무를 집행하는 자들이 국가의 잉여재산을 허비하거나, 자신의 영달을 위해 횡령하거나, 또는 유용하는 경우 엄벌에 처하도록 기도해야 한다. 특별히 법을 집행하는 자들의 편견 된 판결이나 오심이 없도록 기도해야 한다. 서구에서는 중범에 처한 사람들일 수록 긴 시간을 두고 신중에 신중을 기하여 재판을 한다. 그 이유는 오심이 없도록 하기 위해서이다. 오심은 한 사람의 인생을 파멸로 밀어 넣는 결과를 가져온다. 만약 판결을 주도한 판사가 그런 일을 당했다고 생각해 보자. 그 일을 당한 사람의 심적 고통과 생명을 누가 보상해 줄 것인가? 기독교인들은 이런 오류가 없는 국가가 되기를 위해 기도해야 한다.

특별히 기독교인들은 통치자들이 평화를 추구하는 국가를 경영할 수 있는 능력을 부여 받을 수 있도록 기도해야 한다. 통치자의 아주 잘못된 생각은 자신이 스스로 국가를 잘 운영하는 운전사로 잘 못 인식하고 있다는 점이다. 그 결과 통치자 자신만이 국가의 부강을 위해 결단할 수 있다는 모순된 생각에 빠진 나머지 전쟁을 일으킨 사례가 너무 많다. 알렉산더 대왕, 독일의 히틀러, 전체주의적 국수주의에 빠져버린 일본, 프랑스의 나폴레옹, 그리고 과거의 공산주의 집권자들 등 셀 수 없는 사례들이 너무 많이 있다. 그러므로 기독교인들은 국가의 평강을 위해 간곡히 기도해야 한다. 특히 평화주의자들이 국가의 위정자들이 되어 통치하기를 기도해야 한다. 국가가 평화를 누리기 위해서는 이웃 나라들과 외교를 잘 수행해야 한다. 아주 작은 사건으로 국제간에 문제를 일으켜 전쟁을 촉발 시키는 통치자가 일어나서는 절대 안 된다. **한 편 우리가 명심할 것이 있는데, 국가의 평화를 위해서는 내적으로 힘 있는 군대를 양성해야 하며, 국제간의 외교는 아주 부드러우면서 주고 받는 경제적 교류를 기술적으로 해야 한다.** 그렇기 때문에 기독교인들은 항상 긴장된 자세로 국가의 평화를 위해 기도해야 한다.

3) 기도에 따른 정부를 향한 기독교인들의 행동

기독교는 최고의 선(Summum Bonum)을 추구하는 윤리를 소유하고 있다. 그 윤리는 하나님 나라를 추구하는 원리이다. 국가를 힘의 왕국으로 지칭하고 있는 이유는 언제인가는 하나님의 통치가 예수님의 재림 때에 영원한 새 하늘과 새 땅으로 변하는 우주적 구원이 완성될 때 영의 왕국만이 영원한 나라로 존재할 것이 확실하기 때문이다. 그러므로 기독교인은 일시적인 힘의 왕국을 영원한 영의 왕국과 연관시켜 생각할 때는 국가는 영의 왕국을 위한 하나의 수단에 불과하며 종말을 향해 가는 일시적인 도구로 보고 있다. 국가가 가지고 있는 사건 속에는 창세전 영원의 세계에서 작정된 설계도에 의한 그림자가 일시적 역사 속에 실체로 나타난 요소들이 포함되어 있다.

그러므로 기독교인은 항상 힘의 왕국인 국가의 지도자들을 향해 하나님의 말씀을 주입시키는 일에 심혈을 기울여야 한다. 정부가 공정하고 선한 일에 최선을 다하도록 끊임없이 도덕적 충언을 지속해야 한다.

특히 정부의 비기독교인 요인들에게 영적 구원을 위해 복음을 지속적으로 전해야 한다. 인간이 아무리 스스로 공정하기 위해, 그리고 도덕적인 정치를 하기 위해, 노력하다고 할지라도 하나님의 감동이 없이 자신을 절제 하는 데는 한계가 있다. 자신을 스스로 채찍질 할 수 있는 방편은 성령의 감동에 의해 말씀의 지침을 따르는 길이 최선이다. 나아가 정부의 요인들에게 도덕적 충고를 지속하기 위해서는 기독교인들 특히 기독교 지도자들이 경건하고 도덕적으로 뛰어난 인격을 소유하고 있어야 한다. 기독교인들은 국가의 법을 누구보다 가장 준수하는 자들이어야 국가의 요인들에게 도덕적 교훈을 제시할 수 있다. 기독교 지도자들이 정종(政宗) 야합을 통해 정치가들의 비위를 맞추어 주게 되어 자신들의 영달을 위해 서민 대중을 압박하는 행위가 드러날 때 누가 그들의 지도를 따르겠는가? 국가의 합법성은 정직과 객관적 법 집행에 의해 인식되어진다. 그렇기 때문에 기독교인은 물론 특히 기독교 지도자는 정직하고, 신용할만하며, 그리고 법을 준수하는 사람으로서 정부의 요인들에게 복음을 전할 때 그들이 귀를 기울이게 된다.

그러나 국가의 법을 준수하는 데 있어 예외가 있다. 모든 법은 하나님의 계명을 넘어선 권위를 가질 수 없다. 국가도 성경이 말씀하고 있는 계명을 따라 법을 정하고 실행해야 한다. 만약 국가가 교회를 말살시키는 정책을 시행한다거나 기독교를 전파하지 못하게 하면 그러한 국가의 법을 준수할 수가 없다. 이 일에 대해서는 무턱대고 반대만 한다고 쉽게 해결할 수 있는 문제가 아니다. 역사적으로 교회를 박해하는 수법을 볼 때 악마의 전략이 인간이 생각하는 이상의 계교를 적용하기 때문이다. 주님께서 말씀하시기를 "뱀같이 지혜롭고 비둘기 같이 순전하라." 는 말씀을 깊이 아로새겨야 한다. 기독교를 박해하는 수법의 전제는 항상 "국가를 위해, 정당한 법을 집행하기 위해, 국가의 문화와 전통을 지키기 위해, 그리고 종교로 말미암아 국민의 불안정을 조성하지 않기 위해 등등의 그럴듯한 말로 사람들을 호도하고 있기 때문이다. 그렇지만 기독교인들은 정부의 장래를 위해 합법적이고 유용한 문제에 대해 합리적인 비평을 해야 한다.

기독교는 높은 윤리와 도덕을 요구하고 있기 때문에 기독교인들 자신뿐만 아니라 비기독교적 행동을 정확하게 평가할 수 있는 지침을 가지고 있다. 따라서 우리가 원치 않은 법을 지켜야 할 때도, 국가가 하나님을 불쾌하게 하는 법에 따fms 행동을 강요할 때도, 정부의 통치자들에게 기독교 정책을 시행할 수 있도록 요구할 수 있는 지혜와 용기가 필요하다. 관료주의만을 추구하는 공직자들, 국가 재정의 낭비, 관료들의 부패, 잘 못된 국방정책, 환경 파괴의 문제, 어려운 사람들에 대한 차별대우, 잘못된 사법절차, 특히 편견된 종교관을 가지고 무지하게 기독교를 폄하하는 일 등등에 대한 문제들을 수정할 수 있도록 용기를 가지고 지혜롭게 정부의 요인들에게 건의하고 복음을 전해야 한다. 기독교인들이 책임 있고 참된 건의자가 되기 위해서는 정부의 요인들이 듣기 좋은 말만 해서 일부 사람들에게만 특혜를 주는 일을 하게 되면 국민들로부터 정부는 물론 기독교인들에게도 좋은 평판을 기대할 수 없다. 한편만을 위해 그들의 주장만을 고집하고 소수라고 하여 다른 사람들의 절박한 요구를 무시하게 된다면 기독교는 이기적인 집단으로 전락하고 말 것이다. 바로 집권자들은 국가가 전 국민을 상대하여 공정한 법집행을 실시한다는 것이 얼마나 어려운 일인가를 깊이 상고하고 기도와 고심을 통해 항상 하나님의 말씀에 따라 국가를 다스리도록 기독교인들이 협력하고, 비평하고, 충언해야 한다.[235]

---

235) John H. Redecop, Politics under God, Evangel Herald Press, Scottdale PA, USA.

그럼에도 불구하고 독재가 판을 치게 되고, 종교의 자유가 완전히 발탈 당하게 되고, 그리고 국가 요인들의 타락이 극에 달해 국가는 물론 교회의 존속이 어려울 정도가 되었을 때 기독교인들은 어떤 태도를 취해야 할 것인가? 라는 문제가 대두 된다. 도저히 인격적인 충고를 통해서는 독단적이고 부패한 정부의 요인들이 전혀 말을 들을 수 없을 정도에 이르렀을 때 기독교인들은 어떤 자세를 취해야 할 것인가? 폭력이라도 동원하여 국가를 전복시켜야 할 것인가? 이 문제는 참으로 정확한 결론을 내리기가 어렵다. 결론부터 말하자면 교회와 국가의 존속이 어려울 때 기독교인들은 무기를 사용해서라도 국가와 교회를 사수해야 한다. 그럴 때 많은 기독교인들의 순교자가 나오게 될 것이다. 쯔잉글리(Zwingli)가 로마 캐톨릭을 물리치기 위해 전쟁터에 나가 장열하게 전사한 것처럼 많은 기독교인들이 생명을 바칠 수밖에 없을 것이다.

4) 기독교 윤리에 따른 성도들의 사명

시비가 생기는 문제는 기독교 윤리가 국가의 정부에 해당되는 윤리적 규범을 제공할 수 있는가이다. 성경의 의미를 상고해 보면 기독교 윤리는 기독교인이 준비할 영원한 영의 왕국을 위해 계시된 문서임을 알 수 있다. 그러나 구약은 물론 신약을 살펴보면 교회와 국가의 상관관계를 수없이 말씀하고 있는 것을 볼 수 있다. 기독교인은 삶의 전 영역이 성경이 말씀하는 기독교 윤리에 속하여야 한다. 또한 비기독교 사회에서도 기독교 윤리가 성행 될 때 사회의 모든 분야가 정화되고 공정하게 되어 감을 알 수 있다. 기독교 윤리는 모든 사람들과 모든 분야에 유익이 됨을 증명한다. 그럼에도 불구하고 타락한 정부나 사회는 기독

2007. 배덕만 옮김, 기독교 정치학, 대전 광역시, 도서출판 대장간, 2011, pp.124-125.

교 윤리를 적용하는 일을 극도로 싫어한다. 그 이유는 기독교 윤리가 그들을 옭아매는 덫의 역할을 하기 때문이다. 문제는 기독교 통치자가 기독교 윤리를 국가의 법에 적용하려고 할 때 온 국민이 반대하고 나서게 되면 자기 마음대로 그 일을 추진할 수가 없다는 점이다. 더욱이 통치자는 양순하기만 해도 안 되고, 강인한 독단적 자기도취에 빠져서도 안 되고, 그리고 독재자가 되어 국민을 탄압해도 안 된다. 사람은 아주 편견적이기 때문에 많은 사람들의 의견을 통일성 있게 종합 한다는 것이 너무나 어렵다. 여기서 성도들은 기독교 윤리를 적용할 수 있도록 국가에 강력한 힘을 발휘해야 한다. 오직 기독교 윤리에 기초한 헌법정신이 살아나야 국가와 교회도 부흥하게 되기 때문이다. 사람이 정부의 통치영역에 들어가게 되면 정치상황이 예상보다 복잡하고 많은 사람들의 도전에 직면하기 때문에 자기의 영역을 지키려는 본능이 솟아날 수밖에 없다. 그 본능은 사람을 독재자로 또는 타락의 길로 인도하는 앞잡이가 된다. 그럴 때 그는 아무리 그리스도인의 자세를 유지하며 살기를 원할지라도 처음의 마음가짐을 회복하기 힘들다. 정말 자기를 종으로 생각하는 공무원이 아니면 초심으로 돌아가기 힘들다.[236]

기독교에 속한 시민들은 다양한 방법을 통해 국가가 기독교 윤리에 기초를 둔 운영을 할 수 있도록 여러 가지 방법을 구사해야 하고 실천해야 한다. 기독교인은 먼저 국민을 깨우치는 윤리적 계몽운동을 해야 한다. 각 교회마다 교회와 국가에 관한 윤리를 정립하여 어떠한 정책을 국가에 반영시켜야 할 것인가를 세부적으로 제시하여 계몽운동에 전교인들이 참여하도록 해야 한다. 대한민국의 1천 만명이나 되는 기독교인들 가운데 많은 성도들이 기독교 정치참여를 반대하고 있다는데

---

236) Ibid, pp.106-107.

놀라지 아니할 수가 없다. 더욱이 기독교 지식인들이나 기독교 목회자들이 정치에 참여해서는 안 된다는 발언을 스스럼없이 방송을 통해 말하고 있다. 그렇다면 사람이 모인 곳에서는 반드시 정치가 이루어지는데 기독교인이 되면 산 속에 가서 혼자 살아야 한다는 말인가? 구미에서는 선거 때가 되면 많은 교회 목회자들과 신학자들은 자신들의 견해를 공공연하게 밝히기를 꺼려하지 않고 있다. 오히려 불신자들보다 더 적극적으로 정치적 발언을 내 놓고 있다. 칼빈(Calvin)이나 19세기 3대 신 칼빈주의 신학자인 아브라함 카이퍼(Abraham Kuyper)의 논설을 보면 기독교인들이 얼마나 현실 정치에 민감하게 적응해야 하는지를 설파하고 있는 것을 볼 수 있다.

계몽운동은 전 교회적 단체의 힘이 강하게 요구된다. 대중 집회는 물론 신문방송의 적극적 이용과 문서운동이 절대적으로 필요하다. 책과 논설을 통해 현실 정치에 대한 성경적 입장을 지속적으로 발표하여 국민들의 호응을 얻도록 설득해야 한다. 인간은 선입관념을 바꾸는 일에 있어 대단히 둔하다. 아무리 새로운 발명품이 나와 있어도 자신이 경험하지 못한 것은 쉽게 접근하지 않은 습성이 있다. 더구나 종교적 문제는 자신의 선입관념을 바꾸는 일이 생명을 던지는 것만큼 어렵다. 그러므로 절대 점차적이며 지속적인 계몽운동이 필요하다. 기독교가 유럽을 점령할 수 있었던 힘은 3세기에 걸쳐 수없는 피를 뿌렸던 순교자들의 덕분이었다. 교회와 국가는 필연적인 관계를 가지고 있기 때문에 교회는 기독교인들이 국가의 통치자들이 될 수 있도록 설득하는데 전심을 기울여야 국가를 발전시킬 수 있다는 지론을 계속 펴 나가야 한다.

또한 성도들은 개인적으로 통치자들에게 진실한 기독교인이 되도록 적극 개인전도에 힘을 기울여야 한다. 국가와 종교사이의 형식적인 행사만을 실행하는 일에서 벗어나 국가를 운영하는 일에 하나님 중심의 신실한 사람이 되도록 기독교 책사를 각 부처에 두도록 추진해야 한다. 우리가 성경을 자세히 살펴보면 인간 각 사람의 영적 구원을 강하게 말씀하고 있다. 더불어 국가와의 관계에서 성도들의 윤리와 도덕을 말씀하고 있다. 이는 정부를 위해 기독교인들이 윤리를 개발하도록 성경적인 원리를 제공해 주어야 한다는 뜻이다. 그러나 교회와 국가는 구조와 가치를 추구하는 면이 근본적으로 다르다. 교회인 영의 왕국은 영원한 나라를 추구하고 힘의 왕국인 국가는 현세의 일시적인 나라의 부요를 추구하고 있다. 그러나 국가의 부요는 영의 왕국인 영원한 나라를 추구하는 곳으로부터 발생한다. 국가의 발전은 영의 왕국을 추구하는 자들의 많은 수가 모여, 각자의 직분에 충실함은 물론, 국가를 위해 단체적 힘을 발휘할 때 크게 일어나게 된다. 현실에 있어서는 두 영역의 목표가 다르게 나타나지만 하나님의 주권에서 볼 때 결국은 하나님의 통치아래 우주적 구원이 성취될 때 한 왕국의 지배아래 들어가게 된다. 힘의 왕국은 악을 통제하고 사회의 부요를 주도하기 위해 경제적 발전을 도모한다. 그러나 영의 왕국을 추구하는 성도들은 이 세상의 삶이 영원한 왕국을 준비하는 과정으로 생각한다. 그러므로 기독교인들은 영의 왕국을 준비하는 도구인 국가가 발전하기를 기도하고 또 국가를 위해 성경에 따라 행동해야 한다.

국가가 발전하기 위해서는 기독교 윤리를 국가에 증진시켜야 한다. 비록 기독교 윤리를 국가에 적용시킬 수 있는 역량이 적을지라도 부분적으로 적용할 수 있도록 하고 점차 전국적으로 확대해 나갈 수 있도록 해야 한다. 즉 먼저 기독교 학교에서 강력한 기독교 윤리를 시행할 수 있도록 한 후에 각 기관으로 확대해 나갈 수 있도록 해야 한다. 기업의 책임자들은 회사원들로 하여금 기독교 윤리를 시행할 수 있도록 시간을 정하여 기도회를 실시하고, 군대와 경찰들은 정신무장을 위해 사명이 투철한 군목과 경목을 선정하여 기독교 윤리를 실천하도록 해야 한다. 모든 세상의 어떤 윤리보다 기독교 윤리가 가장 뛰어나다고 말할 수 있는 것은 역사가 증명하고 있다. 기독교가 들어가면, 자유주의 사상이 아니고 보수주의 기독교가 들어가면, 그 국가는 반드시 발전하게 되어 있다. 인간은 오류투성이로 싸여 있다. 기독교는 어느 종교보다 인간의 사랑, 창조의 가치, 그리고 평등을 강조하기 때문에 성도들은 어느 것 보다 인간의 가치를 가장 중요하게 생각하지 아니할 수가 없다. 하나님의 창조를 무시한 윤리는 하등의 무가치하고, 파멸적이고, 편협적인 이론만을 내 세울 뿐 천하보다 귀한 생명은 아랑곳 하지 않은 윤리에 불과하다. 그들은 신을 내 세우지만 이원론(二元論, Dualism)에 근거하여 하나님의 창조와 인간이 누려야 할 문화와의 연관성을 부정하는 망측한 이론을 내 세운다. 그러므로 기독교 윤리를 국가에 적용할 때 복의 통로를 여는 샘이 될 것이다.

2. 기독교인들이 국가를 위해 무엇을 요구받고 있는가?

이제 기독교인들은 국가의 윤리적 적용을 위해 구체적으로 무엇을 해야 하는가? 라는 문제를 생각해야 할 단계이다. 정치적 영역에서 기독교인들이 해야 할 구제적인 사역이 있다는 말이다. 수동적으로 국가의 정책에 따라가는 것이 아니고 국가의 기관은 물론 일반은총의 모든 분야에서 자신에게 주어진 역량을 최고로 발휘하여 국가에 봉사해야 한다는 말이다. 자기에게 주어진 직업에 대한 노동을 게을리 할 때 하나님의 사역을 무시하는 결과를 가져오게 된다. 6일간의 노동은 국가의 발전과 밀접한 관계를 가지고 있다. 노동의 타락은 국가의 타락으로 이어진다. 근면한 국민이 되어야 한다는 말이다. 교회사적으로 보수주의를 자처하는 많은 신앙인들이 정치의 세계를 떠나 아예 무관심하게 사는 것이 경건의 모범이라고 생각한 부류들이 있었다. 그러나 종교개혁자 루터(Luther), 쯔잉글리(Zwingli), 그리고 칼빈(Calvin)은 정치와 밀접한 관계를 가지면서 종교개혁에 참여하였다.

일단 국민의 자격을 갖추게 되면 국가 정치의 영역에서 벗어날 수 없다. 국민은 국가가 제정한 세금, 국방, 문화, 그리고 교육 등에 관한 의무와 책임을 져야 한다. 민주 사회는 국민으로 하여금 의무와 책임을 더욱 강하게 요구하고 있다. 제왕정치 시대에는 국민들에게 오직 복종만을 강하게 요구한다. 자유를 많이 소유할수록 의무와 책임이 비례적으로 늘어나는 정치제도가 민주주의이다. 종교의 자유, 언론의 자유, 그리고 집회결사의 자유 등등의 자유를 많이 소유하고 있는 국민들은 그 만큼 자신이 행한 행동에 대한 법적 책임을 져야 한다. 그러므로 민주사회에서 활동하는 기독교 지도자들은 두 가지 영역, 즉 영의 왕국과 힘의 왕국에서의 의무와 책임이 따르기 때문에 성도들과 국민들에 대한 보다 더 무거운 짐을 지고 있다. 먼저 하나님을 위해 영의 왕국의 영역에서 모든 사명을 감당해야 하며 또한 힘의 왕국의 영역에서 국가로부터 부여받은 임무를 다해야 한다.

기독교인들은 국가로부터 주어진 임부에 대해 어느 누구보다 법을 잘 지켜야 한다. 그리고 열심히 일해서 잉여 재산을 가지고 어려운 사람들을 도와야 한다. 특별히 한국교회 성도들이 솔선수범하여 거리에서 많은 사람들을 위해 무료 급식을 하는 일은 대단히 좋은 모습이다. 특별히 기독교인들은 정치문제에 대해 세심한 관심을 기울여야 한다. 교회의 기관은 인류의 종말이 올 때까지 국가의 기관과 항상 쌍벽을 이루고 걸어가는 것이 통치에 대한 하나님의 뜻이다. 두 기능은 모두 하나님의 주권 하에 움직이는 조직체이다. 그러므로 기독교인은 하나님께서 허락하신 국가에 대해 무관심하거나 국가가 시행하는 정치를 무시하게 되면 자신의 의무와 책임을 회피하는 죄를 범하는 것이 된다. 일반은총의 영역에서 행하여지는 가장 중요한 기구가 바로 국가이다. 무정부 상태가 되면 법의 질서를 유지할 수 없고, 힘없는 국민들이 억울하게 죽임을 당하고, 그리고 교회가 무력으로 짓밟혀도 대항할 수 있는 길이 막히게 된다. 교회와 국가가 선한 일에 협력하게 되면 현실에 닥친 문제점들을 엄청나게 많이 해결할 수 있다. 아무리 봉사단체가 많이 생겨나 헌신적인 봉사 일을 많이 한다고 해도 기독교인들이 행하는 봉사의 양과 질을 따라갈 수 없다. 그 이유는 기독교인들은 제일 먼저 생명의 고귀함을 최우선으로 하여 남을 도와주기를 원하기 때문이다. 그러므로 기독교인들은 국가를 향해 봉사의 터전을 마련해 주기를 강하게 주장해야 한다. 그리고 구체적인 일은 손수 기독교인들이 앞장서 모범을 보여주어야 한다. 국가가 올바로 운영되어져 가기 위해서는 교회와 정부가 밀접한 관계를 유지해야 한다. 역사를 보면 교회와 국가가 서로 대립될 때 그리고 교회와 국가가 개인적 영달을 위해 지도자들이 협잡을 할 때 서로가 불행해지는 사건들이 수없이 많았다.

기독교인은 바다 속에 살고 있는 물고기들을 생각하고 교훈을 얻어 생활해야 한다. 그 물고기들은 짠 물을 마시면서 살고 있다. 그러나 그것들의 몸은 짜지 않다. 몸속에 들어온 짠 물을 처리하면서 살아가고 있다. 기독교인은 분명히 비 기독교인들과 함께 살아가고 있는 국가에 속해 있다. 여기서 기독교인들이 하나님으로부터 국가를 위해 무엇을 요구받고 있는가를 깊이 생각해야 한다. 기독교인들은 살인죄, 절도죄, 강도죄, 폭력 등을 행하는 비 기독교인들과 국가라는 조직 안에서 같이 살고 있지만 기독교인의 위치를 잃어버리지 않고 정직하게 살아야 한다는 말이다. 그러면서 국가에 대한 충성심이 비기독교인들 보다 더 앞서야 한다. 즉 기독교인은 정부에 대한 충성심을 누구보다 더 크게 증진시켜야 한다.

우리가 하나님으로부터 다음과 같은 질문을 받게 된다면 어떻게 대답할 것인가? "교회를 위한 충성심과 국가를 위한 충성심 중에 어느 것이 우선되어야 하는가?" 라는 질문이 주어진다면 어떻게 대답할 것인가? 그것은 둘 다 충성심이 요구된다고 대답해야 할 것이다. 그러나 꼭 우선권을 어디에다 두어야 할 것인가? 라는 질문이 주어진다면 기독교인은 당연히 교회를 위한 충성심을 먼저 취해야 할 것이라고 대답해야 한다. 그 이유는 에덴동산에서 하나님으로부터 받은 명령 두 가지, 종교명령과 문화명령의 영역을 비교해 볼 때 확실히 종교명령의 중요성을 인식할 수 있기 때문이다. 도덕률을 어김으로 말미암아 생명을 잃어버리게 되고 나아가 그 일로 말미암아 자연이 인간을 향해 가시덤불을 일으키게 되었기 때문이다. 모든 행복과 불행의 원인이 도덕률인 선악과에 달려 있었다. 그러므로 국가도 하나님과의 관계에서 하나님 나라의 모형인 교회의 부속물에 불과하다. 현세에서는 힘의 왕국인 국가가 운영하는 군대, 교육, 경제, 문화, 그리고 사회질서 등이 가장 가깝게 당면한 문제로 등장한다. 그러나 기독교인들이 알아야 할 것은 이러한 힘의 왕국은 한계가 있기 마련이고 흥망성쇠가 필연적으로 교차된다는 점을 알아야 한다. 그러므로 기독교인들은 국가를 건설하되 기독교 국부론을 정부에 강하게 설득하고 또 헌신적인 삶을 살아야 한다. 내 민족, 내 국가, 내 가정, 그리고 내가 거주할 수 있는 집과 재산이 너무 귀하다. 그러나 그러한 귀한 것들이 하나님의 뜻과 간섭이 없이 어떻게 등장할 수 있단 말인가? 인생의 목적은 결국 하나님의 영광을 위해 존재해야 하고 준행되어야 하는 것이다. 타락한 인간을 향해 창세전에 그의 사랑 안에서, 그리스도 안에서, 기독교인들을 구원 얻도록 선택하셨다는(엡1:4) 말씀은 심장이 멎을 것 같은 느낌이다. 비록 국가를 교회와 비교해 볼 때, 불합리하고 타락한 것처럼 보일지라도, 하나님의 교회를 말살 시키지 않도록 우리는 국가의 요직을 가진 자들에게 끊임없는 전도와 기독교 윤리를 설파해야 한다.

김구 선생이 **"우리나라가 세계에 문화를 자랑하는 나라가 되기를 바란다."** 는 주장에 대해 그 내용을 간단하게 생각할 수 있다. 물론 과거에 우리나라가 왜정의 압박과 설움에서 해방되지 못했을 때와 6.25 침략전쟁으로 말미암아 국가의 정치를 상실했을 때 문화에 대한 관심을 기울일 기회조자 없었기 때문에 우리는 그 말을 이해하지 못했을 것이다. 그러나 우리나라가 경제적으로 그리고 정치적으로 안정되어 가는 마당에 우리 주위의 국가들이 한류 문화를 탐닉할 정도에까지 이르렀다. 그 원인을 분석해 보면 먼저 문화의 배후에 국가의 힘이 작용하고 있다는 것을 알 수 있다. 그러나 그 힘의 배경이 어디서 나왔는가? 하는 문제에 들어가면 기독교인들도 쉽게 해답을 내 놓지 못하고 있다. 그러나 우리가 세계의 역사와 교회사를 거울삼아 보게 되면 쉽게 그 해답이 나오게 된다. 모든 문화의 배경은 종교와 그 종교를 배경으로 국가를 경영하는 정치로부터 생겨 나오게 된다는 사실을 간과 하는 경우가 허다하다. 우리나라는 기독교가 들어 온지 130여년 밖에 안 된다. 반만년의 역사를 자랑하지만 시간의 역사는 자랑할지언정 국가가 발전해온 문화는 자랑할 것이 없다. 종교개혁 이후 과거 500여년 동안 유럽은 기독교 문화를 발전시켜 사상, 역사, 예술, 교육, 의학, 천문학, 물리학, 그리고 정치학 등 셀 수 없을 정도의 많은 문명을 발전시켜 왔고 그 위업을 미국에 넘겨주었고 지금 미국은 세계를 지배하고 있다. 그리고 왜인들이 명치 100년 동안 서구 문명을 답습하여 그 힘을 배경으로 세계 제 2차 대전의 주동자가 되었다. 그러나 우리나라는 조선 말기 유교를 바탕으로 정치를 유지해 온 결과 당파 싸움에 찌들어 궁정에서 파벌 싸움을 일삼고 있었다.

이러한 역사는 종교와 문화와 정치는 끊어질 수 없는 상관관계를 가지고 있다는 것을 대변하고 있다. 간단하게 생각하면 문화와 국가의 발전과 정치는 별개의 것으로 볼 수 있다. 그러나 절대 아니다. 아주 깊은 관계를 가지고 있다. 지금 우리나라 한국의 현상을 보면 이 사실이 증명된다. 한류가 우리 주위의 국가들에게 엄청난 영향을 끼치고 있다. 이는 정치와 경제적 힘에 의하여 맺어진 열매이다. 이 힘의 열매는 보이지 아니한 하나님의 뜻이 깃들어 있다. 이는 기독교가 부흥한 나라는 종교적 배경을 바탕으로 국가도 발전한다는 역사적 진리를 증명하고 있는 현실을 대변하고 있다. 20 세기에 들어와 한국처럼 외국의 도움을 많이 받은 나라도 드물 것이다. 이제는 경제적으로 어려운 타국을 도와주는 나라가 되었다. 우리는 이 땅 위에서 자라서 살고 있기 때문에 쉽게 그것을 깨닫지 못할 수도 있다. 그러나 기독교 중심의 나라들과 타종교를 섬기는 비기독교 중심의 나라들을 방문해 보면 절실하게 그 현상을 감지하게 된다. 문화의 발전은 국가의 경제적 발전과 필수적인 관계를 가지며, 경제적 발전은 국가의 정치적 발전과 필수적인 관계를 가지며, 그리고 정치의 발전은 국가의 종교적 발전과 필수적인 관계를 가진다. 이것이 인류의 역사이며 하나님께서 약속하신 복의 근원이다. 그 국가가 기독교를 얼마나 어떻게 신봉 하느냐에 따라 국가의 흥망성쇠가 결정된다.

제 4 장

기독교인의 정치참여

한국교회에서 뿐만 아니라 일반 사회에까지 이상하고 그럴듯하게 들리는 비 진리가 진리처럼 들리는 말이 신문 방송을 타고 회자 되고 있다. 그 말은 **"기독교인들은 특히 성직자들이 정치에 참여하면 안 된다."** 라는 말이다. 이 말은 해방 전부터 지금까지 아예 한국교회에 고정 관념으로 뿌리내려 버린 비성경적인 이원론(Dualism) 사상이다. 인간이 태어나자마자 육신의 삶을 영위해 나가는 가장 큰 버팀목이 국가라는 것은 누구나 다 아는 사실이다. 인간이 국가를 배경삼아 삶을 영위해 나가는 동안 필수적으로 따라오는 것은 정치이다. 인간이 정치를 떠나 홀로 살수는 없다. 가정에서 부모와 자녀들 간의 질서, 직장에서의 상하관계, 그리고 국가에서의 모든 조직생활은 정치를 떠나 살수 없는 필연적 관계를 형성하고 있다. 그렇다면 기독교인 성직자가 정치에 참여해서는 안 된다는 말은 무슨 뜻인가? 교회를 치리하는데 정치가 응용되지 않으면 어떻게 질서 있게 성도들을 지도할 것인가? 밑도 끝도 없이 목회자가 정치하면 안 된다는 말이 무슨 뜻인지 감을 잡을 수 없다. 국가의 요직에 참여하려고 하는 그 자체를 보고 정치에 참여해서는 안 된다고 주장한다면 이는 참으로 정치의 개념을 모르고 의미 없는, 또한 사려 깊지 못한 언급이라고 단정할 수밖에 없다. 만약 국가의 정부가 타락하여 국민을 통제할 수 없을 때 기독교인들이 정치에 참여할 수 없다는 명목 하에 망해가는 정부를 보고만 있으라는 말인가? 또한 국가가 더 발전된 나라로 발 돋음 하기 위해 성직자들이 힘을 합해 정부에 선하고 정의로운 일에 도움을 준다면 그런 일이 정치 참여 불가라는 명분 때문에 그런 일을 하지 말아야 한다는 말인가?

오직 한 가지 부정적인 요소를 말하자면 성직자가 정부의 요인들과 협잡하여 겉으로는 국가의 부흥을 말하고 선을 주장하면서 뒤로는 자신의 영달을 추구하는 일이라면 당연히 그런 나쁜 정치에 가담하지 말 것을 강력히 주장해야 할 것이다. 오히려 규탄하여 그러한 일들이 시도될 수 없는 분위기를 만들어 나가야 할 것이다. 해방 후 개신교 목회자들이 정부의 요직에 상당 부분 참여한 사실은 한국정부는 물론 교회에 좋은 영향을 끼친 역사를 보고 우리는 많은 것을 깨닫게 된다. 그리고 국가가 위태로운 때 기독교인들이 앞장서서 불의와 싸운 사건들은 좋은 귀감이 되어 왔다. 왜정시대와 6.25 사변 때 수많은 기독교인들이 순교했다. 그것이 정치참여가 아니고 무엇인가?

기독교 성직자들의 정치 참여를 부정하는 이들의 애매하면서도 비성경적이며 역사적 근거가 없음에도 불구하고 매혹적으로 들리는 이유는 무엇인가? 거기에는 세상을 죄악시 하는 이원론(Dualism)이 잠재해 있기 때문이다. 터무니없는 그들의 주장을 파헤쳐 보면 그들의 모순된 말을 합리화하기 위해 부분적 내용을 전체화 하고 긍정적 요소를 부정적으로 전환시켜 비 성경적 논증을 진리처럼 설파하는 점을 간과할 수 없다. 기독교인이 정치 참여를 거절한다면 왜 세금납부, 투표참여, 징병의 참여, 언론결사의 참여, 종교의 자유주장, 준법정신 강조, 그리고 수많은 국가의 제도에 동참하고 있는가? 만약에 정치 참여를 부정하는 자가 있다면 그를 무정부주의(無政府主義, Anarchism)에 취한 자라고 말할 수밖에 없다. 그러므로 기독교인의 정치참여 부정론에 빠지게 되면 종국에 가서는 국가에 대한 의무는 물론 국가의 주권 자체를 부정하는 무정부주의(Anarchism)로 빠져 버릴 수밖에 없을 것이다. 성경은 애국 애족이 하나님 나라의 완성을 이룩하는 절대 방편임을 가르치고 있다. 기독교 지도자들의 정치참여 부정론자들에게 경고하고 싶다. 기독교 지도자들의 정치참여에 대한 무지를! 실제적으로 정치에 참여하고 있으면서 정치참여의 부정론을 펼치는 모순을!

  기독교인 특히 기독교 지도자들이 정치에 참여해서는 안 된다고 주장하는 자들의 배후에는 무엇인가 잠재해 있는 사상이 있을 것이다. 거기에는 정치의 세계에서 일어나는 부정, 부패, 음모, 중상, 모략, 그리고 비방 등에 대한 거부감 때문일 것이다. "까마귀 노는 곳에 백로야 가지 말라." 는 한국 속담을 적용하는 입장에서 말한 것임에 틀림없다. 성경말씀에 비유하면 진주를 돼지에게 던지지 말라는 의미로 해석할 수 있다. 즉 거룩한 것을 받아들일 수 없는 사람에게 적용시킬 수 없는 일을 하지 말라는 의미일 것이다. 그 의미는 우리가 꼭 깊이 심령 속에 아로새겨야 할 것이다. 이는 성도로서 하나님의 말씀을 구별 없이 함부로 사용한다거나, 교회를 정치의 광장으로 만든다거나, 또한 성례를 권세를 가진 자들에게 아부의 수단으로 아무렇게나 시행 한다면 이는 교회가 정치에 참여해서는 안 된다는 주장을 강하게 해야 할 것이다. 과거 10년 동안 우리나라의 정치적 역사가 너무나 많은 회오리를 거쳐 오늘날에 이르렀다. 협력보다 흑백논리가 강한 정치 풍토를 형성하고 있는 이유는 과거 우리나라의 정치적 역사에서 그 원인을 찾아 볼 수 있다. 이조 500년의 역사를 보면 왕궁에서 서로를 모함하고, 음모를 꾸미고, 그리고 상대방을 제거하는 일이 정치의 술수로 고착되어 버렸다. 거기에다 왜인들의 침략으로 독립 운동가들과 일본에 협력하는 사람들 사이에 적대감이 극에 달하게 되었다. 또한 6.25 전쟁을 통해 눈에

조금만 거슬리는 사람들을 마구잡이로 죽이는 일들이 전국에서 일어났다. 동족상잔의 피가 한반도를 적시었다. 이러한 비극은 참으로 국민들의 심령을 참담하게 만들었다. 이러한 비극은 이념에 의한 흑백논리의 정치제도에서 그 원인을 찾을 수 있다. 그런 의미에서 정치에 참여하지 말라는 말은 충분히 이해가 된다. 그러나 인류가 생존하고 있는 현실 속에서 어떻게 정치에 무관한 삶을 살 수 있는가? 불가능한 일이다. 그러므로 기독교 지도자들은 국가의 선한 정치를 위해 선구자들이 되어야 한다.

예수님 승천 이후 힘의 왕국인 국가와 영의 왕국인 교회는 서로 적대감을 가질 때도 있었고 서로 협잡을 통해 자신들의 영달을 위해 서민들을 착취한 적도 수없이 많았다. 그것은 서구의 역사가 증명하고 있다. 성경적인 신앙에 기초하여 올바른 정치에 대항한 기독교인들이 수없이 피를 흘렸다. 그런데 우리가 꼭 주시할 점이 있다. 국가와 교회가 정교분리(政教分離)의 정책을 잘 시행할 때 교회의 발전은 국가의 발전에 지대한 영향을 끼쳤다는 점이다. 우리가 한걸음 더 나아가 생각할 것이 있다. 혐오스런 정치라고 해서 정치 자체에 대해 무관심하거나 거부할 경우 천신만고 끝에 오늘 우리 대한민국이 이처럼 세계 속에 우뚝 서게 된 입장에 어떤 변화가 와서 또 다시 교회가 핍박을 받고 외부의 침입으로 인하여 나라에 혼란이 생긴다고 가정해 보자. 또 다시 얼마나 동족상잔의 피흘림을 감당해야 할 것인가? 이는 참으로 비참한 현실을 생각하지 아니할 수가 없다. 대한민국에서는 기독교의 발전과 국가의 발전이 동반하여 왔지만 아직도 동토의 땅 북한에서는 기독교를 악마처럼 여기고 기독교인들을 적대시하고 동물보다 더 가치없이 여기고 있는 이 마당에 우리가 우리 한국 정치에 대해 깊은 관심을 가지고 선하고 정의로운 나라가 되기를 위해 기도와 협력을 아끼지 않아야 할 것이다. 기독교인은 능동적으로 정치에 참여해야 하며 올바른 정치를, 정직한 정치를, 그리고 하나님의 말씀에 따라 다스리는 국가의 정치를 실현하기 위해 적극적으로 그리고 줄기차게 참여해야 할 것이다. 더불어 부패를 바로 잡는 정치를 실행할 수 있도록 최선의 경주를 해야 할 것이다.

기독교 성직자들의 정치참여 불가론은 주로 자칭 보수주의를 표방하는 교단들로부터 발생되었다. 그러나 반대로 정치적 제도에 산재해 있는 구조악을 깨고 평등을 적용할 수 있는 분위기를 만들 수 있도록 기독교인들은 정치에 적극적으로 참여해야 한다는 주장은 자유주의를 지향하는 교단들로부터 주장되어 온 이론이다. 70년대와 80년대를 거치면서 한국 정치의 독재 정치에 대항하여 강력 반대운동을 전개해 온 자유주의 교회 목사들과 지식인들이 야권 인사들과 의기투합하여 민주화 운동을 일으켰다. 그들은 투옥되어 혹독한 고문을 당하였고 어떤 사람은 단 하나밖에 없는 생명을 잃어버리기 까지 하였고 해당 가족들까지 심한 고초를 당하였다. 이는 70년대 발생한 급진주의(Radicalism) 신학인 남미에서 발생한 해방신학의 영향을 받아 민중신학에 이론적 바탕을 두고 사회복음주의(Missio dei) 사상을 정치신학에 적용한 것이다. 그들은 정치 경제적 평등이 사회 속에서 이루어질 때 복음이 성취된다고 주장했다.

그러나 보수주의 교회에서는 정치참여를 반대하는 이론을 2원론(Dualism)에 기반을 두고 일반은총(一般恩寵, Common Grace)의 영역을 하나님의 주권 밖의 세상으로 치부해 버리는 경향성을 나타냈다. 세상은 죄악이 지배하는 존재로 여기고 있다. 초대교회 이단의 한 종파인 말시온주의(Marcionism) 사상과 동질성을 나타내고 있는 사상과 통한다. 세상에 속한 물질세계를 죄악시 하는 사상인데 하나님의 섭리 가운데 운행되고 있는 일반계시의 세계를 무시하여 적대시한다.

구조악을 제거하기 위한 정치의 적극적 참여를 강조하는 자유주의 자들은 성경이 말씀하는 인간의 원죄를 원천적으로 부정하고 죄는 잘못된 사회구조에 근본 원인이 있다고 주장한다. 그렇기 때문에 기독교인들은 정치에 적극 참여하여 정치의 구조를 변혁시켜야 공정한 사회를 만들 수 있다고 주장한다. 우리는 자유주의 편에서 정치참여를 주장한다고 해서 무턱대고 그들의 주장에 동조할 수 없다. 그 이유는 근본적으로 신학의 요점이 다르기 때문이다. 보수주의 측에서 정교분리(政教分離)라는 명분에 의해 정치 참여를 거절하기 때문에 정치참여를 주장하는 자유주의를 동조할 수 없다는 말이다. 그 이유는 성경이 주장하는 정치참여에 관한 관점과 자유주의가 주장하는 정치 참여의 관점이 다르기 때문이다. 우리가 정치 참여를 주장한다고 해서 자유주의를 의미 없이 수용할 수가 없다는 말이다. 기독교인은 언제나 변함없는 성경말씀에 귀를 기울여야 하기 때문이다. 성경말씀대로의 정치 참여를 주장해야 한다는 말이다. **과거의 형식만 붙잡고 정교분리라는 명분아래 정치참여 불가론을 주장하는 보수주의도 형식주의이며 또한 현재의 구조악에만 집중하여 성경말씀에 따라 근본적인 개혁을 무시하고 정치적 형식만 바꾸면 참된 정치참여라고 생각하는 자유주의 역시 형식주의이다.** 보수주의나 자유주의 모두 그러한 형식주의에 얽매어 있으면 성경이 말씀하는 참된 정치참여는 강 넘어 불보는 격이 될 것이다. 그렇다면 우리는 어떻게 정치에 참여하는 것이 성경이 말씀하는 대로 행하는 것인가?

위의 두 가지 보수주의나 자유주의 모두 형식주의에 치우친 정치참여를 주장한다면 이에 대한 강렬한 반문이 심장의 저변으로부터 올라옴을 제어할 수 없다. 2천년 교회사를 탐구해 보면 교회와 국가의 정치는 끊을 수 없는 반목, 협력, 그리고 견제의 관계를 유지하면서 필연적 연관을 맺어왔다. 비록 국가가 교회를 박해하는 도구로 등장했을지라도 결국에는 교회를 협력하고 발전시키는 원천이 되었다. 구미의 역사는 교회의 정치제도와 국가의 정치제도가 아주 밀접한 구조를 형성하면서, 반목과 친목을 도모 하면서, 서로 영향력을 행사해 왔다. 구미의 교회와 국가의 정치제도는 서로의 깊은 유대관계를 형성해 왔음에도 불구하고 그들의 선교를 받은 우리 한국교회는 왜 유난히 보수주의의 정치참여 부정설과 자유주의의 사회복음주의에 의한 정치참여설이 서로 대립적인 주장을 해 왔는가? 이 문제를 성경에 입각해 신학적으로 정립해야 할 것이다.

정치 참여는 하나님을 섬기는 교회에서의 신앙생활, 국가가 운영하는 지침에 따라 직업전선에서의 직무, 그리고 국가를 위해 세금이나 국방 등의 의무를 수행하는 일들에 깊이 관여되어 있다. 국가를 형성하는 국토, 국민, 주권이라는 요소들은 필연적으로 정치를 동반하고 있다. 국토를 지키는 국민, 그 국민들을 다스리는 정치적 제도, 그리고 국토를 잘 배분하여 경영하는 방법 등은 정교하고 공정한 정치가 관여되지 않고는 불가능한 일이다. 우리 민족의 역사 가운데 36년 동안 왜정이 우리의 국토를 유린하고, 국민을 압박하고, 그리고 주권을 빼앗아 간 사건은 사실상 우리민족이 정치를 빼앗겼기 때문이라고 단정할 수 있다. 그렇기 때문에 정치의 시행은 국가의 주권을 시행한 일로 연결된다. 기독교인이 정치를 무시하게 된다면 가정, 사회, 그리고 국가의 조직을 벗어나 살아야 된다는 말이 된다. 나아가 정치를 떠나 살게 된다면 만인에게 복음을 전하라는 주님의 최후의 사명을 어기는 죄를 범하게 된다. 기독교인은 국가의 정치에 적극 가담하여 그 조직 속에서 주도적인 직무를 감당하면서 복음을 전할 기회를 얻을 수 있기 때문에 필연코 정치에 깊이 관여해야 한다. 종교개혁 이후에 그 일을 잘 수행한 분들이 많이 나타났다. 중세에는 로마 교조주의(Catholicism)의 위세에 억눌려 암흑기를 거치면서 감히 정교분리(政教分離)라는 말을 꺼낼 수조차 없었다. 그러나 개혁의 길이 열리고 루터(Luther), 쯔윙글리(Zwingli), 그리고 칼빈(Calvin) 등은 모두 정치적 배경을 통해 목숨을 건 종교개혁을 시도하게 되었다.

루터는 과중한 세금에 시달리는 서민들의 힘을 업고 종교개혁을 시도하였고, 쯔윙글리는 전쟁에 참여함으로 종교개혁을 시도했고 칼빈은 시 의회의 제도를 활용하여 종교개혁을 시도했다. 19세기에 들어와 아브라함 카이퍼(Abraham Kuyper)는 목회자로 일하면서 총리직을 겸하였다. 그는 교회 정치와 국가의 정치를 정립하는데 역사상 족적을 남긴 인물이다. 만약에 기독교인이 정치에 무관하게 되면 애국 애족이 마음에 사라질 수밖에 없다.

구약의 역사로 돌아가 보자. 한마디로 구약에 나타난 이스라엘 민족의 역사는 하나님께서 어떻게 이스라엘 나라의 정치를 통치하셨는가의 역사이다. 이스라엘 민족의 신정정치(神政政治, Theocracy) 시대에는 하나님께서 명하신 정치의 제도에 따라 법을 정해 주셨다. 그것이 바로 계명(Commandments), 규례(Statutes), 율례(Ordinances) 등으로 나타났다. 만약에 이스라엘 백성들이 하나님께서 주신 명령을 어길 때는 그에 상응한 벌을 받아야 했다. 당시의 신정정치는 하나님의 명령에 의존하여 제도를 정착시켜 나갔다. 그러므로 이스라엘 백성이 하나님의 명령을 어기는 것이 바로 이스라엘 국가의 정치제도를 파괴하는 자로 여기게 되어 형벌을 받게 되었다. 신정정치 아래 국가가 다스려졌기 때문에 오늘날에는 찾을 수 없는 선지자직과 제사장직이 국가의 요직으로 등장하게 되었다. 당시 이스라엘 온 국민들은 반드시 선지자의 말에 순종해야 했고 제사장이 인도하는 예식에 온 민족이 참여해야 했다. 즉 하나님께서 정치의 제도 속에 선지자와 제사장의 직무를 포함 시킨 것이다. 국가에서 필요로 하는 직무는 정치적 제도를 성립시킨다. 정교분리(政敎分離)의 제도는 선지자직과 제사장직의 직무를 필요로 하지 않는다. 구약에서는 당연히 왕직을 포함하여 선지자와 제사장의 직무를 정치적 제도에 적용하지 않으면 안 되었다. 그러나 신약 시대에는 정교분리가 정치적 제도로 적용되고 있는 이상 국가에서는 입법부, 사법부, 그리고 행정부로 나누어 국민을 다스리게 되어 있다. 교회에서는 지교회의 당회, 노회, 그리고 총회를 정치적 제도로 적용하고 있다. 그러므로 한 나라에 속한 국민은 반드시 국가에서 시행하는 정치적 제도에 따라 의무와 책임을 다하면서 자유를 누리게 된다. 또한 교회에 속한 하나님의 백성은 성도의 의무와 책임을 다하면서 하나님으로부터 내리는 마음의 평안과 영생의 복을 누리게 된다.

I. 이스라엘 백성의 정치 참여

사람이 창조함을 받은 이후 하나님께서는 먼저 가정에 정치제도를 제정해 주셨다. 우선 남편과 아내의 순서를 제정해 주셨다. 먼저 아담을 창조하고 몸의 일부를 취하셔서 돕는 배필로 아내를 창조하셨다. 가정의 제도는 남편의 직무 아내의 직무를 적성에 따라 수행하게 하셨다. 가정에서 부모와 자녀들의 윤리적 위치를 따라 각자 맡은 직무를 행하게 하심은 이미 가정에서 정치적 제도를 따라 일하게 하심이다. 만약 가정에서 자녀가 부모의 위치에서 다스림의 역할을 한다면 무질서밖에 다른 것이 없을 것이다. 인간에게 주어진 직무는 정치적 제도로부터 비롯된다. 제도는 윤리적 원리에 따라 실천하는 구조를 세우는 질서의 건축물이다. 그러므로 모든 사회와 국가의 질서는 윤리에 기초한 법질서를 어떻게 제정하고 지키느냐? 에 따라 올바른 사회와 국가를 지속해 나가는 척도가 된다. 법질서의 배경에 윤리가 존재한다. 또한 그 윤리는 종교가 중추적 배경이 된다. 그러므로 기독교 윤리는 국가발전에 지대한 영향을 끼치게 된다. 국토로 보나, 인구로 보나, 작은 이스라엘 국가가 군사적으로 경제적으로 세계의 10대 순위 안에 들어 있는 이유는 그들이 하나님으로부터 받은 윤리관이 투철하기 때문이다. 그러나 그들이 참된 메시아 예수 그리스도를 배척한 이유로 2천년동안 나라를 일어버린 신세가 되었고 아직도 세계 각처에 흩어진 유대인들은 수많은 압박과 설움 속에서 살고 있다.

1. 구약의 족장시대

구약의 족장(Patriarch)시대는 종족의 최고령자가 정치의 최고 지도자였다. 하나님으로부터 받은 권위를 가지고 많은 종족을 이끌어가는 대표자였다. 거기에는 하나님과 백성과의 맺은 언약이 종족을 다스리는 정치형태로 나타났다. 창세기 15장과 17장에 나타난 세 가지 이스라엘 백성의 미래에 대한 언약이 있다. 이 언약은 믿음으로 영원한 하나님 나라의 백성들을 모형으로 보여주는 내용이다. 첫째, 아브라함이 열국의 아비가 되어 백성이 번성할 것이라는 언약, 둘째, 영원한 기업인 가나안 땅을 주시겠다는 언약, 셋째, 아브라함의 자손들 가운데 왕들이 나올 것이라는 언약이다. 이 언약은 장차 이스라엘 민족의 미래를 예언하고 있다. 힘의 왕국인 이스라엘의 신정국가를 영원한 영의 왕국의 모형으로 예언한 사건이었다.

아담은 하나님으로부터 인류의 대표자로 도덕률의 행위언약을 받았다. 아브라함은 족장의 대표자로 믿음의 조상이 되었다. 믿음의 조상인 아브라함은 이스라엘 백성을 한정하여 대표자로 세워진 것이 아니고 이방인들을 포함하여 모든 믿는 자들의 조상이 된 것이다. 이스라엘 국가가 형성되기 전에 아브라함은 왕직, 선지자직, 그리고 제사직을 함께 감당했다. 정교분리(政教分離)의 정치구조의 입장에서 종교의 제도를 개입시키지 않고 국가의 제도를 볼 때 대통령, 사법부 수장, 그리고 국회 의장, 모두를 한 사람이 감당하고 있었다는 뜻이다. 더구나 아브라함은 믿음의 조상으로 제사직을 감당하고 있었다. 오늘날로 말하면 정교연합(政教聯合) 정치를 한 사람이 모두 감당하고 있었다는 말이 된다. 족장시대에 이미 이스라엘 국가의 신정정치가 집행되고 있었다. 그 정치는 영원한 영적 왕국의 예표로 구조화 되고 있었다. 11조 바치는 문제, 다른 족속들과의 전쟁, 계명에 따른 형벌 집행, 그리고 제사법 등이다. 그러나 그들이 애굽의 포로생활을 통해 하나님의 통치적 관념을 완전히 잊어버렸다. 즉 하나님 나라의 모형을 잃어버리고 우상을 섬기는 이방인 나라에서 종살이를 하고 있었다. 그 종살이 가운데에서 그 백성들은 반드시 지켜야 할 것들을 잃어버린 몇 가지가 있었다. 그것은 하나님을 섬기는 문제, 조상 아브라함으로부터 물려받은 법도와 예식, 그리고 가족을 통해 내려오는 전통적 교훈인 할례 등이었다. 그러한 모든 하나님의 법을 이스라엘 백성들은 모두 잃어버렸지만 하나님의 전폭적인 은혜로 애굽을 탈출하여 가나안으로 진군하게 되었다. 그리고 십계명을 받아 이스라엘 백성과 하나님과의 사이에 교제의 수단이 제공된 것이다. 십계명은 하나님을 아는 방편이다. 즉 이스라엘 국가를 형성하는 정치적 제도의 기초가 되는 법을 주신 것이다. 이 법을 통해 하나님을 알게 됨으로 인간이 자신이 얼마나 비참한 존재인가를 알게 된다. 하나님을 아는 길과 인간 자신을 아는 길을 통해 하나님 나라를 건설하게 된다. 모형으로 주어진 이스라엘 나라는 영의 왕국인 하나님 나라의 정치형태를 모세의 율법을 통해 이루어짐을 말해주고 있다. 율법의 완성은 영원한 하나님 나라에서 이루어진다. 그 완성은 죄인인 인간에 의해 이루어지는 것이 아니고 율법의 완성자인 예수님께서 죄인을 위해 대리적으로 완성하신 공로가 하나님의 백성에게 적용됨으로 완성된다.

2. 모세의 율법시대

이스라엘 백성이 40년이란 길고 긴 광야 생활을 하면서 이방나라에서 찌들은 때를 벗어버리고 신정정치(神政政治, Theocracy) 기초를 완전히 준비한 후에 가나안 땅으로 들어가게 되었다. 모세가 많은 수의 이스라엘 민족을 이끌고 광야교회를 치리할 때 정치적 제도의 활성화가 필수였다. 먼저 백성들을 위해 제사장 직을 맡을 인물을 선정하는 일이었다. 천부장과 백부장 등 수에 따라 사법적 사건을 처리하도록 조직적으로 제도를 세워나갔다. 제사직은 하나님에게 백성을 대표하여 죄를 해결하는 예전이다. 내용적으로 이미 정교분리(政教分離)의 제도가 시행되고 있었다고 말할 수 있다. 그러나 신정정치가 실현되고 있었기 때문에 왕직과 제사직 모두가 하나님의 직접적 지시에 따라 백성을 이끌고 가나안 땅을 향한 여정을 시작해야 했다. 한편으로 범죄자를 처벌하는 재판관들은 백성의 수에 따라 또한 범죄의 경중에 따라 배정되었다.

이스라엘 백성에게 적용된 신정정치(Theocracy) 시대에는 모세에게 주어진 법이 세 가지로 분류된다.

첫째, 십계명이다. 이는 사랑의 계명이다. 1계명으로부터 4계명까지는 하나님을 사랑하되 마음과 목숨을 다하여 사랑하라는 명령이다. 5계명부터 10계명까지는 우리의 이웃을 사랑하되 자기의 몸과 같이 사랑하라는 명령이다. 이 두 가지 법은 아담의 행위언약을 재 선포하는 도덕 율법이지만 사랑의 법이다. 하나님과 백성과의 관계를 유지하는 교제의 수단으로 주어진 명령적 법이다. 십계명은 하나님과 백성과의 사이에 행위언약의 세밀한 재 선포이다. 즉 지키면 살고 어기면 죽는다는 생명을 전제로 내리는 명령이다. 이 명령은 하나님의 완전한 본성과 인간의 부패한 본성을 알게 하는 명령이다. 그러므로 이스라엘 백성은 오직 회개와 순종을 요구받게 된다. 하나님의 은혜로 애굽을 탈출한 이스라엘 백성은 오직 하나님에게 순종해야할 계명을 출애굽기 20장 이후에 기록하고 있다. 전혀 공로 없이 탈출함을 받았으니 탈출을 시켜주신 하나님께 감사함으로 그의 법을 순종하여 보다 하나님과 더 깊은 교제의 관계를 유지할 뿐만 아니라 하나님의 백성들끼리 사랑의 교제를 나누어 하나님께 기쁨을 드리라는 명령이다.

둘째로, 하나님의 백성 안에 들어온 사람들은 교회 밖에서 일어난 사건들을 해결할 수 있는 시민법을 제정 받았다. 이 시민법은 성전 밖의 사회생활을 하는 규율이다. 살인사건, 도둑, 간음, 종에 관한 규정, 그리고 피해보상 등등의 법을 출애굽기 21장 이후에 말씀하고 있다. 이 법은 국가를 유지하는 근본 원리이다. 이것이 바로 기독교 윤리에 기초한 국가의 법이다. 사회의 질서가 잘 유지되어야 국가가 평화를 누리며 발전하게 된다. 이스라엘 국가의 평화는 성전 생활을 올바르게 하는 터전이었다. 힘의 왕국에서 생겨날 수 있는 국가의 법이나 또는 영의 왕국에서 일어날 수 있는 하나님을 반항한 우상종교의 법은 교회뿐 아니라 국가를 무질서하게 만들며 많은 인명피해를 가하게 된다. 성경에 지시한 대로 기독교 윤리에 기초한 법을 실행할 때 그 국가는 분명코 평화와 발전을 보게 될 것이다. 힘의 왕국과 영의 왕국은 이미 사무엘상에서 부터 제도적 분리가 진행되었으나 두 왕국은 오직 하나님을 영화롭게 해야 된다는 목적에는 같은 항해를 해야만 했다.

셋째, 마지막 제사법에 관한 규정이다. 이 법은 계명과 시민법에 해당하는 규례를 완전히 지킬 수 있는 사람은 아무도 없으므로 해당된 정죄를 모면하는 법인데 모든 백성이 절기에 따라 대제사장이 대표하여 하나님께 속죄를 구하는 예식에 관한 규정이다. 하나님께서는 백성들이 자신의 죄를 고백하고 하나님과 올바른 교제의 관계를 형성하는 법을 제정해 주셨다. 이 법의 집행자는 제사직을 맡은 아론이 감당했다. 출애굽기 24장에서는 하나님께서 시내산 언약을 세우시고 25장 이후에 성전 안에서의 성소에 관한 법, 제사장의 옷, 번제, 그리고 성소에서의 각 성물을 어떻게 만들 것인가를 명령하고 있다. 이는 레위기의 제사를 준비하는 모든 성물을 예비할 것을 명하는 말씀이다. 이제 레위기를 보면 제사 속에 예수님의 모형들이 수없이 나타남을 볼 수 있다.

출애굽 이후 우상의 나라에서 완전히 하나님을 잊어버리고 종살이하던 이스라엘 민족이 40년 광야생활을 통해 신정(神政)국가를 어떻게 건설할 것인가의 내용을 출애굽기에서 역사적 순서, 업무, 그리고 조직을 상세하게 말씀하고 있다. 하나님께서는 가장 기본이 되는 하나님과 백성과의 관계를 바로 형성하는 십계명을 출애굽기 20장에 제시하시고, 다음에 국가를 건설해야할 시민법을 21장 이후에 제시하시고, 다음에 계명과 시민법을 지키지 못한 정죄를 해결하는 제사법을 위해 시내산 언약을 24장에 세우시고 25장에 들어가서는 거룩한 제사를 위해 준비물을 세분하여 예비할 것을 지시하시고 있다. 그리고 레위기에 들어가 하나님과 백성들과 그리고 백성들과 백성들 사이의 죄를 해결하는 제사법을 구체적으로 제시하셨다. 이는 교회와 국가의 관계를 신정국가의 입장에서 정확하게 제시하는 원리이다. 우리가 성경 전체를 탐구해 보면 국가가 하나님 중심의 나라가 될 때 평안과 부요함이 항상 떠나지 아니했다는 것을 직시할 수 있다. 우리가 잘못 생각할 수 있는 것은 신약시대에는 정교분리(政敎分離)의 정치형태가 정착되었기 때문에 국가가 종교를 무시하고 우상을 섬겨도 국가의 발전에는 아무 상관없다고 생각할 수 있다. 그러나 예수님의 승천 이후 2천년의 역사를 보면 절대 그렇지 않다. 중세의 역사와 현대의 역사를 보면 신실한 기독교인들이 정치에 적극 가담할 때 국가가 발전되었다. 20세기에 들어와 공산당의 역사를 보자. 종교를 아편과 동일시했던 그들의 국가가 몰락하고 공산주의 사상은 100년도 안되어 사장되어가고 있지 않은가?

모세가 하나님으로부터 직접 말씀을 받아 이스라엘 백성을 통치하고 있었으므로 아직까지 선지자직은 나타나지 아니했다. 백성을 다스리는 직무인 왕직과 하나님의 말씀을 받아 백성에게 전하는 직은 모세가 담당하고 있었고 3직 가운데 제사직만 분류되어 광야교회를 이끌어가고 있었다. 이제 가나안 땅으로 들어가 3직을 정착시키고 국가의 조직을 구체화 하고 하나님 중심의 나라를 세워 다윗 왕국의 건설을 이루어 나가는 역사를 역대상하와 열왕기상하를 통해 구체적으로 말씀하고 있다. 여기서 우리가 주시할 것이 있다. 솔로몬 이후 남쪽 유대왕국과 북쪽 이스라엘 왕국의 비교이다. 북쪽 이스라엘 왕들의 족적을 살펴보면 그들은 하나님을 섬기는 일에 등한히 하였다. 그 결과 이방 나라들의 침범으로 피를 섞이게 되고 500여년 빨리 국가가 망하게 되었다. 그러나 유대 왕국의 왕들을 보면 북쪽 이스라엘 왕들보다 하나님을 섬기는 일에 충성된 자들이 많았다. 그 결과 이스라엘 국가보다 나라의 혼란이 훨씬 적게 나타났으며 이스라엘 왕국보다 500년 이상 유지할 수가 있었다. 물론 거기에는 예수님의 족보와 또한 미래에 도래할 영원한 하나님의 왕국을 예표한 모형들이 깃들어 있다. 그러나 현실 정치에서 하나님께서 분명히 계시한 말씀이 있는 것은 하나님 중심의 국가는 반드시 발전하고 이웃 국가들에게 지배를 당하지 않고 평안을 누리는 나라가 된다는 점이다.

3. 이스라엘 국가의 정착시대

가나안 땅을 점령하고 이스라엘 국가가 정착된 이후 국가를 다스리는 왕, 하나님의 말씀을 대언하는 선지자, 그리고 백성들의 죄를 대신하여 제사를 드리는 제사장 직분이 분리되어 직무를 수행하는 본격적인 신정정치(神政政治, Theocracy) 시대로 접어들었다. 역사서인 사무엘상을 읽어보면 3직에 대한 직무가 구체화 되어 나타나 있다. 이스라엘 백성은 왕을 섬기는 일, 선지자의 말씀에 순종하는 일, 그리고 제사에 참여하는 자체가 신정정치에 참여하는 일이었다. 당시의 상황으로 봐서 만약에 그러한 일에 참여하지 않은 백성들이 있었다면 그들은 그 백성에서 제거를 당해야 한다는 것이 성경의 말씀이다. 그러므로 오늘날 국민들이 세금을 내고, 투표를 하고, 국방의 의무를 행하고, 언론과 출판의 자유를 통해 견해를 정부에 개진하는 그 자체가 기독교인으로 정치에 참여하는 일인데 성직자가 정치에 참여하지 말라는 말은 무슨 의미인가?

신정정치(Theocracy) 시대에 이러한 3직에 대한 사역은 역사적으로 이 땅의 시공간 세계에 임하셨던 예수님을 예표(Typology)한 실제적 사건이었다. 이는 재림하실 예수님의 영원한 나라의 실체를 예표하는 사건이었다. 이 세상의 종말, 즉 그날이 오면, 예수님께서는 우리를 대신하여 하나님 아버지에게 몸소 제사를 드리신 대제사장이며, 아버지의 말씀을 받아 그대로 전하신 선지자이시며, 그리고 그의 백성인 우리를 다스리시는 평화의 왕이 되시어 역사적으로 임하실 것이다.

이스라엘 국가가 정착 된 후 자주 왕들과 선지자들의 사이는 그렇게 평화롭지 못한 때가 많았다. 그 이유는 왕의 눈에는 자신의 권력이 먼저 보이고 선지자는 하나님으로부터 말씀을 직접 받고 있었기 때문이었다. 선지자가 하나님의 말씀을 그대로 받아 전하게 되면 왕은 그 말씀이 자신의 의도하는 바와 다를 경우 박해를 가하다가 죽이기까지 했다. 그러나 결국 이스라엘 국가는 선지자들의 말씀대로 되어 갔다. 왕들은 하나님의 주권을 무시하고 자신들이 원하는 대로 국가를 통치하려고 할 때 선지자들이 왕들의 마음에 맞는 예언을 해 주지 아니했다는 이유로 그들을 죄인으로 몰아 박해를 가했다(막12:2-5). 그런데 현대 정교분리(政敎分離) 정치 상황을 일방적으로 해석하여 기독교인이 정치에 관여해서는 안 된다는 말들이 신문 방송을 달구고 있다. 그렇다면 박해를 각오하고, 선지자 역할을 해야 할 성직자들이 정부를 향해 하나님 중심의 정치를 해야 한다는 충언을 하지 않은 것이 옳은 일인가? 묻고 싶다. 예수님 당시 로마의 통치 아래 압박을 받고 있었던 유대인들은 그때까지 다윗 왕국의 회복을 원하는 정치적 메시아를 목마르기 기다리고 있었다. 유대인들은 만왕의 왕 예수님마저 처참하게 죽이는 일에 앞장섰다(막12:6-9). 영의 왕국인 교회와 힘의 왕국인 국가를 잘못 인식하게 되면 성경에서 말씀하고 있는 정치적 관점을 전혀 다른 방향에서 이해하게 된다. 이스라엘 국가는 물론 현대 많은 국가들 역시 유대인들의 정치적 메시아사상을 포함하여 이 세상의 모든 것들은 예수님의 재림과 더불어 일시에 뜨거운 불에 녹아져 없어지고 새 하늘과 새 땅을 맞이하게 될 것이다. 현세에 존재하는 힘의 왕국은 영원한 왕국을 준비하는 도구에 불과하다. 언제인가는 모퉁이의 머릿돌이 되신 예수님께서 영원한 나라의 백성을 다스리는 왕이 되어 재림하실 것이다(막12:1-12).

이스라엘의 신정정치(Theocracy)를 사무엘상이 기록된 시기로 보는 것은 당연하다고 말할 수 있다. 그러나 신정정치(神政政治)의 통치 관점에서 볼 때 이스라엘 초대 왕은 사울 왕으로 보기보다 다윗 왕으로 보는 것이 성경적 견해라고 말해야 한다. 그 이유는 백성들에 강력한 주장에 의해 사울 왕이 세워졌고 하나님께서 원하는 왕은 다윗 왕이었기 때문이다. 정교분리(政敎分離)가 정착된 현대 역사에서도 많은 국가의 통치자들이 불의의 죽음을 당하고, 정권의 몰락을 당하고, 또한 비참한 최후를 맞이하는 것을 자주 목격하게 되는데 이는 분명 하나님께서 일시적으로 그를 사용하신 후 때가 되어 퇴진시키시기 때문이다. 그러므로 통치자들은 언제나 깨어 있어야 한다. 다윗도 씻을 수 없는 범죄로 인하여 그의 눈물이 침대를 적이었다고 말씀하고 있다. 권력이란 아편보다 더 무서운 중독성을 가지고 있다. 사울이 하나님의 영이 그와 같이 하지 아니함으로 하나님께 불경죄를 범하고 후에 비참한 최후를 맞이하고 말았다. 그렇기 때문에 국가의 통치자들은 언제나 선지자들이 전하여 준 예언의 말씀을 밤낮을 가리지 않고 상고해야 한다. 더불어 선지자 직과 제사직을 감당하고 있는 교회의 지도자들은 항상 깨어 하나님의 말씀을 두려움으로 상고하고 경계심을 가지고 국가의 통치자들에게 전해야 한다.

II. 신약시대의 정치

구약의 신정정치(Theocracy) 제도를 살펴보면 신약시대의 정치제도와, 근본원리에 있어, 동일하다는 것을 알 수 있다. 그러나 제도 자체만을 분석해 보면 구약과 신약의 차이점이 확연하게 드러난다. 하나님 중심의 국가가 되어야 한다는 점은 구약과 신약이 동일하지만 제도적으로 구약의 신정정치는 신약에 넘어와 점점 정교 분리형으로 변해가고 있었다. 중세시대에는 교회 권력형의 정치제도가 주류를 이루어 졌으므로 신정정치의 모형을 닮아 있었다. 종교개혁 이후에는 정교분리(政敎分離)형이 점점 더 분명하게 드러나기 시작했다. 그러나 중세의 교회 권력형의 제도는 사실상 제왕들과 교황의 권력 다툼으로 점철된 정치역사였다. 그 다툼은 교회와 국가의 제도적 분리를 예고하는 전초전이었다. 개혁자 칼빈(Calvin)에 의해 강하게 제기된 정교분리형은 전 유럽으로 퍼져 나갔으며 그 영향을 받은 미국은 기독교 중심의 국가를 추구하면서 한편으로 제도상 아주 잘 정비된 정교분리형을 실행하고 있다. 미국의 국가 지도자들은 하나님에 관한 주권사상을 강하게 수용하고 있다. 그러므로 선거에서 패배하거나 법에 의해 결정된 사항에 대해 불평하지 않고 굴복하는 자세를 취한다. 그들의 심령 속에는 하나님의 주권을 무시하고 하나님의 말씀을 거역하면서 국가를 다스리거나 백성을 돌보는 일에 등한시 하게 되면 자신뿐만 아니라 백성들 까지 어려운 고난을 당하게 된다는 생각이 깊이 새겨져 있다.

예수님께서 승천하신 후 복음은 전 세계를 향해 전파되어 가고 있다. 한편 지난 2천년 동안 유대인들은 전 세계를 떠돌아다니는 방랑의 길을 걸어왔다. 그들은 1948년 팔레스타인을 점령한 후 독립국가를 창설하여 세계를 놀라게 했다. 그들은 아직도 다윗 왕국의 재건을 갈망하고 있다. 정치적 메시아사상을 버리지 못하고 있다. 반드시 영원한 나라 영의 왕국이 임할 것을 무시하고 있다. 그럼에도 불구하고 땅의 크기가 경상도 정도밖에 되지 않는 나라인데도 7위 또는 8위의 세계 군사강국의 순위를 유지하고 있다. 거기에는 세계 각처에 흩어져 있는 유대인들의 경제적 지원이 작용하고 있기 때문이다. 유대인들이 소유하고 있는 주류적 흐름은 정치적 메시아사상이지만 기독교 국가에서 살아가고 있는 많은 유대인들이 기독교로 전환하여 예수님을 구세주로 영접하고 있다. 필자가 미국에서 목회하는 동안 여러 유대인들에게 전도하여 유대교에서 기독교로 전환한 예를 보았다. 그러나 토요일에 모이는 유대인들의 회당에 찾아가 보면 그들은 유대주의 율법에 얽매어 아직도 정치적 메시아사상에 고정된 관념에서 벗어나지 못하고 있음을 볼 수 있었다. 그들과 대화를 해보면 정직과 경제적 우선주의에 기초한 유대국가주의, 세계에서 자기들 백성만 하나님으로부터 선택받은 민족, 그리고 자기들만의 직업 선택에 관한 전통 등을 대대손손 지켜 오고 있다. 그들의 직업선택은 전문직인 변호사, 의사. 그리고 교수 등을 우선적으로 택하라는 것이다. 만약 그 직업을 선택할 수 없으면 사업을 하여 경제적 부를 축적하라는 것이다. 그리고 전문직과 경제적 부를 통해 유대인들의 국가를 건설하는데 지원하라는 것이다. 유대인들이 수전노의 별명을 가지고 있는 이유는 바로 여기에 있다. 미국의 정계를 살펴보면 요직에 있는 많은 인물들이 유대인 피를 받은 사람들이 많다는 것은 우연의 사건이 아니다.

이러한 유대인들의 전통은 일반은총(一般恩寵, Common Grace)의 영역에서 성취할 수 있는 성공의 방법론이 될 수 있다. 그들의 노력과 정직에 기초한 협력을 통해 국가를 발전시킬 수 있다. 그러나 우리가 한걸음 더 나아가 깊이 생각할 것이 있다. 하나님의 주권적 입장에서 교회와 국가의 관계이다. 왜 하나님께서 유대인들을 2천년동안 방랑생활 하게 만들었을까? 아직까지 이에 대한 확실하고 정확한 논증을 찾지 못했다. 그러나 교회와 국가에 관한 2천년의 역사를 통한 확실한 결론은 하나님 중심의 교회가 성장하게 되면 그 교회와 함께 하고 있었던 국가는 반드시 부요한 나라가 된다는 점이다. 20세기 유대인들이 점령한 팔레스타인 땅은 하나님께서 하나의 국가로 성장시켜 섭리가운데 사용하려는 뜻이 있을 것이다. 우리보다 먼저 서구의 문명을 받아들인 일본을 사용하여 한국의 기독교를 박해함으로 많은 순교자들을 양산해 내었고 북한의 6.25 침공으로 말미암아 역시 많은 순교자들을 양산해 냈다. 그러나 일본은 2차 세계 대전에서 패하였고 공산당은 무너졌다. 현재 일본이 경제적으로 국력을 자랑하지만 우리나라가 통일만 되면 반드시 일본을 능가한 나라가 될 것이다. 우리의 국력이 세계 5위권 안에 들어가게 되면 잃어버렸던 간도 땅을 다시 찾을 수 있을 것이다.

하나님께서 인류에게 허락하신 일반은총(Common Grace)의 자유의지를 올바르게 그리고 지혜롭게 사용하면 국가의 발전과 문화의 혜택을 누릴 수 있다. 그러나 그 혜택은 한정적이다. 영구적인 혜택을 누리기 위해서는 하나님 중심의 신앙을 깊이 소유하는 국가가 되어야 하고 교회는 철저한 성경중심의 교회관을 성립시켜야 한다. 하나님께서는 특별은총에 속한 교회만을 다스리고 보존하는 하나님의 섭리를 적용하시는 분이 아니시다. 역사를 다스리시는 하나님께서는 힘의 왕국인 국가를 교회 부흥의 보조수단으로 사용하신다. 이는 교회와 국가의 정치적 협력관계만을 두고 말하는 것은 아니다. 오히려 예수님께서는 세상 국가의 권세 자들과 교회와의 관계를 대립적으로 말씀하셨다(막11:11, 눅21:12-13). 이는 국가의 권세 자들이 자신들의 영달을 위해 교회의 지도자들에게 압박을 가할 것을 말씀하신 것이다. 교회와 국가의 관계는 원리적으로 신약시대에도 구약시대의 그것과 동일하다. 국가가 하나님의 뜻을 준행하는 노선에서 벗어날 때 하나님께서는 그 권세 자들을 바꾸는 역사를 집행해 오셨다. 하나님의 뜻을 집행하시기 위해 때로는 국가와 국가 사이의 갈등을 증폭시켜 전쟁을 일으키게 하심으로 하나님의 원하시는 뜻대로 국가를 통치해 오셨다. 그 갈등은 교회를 돕는 역할을 해 왔다. 교회의 발전을 위해 국가는 교회를 박해하기도 하고 돕기도 하였다. 국가를 사용하시어 교회를 박해함으로 성도들을 훈련시키기도 하시고 교회와 국가와의 사이에 협력관계를 성립시키시어 세계 선교에 박차를 가하기도 하셨다. 그러한 역사는 로마라는 거대한 국가를 사용하시어 기독교를 박해하게 하신 후 세계를 지배했던 그 국가를 사용하시어 복음이 전 유럽으로 전파되게 하시었다. 더욱이 중세의 기독교가 타락할 때 국가를 사용하시어 각 지역의 제왕들이 교황을 대적하게 함으로 기독교의 개혁을 이룩하는데 도움이 되게 하시었다. 유럽의 종교개혁은 배후에 역사를 주관하시는 하나님의 뜻이 교회와 국가 간의 갈등, 박해, 종교전쟁, 그리고 부흥에까지 깊이 관여되어 있다. 사탄도 하나님의 뜻 가운데 속하여 사용되고 있기 때문에 하나님께서는 사악한 인간의 포악한 기질을 통해 하나님의 교회를 훈련시켜오고 계신다.

인간은 갈대보다 더 흔들리기 쉽고 한편으로 자신을 너무 과신하고 과대평가하는 못된 습성이 그 인격을 지배하고 있다. 그렇기 때문에 권력을 쥐게 되면 아주 교만하기 쉬워진다. 권력의 뒤에는 항상 사람들이 아부하는 무리가 따르게 되고 돈이 따르게 되어 있다. 아무리 자신을 스스로 채찍질 하는 사람이라 할지라도 아부하는 사람들이 주위에 포진되어 있고 또 경제적으로 부유하게 되면 타락의 길로 너무나 쉽게 접어들게 된다. 그러므로 위대한 지도자는 항상 위로부터 내리는 하나님의 말씀을 숨 쉬는 것이나 밥 먹는 것보다 더 중요하게 생각하고 그 말씀을 상고해야 한다. 그렇기 때문에 국가가 잘되기 위해 기독교인들은 정치에 깊이 관여해야 한다. 그래야 하나님의 뜻을 거역하는 통치자들을 일 깨워 국가를 유익하게 할 뿐 아니라 더욱 교회를 유익하게 할 수 있기 때문이다.

역사는 아이러니(Irony)를 반복한다는 말이 있다. 이는 역사를 정론으로 정해진 관념적 개념과 반대되는 이념이나 사건에 대해 되돌아오는 일을 두고 하는 말이다. 그러나 하나님의 섭리적 입장에서 보면 아무리 역사의 아이러니가 반복된다 할지라도 모든 역사는 하나님께서 정하신 목적을 두고 진행되고 있다. 한국교회와 국가를 보아도 그 섭리를 직감할 수 있다. 한국교회는 수많은 순교자들의 피가 씨앗이 되어 급성장했다. 교회의 성장은 반드시 국가의 성장으로 이어진다. 하나님의 주권이 한국 교회와 국가에 작용한 것이다. 누차 강조 했지만 또 다시 강조하는 것은 경제적 부를 누리고 있는 한국교회와 국가는 항상 긴장감을 늦추면 안 된다. 교회는 영적 긴장감을 가지고 검소하고, 경건하고, 그리고 하나님의 일에 전심을 다해야 한다. 국민들은 경제적 부를 누리려는 생각보다 국가의 발전에 더욱 매진해야 한다. 국가가 발전되면 자연히 경제적 부를 누릴 수 있기 때문이다. 자신들의 안일만을 위해 하나님을 멀리 하거나 타락한 생활을 하는 국민들이 늘어가게 되면 언제라도 하나님의 채찍이 떨어질 수 있다는 긴장감을 가지고 살아야 한다. 과거 우리의 선조들이 전쟁과 기아선상에서 고생하던 일을 생각하고 현세의 부요함을 자랑하지 말고 겸손하게 청빈한 생활에 길 들여져야 한다. 하나님 앞에서 내가 얼마나 부요하고 무엇을 가지고 있느냐를 내세우지 말고 어떤 신앙생활을 하고 있느냐에 관심을 기울여야 한다. 그 일을 위해 교계의 지도자들은 항상 국가를 위해 기도할 뿐만 아니라 정치에 깊이 관여하여 국가 통지 자들을 향해 쓴 소리와 함께 국가를 위해 충고의 말을 아끼지 말아야 한다.

1. 기독교인의 정치적 활동은 어떻게?

신약시대에 들어와 정교분리(政敎分離)형을 가장 명확하게 정리한 신학자들은 종교 개혁자 칼빈(CAlvin)과 19세기 목회자로 화란의 총리를 지낸 카이퍼(Abraham Kuyper)이다. 칼빈은 정교분리에 대한 이론을 정립한 분이고 카이퍼는 정교분리 하에서 기독교인들이 어떤 정치활동을 해야 하느냐에 중점을 두고 정부의 구체적 구조를 제안한 분이다. 칼빈은 세르베투스(Servetus) 사건을 경험한 후에 왜 시민 정부가 교회의 교리적 문제를 재판하느냐에 대한 강한 반대를 제기하였다. 세르베투스가 삼위일체를 부정하여 화형을 당할 때 그 재판을 로마 캐톨릭과 제네바 시 의회에서 주도하고 결정했기 때문이다.[237] 칼빈이 주장한 교회와 국가론을 살펴보면 오늘날의 입헌 의회(Constitutional Parliament)제도에 해당하는 **대표자 귀족정치를** 주장하고 나섰다.[238] 즉 국민을 대표한 의회를 구성하여 국가를 위한 정치를 제도적으로 정착 시키자는 주장이었다.[239]

---

237) Philip Schaff, History of the Christian Church, Volume VIII, WM. B. Eerdmans Publishing Co, Grand Rapids, Michigan, 1988, pp.678-702.
238) Calvin's Institutes Book IV, Ch 20.
239) Ibid, Book IV, Ch 20:8.

칼빈(Calvin)이 교회와 국가의 정치에 관한 제도적 문제점을 안고 혹심한 고뇌에 처해 있었던 상황은 정말 인간의 심정으로 표현하기 어려운, 무인도 섬에 고독하게 서있는 전쟁 고아와 같은 입장이었다. 로마 캐톨릭은 개혁교회를 말살시키기 위해 스위스에서 군대를 동원하여 전쟁을 일으켰고 개혁자 쯔윙글리(Zwingli)는 그 전쟁에 참여하여 전사했고, 제네바 시 의회는 세르베투스(Servetus)의 사형을 결정했고, 각 지역에 산재해 있었던 개혁교회들 역시 그를 사형에 처하도록 강하게 주장하고 나섰다. 더구나 당시 무정부주의(無政府主義, Anarchism)를 주장한 재세례파(Anabaptist) 사람들이 각처에서 교회와 국가관에 있어 국가의 강력한 제도의 무용론을 들고 나와 득세하고 있었다. 칼빈은 세르베투스를 구하기 위해 감옥에 편지를 보내 오직 삼위일체만 수용하면 사형을 면할 수 있도록 탄원하겠다고 간청했다. 그러나 세르베투스는 시 의회 의원들과 칼빈을 향해 저주스러운 과격한 말로 회답을 하고 모든 교류를 끊어버리고 말았다. 개신교회들은 물론 시 의회와 로마 캐톨릭까지 세르베투스를 화형에 처하기로 결정해 버렸기 때문에 칼빈이 공개적으로 화형을 반대하고 나서게 되면 이단으로 몰릴 위기에 처할 수 있는 입장이 되고 말았다. 칼빈의 마음속에는 교회가 판단해야 할 교리적인 문제를 왜 시 의회와 로마 캐톨릭과 개혁교회들이 한 덩어리가 되어 사형을 결정함에 대해 깊은 회의를 품었음에 틀림없다. 이에 그는 정교분리의 정치를 강하게 설파한 것임에 틀림없다.

칼빈(Calvin)이 주장한 교회와 국가론은 기독교인들이 입헌정치에 기초하여 정치에 참여하는 범위와 내용이 얼마나 성경에 부합한가? 그리고 국가에서 시행하는 통치행위가 정치를 이끌고 나가는 지도자들과 지도를 받는 국민들 사이에 최대수치의 합의 정신을 이끌어 낼 수 있느냐? 에 초점을 맞추고 있다. 특히 성도들이 국가의 책무에 어떻게 참여하느냐? 의 문제를 취급함에 있어 성도들은 성경적으로 합당한 관점을 가지고 국가의 발전을 위해 적극적으로 참여해야 할 것을 강조하고 있다. 불신자자 신자나 똑 같이 일반은총(Common Grace)의 은혜를 입고 있지만 성도들은 불신자들보다 더 적극적으로 국가의 정치에 참여하여 국가를 부흥시키고 그 일을 통해 하나님께 영광을 돌려야 한다고 주장하고 있다. 이러한 주장은 제도에 있어서는 교회와 국가의 분리를 주장하지만 성도들의 정치참여에 있어서는 참여 그 자체를 배타적으로 보는 2원론(二元論)의 입장을 배제하고 있다. 하나님의 주권에 의해 성도들의 신앙생활을 위해 교회를 간접적으로 보호해 주는 힘의 왕국인 정부가 절대적으로 필요하다는 입장이다. 칼빈은 성도가 교회생활과 국가를 배경으로 하는 사회생활을 연관성 있게 보고 있다. 국가의 정치 참여를 배제하는 재세례파(Anabaptist)에 속한 사람들의 무정부주의를 강하게 비판했던 칼빈은 기독교인의 적극적인 정치참여를 강조하고 나섰다. 즉 인간이 칭의(Justification)를 받았지만 이 땅 위에서의 완전 성화에 도달할 수 없으므로 특별은총의 영역인 교회에서 일생동안 영적 훈련을 받으며 살아가야 한다. 한편으로는 영적 생활의 후원을 하는 육적인 생사화복을 영위하는 일반은총의 영역에서 일용할 양식을 위해 노동을 통해 물질적 자원을 공급 받아야 한다. 이 물질적 자원을 공급하는 기구가 국가의 정치이다.[240] 가정, 사회, 그리고 국가의 영역에서 일하고 계시는 성령님에 의해 정치가 운행되고 있다. 만약 성도가 국가에서 행하는 정치에 참여하지 않는다면 직업 선택에 있어 국가에서 행하는 공무에 참여할 필요가 없을 것이다. 국가가 주도하는 모든 사업과 행사는 정치와 관련되어 있다. 국민의 한 사람으로서 국가의

---

240) Ibid, Book IV, Ch 20:2.

의무를 다하는 일은 하나님께서 위탁하신 의무를 다하는 일이다. 하나님께서는 악한 세력에 휩쓸려 살아가는 인간의 포악성을 억제하기 위하여 국가에게 무기를 허락 하셨으므로 기독교인은 당연히 정치에 적극 참여하여 사회적 정의를 실천하도록 해야 하며 그 정의를 바탕으로 교회의 발전에 힘써야 한다.

　그렇다면 정치에 대한 신자의 자세를 어떻게 취해야 할까? 즉 기독교인이 정치에 참여해야 하는 방법이 무엇인가? 아니면 정치의 세계는 추한 장면만 나타나게 됨으로 거룩한 기독교인은 그런 죄악 된 세계에 아예 들어가지 말아야 하는가? 아니면 국가에서 요구하는 책임과 의무는 물론 해당된 자유까지 포기하고 넝마주의자들과 같이 방랑의 생활을 해야 하는가? 등등의 질문이 생겨나게 된다. 결론적인 대답은 이미 수없이 언급한바와 같이 정치적 모함을 하는 사람이 되지 말라는 것은 당연한 이치이다. 그러나 국가가 제정한 법, 국민 복지를 위한 여러 가지 프로그램, 그리고 산업의 발전을 위해 추진하는 기업과 경제에 대한 적극적인 참여는 기독교인으로서 절대 필요한 것이다. 국가가 국민에게 위탁하고 부과한 노동, 세금, 의무와 책임의 수행, 그리고 정치적 영역에서 요구되는 선거운동, 정치적 견해 발표, 언론출판의 행위 등에 적극 참여해야 한다. 참여함으로 기독교인들이 복음을 전할 터전을 넓혀갈 수 있기 때문이다. 적극적 참여를 회피할 때 일반노동을 상실하게 되고, 노동의 상실은 기독교인으로서의 자신의 위치를 확보하지 못하게 되고, 선한 일을 할 수 있는 자원을 상실하게 된다. 그 기회의 상실은 국가에 짐을 지우게 되고 각자의 작은 무노동의 힘이 모아져 국가의 부패를 촉진하는 결과를 가져오게 된다. 그러므로 기독교인들의 적극적 정치참여는 절대적이다.

칼빈(Calvin)은 국가의 지도자들이 불의한 일을 행할 때에도 기독교인들이 무조건 복종해야 하는가? 라는 질문에 대해 다음과 같이 말했다. 원리적인 의미에서 그리고 포괄적인 의미에서 통치자에게 복종하는 것은 하나님께 복종하는 것으로 연결된다. 그러나 원리적으로 강조한 점은 **국가에 대한 하나님의 주권적 통치이다.** 하나님께서 만물을 다스리는 가운데 국가의 기강을 유지하도록 통치권을 집권자들에게 허락해 주셨다. 권세 자들은 그들의 행하는 통치의 권한이 자신들의 것이 아니고 하나님으로부터 주어진 것이므로 백성은 하나님을 섬기는 자들이므로 권세를 허락하신 하나님을 섬기는 자세로 통치를 행하는 집권자들에게 복종해야 한다.[241] 라고 강조했다. 칼빈이 주장한 복종은 수동적 의무수행을 넘어 능동적으로 국가의 행사에 적극 참여할 것을 의미하고 있다. 칼빈은 무정부주의(無政府主義, Anarchism)를 강하게 반대 하였다. 구약의 이스라엘 국가는 하나님께서 정부를 통해 지상에서 그의 백성을 다스리는 뜻이 집행된 역사였다. 그러므로 무질서하고 방황하는 사상을 기독교라는 이름으로 전파하는 무정부주의(Anarchism) 자들을 질타하면서 관직에 적극적으로 참여하여 국정에 기독교가 전파 되도록 해야 할 것을 주문하였다.[242] 그러면 구제 불능한 악한 정부에 대한 기독교인들의 태도는 무엇인가? 라는 문제에 있어서는 후에 논하기로 하자.

칼빈(Calvin)은 역대하 19장 6절 이하를 인용하여 "관원들의 재판은 사람을 위한 것이 아니고 궁극적으로는 하나님을 위한 것이므로 그들의 재판은 하나님의 사신이 되어 행하는 엄숙한 직무이다." 라고 강

---

241) Ibid, Book, IV, 20:22.
242) Ibid, Book, IV, 20:5.

조함으로 기독교인들이 재판의 업무를 행할 때 무거운 책무를 지게 된다고 말했다. 또한 칼빈은 이사야 3장 14절을 인용하여 "관원들이 종사하고 있는 직무가 더러운 일이 아니고 하나님의 사자로서 직무를 수행하는 것이다."[243] 라고 강조함으로 기독교인이 정치에 적극적으로 참여하여 참된 하나님의 선을 행할 것을 주문하고 있다. 또한 기독교인은 물론 비 기독교인에게 주어진 관직을 스스로 무시하는 것은 그 직무를 유기하는 결과를 가져온다. 이 직무유기는 하나님께서 허락하신 사명을 경시함으로 종국에 가서는 하나님을 경시하는 결과를 가져오게 된다. 칼빈은 더욱 강조하여 반문하기를 "이 거룩한 직분이 기독교와 기독교의 경건과 서로 용납될 수 없는 것처럼 모욕을 가하는 자들은 하나님을 업신여기는 것이 아니고 무엇인가? 라고 하였다. 국가에 참여하여 얻은 직분에 대한 치욕은 하나님 자신의 불명예와 결부되어 있다. 이러한 사람들은 관원을 부인하는 것뿐만 아니라 하나님을 배척하여 하나님께서 자기들을 지배하는 일이 없는 것처럼 행동하는 패역한 자들이다."[244] 라고 규정함으로 기독교인들이 능동적으로 국가가 요구하는 관원의 직무에 참여할 것을 권하고 있다. 그러므로 국가의 발전을 위해 기독교의 발전을 위해 신실한 기독교인들이 국가 공무원에 할수록 많이 등용되어야 할 것이다.

이제 아브라함 카이퍼(Abraham Kuyper)의 정치 참여에 관한 주장을 관찰해 보자. 2천년 교회사에 있어 일반은총(一般恩寵, Common Grace) 분야와 기독교인의 정치참여에 관하여 가장 많은 업적을 남긴 사람 가운데 한분이 카이퍼이다. 그는 목회자로, 신학자로, 교육가로,

---

243) Ibid, Book, IV, 20:6.
244) Ibid, Book, IV, 20:7.

그리고 정치가로 칼빈주의 사상에 몰두한 인물이다. 그는 신문을 발행하여 개혁파 신학사상을 펼치는 운동을 했으며, 1879년 반 혁명당을 창당했으며, 네덜란드 개혁교회를 주도적으로 이끌고 나갔으며, 1880년 자유대학교를 설립하였으며, 1901년부터 1905년 까지 네덜란드 수상을 역임했다. 오늘날 한국교회에서 기독교인의 정치참여를 도외시하는 풍조를 넘어 아예 죄악시 까지 하여 기독교인의 정치참여에 대해 아무 전제도 없이 쉽게 정죄해 버리는 현상을 생각하면 우리는 카이퍼(Kuyper) 목사의 사역을 뼈저리게 인식해야 할 것으로 사료되어 진다.

개혁파 신학을 신봉하는 자들은 자신이 살고 있는 국가의 평화와 사회적 정의를 위해 정부에서 제공하는 모든 정치 분야에 적극 참여해야 한다. 또한 정부의 정치가 합법적으로 공정하게 실행되기 위해서 아무리 좋은 법을 적용해도 만인이 만족할 법은 없다는 것을 누구나 알고 있다. 그런데 만약 기독교인이 정치에 참여하지 않고 무관심한 자세로 일관할 때 국가가 불법을 행할지라도 아무도 책임을 질 수 있는 사람이 없다는 말이 된다. 우리는 불신자들의 양심이 하나님의 말씀에 전혀 접근할 수 없다는 것을 잘 알고 있다. 그들의 영혼은 이미 공중의 권세를 잡은 영들에 의해 사로잡혀 있기 때문이다. 심지어는 기독교인이라 할지라도 성령에 충만하지 못한 사람은 온갖 협잡과 모함이 오고가는 정치 세계에서 신앙인의 자세를 원칙대로 유지한다는 것은 참으로 어려운 일이다. 문제는 정치의 구조적인 제도에 있는 것이 아니라 원천적으로 인간이 원죄를 가지고 타고난 이상 죄의 비참한 상태를 완전히 벗어날 수 없다는데 있다. [245] 그렇기 때문에 기독교인 그것도 참신한 기독교

---

245) Abraham Kuyper, Our Program(A Christian Political Manifesto), Translated by Harry Van Dyke, Lexham Press, 2015, p.16.

인의 정치참여는 필수적이다. 이 땅위에서 인간이 살아가는 동안 질긴 죄에 대한 사악한 뿌리를 박멸하다는 것은 전혀 불가능하다. 특히 정치 세계에서 그렇다. 거기에는 권력과 돈이 따르기 때문이다. 인간의 포악한 죄성은 권력이 동반될 때 나타나기 마련이다. 그러므로 참으로 성령으로 거듭나고 충만한 기독교인들이 정치에 참여하되 그것도 적극적으로 참여하여 정의가 강물처럼 흘러내리는 국가의 정치를 정립해 나가야 한다.[246] 는 것이 카이퍼가 강렬하게 주장하는 지론이다.

다음으로 카이퍼(Kuyper)가 주장한 정치참여에 관한 논증은 도덕적 유기체로서의 국가에 관한 입헌 군주주의이다. 즉 국가는 국민들에게 헌법에 의한 도덕적 임무를 수행할 것을 요구하는 권한을 가지고 있다는 말이다. 국가의 조직을 어려움 없이 운영하기 위해서는 최대한의 법적 공약수를 국민들에게 제공해야 한다고 주장하였다. 카이퍼는 "나무와 경주하는 말" 이라는 예를 들어 설명하고 있는데 나무의 원(原)가지는 옆에 달린 작은 가지들을 키우는 힘을 가지고 있다. 또한 말의 머리는 육중한 몸을 지배한다. 몸의 각 부분은 머리의 지배를 받게 된다. 국가의 가장 최소 단위인 가정도 마찬가지이다. 아이들은 통치자로서의 아버지를 만나게 되고 어머니는 아이들의 구체적임 삶을 돌보게 된다. 마찬가지로 정부는 국가의 최고 통치적 기관으로 거기에 속한 모든 통치자들은 국민의 안녕, 경제, 사회의 질서, 그리고 국방 등의 임무를 수행하는 구성원을 갖추게 된다. 여기에서는 질서가 절대적 요소로 등장한다. 그러므로 국가의 정부는 도덕적 유기체를 바탕으로 성장해야 건전한 국가의 미래를 약속할 수 있다.[247]

---

246) Ibid, p.37.
247) Ibid, p.45.

카이퍼(Kuyper)의 논증에 의하면, 만약 우리 기독교인들이 국가에서 제공하는 정치의 참여를 거부하게 된다면, 하나님께서 6일간 열심히 일하고 하루를 거룩하게 지키라는 안식일에 관한 계명을 어기는 죄를 범하게 된다는 것이다. 또다시 언급하지만 정치에 참여하지 말라는 뜻은 정치적으로 중상과 모략을 일삼아 정적을 말살 시키는 일을 하지 말라는 의미일 것이다. 그러나 한국교회 안에 그것도 보수주의자들이라고 자처하는 이들이 밑도 끝도 없이 정치에 참여하지 말하는 주장만 앞세우고 있기 때문에 성도들은 물론 불신자들 까지 혼동을 일으키고 있는 실정이다. 오히려 역으로 주장하고 싶은 것은 기독교인의 정치 참여를 더 권장하여 기독교 국가를 건설하는 일에 앞장서도록 해야 한다. **복음통일 대한민국을 건설하는 국가로 만들어야 한다.** 가장 신실한 기독교인들이 정치에 적극 참여하여 세계에서 가장 강한 기독교 국가, 도덕적 정의가 가장 강하게 실현되는 국가가 되어야 한다. 우리는 10대 강국으로 만족해서도 안 되고 이를 너무 과대하게 생각하여 안일한 자리에 빠져 있어도 안 된다. 빨리 통일 한국을 성취하고 세계 5대 강국 안에 들어가야 한다. 그리고 일본을 능가해야 하고 가장 인구가 많은 중국과 인도에 복음을 널리 전해야 하고 가장 땅이 큰 동토의 나라 러시아에도 복음을 널리 전해야 한다.

2. 기독교인이 참여해야할 정치적 영역

사실상 기독교인이 참여해야할 정치적 영역은 따로 정해진 영역은 없다. 이 말은 국가가 행하는 모든 분야에 기독교인들이 빠짐없이 참여해야 한다는 말이다. 국가의 통치적 영역에 해당하는 분야에만 참여할 것이 아니라 교육, 예술, 문화, 경제, 기업, 과학, 기타 전문직 모든 분야에 기독교인들이 주도적 역할을 해야 한다. 이러한 분야는 통치의 영역에 해당하지 않기 때문에 정치와 상관이 없다고 생각하는 것은 잘못이다. 국가에 속한 모든 분야는 정치의 영역을 벗어날 수 없다. 예를 들어보자. 뛰어난 음악가가 있다고 생각해 보자. 그 음악가를 키울 수 있는 기회를 주는 역할은 정치가 해야 한다. 국가가 교육 시킬 수 있는 여건을 만들어 주는 역할은 국가가 뒤에서 정치적으로 경제적으로 배경이 되어주어야 한다. 국가가 가난하거나 음악을 무시하는 국가라고 가정할 때 그 음악가는 성장할 수 없을 것이다. 국가는 전쟁에 으뜸이 되기 위해 무기만 잘 준비하면 된다는 사람을 없을 것이다. 국가의 문명, 교육, 경제, 그리고 경영을 위해 정치가 균형을 이루어야 한다. 이러한 일반은총(Common Grace)의 영역에 속한 모든 일들을 조정하고, 발전시키고, 그리고 잘 운영하는 기술은 국가의 정치가 올바로 집행 될 때 가능한 것이다. 한국교회의 저변에 일반은총의 영역을 죄악시 하는 경향이 강하게, 그것도 근본주의적 영향을 받은 교회 안에서, 나타나고 있는데 대해 우려를 금할 수 없다. 교회와 세상을 선과 악으로 분리하여 2중적 신앙생활을 하게 하는 결과를 가져오게 한다. 개혁파 신학이 강조하는 신앙생활은 율법무용론을 주장하는 것이 아니며 율법주의에 기반을 둔 신앙생활을 강조하는 것도 아니다. 하나님께서 정해 주신 율법을 선용하는 신앙생활을 주장한다. 그러므로 제 4계명이 명한대로 6일간 일반은총의 영역에서 열심히 일반 노동에 임하다가 7일째 되는 날에는 모든 일반 노등을 쉬고 하루를 나를 위해 하는 일을 죽이고 하나님을 위해 사는 날로 섬겨야 한다. 주일에 밖에 나가 일반노동을 하는 것도 4계명을 범하는 일이지만 6일간 일반노동을 게을리 하고 매일 교회에 와서 시간을 보내는 것도 4계명을 어기는 일이다. 이 계명을 너무 가볍게 생각하여 일반 노동을 게을리 하여 가정의 경제를 돌보지 않고 기도원이나 교회를 방황하게 되면 비 기독교인들로부터 지탄을 받게 되여 오히려 전도의 문이 막히게 될 것이다. 교회의 예배가 가정으로, 직장으로, 그리고 사회로 번져 나가도록 해야 한다. 그러기 위해서는 국가가 제정한 모든 정치적 분야에 아주 능동적으로 참여해야 한다. 이제 기독교인들이 산업, 예술, 그리고 기타 전문직에 능동적으로 종사해야 하지만 특별히 반드시 참여해야할 정치적 분야를 점검해 보자. 다음의 이슈들은 현대 과학 문명이 발달하여 과거에는 상상조차 할 수 없었던 주제들인데 국가의 발전에 저해가 되기도 하고 잘 처리하면 큰 도움이 되기도 한 문제들이다. 어떻게 정치의 힘으로 해결해야 할까? 라는 방법을 성경말씀에 의거하여 해답을 찾아보려고 한다.

1) 생명의 보호

천하보다 귀한 생명을 어떻게 취급 하느냐? 하는 문제는 기독교 국가에서 끊임없이 이슈가 되어왔다. 그 이슈는 낙태, 안락사, 법정에서의 사형, 그리고 자신의 방어를 위한 총의 소유권 등이다. 미국을 위시한 세계 여러 나라에서는 개인적으로 총을 소유할 수 있도록 법으로 보장되어 있다. 이러한 주제들을 어떻게 성경적으로 결론을 도출해 낼 수 있느냐가 문제이다.

(1) 낙태

아마 한국처럼 쉽게 낙태를 하는 나라도 드물 것이다. 낙태를 시도하는 산모는 그 나름대로 문제를 안고 있다. 성적 폭행으로 인해, 결혼하기 전에 불장난 등으로 인하여 원치 않는 아이를 꼭 탄생시켜야 하느냐의 문제이다. 그럴 때 산모는 자신의 고통과 경제적 어려움을 생각하여 우선 낙태를 고려하게 된다. 과거 의학이 발달되지 못한 시대에는 사회 분위기가 도덕적으로 강하게 작용했기 때문에 어린이를 낳아 숨기고 다른 곳에서 성장 하도록 하면서 멀리서 아이를 돌보는 경우가 많았다. 그렇다면 오늘날 어린 생명을 보호하기 위해 낙태를 금지하는 법을 제정해야 하느냐의 문제가 발생한다. 이에 대한 대답은 성경적으로 볼 때 한 생명이 천하보다 더 귀하기 때문에 낙태를 하지 못하도록 법으로 정해야 한다고 대답해야 한다. 그러나 여기에 따르는 법의 제정은 세밀한 탐구가 있어야 할 것이다. 태아에 있는 어린이의 건강 상태, 탄생 후의 어린이를 양육하는 책임문제, 산모와 어린이에 대한 병원비의 감당, 그리고 입양문제 등의 입장을 고려하여 구체적인 법을 제정해야할 것이다. 그러나 의학적으로 어린이는 물론 산모의 건강 상태가 낙태를 하지 않고는 서로의 생명을 잃어버릴 지경에 이르렀을 때에는 법의학을 제정하여 이에 따르도록 해야 할 것이다.

성경에는 태아의 어린 아이를 한 인격체로 나타낸 구절들이 여러 곳에 나타나고 있다. 눅1:41-44절에는 "아이가 내 복중에서 기쁨으로 뛰놀았도다." 라고 말씀하고 있고, 시51:5절에는 "내가 죄악 중에 출생하였음이여," 라고 말씀하고 있고, 시139:13절에는 "주께서 나의 모태에서 나를 만드셨나이다."라고 말씀하고 있고, 창25:22-23절에는 "에서와 야곱이 서로 먼저 나오기 위해 발꿈치를 잡았다." 라고 말씀하고 있고, 출21:22-25절에는 "사람이 서로 싸우다가 임신한 여인을 때려 낙태하게 하였으면 벌금을 내되 생명에 대해서는 생명에 대한 것으로 갚으라." 고 말씀하고 있다.[248] 위에 언급된 성경구절들은 태중에 있는 어린아이도 인격이 있음을 말씀해 주고 있다. 오늘날 과학의 발달로 자신들의 편의와 경제적 여건을 생각해서 너무나 쉽게 낙태를 시행하고 있

---

248) Wayne Grudem, According to the Bible, Zondervan, Grand Rapids, Michigan, 2010, pp.158-159.

는 현실을 볼 때 임신한 본인은 물론 태중의 어린이와 관계된 사람들, 의사들, 그리고 정부의 요인들은 생명의 중요성을 깨닫고 생명에 대한 신중한 결정을 내려야 함은 물론 국가에서는 건강한 어린이를 낳아 합법적인 입양을 시키는 법을 빨리 제정해야 할 줄로 안다.

(2) 안락사

안락사(安樂死, Euthanasia)라는 말은 헬라어에서 유추된 말인데 좋은(ευ, good)이라는 뜻과 죽음(θανατος, death)이라는 합성어로부터 나온 단어이다. 의학이 발달되지 못한 옛날에는 불치의 병에 걸리면 죽음의 날을 기다리는 수밖에 없어 안락사라는 말이 통용될 수 없었다. 그러나 현대에 많은 사람들이 산소 호흡기를 차고, 무의식 상태에서 심장이 작동하고 있기 때문에, 오래 동안 생명을 유지하고 이는 경우가 많다. 미국에서는 이 문제를 법적으로 규정하기 위해 심장이 멎어야 사망으로 결정하느냐? 또는 뇌의 기능이 정지 되어야 사망으로 결정하느냐? 의 심각한 법의학적 문제가 사회적으로 큰 이슈가 되기도 했다. 또한 큰 이슈 된 것은 환자가 의식을 가지고 있는 상태에서 병으로 인할 고통이 너무 심해 의사에게 안락사를 강하게 요구하는 경우에 어떻게 합법적으로 처리해야 하는가이다. 또한 기독교인으로서 자살을 어떻게 규정하느냐의 문제가 한국기독교 안에 상당히 큰 이슈가 되어 있다. 심지어 어떤 부류에서는 "자살하면 지옥 간다." 라는 비성경적인 교리를 가르치고 있다.

30여년 전 까지만 해도 대부분의 사람들이 심장이 멎으면 생명이 끊어진 것으로 규정했다. 그러나 현대 의학의 발달로 그 규정이 조금씩 달라지고 있다. 비록 산소호흡기를 통해 숨을 쉬고 있을 지라도 뇌의 기능이 모두 죽어 있는 상태에서 정상적으로 생명이 회복된 사람은 없다는 의학적 결론이 나왔기 때문에 이제는 뇌의 사망은 생명이 끝나는 것으로 규정하고 있다. 이러한 문제도 깊은 법의학이 정립되어야 할 점이다. 또한 극심한 고통을 당하고 있는 환자가 스스로 죽기를 원해 의사에게 안락사를 시켜 달라고 애원할 때 이 문제도 기독교 입장에서 어떻게 처리해야 할 수 있는가를 성경적으로 규정하여 법적으로 국가가 판결해야 할 것으로 본다. 더욱이 "자살하면 지옥 간다."는 성경에 근거 없는 말들로 인하여 한국교회 안에 정설로 받아들여지고 있는 문제도 정립되어야 할 것으로 보인다.

출애굽기 20장 13절에 "살인하지 말지니라."라고 명령하고 있다. 그러나 사무엘 하 1:1-16절에 보면 다윗이 하나님께서 기름 부은 자를 죽인 아말렉 사람을 죽이라고 명령하고 있다. 이러한 모순되는 것처럼 보이는 성경구절을 어떻게 해석할 것인가? 출애굽기 20:13절의 말씀은 사적 의미에서는 살인하면 안 된다는 명령이며 공적 입장에서의 삼하1:1-6절의 말씀은 공적 의미에서 당연히 사형에 처해야 한다는 말씀이다. 그러므로 우리가 낙태, 자살, 또는 안락사는 성경적으로 불가하다. 그러나 자살 자체로 인하여 지옥 간다는 말은 성경적이 아니다. 천국과 지옥은 원래 하나님의 예정 가운데 선택과 유기로 결정된 사항이지 자살이라는 행위로 결정된 사항이 아니기 때문이다. 자살한 가롯 유다를 향해 예수님께서 "그 사람에게는 화가 있으리로다."라고 말씀하셨고 지옥 간다는 말씀은 없었다. 그러므로 우리는 기독교인으로서 절대 자살을 하면 안 된다고 가르치면서 그 자살로 말미암아 많은 사람에게 덕을 끼치지 못할뿐더러 자신에게도 유익이 없는 것은 오직 하나밖에 없는 생명을 스스로 끊으면 안 된다고 가르쳐야 한다. 아무리 고통스러워도 하나님께서 그 고통을 면하게 하실 시기는 인간으로서는 측정할 수 없고 오직 하나님만 아시고 계시니 때를 기다리는 것이 옳다고 가르쳐야 한다. 한국인들의 자살률이 OECD 국가 가운데 가장 높다는 것은 그 만큼 참을성이 적고 감정적이라는 성미를 말하고 있다. 무슨 일이 닥치더라도 하나님의 섭리를 생각하고 기다리는 신앙의 자세가 되어야 한다.

(3) 사형제도

민주제도가 발달되면 발달 될수록 사형 제도를 폐지하는 국가가 늘어가고 있다. 미개한 국가일수록 사람을 죽이는 일을 간단하게 생각한다. 그러나 깊이 생각할 것이 있다. 법을 강력하게 집행하지 않으면 인간의 포악함이 반비례적으로 더 강해진다는 점이다. 미국의 예를 들어보면 그것을 잘 인식할 수 있다. 1970년대 까지 미국의 각 주 대법원에서는 사형 제도를 실행하지 않는 수가 늘어갔다. 인간을 잘 선도하면 범죄가 줄어들 것으로 생각했다. 이는 기독교 안에 잠재해 있었던 자유주의가 국가에까지 영향을 주었기 때문이었다. 즉 인간을 선하게 태어난 존재로 보았기 때문이다. 동양 사상의 성선설(性善說)과 통하는 사상이다. 각 주마다 법집행을 가능하면 순하게 하면서 선도하는데 힘을 기울였으나 극악한 범죄만 늘어갔다. 교육계에서도 학생들에게 체벌을 하지 않고 교훈하는데 중점을 두었으나 청소년 범죄는 날로 늘어만 갔다. 결국 미국 사회가 너무나 문란해지고 청소년들의 타락은 질주하는 고속도로처럼 과속화되어 갔다. 성적 자유와 여성해방운동을 부르짖는 아우성이 미국 법정을 울리고 있었다. 그러나 허피스(Herpis)라는 성병과 면역 결핍증(AIDS)이라는 병이 미국에 만연되기 시작했다. 결국 미국의 보수주의 목회자들이 도덕 우선주의 깃발을 들고 나섰다. 그들은 외치기를 **그러한 병들은 하나님의 저주로부터 온 병이다. 먼저**

미국이 도덕적 불감증을 회개해야 한다. 법집행을 강화해야 한다. 국가는 극악한 범죄자들을 처벌해야 한다. 그리고 청소년 범죄자들도 강하게 단속해야 한다. 는 등등의 구호를 들고 나와 매스컴을 동원해 외치기 시작했다. 그 결과 많은 변화가 왔다. 레이건 대통령 이후 공화당이 장기 집권을 하게 되고, 아무리 어린 청소년이라고 할지라도 같은 종류의 죄를 세 번 이상 범하게 되면 성인 재판에 회부해 무거운 형벌을 내리게 하고, 중범 자에게 사형을 집행하는 주가 늘어가게 되고, 그리고 교회는 보수화 되어 성경을 강해하는 곳이 급하게 늘어가게 되었다. 물론 미국에서는 사형을 집행할 때 억울한 사람이 없도록 아주 조심하여 두 번, 세 번, 범죄자의 범행을 확인하는 절차를 밟아 실행한다. 한국에서 과거 사형이 확정된 후 24시간도 안 되어 집행해 버린 예는 너무나 생명의 귀중함을 무시한 처사이다. 항간에 들리는 말로 사형을 당한 사람들이 혹심한 고문을 당했기 때문에 온 몸의 상처를 숨기기 위해 빨리 사형을 집행하고 그 시신을 가족들에게도 안돌려 주고 화장해 버렸다는 것이다. 만약 그 일이 사실이라면 한국이 얼마나 미개한 국가인가를 세계에 알리는 것 외에 아무것도 아니다. 성경에는 사형을 집행하는 법을 구체적으로 제정하여 명령하고 있다. 그러므로 성경은 사형을 집행할 것을 명령하고 있다. 그러나 성경은 또한 한 사람의 생명이 천하보다 귀하다고 말씀하고 있다. 그러므로 극악한 사람을 사형시켜야 할 때는 다른 생명을 살리는 입장에서 집행해야 한다. 공적으로 많은 사람의 생명을 짓밟은 자를 살려 두어 아무런 유익이 없을 때 사형을 집행해야 한다.

사형의 원리는 창9:5-6절에 "다른 사람의 피를 흘리면 그 사람의 피도 흘릴 것이니 하나님이 자기 형상대로 사람을 지으셨음이라." 그리고 창37:22, 민35:33, 왕상2:31, 겔22:4절에는 "사람이 다른 사람을 죽이게 되면 그도 죽일 것이라." 라고 말씀하고 있다. 성경은 하나님께서 사람을 하나님의 형상대로 창조하셨기 때문에(창1:27) 생명에 대한 귀중함을 고취시켜 주고 있다. 모세가 이스라엘 백성을 이끌고 광야를 여행할 때 하나님께서 모세언약의 법을 체결한 내용 가운데에는 생명의 귀중함을 고취시키는 사형 제도를 출애굽기, 레위기, 민수기, 그리고 신명기에 강하게 시사하고 있다. 이 원리는 창조로부터 시작된다. 창9:15-16절에 노아와 맺은 영원한 언약 가운데 "다시는 모든 육체를 멸하는 홍수가 되지 아니하리라... 물이 모든 육체를 멸하는 홍수가 되지 아니하리라." 라는 말씀은 이 땅의 생명을 함부로 취급할 수 없다는 경고이다. 포악한 위정자들은 사람의 생명을 자기의 마음대로 처리할 수 있다고 생각하는 경우가 허다하다. 행12:2절에 요한의 형제 야고보를 칼로 죽인 사건이나 행16:27절에 간수가 스스로 목숨을 끊으려고 한 사건을 보면 알 수가 있다.[249]

성경은 타의 생명을 귀하게 여겨 살인을 금하고 있다. 그러나 타의 생명을 함부로 취급하는 사람에게는 그 대가를 치룰 것을 말씀하고 있다. 우리는 극악무도한 살인범에 대해 형벌을 가볍게 내리게 되면 포악한 범죄가 사회에 만연한다는 사실을 알아야 한다. 인간은 스스로 하나님의 선을 행할 수 없는 전적으로 부패한 존재이기 때문에 악의 전파는 급속도로 번지게 된다. 그러므로 포악한 자를 선으로 인도한다는 명목하에 형벌을 가볍게 내리게 되면 사람들 마음속에 큰 범죄를 행해도 가벼운 처벌을 받든다는 의식이 잠재해 있기 때문에 쉽게 죄를 범하게 된다. 상벌규정은 항상 균형을 이루어야 한다. 선한 일을 적게 함에도 큰 칭찬이나 상을 내리게 되면 인간은 교만해지고 큰 범죄를 행했음에도

---

249) Ibid, pp.186-179.

가벼운 형벌을 내리게 되면 인간은 죄를 범하는 습관이 더 깊어지게 된다. 인간은 항상 자신의 선은 확대해석하고 남의 흠집은 강하게 파헤치는 본성을 버릴 수가 없다. 그렇기 때문에 국가에서 행하는 상벌 규정은 항상 균형을 맞추어야 한다.

2) 성과 결혼 그리고 동성애

성과 결혼 문제에 대하여 성경은 그 중요성을 너무나 강하게 강조하고 있다. 가정은 국가를 부흥시키는 원동력이기 때문이다. 가정의 파괴는 국가의 벌전을 저해한다. 성경에서 절대 금하고 있는 성에 관한 문제는 일부다처, 이혼, 간음, 동성애, 그리고 근친결혼에 관한 것들이다. 가정을 이루는 결혼은 한 남자와 한 여자로 규정하고 있다. 또한 성경에서는 하나님의 일을 위해 혼자 사는 것을 말씀하고 있지만 근본적으로 한 남자와 한 여자의 결혼을 통해 가정을 이루고 그 가정을 통해 하나님을 섬기는 가장 기본적인 단위를 형성할 것을 말씀하고 있다. 서구에서 일어났던 성의 개방운동은 구미에 사회적으로 엄청난 성도덕의 불감증을 몰고 왔다. 성적 타락의 증가는 강력범죄의 증가와 비례적으로 나타난다. 사회적 혼란의 원인이 된다.

미국의 예를 들어보자. 세계 제 2차 대전 후 서구에서는 허무주의가 바람을 일으키기 시작했다. 그 허무주의는 젊은이들을 방탕의 길로 인도했다. 나체족(Beatnik)을 양산해 냈다. 사회보장금을 받아 겨우 생계를 유지하면서 외딴 바닷가에 모여 성에 대한 해방을 외치며 규격 있는 생활을 팽개치고 반문화 운동(Counter Cultural Movement)으로 일으켰다. 더욱 문제를 일으킨 것은 이 운동을 도시로 이끌고 들어오는 반-반문화 운동(Neo-Counter Cultural Movement)이었다. 청소년 범죄는 급격히 증가하고 강력범은 더욱 기세를 부리게 되었다. 성적 타락으로 인해 허피스(Herpes)라는 성병이 만연하게 되고 동성애(Homosex)의 성행으로 인하여 면역결핍증(AIDS)이라는 병이 확산되어 갔다. 아무 이유 없이 총기를 난사하여 다수의 어린 학생들과 시민들을 사살하는 일들이 빈번하게 일어났다. 심지어는 영화의 모형을 따라 돈키호테의 영웅 심리를 모방하여 대통령을 총기로 저격하는 사건이 일어나기까지 하였다. 여기에서 미국의 보수주의 목사들이 들고 일어났다. "면역결핍증(AIDS)은 하나님께서 내리신 저주의 병이다. 성적 타락은 국가를 망하게 한다." 라고 외치기 시작했다. 1990년대 이후 미국교회와 사회는 보수주의로 회귀하기 시작했다. 차츰 청교도적 복고(Restoration)가 시작되었다.

인간이 창조된 이후 모든 법칙이 성경을 떠나 인간의 좁은 생각에 치우쳐 얄팍한 수를 부리게 되면 결국 스스로 패망의 길을 간 역사가 얼마나 많은가? 성경에 나타난 역사서를 보면 그것이 확연하게 드러나 있다. 창1:27-28절에 보면 "하나님께서 인간을 남녀로 창조하시고 그들에게 복을 주사 생육하고 번성하여 땅을 정복하라." 고 말씀하고 있다. 성경은 아담과 이브의 가정을 통해 이 땅을 정복하면서 삶을 영위해 나갈 것을 지시하고 있다. 이스라엘 백성이 출애굽한 이후(출1장-15장) 하나님께서는 출21장-40장, 레위기, 민수기, 신명기를 통하여 가정, 국가, 사회를 정화하는 법을 제정하여 주셨다. 그 법은 창세기 3장에 근거한 것인데 특별히 결혼의 법칙은 마19:4절에 "남자와 여자로 창조된 두 사람이 부모를 떠나 한 몸이 되었으니 하나님이 짝 지어 주신 것을 사람이 나누지 못한다." 라고 말씀하고 있다.

웨스트민스터 신앙고백 **제 24장 결혼과 이혼에 관하여** 에서는 다음과 같은 고백이 기록되어 있다.

1. 결혼은 한 남자와 한 여자사이에 이루어지되 한 사람 이외의 아내를 동시에 두거나 한 사람 이외의 다른 남편을 두는 것은 합당치 못하다(창2:24, 마19:5-6, 잠2:17).

2. 결혼은 남편과 아내의 상호 협조를 위하여, 합법적인 후손을 통한 인류의 증가를 위하여, 그리고 부정방지를 위하여 제정되었다(창2:18, 말2:15, 고전7:2,9)

3. 결혼에 동의할 수 있는 판단력을 가진 사람이면 누구나 결혼을 해도 합법적이지만 그리스도인은 오직 주 안에서 결혼할 의무가 있다. 그러므로 참된 개혁신학을 고백하는 사람은 불신자, 천주교신자, 또 다른 우상숭배 자들과 결혼해서는 안 된다. 또는 믿는 자들이 그 생활이 유별나거나 악독한 사람이나 멸망 받을 이단설을 주장하는 자와 결혼함으로 부적당하게 멍에를 매어서도 안 된다(히13:4, 딤전4:3, 고전7:36-39, 창24:57-58, 창34:14,16. 신7:3-4, 왕상11:4, 느13:25-27, 말2:11-12, 고후6:14).

4. 말씀이 금지하고 있는 친족 또는 인척 등과 결혼하지 못한다. 인간의 어떤 법으로나 쌍방의 동의로도 근친상간의 결혼은 합법적으로 이루어질 수 없으며 이들은 남편과 아내로 살 수 없다. 남자는 자기 아내의 친족 가운데서 혈연적으로 가까운 자와 결혼할 수 없고 아내도 그 남편의 친족 가운데서 혈연적으로 가까운 사람과 결혼할 수 없다(레18:1-30, 고전5:1, 암2:7, 막6:18).

5. 약혼 후 간음이나 간통이 결혼 전에 발각되면 순전한 편에서 파혼할 수 있는 정당한 근거가 된다. 결혼 후에 범한 간음의 경우 순결한 편에서 이혼 소송을 제기해도 합법적이며 이혼 후에 마치 불결했던 자가 죽은 것처럼 다른 사람과 결혼해도 합법적이다(마1:18-20, 마5:31-32, 마19:9, 롬7:2-3).

6. 비록 인간의 타락이 너무 커서 연구할 논란의 대상이 되고 하나님께서 결혼으로 짝지어 주신 자들도 부당하게 나누어지기 쉽지만 간음 또는 교회나 국가 행정기관도 구제할 길이 없도록 고의적으로 버린 것 외에는 그 어떤 것도 결혼 유대를 취소할 충분한 이유가 될 수 없다. 이혼을 할 때에는 공적이요 순서 있는 절차를 밟아서 하고 관계된 사람들이 자기 뜻대로 하거나 자기 소견에 좋은 대로 일을 처리하게 해서는 안 된다. 이 전체적인 유형 교회에, 그리스도께서는 사명과 예언과 하나님의 규례들을 두셨으니, 이는 성도들을 불러 모으고 이생에 있는 성도들을 세상 끝날 까지 완전케 하려 하심이다. 그리고 그의 약속대로 그리스도 자신의 임재와 성령에 의하여 그 모든 것이 사역하게 만드신다(마19:6, 8-9, 고전7:15, 신24:1-4).

우리가 여기서 중요하게 다루어야 할 주제가 있다. 그건 바로 동성애(Homosexuality)에 대한 문제이다. 수년전 서울시장 박OO씨는 미국 방문 중에 "대한민국이 아세아에서 가장 먼저 동성애자들이 다른 이성애자들과 같이 법적으로 보호받는 나라가 되기를 원한다." 라는 취지의 발언을 했다. 그리고 지금 매년 여름 서울 시청 앞 광장에서 *퀴어라* 는 이름으로 동성애 축제가 열리고 있다. 더욱 가관인 것은 가려야 할 부분만 가리고 거의 나체 상태로 서울 시가를 행진하였다. 또한 구역질 나게 만드는 성기모양의 쿠키를 만들어 팔고, 동성애를 행하는 모양을 연출하고, 동성애를 옹호하는 각종 선전문은 인쇄하여 거리에 뿌리고 다녔다. 이러한 일들은 풍기문란에 해당된다. 이러한 풍기문란으로 서울시청 앞에 장시간 교통이 마비되기도 했다. 좋은 집회로 교통이 마비되어도 국민들은 각자 자기 일에 지장을 받을 때 얼굴이 찌푸려지는데 하물며 보기 흉한 집회로 인해 많은 국민들이 자신의 삶에 대한 지장을 받을 때 짜증이 날 수밖에 없다. 서민 정책을 우선으로 해야 할 정치가들이 인기에 매몰되어 엉뚱하게도 국가가 패망하는 정책을 인권이란 명목으로 시행하고 있다.

　왜 동성애가 국가의 발전에 막대한 지장을 초래하는가? 라는 문제를 분석해 보자. 성경은 역사적으로 동성애가 창궐하면 나라가 패망한다는 사실을 보여주고 있다. 창19장 소돔과 고모라의 멸망은 그 원인이 동성애가 만연하였던 것을 적나라하게 보여주고 있다. 로마의 제왕정치가 시행될 당시에도 많은 동성애가 성행하였던 사실을 로마서 1:26-32절 이하에 의해 알 수 있다. 동성애에 취해 있는 자들은 "음욕이 불 일듯 한다." 라고 말씀하고 있다. 그렇다. 동성애자들이 삼각관계가 형성되면 상대를 죽이고자 하는 마음이 보통 사람보다 3배 이상이라고 한다. 그들의 심령상태는 불의, 추악, 탐욕, 시기, 살인, 분쟁, 사기, 악독이 가든한 자, 수군수군하는 자, 비방하는 자, 하나님께서 미워하는 자, 교만한 자, 자랑하는 자, 악을 도모하는 자, 보모를 거역하는 자, 무매한 자, 배약하는 자, 무정한 자, 부자비한 자, 이 같은 일을 행하는 자는 사형에 해당한다는 것을 알고도 이 일을 행할 뿐 아니라 그런 일을 행하는 자를 옳다고 한다. 동성애를 행하는 자들을 보면 그들이 부끄러운 줄을 모르고 아주 교만하고 오히려 그 일을 자랑하고 다닌다. 동성애자들의 소수가 한 직장에 들어가게 되면 화평이 조성되기는 고사하고 그 직장에 시기와 질투가 급격히 퍼지고 일에 대한 의무와 책임이 해이해 지기 시작한다. 이는 이미 미국에서 여러 신문 방송을 통해 발표한 것을 본 적이 있다. 또한 의학적으로 동성애로 인한 면역 결핍증 환자의 치료비가 암 환자의 10배 이상이 든다는 것은 상식적인 문제이다. 이렇게 국가에 피해를 끼치는 일을 옹호하고 나선 정치가들은 대한민국을 위해 일하는 사람들인가? 아니면 나라를 망하게 하는 사람들인가? 를 묻고 싶다. 기독교인들은 이러한 문제를 바로잡기 위해 분연히 일어나 국가의 정치가들을 향해 소리를 내야 한다. 지금 소위 자유와 민주를 추구하는 당에서는 동성애 문제를 호의적으로 받아들이려는 자세를 취하고 있는데 대해 심히 우려스러운 마음을 금할 수 없다.

인간이 성적으로 극단적인 타락의 길로 들어서게 되면 그것이 동성애로 빠지게 경우가 많다. 이는 본성적으로 일어나는 문제가 아니고 대부분 습관적으로 일어나는 문제라고 심리학계에서 그리고 의학계에서 말하고 있다. 화산의 폭발로 멸망한 고대 봄베이의 자취를 관광해 본 사람들은 벽에 두 사람이 성을 즐기다가 그대로 불타 버린 화석을 볼 수 있을 것이다. 그 화석에는 뼈의 형상이 다른 성의 형상이 아닌 것들, 즉 같은 성의 형상임을 즉시 알 수 있는 것을 발견하게 될 것이다. 역사적으로 소돔과 고모라의 멸망은 차치하고라도 로마가 멸망할 때 동성애가 성행했다는 것은 바로 비정상적인 성생활이 얼마나 국가의 도덕에 치명타를 가하는지를 알 수 있는 문제이다. 이러한 인간의 못된 성질을 너무나 잘 알고 계신 하나님께서 동성애자들은 사형에 처하라고 레위기 20장 13절에 말씀하고 있다. 그 이유는 하나님께서 동성애를 향해 가증한 것으로 규정하셨기 때문이다(레위기 18:22절).

인간의 생활이 부요하게 되면 정상적인 삶을 떠나 엉뚱한 쾌락을 쫓아가는 습성이 있다. 그 삶은 마약 중독, 술 중독, 그리고 동성애 등에 취하는 습관이다. 미국에서는 마약 방지법이 강하다. 술과 담배를 중독의 물질로 규정하고 치료법을 개발하고 있다. 중국에서는 마약으로 인하여 심한 고역을 치른 경험이 있기 때문에 마약 방지법이 세계에서 가장 강력한 국가가 되었다. 마약에 연루된 범법자들은 대부분 사형에 처해진다. 그럼에도 불구하고 중국의 마약 밀수는 세계에서 유래 없는 거래를 제공하고 있다. 우리 대한민국도 마약, 술, 담배에 대한 강력한 법적 제지가 필요하며 고차원적인 치료법을 개발해야 할 것이다. 그래야 국민건강이 증진되고 그 건강은 국가가 발전하는데 밑거름이 될 것이다. 동성애에 대해서도 마찬가지이다. 강력하게 제지하는 법을 만들어 국가의 부흥에 일조를 해야 한다. 이러한 법을 만들기 위해서는 기독교인들이 정치에 적극 참여해야 한다. 목회일이나 하지 무슨 정치참여냐? 하고 뒷짐을 지고 처다 보다가 국가의 도덕이 무너지고, 정치가 무너지고, 그리고 국가가 무너지게 되면 기독교인들이 위대한 애국자로 남을 수 있는가?

3) 국방

국민은 반드시 국방의 의무를 져야 한다. 요즈음 한국에서 종교적 양심에 의한 징집에 불응한 자들에게 관대한 법적 처리를 보고 과거 대한민국이 어떻게 세워졌는가? 를 생각할 때 참으로 마음이 찢어지는 것 같은 느낌이었다. 군에서 몸은 다쳐 지금까지 허리와 어깨 통증으로 고생을 하면서 50여년을 살아온 세월을 생각해 보면 시대와 상황의 변화에 깊은 자괴감을 감출 수가 없다. 국방은 국가의 발전에 비례한다. 국방이 강하면 그만큼 국가가 강하다는 뜻이다. 옛 속담에 "외교는 부드럽게 국방을 강하게" 라는 말이 있는데 우리는 경제를 발전시켜 국방비를 많이 책정해 군사력을 키워야 한다.

전쟁은 두 나라 사이에 벌어지는 살인행위이다. 국토를 빼앗기 위해 상대 국가의 병정들을 죽이는 전술을 구사한다. 그렇다면 한쪽에서 평화 정책을 시행한다고 해서 그것이 쉽게 평화를 조성할 수 있는가? 이스라엘 국가의 역사는 전쟁의 역사가 많은 부분을 차지하고 있다. 그 역사는 하나님께서 다스리는 백성들과 이방 나라와의 전쟁의 역사이다. 그러므로 우리가 하나님을 섬기는 기독교 국가가 될 때 종교적 관점에서 보면 하나님의 백성의 나라와 이방 나라의 전쟁이 벌어질 수 있다고 생각해야 한다. 사실이 그렇다. 우리나라가 왜인들에게 짓밟혔을 때 우리 신앙의 선조들이 얼마나 고초를 당하고 또 순교를 해야 했던가? 그리고 또한 6.25 전쟁은 북의 비기독교 국가가 우리 기독교 국가를 침범해 수많은 우리 신앙의 선배들이 목숨을 잃어버려야 했던 사건이 아닌가? 그리고 국민들이 너무나 많이 억울한 누명을 쓰고 피를 흘려야만 했던가? 그러므로 기독교인들은 물론 위정자들이 항상 검소하고 경건한 생활을 통해 기독교를 전파하는 교회의 사명에 중점을 두는 반면 도움이 되는 국가의 법을 바로 세워 기독교인들이 복음전파의 사명을 더 효과적으로 할 수 있도록 정치에 심혈을 기울여야 한다.

국가의 위기는 교회의 위기로 이어진다. 이스라엘이 하나님을 멀리할 때 국가의 재앙으로 이어졌다. 삿2:13절 이하에 보면 이스라엘이 바알을 섬기게 됨으로 하나님께서는 이웃 나라로부터 노략을 당하게 하셨다. "여호와의 손이 그들에게 재앙을 내리셨다." 고 말씀하고 있다. 이 말씀은 국가의 위기가 우연이 아니고 하나님을 섬기는 일과 직결된다는 점을 교훈하고 있다. 그러므로 기독교 국가의 국방은 교회의 보호로 이어진다. 교회와 국가의 방어를 위해 적이 우리의 생명을 공격해 올 때 우리는 피흘림을 각오하고 전쟁에 참여해야 한다. 출20:13절은 사적 원리에 의해 "살인하지 말라." 고 명령하고 있다. 그러나 공적 원리에 의해서 신20:1절은 적군과 싸우기 위해 전쟁에 나가라고 명령하고 있다. 또한 렘 48:10절에 "자기 칼을 금하여 피를 흘리지 아니하는 자도 저주를 받을 것이로다." 라고 말씀하고 있다. 이단 여호와 증인에서는 비전론을 주장하면서 성경이 말씀하는 사적 원리를 공적 원리에까지 적용하여 해석상 문제를 일으켜 국방의 의무를 회피하는 무모한

짓을 하고 있다. 만일에 종교적 신념에 의해 많은 국민들이 국방의 의
무를 저버리게 되면 외국의 침입에 의해 국가가 위기를 당할 때 누가
책임을 질 것인가? 비전론에 의해 평화를 주장하는 그들이 책임을 질
수 있는가? 기독교인들은 국방의 책임을 바로 수행할 수 있는 법을 강
화하도록 정치에 적극 참여하여 힘을 발휘해야 한다.

4) 경제

조선시대에는 장사하는 사람들이나 공업에 종사하는 사람들을 양
반의 대열에서 쫓겨난 상놈이라 하여 저급한 단계의 인간으로 취급하
였다. 정말 국가의 경제를 모르는 무식한 생각이 아닐 수 없다. 국가의
경제는 상식적으로 말하면 공업을 발전시켜 장사를 잘해야 된다는 것
은 우리가 다 아는 사실이다. 거기에는 과학의 발전과 자원의 풍부함이
지원되어야 한다는 것도 우리가 다 아는 상식이다. 이 경제는 근면과
직업의 귀천이 없는 사회풍토가 동반되어야 한다는 것도 우리가 다 아
는 상식이다. 또한 낭비도 절제해야 하고 금융의 흐름, 산업의 활성화,
그리고 부동산의 안정 등이 동반되어야 하는 것도 중요한 요소로 작용
한다. 경제는 국가를 풍요하게 하는 절대 요소이다. 국방, 국민의 안정,
과학의 발전, 고차원적 교육, 건강 보험, 세금문제, 사회보장제도, 그리
고 무역 등 수많은 분야에 경제가 관계되어 있다. 한마디로 돈이 있어
야 이러한 일들을 해낼 수 있다.

경제적 발전을 위해서는 타국과의 국제적 관계를 잘 유지하는 외교
가 엄청난 비중을 차지한다. 이는 무역에 해당되는 일의 많은 부분을
외교가 감당하기 때문이다. 특별히 자원이 모자라는 우리나라는 외교
의 중요성이 절실히 요구되는 국가이다. 미국과 중국과의 무역전쟁, 우

리나라와 일본과의 수입과 수출에 관한 무역 마찰 등은 강대국에 끼어 있는 작은 나라로서 외교가 참으로 중요한 위치를 차지하고 있다는 것을 절실하게 느끼게 된다. 국가의 경제는 가정경제의 확대 정책에 기인한다. 국가에 속한 각 가정의 경제적 수준이 높다는 말은 국가의 경제적 수준이 높다는 말이다. GNP 또는 GDP는 각 개인의 경제적 수준을 말해주지만 국가의 경제적 수준을 말해주는 기준이 된다.

그렇다면 기독교인들은 각자 자기의 맡은 일에 충실하여 가정 경제를 높여야 한다는 것은 두말할 나위가 없다. 가정에서 아내와 남편이 각자의 맡은 일에 충실하여 가정경제를 원활하게 움직여 나간다면 자신들은 물론 자녀들에게도 많은 유익을 가져오게 한다. 그러나 인간은 돈에 약한 존재이기 때문에 항상 돈은 일만 악의 뿌리가 된다는 성경말씀을 기억하고 자신만을 위해 부를 누리는 악한 습관에서 벗어나야 한다. 미국의 유명한 기업가들이 천문학적인 돈을 벌어 은퇴 후에는 교회와 자선단체에 헌납하는 경우가 많은 것은 돈에 대한 사명이 어디에 있다는 것을 잘 아는 자들이라고 말할 수 있다. 십계명에 도적질 하지 말라는 명령과 이웃의 것을 탐내지 말라는 명령은 수동적인 의미에서 볼 때 내 것과 남의 것을 잘 지키라는 명령으로 해석된다. 이는 가정경제에 중점을 두고 하는 말씀으로 볼 수 있다. 농경시대에 이웃과의 경제적 규례를 출21:28-36절, 출22:1-15절, 신22:1-4절, 신23:24-25절, 잠22:28절, 23:10절 등에는 나와 이웃 사이의 경제적 구분을 확실하게 경계를 정하여 생활 할 것을 명령하고 있다.

인간은 태어날 때 본성적인 각자의 재능을 가지고 나왔다. 그 가운데 특별히 경제적 발전에 재능을 가지고 태어난 사람들이 있다. 반면에 어떤 사람들은 경제적인 면에서는 뒤지지만 과학이나 기타의 분야에 있어서는 능력이 뛰어난 사람들이 많다. 우리가 돈으로 사람을 평가할 때 돈을 많이 가진 사람을 우수하게 생각한다. 그러나 예술을 좋아하는 사람은 예술에 능한 사람을 우수하게 생각한다. 그러므로 모든 사람들은 자기의 재능을 통해 국가와 교회에 기여해야 한다. 많은 노력을 해서 많은 기여를 한 사람이 때로는 경제적 유익을 못 누리는 경우를 자주보게 된다. 천재 음악가 베토벤은 매우 가난했다고 한다. 그러므로 경제적 풍부를 누릴 수 있는 재능을 가지고 태어난 사람은 그 경제를 다른 재능을 키우는데 투자해야 한다. 그리고 다른 재능, 즉 과학, 예술, 체육, 그리고 기타의 분야에 특별한 재능을 가진 자들에게 그 경제를 투자하여 국가와 교회에 발전을 도모하도록 서로 분배해야 한다. 그리고 각 분야에서 재능을 가진 자들은 자기만 소유하는 기술로 끝나지 말고 많은 사람들에게 전수하여 더욱 발전시키도록 전달해 주어야 한다. 이러한 일들을 펼쳐 나가기 위해서는 많은 기독교인들이 국가의 요직을 차지할 뿐만 아니라 정치에 깊이 관여해야 한다. 이러한 교류를 교회에서만 시행할 것이 아니라 국가에서 대대적으로 시행하여 나라의 발전에 큰 기여를 할 수 있도록 인재를 발굴하고, 경제적 지원을 하고, 그리고 국가 행정을 통해 조직적으로 펼쳐 나가는 운동을 전개해야 한다.

국가의 발전은 국민들의 세금과 밀접한 관계가 있다. 세금은 수입이 많은 사람에게는 비례적으로 많이 내도록 해야 한다. 만약 어느 집권세력이 정치자금을 모금하기 위해 큰 기업에 세금을 감면해 주고 뒤에서 사적으로 돈을 챙기는 일은 절대 국가를 좀먹는 일이라는 것을 명심해야 한다. 정치가들은 기업을 잘하도록 뒤에서 육성책을 마련해 주고 기울어져 가는 기업을 살리기 위해 지원을 아끼지 말아야 한다. 선진국으로 갈수록 국민들이 세금을 많이 내고 있다. 그러나 그 국민들이 불평을 하는 경우는 거의 없다. 그 이유는 세금을 많이 내는 만큼 공공

기관으로부터 혜택을 누리고 있기 때문이다. 기업들이 세금을 감면 받기 위해 정경 유착을 하는 순간 국가에 막대한 부패를 가져온다는 것을 깊이 상고해야 한다. 또한 기업가들은 노동자들을 자기 식구처럼 생각해야 한다. 기업이 노사문제가 안 일어날 정도의 경영을 한다면 아마 세계 최고의 기업이 될 것이다. 엡6:9절에 "상전들아 너희도 그들에게 위협을 그치라 이는 그들과 너희의 상전이 하늘에 계시고 그에게는 사람을 외모로 취하는 일이 없는 줄 너희가 앎이라." 라고 말씀하고 있다. 세금을 탈취하면서 종업원들을 위협하고 불법으로 재정을 축적하지 말아야 한다. 또한 성경은 종들 즉 현대어로 말하면 종업원들에게 교훈하는 내용이 엡6:5절에 "종들아 두려워하고 떨며 성실한 마음으로 육체의 상전에게 순종하기를 그리스도에게 하라. 눈가림만 하여 사람을 기쁘게 하는 자처럼 하지 말고 그리스도의 종처럼 마음으로 하나님의 뜻을 행하고 기쁜 마음으로 섬기기를 주께 하듯 하고 사람들에게 하듯 하지 말라." 라고 말씀하고 있다. 종업원들이 회사에서 일할 때 전심을 다하여 진실하게 일할 것을 교훈하는 말씀이다.

오늘날 노사 문제가 기업과 국가경제에 많은 악영향을 끼치는 일이 많다. 어떤 노동조합원들은 다른 회사의 직원보다 더 많은 봉급을 받으면서도 파업을 하는 경우 이를 어떻게 이해해야 할지 이해를 할 수 없다. 노동자들은 기업가의 헌신과 노력을 고려해야 한다. 기업가는 많은 고심과, 재정적 투자와, 그리고 집중력을 가지고 기업을 살려 놓았기 때문에 그만큼 대가를 받아야 한다. 일반 종업원과 같은 대우를 받을 수 없다. 한편 기업가가 노동력을 착취하여 혼자만의 배를 채우는 일이 국가경제에 악영향을 끼치기도 하지만 회사가 기울어져 갈 위기에 처해 있거나 국가의 경제가 후퇴하는 마당에 집단 이익만을 고수하여 장기적인 파업을 지속하게 되면 국민들의 경제적 활동에도 악영향을 끼칠 뿐 아니라 중국에 가서는 기업과 국가경제에도 악영향을 끼치게 된다. 도둑질 하지 말라는 개념을 확대해서 생각해 보면 노동착취, 대기업의 소기업 말살작전, 과도한 노동쟁의, 그리고 정경유착 등은 국가경제를 좀먹는 요소로 등장하고 있다. 결론적으로 불노소득은 결코 없다. 노름하는 자가 가난하게 살 수밖에 없는 이유를 알아야 한다. 정치는 국민들이 자기의 직업에 종사 하여 열심히 일하고 배당된 세금을 내고 국가로부터 공공의 혜택을 받으면서 평안한 삶을 누리도록 인도해 주는 원리이다. 정치를 통해 권력을 쥐게 될 때 돈을 착취하여 자신의 영달을 위해 살다가 하나님을 모르고 이 세상을 마치게 되면 그 얼마나 불쌍한 사람인가?

3. 기독교 정당의 필요성

이 책에서 논하고 싶은 내용은 바로 **왜 국가에는 반드시 기독교 정당이 필요한가? 즉 기독교인은 왜 적극적으로 정치에 참여해야 하는가? 라는 물음에 대한 해답을 내 놓고자 함이다.** 기독교인 특히 장로교인 이라면 칼빈(Calvin)과 카이퍼(Kuyper)를 모르는 사람은 별로 없을 것이다. 그들은 현실 정치에 대해 깊이 관여하였고 교회와 국가에 대한 정론을 성경에 기초하여 논증하였다. 그런데 지금 한국교회 안에 소위 기독교 지식인이라 자처하는 분들은 물론 교회를 지도하는 목회자들마저도 기독교인 정치적 배타주의를 당연한 것처럼 쉽게 말해버리고 있다. 주로 보수주의를 지향하는 분들 가운데 그러한 경향성이 강하다. 특히 성직에 종사하는 사람이 정치에 참여하면 안 된다고 강변하는 분들이 많다. 더구나 기독교 정당을 조직한다는 말을 하면 그들은 더욱 강하게 반대하는 자들이다. 비성경적인 무지한 상식이 진리로 둔갑하여 신문방송에서 조차 기독교인의 정치 참여를 질타하는 말들이 쏟아져 나오고 있다. 특히 목회자를 향하여 성직을 그만 두고 정치에 참여하든지 아니면 성직만 수행하든지 양자택일을 하라는 주장이다. 그런데 반문하고 싶어지고 경고하고 싶어지는 생각이 심장의 저변으로부터 올라오는 것을 금할 수 없다. 그것은 기독교인의 정치참여 불가론이 성경적인가? 라는 물음이다. 칼빈(Calvin)은 제네바 의회의 정치에 깊이 관여하면서 종교개혁에 심혈을 쏟았고 19세기 3대 칼빈주의 신학자인 아브라함 카이퍼(Abrahn Kuyper)는 목회자이며, 교육가이며, 그리고 정치가로서 수상직을 수행한 인물로 1879년 반 혁명당을 창당하여 화란의 정치개혁에 큰 성과를 올린 인물이다. 더불어 화란의 개혁교회를 이끈 인물이다. 교회사에 족적을 남긴 이러한 두 인물을 보고 기독교인으로서 정치에 참여하면 안 된다는 말을 한다면 이는 어떤 의미에서 국가의 불의와 멸망을 보고도 침묵하라는 말 외에 다름이 없을 것이다.

세계 각국의 정치형태를 조사해 보면 특히 유럽에 기독교 정당을 소유하고 있는 나라가 많다. 미국의 경우 기독교 정당이라는 이름을 가진 당이 없지만 사실상 모든 정당의 배후에는 기독교 사상이 깊이 배어 있다. 대통령 취임식, 주정부 주지사 취임식, 그리고 기타 의회 의원들의 활동을 자세히 들여다보면 기독교 의식이 깊이 깃들어 있다는 것을 알게 된다. 취임식 때 성경에 손을 얹고 선서하는 것은 차치하고서라도 취임식을 기독교식 기도에서 시작하고 선서는 반드시 목사 앞에서 한다. 만찬 때에도 기도와 성경말씀을 필연적으로 소개하고 헌금까지 하는 예배형식을 취하고 있다. 기독교 이름을 가진 정당이 없을 뿐이지 기독교 사상에 기반을 둔 정당 활동을 하고 있다. 사회의 저변에는 기독교 문화가 뿌리를 내리고 있다. 클린턴(Clinton) 대통령이 대통령으로 당선되기 전에 한동안 교회에 출석하는 일이 뜸했던 사건이 시비가 되어 대통령이 된 후로는 일부러 큰 성경을 손에 들고 교회에 나간 일은 시사하는 바가 크다. 또한 오바마(Obama) 대통령의 할머니 한분이 한동안 이슬람과 관계를 가진 사건 때문에 갖가지 루머가 도는 가운데 오바마 대통령이 이슬람교도라는 수문까지 나돌게 되었다. 트럼프(Trump) 대통령이 초등학생처럼 쉬운 문장을 사용하면서 소탈한 면을 보이고 있지만 앞뒤의 문장이 서로 부정의 긍정 긍정의 부정을 반복하는 것을 보고 어떤 미국 시민들은 "왜 기독교인이 거짓말을 하는가?"라는 의문을 던지는 사람들이 상당수 있다. 그러한 의문은 트럼프 대통령이 의도하는 숨어있는 언어 속의 다른 언어를 모르고 있기 때문에 나타나는 현상이다. 그러한 현상은 얼마나 미국 시민들 심령 속에 기독교 사상이 뿌리 깊이 잠재되어 있는가를 대변해 주고 있다.

한국의 정치를 좀 더 깨끗하게 그리고 기독교 중심의 국가로 만들기 위해서는 정부를 향해 정의로운 정책을 내 놓을 당이 있어야 한다. 비 기독교인들이 아무리 올바른 정책을 수립하려고 해도 기독교인들을 능가하지 못한다. 그것은 객관적 비교를 통해 증명되는 바이다. 기독교가 정착된 유럽이나 미국의 예를 보면 아무리 똑똑한 머리를 가지고 정책을 시행할 지라도 정직을 능가할 수 없다는 생각이 정책을 시행하는 자들의 신념이다. 그 정직의 뒤에는 하나님을 섬기는 기독교 사상이 깔려 있다. 아무리 잘못된 기독교인들이라 할지라도 선하다고 주장하는 비기독교인 보다 났다는 생각이다. 그 이유는 기독교인들은 회개하기 때문이다. 하나님 앞에서 자신을 돌아보는 습관이 있기 때문이다.

특별히 기독교인들이 정계에 많이 진출해야 할 이유가 있는데 그것은 종교의 자유에 관한 문제 때문이다. 미국의 헌법에 종교의 자유를 강조한 내용이 유난히 강하게 드러나 있다. 그 종교의 자유는 미국이

한 국가로 발 돋음 할 당시 유럽의 정치적 간섭이나 로마 캐톨릭의 간섭을 벗어나 자유로운 신앙생활을 영위하기 원하는 청교도적 믿음을 강조하기 위한 배경이 깔려있다. 그 종교의 자유는 마음대로 신앙생활하는 자유를 달라는 의미이다. 그런데 세계 제 2차 대전 후 1970년대까지 그 양상이 변질된 종교자유로 나타났다. 기독교 학교에서 학생들에게 예수를 믿으라고 강요하지 말 것을 주장하는 사람들이 나타났다. 이러한 주장은 참 종교의 자유를 악용하는 부류의 망언이다. 미국에서는 원래 공립학교 구성이 교회로부터 시작되었다. 공립학교가 미국이 건국 된 후 70여년이 지나도록 설립되지 아니했고 모든 인물들이 기독교 교육을 받은 교회학교에서 성장했다. 그들이 미국을 건설한 인물들이 되었다. 학교에 출석하자마자 그들은 먼저 기도회를 시작하고 다음 수업으로 들어갔다. 공립학교가 설립되고 난 후 그 제도가 계속되었다. 그런데 케네디가 캐톨릭 신자로서 최초로 미국의 36대 대통령이 되어 공립학교에서 기도회를 폐지시켜 버렸다. 종교의 자유라는 미명아래 마음대로 믿을 수 있는 자유를 박탈해 버리고 만 것이다. 그 후 1960년대는 사회가 부패의 고속도로를 달리기 시작했다. 술과 마약중독자가 늘어가고 폭력범죄가 날로 늘어가고 있었다. 자유주의 사상이 미국의 교회와 정계를 강타함과 동시에 실용주의 교육의 실패, 훈련을 무시한 창조교육의 실패, 그리고 자유분방한 청소년들의 방탕한 생활 등이 미국 사회의 골칫거리고 등장했다. 더구나 소련과의 냉전시대에 한때는 러시아에 국력이 밀리는 경향을 드러내기도 했다. 여기서 우리는 생각해야 한다. 왜 기독교가 국가의 중심 사상으로 자리 잡아야 하는가? 왜 신실한 기독교인들이 정치에 적극 참여해야 하는가? 왜 정부에 기독교인들이 많이 등용되어야 하는가? 를 생각해야 한다. 그 이유는 성경대로 믿는 기독교 국가가 될 때 반드시 그 국가는 부흥하기 때문이며 타락한 종교가 정부의 사상으로 자리 잡을 때 반드시 그 국가는 패망의 길로 가기 때문이다. 이는 역사가 증명하고 있다. 유럽의 역사와 미국의 역사가 증명하고 있다. 지금 한국의 역사도 그 증명을 보여주고 있다.

대한민국에는 오래전에 기독교 정당이 창설 되었어야 했다. 창설되지 못한 가장 큰 이유는 한국 교회 내에서 내노라 하는 기독교 지식인들이 교회와 정치를 2원론(Dualism)으로 규정하고 정치는 아예 악한 무리들이 협잡과 모략을 일삼는 집단으로 치부해 버린 결과 때문이다. 인간은 정치를 떠나 삶을 영위할 수 없음에도 불구하고 정치를 하지 말라는 말은 스스로 모순을 드러내는 것이 아닌가? 교회생활 자체가 정치에 참여하는 생활이다. 기독교적 정치가 이루어져야 교회는 물론 국가가 발전하게 되어있다. 사람들이 모인 곳은 항상 마찰이 일어나게 되어있다. 사탄까지도 하나님의 뜻에 따라 사용되고 있는 마당에 그 마찰을 사용하시는 하나님을 신앙한다면 기독교인들은 선한 정치를 수행할 수 있도록 성경말씀을 적용해야 한다. 기독교 역사를 보면 한 나라 인구의 15%가 기독교인으로 점령될 때 국가의 정부와 경제를 변혁시켰다. 종교개혁 당시 네덜란드 인구의 15%도 채 안된 개혁교회 성도들이 정부와 로마 캐톨릭을 대항해 싸운 결과 1세기가 지난 후 인구의 60%가 개신교로 개종했다. 기독교인들이 스스로의 거룩한 영역의 울타리를 쳐놓고, 정치는 더러운 흙탕물에서 노는 사람들의 무대로 치부해 버리고, 교회와 국가가 무너져도 나 몰라라 하고, 악한 정부에 대한 싸움은 엄두도 못 내고, 자신만의 평안만을 추구하다가 깊어가는 교회와 국가의 부패를 누가 막을 것인가?

기독교인들이 음흉하고도 가증한 스스로의 거룩에 빠져 있는 동안 "정치에 관여해서는 안 된다." 라는 애매하고도 근거 없는 이론이 기독교 내에는 말할 것도 없고 일반 신문방송에 까지 널리 펴져 정치에 대한 혐오감이 사회 전반에 퍼지게 되어 정치의 공과(功過)를 비교하여 객관적 평가를 내리기를 부정하고 주관적으로 자신의 관점에 따라 상대를 비하시켜 버리는 관습들이 팽배해 있다. 이러한 나쁜 관습을 퇴치시킬 수 있는 유일한 단체가 기독교정당이다. **국가는 물론 교회를 위해 기독교 정당이 절대적으로 필요하다. 기독교 정당은 이름만 가지고 있는 기독교인들 말고 참으로 신실한 기독교인들 즉 성령으로 거듭난 청교도 생활을 하는 참신한 기독교인들로 구성된 정당이라야 국가와 교회를 개혁할 수 있다.**

추리하건대 현재 한국 정치 상황으로 볼 때 기독교인들은 물론 비기독교인들 까지 기독교 정당에 대한 반대가 극렬하게 일어날 것은 불을 보듯 뻔하다. 정직하고 참신한 기독교인들이 기독교 정당을 창당하여 오직 국가와 교회의 불의한 요소들을 개혁해 나가게 되면 틀림없이 유럽의 부유한 국가나 미국과 같은 힘 있는 나라가 될 것이다.

결 론

이 책이 말하고자 하는 주제는 **기독교인 성직자가 정치에 참여해서는 안 된다는 상식에도 맞지 않은 이론에 대해 성경에 입각하여 반증하려는데 있다. 그리고 한걸음 더 나아가 대한민국에는 반드시 참신한 성도들이 주축이 되어 운영하는 기독교 정당이 필요하다는 점을 고취시키고자 함에 있다.** 이는 자유주의자들이 말하는 정치의 구조악을 깨야 한다는 주장과 전혀 다른 의미를 가지고 있다. 정통주의 개혁파 신학자들이 주장해온 교회사적 국가관에 기초한 정치참여를 정립하려는 의도를 가지고 이 책을 저술하게 되었다.

2019년 말 한 기독교 신문에서 기독교인들의 정치 참여가 합당한가? 라는 설문조사를 한 적이 있다. 약 80%의 기독교인들이 정치참여를 반대 한다는 의견에 동의하였다. 참으로 놀라지 않을 수 없다. 성경을 살펴보면 구약의 이스라엘 역사는 정치의 역사를 시공간에 기초하여 기록한 사건이다. 그리고 신약에 넘어와서도 사도행전에 나타난 역사적 사건은 정치와 관여된 사건들이 너무 많다. 예수님 탄생, 십자가의 죽음, 그리고 부활의 사건 역시 로마 정부의 정치와 밀접한 관계를 가지고 있다. 바울과 그 외의 사도들이 권면한 서신에 빠짐없이 나타난 정부에 관한 내용이 기술되어 있다는 것은 기독교인이 어떻게 정치에 적응해야 함을 권면하고 있는 증거이다. 어거스틴(Augustine), 칼빈(Calvin), 카이퍼(Kuyper), 그리고 댑니(Dabney) 등의 정통 개혁파 신학자들이 힘의 왕국인 정부와 영의 왕국인 교회와의 관계를 정치적 관점에서 성경에 기초하여 논설을 설파한 점을 생각하면 왜 한국교회와 심지어 일반 신문 방송에 까지 기독교인 성직자가 정치에 참여해서는 안 된다는 주장이 보편화 되어 버렸는지 알 수가 없다.

기독교인 성직자가 정치에 깊이 관여해야 한다는 점을 강조하기 위해 먼저 교회와 국가의 정치 형태를 바로 알아야 한다. 그래서 제 1장에서 국가권력형의 정치형태, 교회권력형의 정치형태, 그리고 정교분리(政敎分離, Separation of Church and State)의 정치형태를 소개하였다. 이에 따라 신학적으로 본 정치이론을 설명했다. 정치이론을 알아야 자유주의 신학이 추구하는 정치신학의 문제점을 파악할 수 있기 때문이다. 개혁파 신학은 우주론적인 신학이기 때문에 단순한 하나의 이슈를 부분적으로 설명하는 이론이 아니다. 특별히 우리 대한민국은 같은 민족이면서 유래 없는 독재정권을 시행하는 북한과 접촉되어 있기 때문에 주체사상을 설명하여 우리 국민들이 이 문제를 심각하게 생각하기를 바라는 마음에서 그 역사적 배경과 사상을 설명했다.

다음으로 정치적 제도를 알아야 기독교정당이 제도 속에 들어와야 할 이유를 인식하는데 도움이 될 것으로 생각하여 교회의 정치적 제도와 국가의 정치적 제도를 설명해 두었다. 더욱이 오늘날에는 지구 위에 존재하는 각 나라는 시간상으로 거리가 자꾸만 가까워지고 있기 때문에 국가의 발전을 위해 외교가 너무 중요한 위치를 차지한다는 점을 고려하여 국제정치에 대해 아주 기초적인 면을 소개하였다.

다음으로 기독교에 입각한 정치를 위해서는 기독교 윤리의 기반이 되는 계명을 각 국가에서 어떻게 적용하느냐를 설명하고 그에 따른 기독교인의 정부에 대한 자세를 어떻게 취해야 하느냐를 소개하였다. 기독교인이 국가를 향한 충성심이 약화되면 자신이 태어나고 자란 가정까지 무시하는 이기주의에 빠지고 말 것이기 때문에 기독교인은 국가의 위정자를 위해 기도해야 하며, 또 그들의 권위에 순종해야 하며, 그리고 국가의 정책에 충성해야 한다는 점을 강조하였다. 그러나 문제는 국가의 위정자들이 비기독교적인 정치를 하거나, 불의한 정치를 하거나, 그리고 교회를 탄압하는 정치를 할 때 어떠한 행동을 취해야 할 것인가를 소개하였다.

그리고 마지막으로 기독교인의 정치참여가 왜 필요한가에 대한 논증을 전개하였다. 성경이 말씀하고 있는 구약의 역사에 근거하여 정치참여에 대한 필요성을 강조하였고 신약에 넘어와 사도들의 증거를 기반으로 하여 기독교인의 정치참여에 대한 필요성을 강조하였다. 이러한 기독교인의 정치참여의 필요성은 기독교 정당을 필요로 하고 있다는 당위성을 대변해 주고 있다. 기독교 정당이 국가의 정치에 참여하게 되면 생명에 관한 낙태, 안락사, 사형제도, 그리고 결혼과 동성애 문제 등에 대해 성경이 말씀하고 있는 그대로 법제정에 간여할 수 있게 된다. 그러므로 기독교 정당이 절대 필요하다는 것을 강조하였다. 인간의 얄팍한 생각에 사로잡혀 국가의 정책을 입헌하게 되면 나라가 발전될 수가 없다는 것을 논증하고 있다.

여러 가지 잡다한 종교들은 현세와 구별된 파안의 세계를 동경하는 허무주의를 배경으로 하여 자신과의 내적 연마(硏磨)를 추구하는 실존적 개념을 종교의 원리로 삼고 있다. 그러한 종교의 실체는 삶의 현장에 적용하는 원리가 빈약하다. 즉 현실 정치에 대한 적응의 원리가 빈약하다는 뜻이다. 그러나 기독교는 어떤 직업에 종사함과 상관없이 국가가 시행하는 정치에 적응할 수 있는 입지를 만들 수 있다. 또한 기독교인들은 지식의 상하를 막론하고 그리고 직분의 고하를 막론하고 삶의 현장에서 성경교리를 적용하며 생활하게 된다. 그러므로 현장생활을 잘 적용하도록 이끌어 갈 수 있는 종교는 기독교뿐이다. 그럼에도 불구하고 기독교 지도자들이 정치에 참여하지 말라는 주장은 성경적으로 볼 때 아무 근거 없는 허공을 치는 이론에 불과하다.

우리 대한민국에 우리의 자손들이 하나님으로부터 쏟아지는 은혜에 흠뻑 젖어 영원무궁한 하늘나라의 복을 사모하는 국민이 되게 하여 주옵소서...

참고 서적

Augustine, St. City of God, A Division of Doubleday & Company, Inc, Garden City, New York, 1958.

Calvin's Institutes, Book IV. Ch 20.

Dabney, Robert. Discussions of Robert Dabney, Volume III, The Banner of Truth Trust, Pennsylvania, 1982.

Eidsmoe, John. God & Caesar, Crossway Books, Westchester, 1984.

Gutierrez, A Theology of Liberation, Translated by Sister Earidad Inda and John Eagleson, New York, Orbis Books, 1973. Co, 1947.

Henry, Carl F. H. The Uneasy Conscience of Modern Fundamentalism, GrandRapids, Eerdmans Publishing Co, 1947.

Hershberger, Guy Franklin. War, Peace, and Nonresistance, Herald Press, Scattdale, Pennsylvania, 1981.

Kirk, J, Andrew. Liberation Theology, An Evangelical View from the Third World, John Knox Press, 1979.

Kuyper, Abraham. Our Program (A Christian Political Manifesto), Belling Ham WA, Action Institute, Translated by Van Dyke, 1980.

Redecop, John H. Politics under God, Evangel Herald Press,

Scottdale PA, 2007. 배덕만 번역, 기독교 정치학, 대전 광역시, 도서출판 대장간, 2011.

Shaul, Richard. Christian Faith as Scandal in a Technocratic World, In New York Theology No 6, Edited by Martin E. Dean G. Peerman, London, Macmillan Do, 1969.

Schaff, Philip. History of the Christian Church, Volume IV, Medieval Church 1988.

"　　　　　" 　　　　Volume VIII, Modern Church Christianity,WM, Eerdmans Publishing Co, Grand Rapids, 1988.

USA Department of State, A Decade of American Foreign Policy, *Basic Documents 1941-1949*, Washington.

Van Til, Cornelius. In Defence of the Faith, Volume III, Christian Theistic Ethics, Westminster Theological Seminary, Philadelphia, Presbyterian and Reformed Publishing Co, 1980.

Grudem, Wayne. Politics(According to the Bible), Zondervan, Grand Rapids, 2010.

김용복, Messiah and Minjung; Descernius Messiani Politics over against Political Messianism, Singapore; CTC-CCA, 1981.

강정인, 정치학의 정체성, 책세상, 서울시 마포구, 2013.

고범서, 해방신학, 범화사, 서울 강남구 신사동, 1985.

그리스도교 대사전, 대한기독교서회. 서울시 종로구, 1977.

김의환, 기독교회사, 총신대 출판부, 서울시 동작구 사당동, 2002.

나용화, 민중신학 비판, 기독교 문서선교회, 서울시 강남구 방배동, 1984.

노재성, 교회, 민주주의, 윤리. 나눔사, 서울시 은평구, 1999.

박승덕, 주체사상 연구논문, 1991.

박영근, 21세기 국제정세 변화와 한반도 문제, 삼양 출판사, 경북 포항시, 2003.

서남동, 예수, 교회사, 한국교회, 민중신학의 탐구. 한길사, 서울, 1983.

선우학원, 홍동근, 주체사상과 기독교, 북미주체사상 연구회, 1990.

성갑식, 한국의 정치신학, 정화인쇄 문화사, 대한기독교서회, 서울 종로구, 1984.

성 어거스틴, 하나님의 도성, 정정숙 옮김, 광음서림, 한국복음서 연구회, 1973.

안병무 발행(NCC 신학연구위원회), 민중과 한국 신학, 한국 신학연구소, 서울시 용두동, 1984.

이상원, 한국교회와 정치윤리, 독일 SFC 출판부, 서울 서초구, 2002.

이형기, WCC, Vatican II, WARC, 해방신학 및 민중신학이 지향하는 교회의 사회 참여, 성지 출판사, 서울 종로구, 1990.

최순직, 6일의 신학, 기독교 문서선교회, 서울시 방배동, 1987.

한종수, 정치학 개론, 세창출판사, 서울시 서대문구, 2018.

황성수, 교회와 국가, 생명의 말씀사, 서울, 1977.